金融资管投后管理

风险预警、风险处置实务与案例解析

白　昊　华　萍／著

法律出版社 LAW PRESS · CHINA

本书力求解决金融资管行业“重投轻管”的痛点。

序　一

1998年,公募基金登上历史舞台,开启我国资产管理行业发展之路。从1997年的《证券投资基金管理暂行办法》,到2015年的《证券投资基金法》和不断完善的监管规章,基金业充分吸收国际成熟市场制度经验,确立了集合投资、受托管理、独立托管和利益共享、风险共担等基金基本原则,以及基金财产独立制度、公平交易制度、信息披露制度、合规风控制度等基本制度规范,以法治为基础的市场化、国际化进程持续推进。2004年之后,商业银行、证券公司、保险公司相继开启资产管理业务,其中银行理财业务发展尤为迅速。2012年至2016年,银行理财、信托产品、证券公司资管产品呈爆发式增长,"大资管"行业规模接近100万亿元。在此过程中,由于上位法不统一和以机构为主的分业监管格局等,各类金融机构的资产管理业务不仅出现明显的期限错配、资金池、刚性兑付等"影子银行"特征,还存在产品多层嵌套、变相加杠杆、单一项目融资等监管套利行为,一定程度上导致资金脱实向虚,不利于宏观调控和经济结构调整,也加剧了金融风险。

2015年以来,金融监管部门将防风险放到重要位置,引导"大资管"行业回归本源。2017年7月,全国金融工作会议明确提出,"要以强化金融监管为重点,以防范系统性金融风险为底线"。2018年4月27日,《关于规范金融机构资产管理业务的指导意见》发布,尝试统一金融机构资产管理业务监管标准,致力于打破刚性兑付,控通道、降杠杆、防风险。

资产管理业务的本质是"受人之托、代人理财",恪守信义义务,忠实于投资者最佳利益是所有资产管理机构都应当遵循的基本原则。这就需要筑牢内控制度,清除利益冲突的土壤,始终从投资人最佳利益出发,建立科学运营流程,提升投资管理专业性,诚心全力管理和守护好基金财产。在"大资管"日趋统一的背景下,金融机构该如何在法律、法规及监管政策规定的框架体系内从事资产管理业务,如何完成业务转型、创造新的盈利点和完善金融服务功能,如何防范金融、市场、法律等各类风险,是值得探讨的新课题。

我欣喜地看到,本书的作者以投后管理的视角对上述问题进行了较为系统的分析和研究,这是一个有益的尝试,对金融机构构建新的业务体系和风险防范体系具有很高的参考价值。

本书作者均为在资管及金融纠纷领域具有丰富实务经验的专业律师。作者结合自身经验、当前热点案例以及最新的司法观点和审判趋势对金融机构的投后管理、风险防范、风险处置以及一些前沿法律问题进行了细致的剖析并给出了具有针对性和操作性的建议,实用性很强。

本书文字通俗易懂又不失专业性,适合金融、法律等从业者阅读学习。我相信本书的出版,对于新监管形势下金融机构拓宽业务思路,完善内部监督和风险控制制度,合理应对和解决金融争议均大有裨益。

是为序!

洪　磊

2019 年岁末于北京

序　　二

在2019年三四月，我和本书作者之一的白昊律师在一次交流中得知，他们正在撰写一本投后管理和风险处置方面的专业书籍。白律师执业前曾经当过法官，又曾在金融机构管理过风险项目，现在的律师执业方向也是金融风险项目的诉讼和非诉化处置。或许因为曾身处多个不同视角，白律师在金融投后领域形成了一些独到的见解，继而形成了写作此书的初衷。

关于投后管理这个题材，我的感觉是创作难度比较大，但又很有意义。“重投、轻管”现象其实是整个资管行业存在共性的一个问题，在当前强监管态势下，投后管理又是业内亟待加强的重要课题。然而此前有关投后管理各项工作的探讨和总结，基本上局限于各大金融机构内部交流，有关投后管理相关制度、原则、具体措施和经验总结等，也多是一些碎片化的短文，系统研究这一课题的专业著作尚不多见。所以当他们提出这个写作想法时，我还是抱以一定期待的。

2019年11月，我终于收到此书初稿，据白律师说他们整个团队为此花费了8个月时间，由此足见他们写作此书时的艰辛付出和严谨认真。

仔细阅读之下，我发现本书确有一些亮点。比如，作者以法律为主视角去探讨积极、主动开展投后管理的重要意义，以及通过投后视角重新梳理“资管新规”及其配套文件，可以为读者厘清投后管理的真正内涵、正确理解最新监管政策要求和未来监管趋势提供帮助；再如，书中对如何开展投后检查、如何及时发现风险隐患、如何采取谈判与诉讼结合的风险处置手段等提出了很多技巧性的总结和建议；还有就是以最新的司法解释和司法判例为切入点，对于当前金融资管纠纷中的常见问题，比如“机构适当性义务”“投资者知情权纠纷”“有限合伙人派生诉讼”“通道机构的赔偿义务”“明股实债”“差补义务”等，进行了深入和有独到见解的研究。

除以上列举内容之外，最令我感兴趣的是书中对不少资管产品“触雷”事件的回顾与深度剖析。由于各大金融机构在风险事件上缺乏交流渠道，这些发生于不同机构的真实案例，特别是风险事件发现和处置过程中的失败教训和成功经验，非常值得其他机构借鉴和总结。

总之，在我看来，“投后管理”是实操性很强的工作集成，各机构可能有各自不同的理解与适用。然而随着经济下行趋势的持续、监管部门要求的细化以及投资者关注度的提升，加强投后管理是所有金融资管机构共同面临的课题。在预祝此书成功出版的同时，也呼吁业内人士共同关注和研究投后管理相关课题，使“投前、投后一体化”的资管业务管理模式变得完整而成熟。

汤淑梅

2019 年 11 月 25 日于北京

引　言

长期以来,“重投前、轻投后”现象普遍存在于各个金融资管机构的管理当中。造成这一现象的原因比较复杂,大体包括以下几点,一是资管投后管理的“师傅”——银行贷后管理本身即存在一定问题,资管行业在借鉴时如果不根据资管业务特点加以改造,还会进一步降低管理效果;二是资管行业的发展历程尚短,但增长迅猛,在生存压力与追逐利润的双重驱动下,风险管理和资源配置过分倾注于投前,造成“头重脚轻”的现象;三是投后管理专业人才的培养难度和稀缺性,进一步加剧了投前、投后人员配置的不平衡性。质言之:主观上,针对投后管理的重视度和投入不足;客观上,针对投后管理的理论研究和实操经验不足。

“经济上行看投前,经济下行看投后。”2020年,一场突如其来的新冠肺炎疫情迅速蔓延全国,其对我国经济产生的负面影响不容忽视。在资管行业,金融产品的出险率和不良率亦势必受经济大环境影响而持续走高。另外,《关于规范金融机构资产管理业务的指导意见》、2019年度《全国法院民商事审判工作会议纪要》等一系列监管文件和司法审判指导性文件陆续出台,监管部门在投前、投后全流程中的监管力度在加强,金融投资者自我维权意识也在觉醒。未来,打破刚性兑付、去除资金池等措施在过渡期之后也将集中实施。上述多重因素叠加之下,资管行业投后管理能力不足的问题已经十分凸显。套用一句足球圈的经典名言:留给资管机构的时间不多了。

制度创设,理论先行。然而据我们观察,我国当前针对资管业务投后管理方面的专业书籍尚处于空白,有关投后管理制度如何设置、投后检查工作如何开展、风险排查和处置如何发挥功效等问题的研究并未形成体系。正是基于上述现状,促使我们对投后管理以及因投后管理不当及其他原因衍生的金融资管类纠纷的相关课题从法律视角进行一次较为全面地梳理。

本书内容分为上篇和下篇:上篇侧重于投后管理制度和流程设置方面的探讨,以及投后风险监控和预警的具体措施;下篇则侧重于风险隐患的发现以及既发风险后的处置工作,包括非诉讼和诉讼两大处置手段的探讨,并针对当前司法实践中资管业务纠纷的前沿法律问题和典型案例进行评析。

本书的特点总结为三点:

其一,本书是国内首部较为系统地研究金融资管业务投后管理和风险处置的专业书籍。

其二,本书的受众群体比较广泛。银行、信托、融资租赁、证券、基金、期货、保险、金融资产投资公司等凡是发行资管产品的机构实际上都会涉及投后管理,虽然从内部称谓上或有不同,如贷后管理、租后管理等,本书为了方便表述,统称为投后管理。另外,本书除一些专门性课题是为资管机构法务人士和从事相关业务的专业律师提供借鉴参考以外,也有很大一部分内容是针对资管业务投后管理中的普遍性问题,同样适合资管机构内非法律专业人士阅读。

其三,为了更加贴近资管业务中的现实风险,本书选取的案例不仅来自网上公开的司法裁判文书,更有很多进入诉讼前的风险成因、风险预警、风险识别和谈判阶段的真实案例,其中一部分还是我们亲身参与处置的“产品爆雷事件”。当然,本着对客户信息保密的原则,我们隐去了当事人名称并适当调整了个别细节。

本书出版在即,我们也是心怀忐忑的。由于针对投后管理的研究起步较晚,参考文献严重不足,我们的写作难度堪比打游戏“开荒”,能力不足以胜任这样一个体系宏伟的课题。同时,投后管理实则应当是金融、财务、法律等各个专业人员共同参与的一项工作,仅从法律视角探讨投后管理,难免有失偏颇。因此,本书必然存在很大不足,真诚希望读者朋友们多多批评指正!

白 昊 华 萍

2020 年 4 月

目　录
Contents

上　篇　投后管理

下 篇 风险处置

上　篇

投后管理

第一章

投后管理综述

CHAPTER 01

投后管理代表的是一套完整缜密的工作体系，是众多工作步骤以及多部门协同配合的集成。在对投后管理工作的不断探索中，针对投后管理相关制度与流程的梳理是必不可少的。

为了厘清资管业务投后管理的内涵，明确本书的研究对象，本章首先对投后管理的概念和基本要素进行分析探讨，并结合不同行业、产品特点等，对于资管业务中的投后管理与其他金融投资形成的投、贷后管理进行比较，从而使读者体会到在资管业务中加强投后管理并建立符合自身需求的相关制度的重要性。同时，为帮助读者进一步明晰本书所指投后管理，根据笔者亲身经历和实践经验，以及主要金融机构投后管理的相关制度，结合当前经济形势以及资管新纪元下的行业态势，本章还将对资管业务投后管理的作用、原则和部门设置等进行深度剖析。

第一节　资管业务投后管理的概念与释义

一、概念

金融的本质是信用、杠杆和风险。对金融资管机构而言，其核心目的是通过资金的投放和回收获得收益，但由于各种隐藏风险的存在，需要通过风险控制手段和措施以消灭或减少风险事件的发生，或者减少和挽回风险发生时造成的损失，因此风险控制贯穿于项目管理的始终。

投后管理或称贷后管理，属于整个风控体系中的必要环节，因此任何一个金融从业者都或多或少会接触到，对其概念不会感到陌生。然而笔者发现，无论金融法领域的法律、法规、规章，还是学术界的权威著作，均没有对“投后管理”的概念和内涵作出准确定义，业界对此也并没有形成统一认识。

为了厘清本书的研究对象，有必要对资管业务中的投后管理划定边界，因此笔者结合学界普遍认识，提出以下定义：

本书所称“投后管理”，是指金融资管机构通过资管产品募集资金并实际向目标企业投放后，至投资本金及利息或预期收益全部收回之前，所采取的风险监控、风险预警、风险处置等一系列管理手段的集合。

二、释义

为了方便对本书所指资管业务的投后管理作进一步理解，以下通过关键词的形式进行阐述。

1. 资管业务和资管产品：中国人民银行等四部委联合发布的《关于规范金融机构资产管理业务的指导意见》（以下简称《资管新规》），其中第 2 条规定：资产管理业务是指银行、信托、证券、基金、期货、保险资产管理机构、金融资产投资公司等金融机构接受投资者委托，对受托的投资者财产进行投资和管理的金融服务。资管产品根据《资管新规》第 3 条的规定，是指银行非保本理财产品，资金信托等发行的资产管理产品。

2. 目标企业：通过签订融资合同获得资管机构发放的资金，将资金用于特定生产、经营活动，并承诺在未来一段期限届满后，按约定偿还本金、利息或固定回报,并在此过程中接受投后管理的企业类客户。

3. 投后管理的边界:投后管理实际上是相对于投前阶段而言的,在项目资金向目标企业投放之前,主要是通过尽职调查和设置风控措施来预测风险的可控性,而在资金投入目标企业之后,各种管理手段都是为了规避风险事件对资金回收的影响,所以投后管理是以资金投入目标企业作为起始点,以资金全部回收或者不再发生投后管理动作作为结束点。

4. 投后管理适用的行业:如前所述,银行资管业务、资金信托业务、证券、基金、期货、保险、金融资产投资公司等设立的非标准化业务,虽然各机构因发行产品的性质和行业类型不同,在投后管理的具体工作方法上可能有所区别,但在管理措施和手段上具有共通性。此外,金融租赁公司、融资租赁公司、典当公司等持牌机构,其从事的业务也属于金融资管业务,可以适用本书探讨的投后管理工作体系。为了方便本书的表述,我们引用《资管新规》配套文件中的称谓,将贷后管理、保后管理、租后管理统称为“投后管理”。

第二节　资管业务投后管理与其他金融业务投、贷后管理的比较

一、与银行贷后管理相比较

银行业从事的是金融领域中的传统业务,在我国有很长的发展历史。最早出现的国内银行是成立于 1897 年 5 月 27 日的“中国通商银行”,最早的国家银行是 1905 年创办的“户部银行”,即中国银行的前身。经过漫长的发展,“贷前调查、贷中审查、贷后检查”的“三查原则”构成银行风控体系的核心,各银行业机构内部均制定了专门的贷后管理制度,设置了贷后管理部门,建立了一套相对运转流畅的贷后管理体系。

与银行贷款业务的悠久历史相比,我国金融资管业务真正形成一定规模,距今只有短短十余年的时间,而且很多资管机构通常是在资管产品形成一定存量,甚至发生项目风险后,才逐步制定投后管理制度,组建投后管理部门,所以资管业务投后管理的形成时间更短,并且各机构都不同程度地采用或借鉴了银行贷后管理制度。

但笔者认为,由于资管业务与银行贷款业务存在显著区别,资管机构不能

完全照搬银行贷后体系，而是应当根据自身项目特点制定合理的、操作性强的投后管理制度。二者的区别主要体现在如下几个方面。

1. 资管产品的自身风险性更高

资管产品的风险性比银行贷款更高，主要体现在三个方面：第一，银行业机构经过多年的业务积累，对于目标企业的真实情况掌握得更加全面和透彻，对于风险的判断自然更为准确；资管机构普遍成立时间较短，增量客户多于存量客户，而资管产品从募集到发放的准备周期又比较短，投前尽调环节往往难以全面揭示风险。第二，银行业机构发放贷款的资金来自客户的储蓄，而资管产品的融资成本相对更高，导致项目选择渠道相对狭窄，同时高回报率必然伴随高风险。第三，目标企业通常以银行贷款作为第一资金渠道，优质的抵押物首先满足银行贷款的需要，资管产品中的增信措施通常不如银行贷款，这无疑增加了项目的风险。

2. 资管机构大多难以做到属地管理

与银行机构布点开展业务的模式不同，大多数资管机构往往无法做到细致布局。虽然大型证券公司、保险公司能够在全国一线至五线城市设点，但是其大多数分公司、子公司的主要业务并不涉及资产管理，而是由资管子公司或者具体部门统一负责，资管团队与其他业务板块之间缺乏业务和信息交流。另外，资管机构内部各投资团队之间通常也不禁止跨地域筛选项目，项目落地后的管理工作通常又分配给投资团队负责，这样就难以像银行贷后管理那样进行属地管理，信息屏障更为严重。

3. 资管产品的交易结构更为复杂

这种复杂性主要体现在以下两方面。

首先，银行贷款业务资金源于储蓄资金，银行享有更高的经营管理自主权，除了应对监管部门的监管外，并无来自投资人的监督压力，至于何时进行贷后检查，发生逾期后何时进行催收、何时提起诉讼，一般根据银行内部建立的制度流程处理，并由银行内部自行决策；而资管机构则扮演着资金受托人和资金管理人的双重身份，其权利源于投资人的委托，因此要时刻接受委托人的监督，虽然目前的总体现状是资管机构自行制定投后管理方面的管理策略，但自《资管新规》颁布以来，“勤勉尽责”之义务被愈加强调，资管机构必将接受投资者更加苛刻的监督。

其次，银行贷款业务模式相对传统、单一和固定，一般就是由银行与目标企业直接签订贷款合同及担保合同，或者在纯信用贷款模式下仅签订贷款合同，在合同中对于贷款本金、利率、本息偿还方式和期限等作出明确约定，目标企业依据合同约定履行还款义务即可；而在资管业务中，随着业务模式的不断创新，各种业务类型五花八门，令人眼花缭乱，即便针对同一类型的产品或者针对同一类型的目标企业，由于时间、政策、项目、资金需求或者资金来源的不同，资管机构往往需要单独设计交易结构和风控措施，最终可能导致项目对应的合同约定千差万别，投后关注点差异极大，这无疑进一步增加了投后管理的难度。

4. 资管产品的征信系统不健全，并导致违约震慑力不足

我国银行业机构全面实行对目标企业的征信评价制度。企业信用信息分为6大类，分别为政府监管信息、银行信贷信息、行业评价信息、媒体评价信息、企业运营信息、市场反馈信息。其中，政府监管信息包括企业基本资质、质量检查信息、行政许可/认定、行政奖罚信息、商标/专利/著作权信息、人民法院判决；银行信贷信息包括中国人民银行信贷评价信息、商业银行信贷评价信息、小额贷款公司及民间借贷评价信息等。这一方面保证了各银行之间对于目标企业出现贷款逾期情况的信息畅通，对于该企业风险状况能够形成较为准确的判断和预警机制；另一方面则对目标企业形成有效震慑，使目标企业因害怕信誉下降和续贷困难的结果而不敢轻易拖欠银行贷款。

目前，资管业务则尚未形成统一的征信评价体系，虽然国家层面正在进行资管业务的产品信息建设，但这一领域相关体系的建设周期还相当漫长，各资管机构之间难以形成信息共享和信息互通，对于目标企业的真实状况通常只能通过资管机构的日常管理自行加以了解。

通过以上对比不难发现，资管机构理应更加重视投后管理，并在借鉴银行贷后体系的同时，制定符合自身现实情况的投后管理制度。比如，资管机构应当充分考虑项目的复杂性和异地管理问题，针对不同产品线制定不同的投后检查制度，不能使投后检查流于形式，而是要将投后检查作为发现风险的主要手段；要采取更为灵活的投后管理工作机制，将有限的人力资源合理分配到正常项目的管理和风险项目的处置工作中；要制定更为快速的风险应对机制，力争做到风险更早发现、更早决策、更早处置。总之，资管机构不仅要比银行机构更加重视投后管理，而且在管理手段、管理机制上也应当更加丰富、灵活和有效。

二、与风险投资相比较

风险投资又称为创业投资、VC 投资，主要指为初创企业提供资金支持并取

得该公司股份的一种融资方式。风险投资后管理一般是指基金投入到项目以后,基金管理人员对被投资企业的发展状况进行跟踪、监控和管理的过程。在"募、投、管、退"4 个阶段中,"管"和"退"可以视为私募的投后阶段。当前,越来越多的基金管理人意识到了"管"和"退"阶段的重要性,并从理论到实操等角度不断深化研究。

风险投资与资管业务的根本目的都是通过资金融通获得收益,但相比而言,风险投资中被投企业的未来发展趋势具有很大的不确定性,资管业务则通常投资具有稳定现金流的企业,而且在资金回报方面,前者的收益是不固定的,后者一般是固定收益,这就导致二者在投后管理的目标、深入程度和阶段性管理策略上均有一定差异。

1. 投后管理的作用有所不同

风险投资的投后管理作用包括监控和帮扶两方面。风投机构通过实际持股、派驻高管等方式深度介入目标企业的经营管理,其目的不仅是对目标企业各方面动向进行近距离观察和管控,还带有利用自身资源帮扶目标企业排除障碍、制订规划、获得融资、成功上市等作用。所以不少业内的知名风投机构都提出,私募股权基金的核心竞争力在于投后管理与服务,管理是为了对企业实行有效监控,而服务则重在帮助企业成长。

资管业务投后管理的目标则是通过采取风险监控、风险预警、风险处置等一系列管理手段以收取全部的预期收益,在投后管理的全流程中,对于风险的管控贯穿始终。相比较而言,资管机构并没有太大动力去帮扶被投企业,当企业出现问题时,资管机构的首要任务是评估风险并决定是否提前终止项目、收回资金。所以从这一角度来看,风投机构可能会更加关注被投企业的"未来",而资管机构则更加关注被投企业的"过去"和"现在"。

2. 投后管理的深度与内容有所不同

出于对被投企业的服务和管理要求,风险投资的基金管理人往往会向被投企业派任高管甚至整个投资团队,实现对企业内部组织结构的优化或调整,并且掌握对被投企业的决策管理权,一般的实现方式是派驻董事、财务负责人或副职负责人及必要的其他管理人员;而资管机构通常不会向被投企业派驻管理团队,被投企业通常也不接受资管机构过分参与企业经营决策,所以资管机构一般以远程监控和定期走访检查作为投后管理方式,对企业真实状况的掌握不如风投机构及时、准确。在管理内容方面,风险投资投后管理的增值服务往往包括团队建设、信息支持、战略咨询、业务整合、人才物色、媒体公关等服务内容,其目的是使项目投资价值最大化,在将被投企业的企业价值提升到合理位置时再寻找合适的退出机会,所以风投管理团队一般侧重于具备投资行业的专业能力和项目运作能力。资管投后管理人员通常不需要具备太强的行业经营和运作能力,但由于资管投后专注于风险的排查和判断,因此通常需要具备金融、财务、法律方面的专业知识。

3. 面对风险的态度有所不同

风险投资,顾名思义就是收益率高但是损失风险也很高,风投机构并不指望每一个投资项目都能够获得成功,部分项目发生风险导致资金无法收回,是完全正常和可接受的,如果被投企业非因管理团队失职、舞弊而发生风险,风投机构首要考虑的可能还是如何帮助被投企业渡过难关,如果实在无法化解风险,也只能通过其他项目收益覆盖损失;而资管机构出于自身利益和背后投资人的驱动,对每一个项目损失都采取"零容忍"的态度,虽然风险不可避免,但是应对风险的态度必然是积极、主动的,而且除非帮扶目标企业化解风险确有必要,否则通过各种手段尽快实现回款和项目安全退出是资管机构的第一要务。

通过以上对比可以看到,资管机构与风投机构在投后管理的管理目标、管理深度、管理手段方面都有所不同,所以资管机构需要建立符合自身需求的投后管理体系。不过风投机构所具备的被投行业的专业能力、市场预测能力、问题化解能力等,都是资管机构可以借鉴和学习的,相关能力有助于资管机构全面提升投后管理专业度,并丰富风险排查、预警与处置的各种手段。

三、与网络借贷相比较

网络借贷,是指利用互联网技术和信息通信技术实现资金融通和信息中介服务的新型金融业务模式。随着互联网技术、信息通信技术不断取得突破,互联网与金融快速融合,金融资源配置效率得到提升,从资产端拓宽了民间投资的渠道,从资金端则使融资困境得到一定解决,因此近年来,网络借贷在我国发展迅猛。互联网金融与传统金融相比,其核心优势在于信息处理和风险评估通过网络化方式进行,即依托云计算、大数据等互联网技术,大大降低了风险评估的成本和时间。

但严格意义上讲,网络借贷并没有形成体系化的贷后管理,其原因在于,我国当前监管制度将网络借贷限定于自然人或者微型企业申请的小额借款或消费贷款，单笔资金小，一般在数万元到数十万元，而客户群体数量庞大，每个平台面对的借款人可能达到数万、数十万甚至上百万。在当前的技术水平下，贷前尚可通过大数据对客户资信和还款能力进行分析，但到了贷后阶段，一方面无法评估其是否会发生逾期，另一方面即使能够作出评估，也无法在客户真正逾期情况发生前，以此为依据提前收回贷款。

另外，企业客户的资信情况远远比自然人客户复杂，需要综合考虑企业客户的实际控制人的诚信度、经营能力，企业所处行业风险、市场风险、政策风险、法律风险等，这些方面的评估显然无法通过预先编制程序的方式得出结论，必须由具有丰富经验的管理人员深入到项目中才能实现。

因此，网络借贷的核心理念是通过贷前评估控制风险项目的比例，通过限制单笔贷款额度、扩大客户群体来分散风险和提高收益，同时省略贷后环节，并将节省下来的管理资源和成本集中用于发生逾期后的催收和诉讼。

与之相对比，资管业务恰恰是通过减少客户数量、增加单笔投资体量的方式节省管理成本。但在这种集中投资的理念之下，风险也更为集中，不可能如同网络借贷模式一样被动等待风险事件的发生或待项目出现还款逾期后再行处置。换言之，资管业务为了降低管理成本采取的集中投放模式，最不应当节省的就是投后管理成本。

第三节　投后管理工作的作用

风险管控能力是金融资管机构的核心竞争力，也是资管机构“勤勉尽责”义务的具体体现。作为风控体系中不可或缺的一环，投后管理工作的功能和作用包括以下几个方面。

一、全面揭示风险，动态监测风险

风险识别和监测是一项持续性的工作，不应因为项目落地而中断；也就是说，投后阶段仍要保持持续的关注度，甚至应比投前投入更多的精力。

首先，投前进行风险揭示的主要手段是尽职调查，然而从初始立项到进行投资决策通常只有两三个月的时间，一般只进行一到两轮的尽职调查，所以尽调人员接触目标企业、拟投资项目的机会其实非常有限，加之目标企业为了获取融资机会，表面上配合尽调，实质上戒备心理很强，把项目优势包装得完美无瑕，对项目劣势和风险能瞒则瞒，所以投前尽调通过短时间的考察很难全面揭示风险。但到了投后阶段，项目存续期一般都在一年以上甚至更长，目标企业获得融资后，其戒备心理明显下降，这样就给资管机构提供了充足的时间和机会去近距离接触项目，进一步开展更为全面的风险排查工作，所以资管机构当然要利用好这样的机会。

其次，目标企业的内、外部环境并非一成不变，其面临的市场风险、政策风险、技术风险、管理风险、法律诉讼风险等始终处在动态变化中，投前尽调只能根据尽调时点收集到的资料进行分析判断，无法预测未来的变化。因此，进入相对漫长的项目存续期后，资管机构不可能始终依靠前期资料和信息来判断当前和未来的风险，此时投后管理是动态监测风险的必然要求。

二、及时发现风险，尽早处置风险

投后管理的核心目的是化解风险，而有效化解风险的秘诀有两个字：一是“早”——尽早地发现风险，尽早地开展处置动作；二是“抢”——抢占先机，占据有利地位，资管机构不仅要同被投企业“抢时间”，也需要同其他投资机构“抢先机”。

其一，风险被发现时的严重程度直接决定风险化解的成功率，资管机构要同目标企业“抢时间”。

风险从出现隐患到风险释放再到风险爆发，其过程就像人的病情一样，除了少数突发性疾病没有征兆以外，大多数会经历小病、大病、“病入膏肓”的演变过程。而目标企业作为经营主体，一定会比资管机构更早发现风险的存在，同时由于担心与资管机构的利益冲突，通常不会立即向资管机构如实通报，而是背后采取措施自救，力求在资管机构发现前自行处理掉。但目标企业所采取的自救措施，并不一定符合资管机构的利益。比如，目标企业为了缓解现金流的压力，可能选择再融资，或者将资管机构注入的资金挪作他用，这无疑将增加资管机构的资金回收风险。资管机构如果对此毫无察觉，坐等项目发生逾期才开始采取行动，此时损害后果可能早已发生，任何处置动作都变得非常困难；相反，如果资管机构在风险初期就采取有效行动，目标企业为了防止负面消息扩散带来连锁反应，一般都会予以配合，在风险初期，目标企业通常也有能力予以配合。因此，经济寒冬中的生存法则，就是“多做体检，避免生病”，而在风险处置的道路上，资管机构同目标企业就像处于同一赛道上的两名竞跑者，关键就看谁能跑赢对手。

其二，这条赛道上的对手，不仅有目标企业，还有其他投资机构或其他债权人。

目标企业的融资手段往往不限于一种，包括股权融资（财务型、战略型）、借贷融资（银行贷款、民间借贷）及股债交叉融资等，规模越大的目标企业，背后的投资机构就越多。当目标企业发生风险时，其风险演变趋势并不是平缓的斜线，而是一条加速下滑的抛物线。这是因为在风险发生初期，各投资机构可能多数都未察觉，或者均选择保持观望，而当其中一家选择提前收回投资，其他投资机构就会闻风而动，纷纷效仿，这样无疑会加速目标企业的“死亡”。投后管理正是资管机构在这场“竞速游戏”中的尖端武器，如果某一资管机构先于其他投资者发现风险，并且提早行动，必然能够抢先一步达到己方目的，不论是要求目标企业追加增信，还是选择彻底退出，早行动的资管机构采取处置措施的效果必然更好。

三、投前投后联动，实现整体提升

投后管理工作并不是由某部门或个体单独承接的一项工作，而是应当形成“投前、投后联动”机制，使全员在参与投后管理工作的过程中，提升风控意识和能力。

第一，投后管理是一种工作设置，但更是一种风控理念。风控措施和手段通过投前尽调、投中审查、投后管理形成完整的风控链条，贯穿于项目的始终，而且缺一不可、相互影响。资管机构内部无论是前台业务人员，还是后台支持部门，抑或上级决策层，都不仅要有投前思维，还要注意培养投后思维。

举个简单的例子：前段曾被誉为融资租赁业务创新典范的“活体租赁”，即将奶牛等家畜作为售后回租的租赁物，有人认为该模式拓宽了融资租赁业务渠道，有效解决了牧场客户融资难的问题，而且当承租人无法给付租金时，将奶牛进行处置，也可以保障投资安全，所以非常值得推广。但笔者认为，虽然奶牛等家畜作为融资租赁物，不违反现行禁止性规定，但是该交易模式的最大障碍并不是投前，而是投后。如果以奶牛作为租赁物，要满足一定融资规模至少需要成千上万头奶牛，然而我国目前采取的养殖模式依然主要是牧场与农户合作散养，且不论对这些奶牛进行租后清点和租赁物管理的工作难度和成本，当出现租金逾期需要收回和处置奶牛时，出租人自己没有这样的能力和奶农们直接对抗，而如果寄望于司法处置途径，试想一下法院执行人员在上千头奶牛中间穿梭的画面，就知道这种情况几乎不可能出现在现实中。

因此，在进行交易结构和风控措施的设计时，不仅要注重产品的合规性，投后思维更是必不可少的。

第二，投前尽调中发现的问题和风险隐患需要及时向投后指明。投后管理并不是一个孤立的阶段，而是投前尽调工作的延续。在投前尽调中为确保资金安全而设计的风控措施，或发现的项目隐患，是投后管理中首先需要关注的问题，一方面要确保相关风控措施持续有效，另一方面则要对风险隐患进行持续监测，这就要求投前、投后各部门之间无缝衔接、紧密配合，及时、有效地进行沟通。

第三，投后发现的风险应当向投前端及时反馈。任何一个项目中发生的风险，都是一笔宝贵的学费。针对投资后发生的风险要进行原因分析，确认其究竟属于偶发性因素而不可避免，还是有可能采取措施予以规避，将分析意见及时反馈给投前端，则有可能避免类似问题再次发生。比如，若发现某地产项目的抵押物在司法处置中难以变现，就需要在投前类似项目中变更抵押物；发现某一行业的利润严重下滑，就需要及时调整投资方向，或者在项目准入方面提高标准。

总之，投后管理能力不足，无疑将严重拉低资管机构的总体风控水平；大力提升投后管理能力，则有助于资管机构风控能力的整体提升。

四、加强震慑作用，减少恶意违约

实践表明，投后管理的规范程度和目标企业恶意违约事件的发生概率成反比关系，投后管理越规范，对目标企业的威慑作用越大，目标企业恶意违约的概率就越低。

原因之一，资管机构与目标企业之间的管控与被管控实质是“此消彼长”的关系，资管机构的管控越严格，目标企业越难以找到恶意违约的空间；资管机构管控疏松，原本没有违约想法的目标企业或许也会滋生这样的念头。

举一个现实案例：某私募股权投资项目约定，三年投资期间届满时，如项目公司未能成功上市，则实控人和项目公司以投资本金 15% 的年化收益率回购基金持有的项目公司股权。事后该回购条款的履行条件成就，原本该大股东具备还款能力，但是看到资管机构很少采取主动的投后检查措施，对目标企业和本人资产状况并不清楚，为了抽调资金用于其他项目，于是决定采取拖延战术。在风险处置阶段，由于资管机构内部管理混乱，对待对手方的谈判策略又显得迟疑不决、处处退让，进一步助长了对手方的强横态度。最终，考虑到诉讼中无法提供财产线索带来的不确定性，资管机构还是放弃了诉讼选择，被迫同意了目标企业仅偿还本金而免除利息、逾期利息的主张，在资管机构与目标企业和实控人的对抗中，后者取得完胜。试想，假如私募基金管理人能够严谨实施投后管理各项工作，实时掌握对手方的资产状况和经营状况，并在对方违约后的第一时间进行催收、催告，无疑会对对方形成有效震慑，对手方有可能会因忌惮诉讼和保全查封而放弃恶意违约的念头。

原因之二，一些现金流紧张的目标企业，当兑付能力不能覆盖所有资金融出方的风险敞口时，就必须进行选择性兑付，而选择标准除了后续合作机会、银行"黑名单"制度以外，则主要取决于投资机构对待投后管理的不同态度和手段，投后管理体系严密、风险处置手段多样、催收动作及时和频率高的资金方，一定有更大机会获得回款。

因此，回款比例和回款速度，往往取决于资管机构对待投后管理的态度及相应的风险排查和处置手段。防范目标企业出现上述道德风险，降低恶意违约的发生概率，要回归到资管机构自身的投后管理建设的根本上来。

五、收集动态信息，节省尽调成本

在金融资管领域，信息量决定成本和收益，如果对目标企业的情况掌握得更加细致、全面、及时，不但可以大大降低出险概率，还可以为本项目再融资或者类似项目融资节省尽调成本。从这一角度出发，针对本机构的存量客户，有必要建立一个动态信息库，通过系统化的信息填报制度对目标企业的动态信息进行不断完善和及时更新。这样不但投后管理参与部门和人员能够随时掌握目标企业的相关情况，还可以通过信息共享让业务部门、政策调研人员及时了解目标企业情况和目标企业所处行业的发展趋势、政策环境变化等，这样可以大大加深资管机构对被投企业和行业的熟悉程度。不论是对目标企业进行二次融资，还是对相关领域内的其他企业提供融资，尽调难度和尽调成本都会大大降低，投资决策依据也会更加充分，决策失误率也会相应下降。

六、取得投资者信任，提升市场竞争力

以往，金融机构吸引投资者更多比拼的是股东背景和资产规模。但自《资管新规》颁布以来，投资者维权意识觉醒，对资管项目的参与度及信息全面性的要求越来越迫切，资管机构是否做到"勤勉尽责"已经愈加透明，而且资管机构的投后管理能力也越发受到公众重视。建立一套完整、可行的投后管理体系和制度，拥有一支专业、全面的投后管理团队，采取一系列果断、有效的风险监控、预警和处置措施，这不但是资管机构在暗潮汹涌的市场环境中存活的必备武器，同样也是未来资管机构取得投资者信任、获得更多投资资金的重要考量因素。

我们注意到，当前很多资管机构在进行对外宣传时，已经逐步加强了投后管理团队和投后管理制度在宣传中所占的比重。可以预见，在不久的将来，"投前、投后联动"的完整风控体系，将不仅仅停留在"口号"和宣传层面，而是真正决定一家资管机构生死存亡的关键因素。

第四节 投后管理的原则

2018 年 10 月 22 日，证监会颁布《证券期货经营机构私募资产管理业务管理办法》，首次对证券、期货资管业务的投后管理提出具体要求。例如，前述办法第 61 条第 1 款规定："证券期货经营机构应当建立健全信用风险管理制度，对信用风险进行准确识别、谨慎评估、动态监控、及时应对和全程管理。"第 62 条规定："资产管理计划投资于本办法第三十七条第（五）项规定资产的，证券期货经营机构应当建立专门的质量控制制度，进行充分尽职调查并制作书面报告，设置专岗负责投后管理、信息披露等事宜，动态监测风险。"

必须指出，上述规定虽然是针对的证券、期货经营机构，但对于其他资管机构同样具有借鉴意义。笔者结合上述文件规定及具体实践经验，总结出以下几点投后管理的原则。

一、制度先行原则

我国目前有相当多的资管机构尚未形成规范化、流程化的投后管理制度。

投后对口管理部门的权责不清，风险排查与处置工作不成体系，面对风险时被动应对居多，主动行动偏少，缺乏针对投后人员的培训机制、工作指引以及衡量工作绩效的标准。上述问题直接影响了资管机构的投后管理水平。

投资纪律决定投资结果，投后管理也是如此，制定一套规范和便于执行的制度，是有序开展投后管理工作的前提。

首先，制度是开展投后管理工作的依据和准则。对任何资管机构而言，在开展投后管理之前，需要制定一套投后管理制度，并在制度运转过程中使其不断规范化、标准化、合理化，才能够更好地提升管理水平，提高工作效率和质量，规避管理中的风险。

其次，制定制度的目的是有效实施，好的制度可以促进执行，差的制度可能成为执行的障碍。如果实践中发现预先制定的制度不符合本资管机构的业务类型和本机构的特点，或者不利于有效排查和处置风险，就要及时进行调整。

例如，某资管机构照搬银行贷后管理制度，其中一条规定："项目逾期违约达 3 个月后或者逾期达到 2 期时，业务部门应当报请法律合规部启动诉讼程序。"上述制度的制定目的是规范诉讼程序的启动条件，做到及时起诉，但是该资管机构忽略了自身项目与银行贷款业务之间的较大差异。即银行贷款通常是分期、分段还款方式，当发生阶段性逾期时目标企业不一定已丧失还款能力，且银行贷款类业务一般以高质量的抵押物为担保，将逾期 3 个月或 2 期作为诉讼启动点对于银行而言相对适合；然而反观该资管机构，由于该机构发行的产品全部采取到期一次性回款方式，所谓的"逾期 2 期"并不存在，而当项目逾期 3 个月后再启动诉讼程序，出险后间隔时间过长，难以保证风险处置的及时性。但是由于该制度的存在，资管机构内部无论是业务团队还是法律合规部，都无法在第一时间启动诉讼工作，即便明知风险存在不可控的趋势，还是要等 3 个月期满时再启动诉讼工作。显然，不适宜的制度在这里反而成了制约。

因此，只有事先制定严谨和科学的投后管理制度，才能够使资管机构形成集约化的投后管理能力，在项目出现险情时，资管机构才能够从容发现、妥善处理风险。

二、全程、全面监控原则

全程，是指投后风险监控和处置动作的连续性、一贯性。投后管理的管理对象绝非仅包含已出险项目，而是在资金投放到目标企业后的第一时间就已将所投项目的全部纳入投后管理范围,投后管理部门和人员应严格依照制度和规定开展投后管理工作,直到最后一笔款项收回,任何一个阶段都不能放松警惕。

全面,是指对资管产品在投后阶段可能面临的行业风险、市场风险、政策风险、法律风险、道德风险进行全面监控。为此,需要全面监控投资资金的去向,监控目标企业的动态经营状况、现金流、资产负债率和重大涉诉情况,还要同时兼顾增信措施的有效性、足值抵御风险的能力,以及可能会对投资安全产生影响的国家宏观政策、投资项目所处的市场环境等,确保监控视野不留死角。

三、专职管理原则

首先,设置投后管理专岗,是新监管政策下监管部门以部门规章形式确定的明确要求。如果现阶段某一资管机构仍未设置投后管理专岗,则可能面临机构设置不健全的合规性风险。

其次,实践证明,为保障投后管理工作的有效性及高效性,必须采取"投后专职负责制"。只有将投后管理工作细化分工,责任到人,才能有效避免因身兼数岗造成的权责不清,确保投后风险监控、处置过程的客观、独立、持续,并在专职管理过程中实现管理水平的不断提升、管理经验的不断积累。

四、协同配合原则

投后管理并不是某个人或某部门的工作,它需要前、后台以及机构决策层的"协同作战",这样才能使投后管理的作用最大化。在投后管理过程中,通过"投前、投后联动",全面发现投后管理中发现的问题并吸取教训,可以使各部门的风险意识、风控水平实现"协同提升",这在开展新业务时对风险识别能力的促进作用同样明显。

五、分类管理原则

对不同风险等级的项目,如果不区分管理手段、不进行合理资源配置,就无法保证投后管理工作的及时有效,有限的投后管理资源还会被无谓消耗,机构内各部门疲于应对繁重的投后管理工作,却起不到应有的效果。因此,采取风险等级分类制度,对每个项目进行风险评估和定级,并对处在不同风险等级的项目制定差异化的管理措施,才能做到"对症下药",实现精确化管理,这样也可以合理分配人、财、物等资源，提升管理效率。

具体而言：对于正常类项目，需要实施以监控风险为主的常规管理手段，比如定期或不定期地开展投后检查工作；对于已发现风险隐患的项目，则需要比前一类项目投入更多精力和时间成本，监控风险走势，确定是否需要采取处置动作；对于既发风险类项目，则需要投入最多的人、财、物等资源，及时制定风险处置预案并确保落实到位，还需要紧密跟踪风险走势和处置效果等。

六、及时处置原则

风险及时发现、及时行动、及时化解，是投后管理工作的核心理念，投后管理从某种意义上讲就是与目标企业赛跑，与其他融资方赛跑。投后管理人员必须高度重视任何可能对投资造成不利影响的风险因素，及时采取有效措施化解或最大限度地降低风险。

及时处置原则包含三方面含义：一是投后管理人员要按规定及时开展各项投后检查、管理工作，以便及时发现风险及不利因素；二是发现问题后要及时发出风险预警提示；三是风险预警机制启动之后，要及时制定相应方案并及时采取处置措施，通过规避或化解风险以保障投资利益的实现。

七、深入实地原则

在风险发生前，投后管理的主要工作是通过投后检查监控风险。投后检查不能仅凭目标企业报送的财务数据和资料，不能仅停留于“口头”和“笔头”，必须深入项目所在地开展实地调查，通过“明察”和“暗访”相结合的方式，才有可能发现真实的风险隐患。

在风险发生后，投后管理的主要工作则重在全面揭露风险，准确评估风险走势，并对风险处置工作进行效果跟踪。不论是对风险的全面揭露，还是通过谈判或司法途径处置风险，都需要深入到风险发生的源头。坐在办公室里想对策、等结果，只会贻误风险处置的最佳时机。

八、“小题大作”原则

风险初现时往往仅是“冰山一角”，真实的风险状况和等级一般都会比资管机构初步发现的情况更为严重。这是因为，风险通常引发目标企业与资管机构之间的利益冲突，目标企业为防止资管机构发现风险后作出与之利益相悖的举动，一般不会在第一时间向资管机构主动报告风险信息，更多的是组织自救、自行化解风险，或者干脆放弃自救，恶意转移资产。而无论选择自救，还是转移资产，目标企业最需要的是时间，所以资管机构初步察觉风险时的风险状况往往滞后于真实状况。因此，资管机构一旦发现风险苗头和隐患，绝不能掉以轻心或抱有侥幸心理，更不能轻信来自目标企业的解释，而是要以"小题大作"的心态，谨慎应对、全面调查、深度挖掘、客观评估，这样才更有机会触碰到真实的风险状况。

第五节　投后管理的工作内容

投后管理实际是由多部门配合和多项工作组成的一个管理体系。我们根据实践经验总结了以下几项工作，并对每项工作的内容和主要作用进行了大致梳理，这样有助于厘清投后管理的概念和意义，各资管机构也可对照完善自己的投后体系。由于后续章节还将对各项工作进行细化讲述，所以在这里仅作简要介绍。

一、回款监控工作

资金监控主要由资管机构内部的运营部门或者财务部门负责，是指对投融资项目中的应收款项进行实际收取和资金安全性监控。项目发生回款逾期是风险最重要的警示，因此对回款情况进行实时监控，并在可能发生逾期或者已经逾期的第一时间向投后管理部门进行风险通报，是非常重要的一项工作。

一般情况下，针对固定收益类项目，资管机构会在每次项目收益的付款时间节点前向目标企业发出能否按期还款的问询函，目标企业应当在实际付款前预先回复，假如资管机构相应部门发出函件后没有收到对方回复，或者对方表示请求延期支付，就需要将此情况立即进行内部通报，并在第一时间启动风险处置应急机制，与目标企业取得联系的同时深入调查可能发生逾期的原因、解决对策等，为及时化解风险或者采取下一步动作争取时间；反之，如果在项目已经逾期后才采取行动，甚至没能及时监控逾期情况，无疑将延缓风险处置的后续动作，贻误战机。

另外，一些资管产品由于结构设计原因，并非直接投向目标企业，回款监控具有间接性,资管机构需要对这类产品予以特别注意。比如,在以信托计划投资设立基金产品,并以基金产品投向目标企业的情况下,如果该支基金的管理人并非信托关联方,这时就需要信托机构及时向基金管理人了解项目回款情况和资金的安全性,而不是等基金即将到期或者已经到期后再去了解回款情况。必须确保基金管理人正常履职,一旦发现基金管理人怠于行使权利,资管机构作为合伙企业中的有限合伙人,应当在第一时间代为向被投资企业行使诉讼等权利。

二、查漏补缺工作

投后风险管理是投前工作的延伸,这也体现在投后阶段可以实现对投前遗留隐患的跟踪和修补方面。

现实中,确实存在一些资管产品“带伤投放”的现象。举一个现实案例:某资管产品的增信措施包含对实际控制人持有的目标公司股权进行质押的措施,但在业务人员前往企业所在地的工商局办理质押登记时,恰巧赶上该工商系统瘫痪无法接收材料,而该资管产品实际已经完成资金募集,如不及时投放将造成资管机构的利差损失,于是资管机构决定先放款,事后再落实质押登记。但是放款后,由于该业务人员忙于其他项目,又没有相关制度要求相关部门对此事及时跟踪,导致质押登记不了了之。事后,项目发生逾期风险,投后部门收集资料时才发现上述问题,同目标企业沟通后对方拒绝配合办理,最终导致该项增信措施失效,资管机构面临极大隐患。

从以上案例可见,投后查漏补缺工作具有非常重要的现实意义。不论是增信措施的落实,还是交易文件的梳理,都需要安排专人、专岗负责跟踪和检查,否则可能发生不可挽回的损失。

三、投后检查

投后检查是对投后动态变化风险进行监控和排查的主要手段,是投后管理体系中的重要环节,也是实现风险预警功能的有效途径。

投后管理相关部门应当做好资管项目所涉及的现场检查、书面检查以及其他日常检查工作,提升投后检查的及时性与有效性,按照要求收集相关信息和资料,撰写检查报告并存档。检查项目包括但不限于项目资金使用情况,项目所涉企业运营状况、财务状况及涉诉情况,行业发展情况等。除上述日常检查外,在必要时还应进行专项检查,例如,对于所涉市场受国家政策影响较大的项目及时进行专项检查,对已发生风险项目的风险走势以及风险处置效果进行专项跟踪等。

四、目标企业信息库的建立与更新

资管机构应建立完善的目标企业信息库制度,信息库主要包括投后检查报告、行业和政策影响性分析等。如前文所述,对存量客户建立信息库并及时收集新的信息加以更新,有助于资管机构全面掌握目标企业所处区域性政策风险、行业整体风险的走势,并在存量客户申请再融资时节省尽调成本。

五、投后档案管理

档案管理的完整性和科学性直接决定了投后管理的质量以及诉讼等风险处置措施的可行性和行动的速度。现实中,投前阶段形成的交易文件、决策过程性文件通常能够被资管机构重视并妥善保存。但在投后阶段,由于投后管理过程本身比较漫长,资料和文件并非同一时间形成,加之经手人多和人员更迭,导致一些资管机构存在投后资料分散甚至遗失的问题。俗话说,“打官司就是打证据”。试想,如果某项目在投后阶段形成的补充协议、催收函、保证合同等原件遗失,对方当事人很有可能会当庭否认证据的真实性,这样不但会影响回款概率,资管机构还有可能被投资者以管理失职为由追究责任。因此,需要专人负责投后档案的收集和管理工作,并制定专门的档案管理制度,各个经手人需要及时将自己掌握的投后检查报告和资料、谈判和催收过程中形成的法律文件、诉讼仲裁法律文书等及时归档。

六、风险等级评估

风险等级评估是金融机构通过投后检查或其他途径搜集的信息,对项目风险处于何种程度进行定级,从而指导投后管理相关工作开展的一种制度。风险评级制度在我国银行系金融机构早已广泛应用并发挥了重要作用,其他资管机构应加以借鉴并根据自身特点制定具体制度。

风险评级在资管机构业务中的主要作用为:第一,使投后资产质量清晰化,便于资管机构掌握自身整体的经营风险;第二,针对不同风险级别的投后项目制定不同的管理策略,以便“对症下药”;第三,合理分配投后管理资源,将有限的资源向风险处置端倾斜；第四，规范和加快风险处置动作，促进风险处置工作的流程化。

七、制定风险处置预案

通过信息分析确定存在风险隐患或者已经发生风险的项目，资管机构应立即成立风险项目工作小组，并在采取具体行动前预先制定风险应对处置预案。

风险处置预案是在项目发生各种可能预期情景时拟采取的应对策略与风险处置化解方案，下一步的风险排查与处置工作应当围绕风险处置预案具体开展。预案内容应当包括项目基本信息、风险成因与现状分析、已采取措施与取得成果、应对处置思路与途径、下一步工作安排与职责分工、每一步工作的完成期限和要求等。

制定风险处置预案的关键点在于：第一，信息来源可靠，信息收集全面；第二，应对手段具体而明确，可操作性强；第三，协同配合，分工明确；第四，工作进度设定期限，每一步骤之间设置操作节点；第五，随时更新信息，随时调整预案。

八、非诉讼途径风险处置手段

针对已经发生风险的项目，如能通过非诉讼途径化解风险，或者以非诉讼方式实现款项回收，理应尽量选择非诉讼途径。非诉处置手段作为投后管理中的一项重要工作，其内容主要包括：(1)利用自身资源主动协助目标企业化解风险；(2)催收工作，即通过向还款义务人发函、发送律师函或谈判方式对目标方施压，实现项目回款；(3)置换或增加增信措施，即利用目标企业对立即陷入诉讼的顾忌，以空间换取时间，实现现有增信措施的置换，或增加新的增信措施，为项目最终实现回款增加砝码；(4)应收款展期，即通过风险评估认定该项目未来风险可控，在征得投资人同意的前提下，允许目标企业延后一定时间还款；(5)通过谈判方式实现债转股或者实现项目、资产收购；(6)项目收益转让，即由目标企业关联方或第三方机构全价或者折价收购该资管产品的收益权或股权、债权，实现项目的退出。

九、诉讼途径风险处置手段

当非诉手段难以化解风险，或者项目风险存在扩大化趋势时，需要及时采取诉讼、仲裁手段达到风险处置的目的。诉讼途径处置风险可以说是投后管理中最为重要且最为复杂的一项工作，后续章节还将对此展开专门论述，因此在本节中不再赘述。

十、投后信息披露与信息上报

信息披露是针对投资者而言，信息上报则是针对监管部门而言。自2017年以来新监管政策陆续出台后，资管产品与风险的信息披露与上报制度越来越细化和严格，披露和上报的范围不再局限于产品发行阶段，目前已经明确要求扩展至整个投后阶段。另外，证监会对所辖金融资管机构还规定要设立专门岗位负责信息披露与信息上报，可见投后信息的公开透明化是未来监管趋势，今后资管机构必然需要在全程信息与风险的披露和上报方面花费更多精力。

第六节 投后管理的部门设置

投后管理的责、权、利在各部门之间如何分配，对于资管机构规范投后管理体系、提升投后管理质量具有非常重要的意义。现阶段，由于国家金融监管部门并没有对此作出统一要求，致使各资管机构因其资管产品的特点和对投后管理的不同理解，呈现“因企而异”的现状。根据我们所掌握的一些资管机构内部投后管理制度，大致归类为以下三种模式，下面我们对不同模式的运转情况进行利弊分析，以期为各资管机构选择符合自身需求的模式提供思路。

一、“前台为主、后台为辅”模式

以某信托公司为例。该机构实行“大业务团队制”，业务团队自身设有法务、财务岗位，由业务团队整体负责投前、投后全流程管理。投后检查（日常检查和专项检查）、客户信息收集、投后检查工作报告撰写及检查表填写等任务均由业务部门完成，有些项目中派驻的项目现场人员的人事关系也隶属于业务部门。业务团队收集的投后资料、制作的投后检查报告和数据报表须呈交给公司的投后管理部，由投后管理部进行材料审核和风险分析判断，并向业务部门发布风险提示。在发生或发现风险后，风险管理部门负责制定处置预案，业务部门负责执行。

上述模式可以总结为“前台（业务部门）为主，后台（风控部门）为辅”的管理模式,这是当前大多数资管机构采用的主流模式。这种模式设计的出发点是充分发挥前台部门熟悉行业、了解项目的优势,借助前台业务人员与目标企业建立的较长期的信任关系,方便投后阶段的沟通联络和信息收集,同时也可节省投后的管理成本。

但上述模式的弊端在于:第一,业务团队与其负责项目之间已经形成"一荣俱荣、一损俱损"的关系,在项目风险评定结果可能影响业绩收入和职级晋升的情况下,业务人员往往难以客观、审慎地进行风险监控,甚至在个别情况下,可能会对已经发现的风险隐患进行迟报、瞒报,以期风险自行化解或者由业务人员自行解决,而风控部门缺乏第一手信息渠道,无法对风险等级和走势进行准确判断,后续处置工作更无从谈起。第二,业务团队还要背负新业务的拓展任务,往往新业务比存量业务更加重要,身兼两职难免分身乏术,投后管理的动力不足。

建议:(1)在上述模式下,可考虑在业务团队内设置投后专岗,一方面加强对投后专岗人员的专业能力培训,另一方面需要将投后专岗人员的工作任务、绩效考核与新业务脱钩,与存量业务挂钩。(2)对风险成因进行准确评估,对于非业务团队原因导致的项目风险,不应对业务团队进行处罚或暂停其新业务拓展资格,打消业务团队主动上报风险的顾虑。(3)后台部门应当从审计、法律等角度提供更多专业支持,特别是在发现风险隐患或风险已经发生时,后台部门的参与度应当更高,甚至全面接管风险评估与处置工作。

二、"后台为主、前台为辅"模式

以某基金管理公司为例。该机构的投资制度规定,项目投后管理需要成立专业团队,团队成员包括业务团队经理、财务部人员、投资管理部人员和法务部人员等。上述团队的人员构成囊括了前台和后台多个部门,从进一步的职责划分来看,团队中起主导作用的是法务人员,具体体现在:投后管理制度由法务部制定,投后项目在交底过程中必须由法务部人员审核确认,法务部对项目投后情况进行定期检查或不定期检查(飞行检查)等,业务经理则主要负责同目标企业进行沟通协调,其他部门人员也是从各自的专业角度配合法务部人员的工作。

另外,该公司在投后管理部门之下还设有"资产保全组",专门负责风险项目的诉讼流程推进与效果跟踪。其职能与一些大银行的“资产保全部”类似，一些已经确定风险且不可逆的不良项目，统一交由资产保全部负责处理，该部门主要通过诉讼（执行）、参与破产清算和不良资产转让等路径实现债权。

上述模式可以总结为“后台（法务部或风控部）为主，前台（业务部门）为辅”的管理模式。该种模式设计与第一种模式正好形成鲜明对比，其优点在于能够实现业务端与风控端的有效隔离，尽量避免出现“既当运动员，又当裁判员”的道德风险；但弊端在于后台人员对项目前期的情况不一定熟悉，又缺乏同目标企业的有效沟通渠道，而且法务人员由于自身职业的思维定式，可能习惯于采取“下猛药、治沉疴”的风险处置方式，一遇风险就采取提前解约和诉讼手段，导致项目风险被彻底引爆。

建议：笔者倾向认为，以后台为主导的投后管理模式更符合风控要求，特别是针对每个项目成立专门的投后管理团队，可以保证投后管理工作的专业化程度。但需要注意的是，多部门参与投后管理的成本较大，需要区分正常项目、隐患项目、风险项目，并合理配置资源，团队成员也需要明确分工、责任到人，以免使这种配合机制流于形式。至于风险处置手段的选择，以及何时提起诉讼，需要预先制定触发标准，根据项目风险走势进行集体研讨和决策。

三、资管机构与第三方专业机构合作模式

随着各资管机构从较为单一的投资领域走向多元化的组合投资，面对不同行业、不同类型的资管产品以及不同交易结构带来的更为复杂的战略、业务和管理风险，对机构内部在投后管理方面的专业化要求越来越高。为应对上述挑战，保险资管行业首创独立监督人制度。

2016 年 6 月 14 日颁布的《保险资金间接投资基础设施项目管理办法》（以下简称《办法》）第 50 条第 1 款规定：“本办法所称独立监督人，是指根据投资计划约定，由受益人聘请，为维护受益人利益，对受托人管理投资计划和融资主体具体运营情况进行监督的专业管理机构。”此外，《办法》第 51 ~ 54 条分别对独立监督人的主体资格、应当符合的条件和应履行的职责以及对独立监督人的激励约束机制进行了规定。

如同资管机构聘请会计师事务所、律师事务所进行项目投前尽调一样，独立监督人则是主要负责保险资管产品投后风险监控的第三方机构。独立监督

人制度的创新意义在于,可以有效提升投后风险监控的客观性和专业性。但是据笔者了解,由于独立监督人制度尚处于起步阶段,第三方机构的选聘和报酬机制并不明确,同时由于报酬极为有限,第三方机构难以展开全面的投后风险监控管理工作。

建议:将项目投后风险监控的部分职责交给第三方机构,既可以大大提升投后风险监控的专业性,又可以解决资管机构内部前台和后台部门因为所处视角不同造成的相互扯皮问题,所以可以尝试在保险资管领域以外的更大范围推广这种模式。当然,第三方机构不可能全面取代资管机构履行的投后管理职责,双方之间的分工和配合需要进一步细化,而能否促使第三方机构真正发挥职能,取决于资管机构能否改变"重投前、轻投后"的固有意识,加大对投后阶段的投入和体系建设。

四、总结

以上三种模式并不存在明显的高下优劣之分,每种模式都具有各自的优势和弊端,选择哪种模式取决于资管机构现有的风控体系和产品结构。但可以预见的是,无论选择哪种模式,都需要加大投后端的资源配置比重,需要专门设置投后管理岗位,确定各部门之间在投后管理方面的责、权、利,同时努力提升投后管理人员的专业化程度,这样才能形成良性机制、促进投后管理能力的稳步提升。

第二章

资管新政与投后管理

CHAPTER 02

2018年被业内称为“资管元年”，这正是由于2018年4月27日，中国人民银行、银保监会、证监会和外管局联合印发了《关于规范金融机构资产管理业务的指导意见》，也即《资管新规》。随后，银保监会和证监会等监管部门又各自相继出台了相关配套文件，强监管态势正式成为常态，各资管机构必须加快自身制度建设和合规经营的步伐。

既然是对资管业务全流程的规范和完善，自然也包括投后环节的制度建设和监管要求。所以在本章中，笔者将以投后管理为视角重新解读《资管新规》及其配套文件，并且对《资管新规》出台前后的相关文件和监管部门开出的罚单进行梳理和对比，重点探讨投后管理方面的合规性要求。另外，笔者认为，《资管新规》引发的并不仅仅是监管趋严，同时也触发了金融投资者意识的觉醒，有关“卖者尽责”“信息披露”等规定无不“剑”指投后端，资管机构必须加强投后管理，以便应对来自监管部门和金融投资者的双重压力。

第一节　从投后视角解读资管行业政策性文件

2018 年 4 月 27 日，中国人民银行、银保监会、证监会和外管局联合印发了《资管新规》，市场期待已久的《资管新规》正式稿最终落地。由于《资管新规》对资管行业产生了巨大而深远的影响，因此业内普遍将 2018 年称为“资管元年”。

以《资管新规》出台时间作为切分点，我们首先对新规出台前后相关文件在投后管理方面的规定进行梳理和对比。

一、《资管新规》出台前涉及投后管理的规定

以“投后管理”或者“贷后管理”为关键词检索法律文件，可以发现以上关键词并未在法律、法规级别的文件中出现。不过，“审慎经营规则”是所有金融行业必须遵守的基本规则。例如，《银行业监督管理法》（2006 年修正）第 21 条规定：“银行业金融机构的审慎经营规则……包括风险管理、内部控制、资本充足率、资产质量、损失准备金、风险集中、关联交易、资产流动性等内容。银行业金融机构应当严格遵守审慎经营规则。”《证券投资基金法》（2015 年修正）第 9 条规定：“……基金管理人运用基金财产进行证券投资，应当遵守审慎经营规则，制定科学合理的投资策略和风险管理制度，有效防范和控制风险。……”上述法律规定提及的“风险管理”“风险管理制度”包含金融业务全链条中的风险管控和制度要求，因此投后管理制度实际是“审慎经营规则”的具体要求，只是相关法律、法规并未对此作进一步的细化规定。

将检索范围扩大到部门规章和地方性法规级别，则可检索得出包含“投后管理”或者“贷后管理”的文件数百个。仅从数量上看，体现投、贷后管理的文件不少，但仔细翻阅这些文件，我们发现，2018 年以前出台文件中涉及投、贷后管理的条款非常简略。

例如，《中国保险监督管理委员会关于保险资金投资集合资金信托计划有关事项的通知》（保监发〔2014〕38 号）第 5 条第 2 款规定：“保险机构应当加强投后管理，制定后续管理制度和兑付风险处理预案；定期监测融资主体和项目

的经营等情况；定期开展压力测试和情景分析；形成内部定期报告机制，全程跟踪信托投资风险。”上述规定只是简单列举了保险机构应当制定投后管理的相关制度、制定风险处置预案、全程监控风险等原则性要求，至于如何开展相关具体工作，文件并没有详述。即便是上述寥寥数语，该条款的篇幅设置就已经超过了绝大多数文件的规定。更多情况下，如《商业银行并购贷款风险管理指引》（银监发〔2015〕5号），仅仅以“加大贷后管理力度，切实保障并购贷款安全”这样简单的一句话来概括投、贷后管理的不可或缺性。

由此可见，在《资管新规》出台前，在“事后监管”“被动监管”为主导的意识形态下，金融监管部门的主要监管对象是资管业务的投前合规性，至于投后管理制度是否规范，投后风险防控和处置体系是否健全，则基本属于资管机构内部事务和自我管理范畴。“重投前、轻投后”现象在资管行业普遍存在，这与监管政策导向存在一定联系。既往监管政策偏重于投前端的原因比较复杂，笔者简单总结为以下几点。

其一，经济上行惯性造成对风险的认识不足。我国自2001年加入WTO，到2011年的10年时间里，GDP年平均增速为10.7%，在整体经济持续高速上行的市场环境下，风险爆发率长期处于低位。金融家们关心的是如何赚取更多利润，至于个别项目出现风险，多数可以自行化解，余下的则可以通过赚取更多利润予以覆盖和消化。在“闭眼数钱”的市场背景下，投后管理的作用和价值难以全面体现。虽然“贷前调查、贷时审查、贷后检查”的“三查”原则早已确立并被各种文件反复提及，但是实际监管环节并没有对金融机构如何开展投后管理作出具体要求，在认识上也并没有将投后端放在同等重要的位置。

其二，资管行业迅猛发展造成监管力量不足。金融资管行业是伴随着中国经济“黄金十年”而迅速发展壮大起来的，大大小小的金融机构如同雨后春笋般涌现，“金融全牌照”和“金融创新”是过去几年热度最高的名词。然而金融业的过速发展也带来各种金融乱象，金融监管部门一方面要应对数量成倍增长的监管对象，另一方面还要对交易结构越发复杂的“新产品”进行合规性审查，这就导致监管力量明显不足，监管视角也越来越向投前端倾斜。

其三，监管口径不统一影响对投后管理的认识。在以前“一行三会”的分业监管格局下，各金融监管部门的关注点和要求不尽相同，存在一定程度的相互制约和管理口径不一问题，这在一定程度上影响了监管效率。体现在投后管理方面，更是因分属行业的不同、业务类型的不同以及各行业发展阶段的不同而呈现很大差异，这就造成无法以法律、法规形式作出统一规范。另外，在过去未实行“穿透式”监管政策的情况下，通道林立，各资管机构之间投后管理职责不清，监管部门难以对此进行判断和主动规范。

二、投后视角看《资管新规》

近年来，资管业务规模不断攀升，截至2017年年末总规模已达百万亿元。但在资管业务迅猛发展的同时，也产生了大量的金融乱象，脱离了“受人之托，代人理财”的业务本源，更导致金融风险隐患持续累积，严重影响了我国经济的平稳健康发展。因此在《资管新规》出台前的2017年，国家有关部门已经注意到问题的严重性，“主动出击”“重拳整顿”的金融监管新格局逐渐形成。在这样的背景下，《资管新规》正是从严监管和统一监管的具体体现。

虽然《资管新规》未设置投后管理专章，但是“坚持严控风险的底线思维”“减少存量风险，严防增量风险”在《资管新规》中被列为第一原则，足见风控体系建设对于“确保不发生系统性金融风险”的重要性。《资管新规》以下条款中，包含了对“投后管理”的具体要求。

1. 金融机构勤勉尽责原则与投资者保护

第8条：“金融机构运用受托资金进行投资，应当遵守审慎经营规则，制定科学合理的投资策略和风险管理制度，有效防范和控制风险。金融机构应当履行以下管理人职责：(一)依法募集资金，办理产品份额的发售和登记事宜。(二)办理产品登记备案或者注册手续。(三)对所管理的不同产品受托财产分别管理、分别记账，进行投资。(四)按照产品合同的约定确定收益分配方案，及时向投资者分配收益。(五)进行产品会计核算并编制产品财务会计报告。(六)依法计算并披露产品净值或者投资收益情况，确定申购、赎回价格。(七)办理与受托财产管理业务活动有关的信息披露事项。(八)保存受托财产管理业务活动的记录、账册、报表和其他相关资料。(九)以管理人名义，代表投资者利益行使诉讼权利或者实施其他法律行为。(十)在兑付受托资金及收益时，金融机构应当保证受托资金及收益返回委托人的原账户、同名账户或者合同约定的受益人账户。(十一)金融监督管理部门规定的其他职责。金融机构未按照诚实信用、勤勉尽责原则切实履行受托管理职责，造成投资者损失的，应当依法向投资者承担赔偿责任。”

解读：以上规定首次对资管机构向金融投资者应尽的勤勉尽责义务予以细

化。换言之,如果金融机构违反上述规定并造成投资者损失的,将可能承担赔偿责任。上述条款中,投后管理在资管机构应尽职责中占据了很大比例,具体体现在以下几个方面。

(1)制定科学合理的风险管理制度

风险管理制度是资管业务中的一整套风险防控体系,投后管理制度是这一体系中不可或缺的一环。风控体系就如同一张渔网,撒网前即便网眼再牢固、再紧密,如果过程中不注意及时修补,任何风险都有可能从这张渔网中漏掉,直至局面不可控。正如前文所述的"制度先行"原则,事先制定一套完善、可行的风险管理制度,是金融机构履行勤勉尽责义务的前提。

(2)保存受托管理业务活动的相关材料

这是资管机构履行受托义务最为具象化、可视化的体现。资管机构对每一个资管产品从投前到投后形成的资料都需要妥善保存,不仅包括投前尽调报告、投资决策过程性记录、投中形成的法律文件和交易文本,当然也包括投后检查及风险处置过程中收集和编纂的被投资方及项目相关信息资料、报表、投后检查报告、风险处置过程性文件和司法文书等。现实中,投前、投中形成的资料往往较为齐备,但是投后资料完整性取决于资管机构是否全面、及时开展了投后管理和风险处置方面的工作。资管产品存续期间,资管机构要注重投后资料的收集整理,以应对投资者、监管部门的双重检查;当项目发生风险和损失时,资管机构更是要承担相应举证责任,将所收集整理的材料作为证据主动提交,从而证明自己已尽到勤勉尽责的义务。因此,投后管理工作的规范性、及时性是上述管理人职责条款所暗含的要求。

(3)行使诉讼权利和其他法律行为

金融资管机构在受托理财过程中有较高的自主经营决策权,包括在何时、何种情况下对目标方行使诉权,不需要事先征得投资者的同意,也无须以投资者名义起诉,这也是金融资管关系区别于狭义的委托代理关系的具体表现。不过在确立了上述管理人权利的同时,《资管新规》更多强调的是管理人的义务。虽然"行使诉讼权利和其他法律行为"无须事先征得投资者的同意,但上述管理人职责是同"勤勉尽责原则"相关联的,资管机构采取法律行动的及时性、合理性以及规范性,需要在事后接受投资者的监督。司法实践中,假如资管机构未采取诉讼行为却没有合理解释,或者因为采取法律行为的不及时、不合理,造成投资者的损失,根据《资管新规》的规定,资管机构极有可能被判承担赔偿责任。

因此，要做到规范、合理、及时采取法律行动，首先要对风险走势进行有效监控，并建立一套体系健全的决策和风险处置机制，资管机构承担的勤勉尽责义务实则与建立、健全投后管理体系息息相关。

2. 主动、真实、准确、完整、及时进行信息披露

第 12 条："金融机构应当向投资者主动、真实、准确、完整、及时披露资产管理产品募集信息、资金投向、杠杆水平、收益分配、托管安排、投资账户信息和主要投资风险等内容。国家法律法规另有规定的，从其规定。……"

解读：信息披露一直是金融资管机构必须遵守的一项重要制度。《保险法》（2015 年修正）第 110 条就规定："保险公司应当按照国务院保险监督管理机构的规定，真实、准确、完整地披露财务会计报告、风险管理状况、保险产品经营情况等重大事项。"不过通过条文对比可以发现，《资管新规》对于金融资管机构进行信息披露作出了更严格、更具体的要求。以往金融机构进行信息披露，基本是在资金募集、计划成立阶段和投资期限届满后的分配阶段，而投后存续期间的相关信息和风险很少主动披露。这一方面是因为原先对投资者权益予以保护的意识不强，另一方面也是金融机构为了便于自主管理刻意为之。但是《资管新规》出台后，明确了信息披露要"主动、真实、准确、完整、及时"，而且披露事项包含了"主要投资风险"，我们理解，这里所指的不仅是投资决策前对各种可能风险的预测，而且包括产品存续期内发生的现实风险，甚至包括金融机构针对风险所采取的处置措施。

面对信息披露制度方面的变革，资管机构的首要任务还是尽快完善投后制度建设并提升风险防控、处置的能力；否则，风险显露而不自知、风险爆发而无对策，自然无法做到信息披露的主动性，以及真实、准确、完整、及时。另外，风险爆发后信息披露的不及时、不准确，亦有可能作为投资者追究金融机构责任的理由，对此资管机构理应慎重处理。

3. 统一报告、标准规制和实时监管

第 25 条："建立资产管理产品统一报告制度。中国人民银行负责统筹资产管理产品的数据编码和综合统计工作，会同金融监督管理部门拟定资产管理产品统计制度，建立资产管理产品信息系统，规范和统一产品标准、信息分类、代码、数据格式，逐只产品统计基本信息、募集信息、资产负债信息和终止信息。中国人民银行和金融监督管理部门加强资产管理产品的统计信息共享。金融机构应当将含债权投资的资产管理产品信息报送至金融信用信息基础数据

库。……”

第 26 条:“中国人民银行负责对资产管理业务实施宏观审慎管理,会同金融监督管理部门制定资产管理业务的标准规制。……本意见正式实施后,中国人民银行会同金融监督管理部门建立工作机制,持续监测资产管理业务的发展和风险状况,定期评估标准规制的有效性和市场影响,及时修订完善,推动资产管理行业持续健康发展。”

第 27 条:“对资产管理业务实施监管遵循以下原则:……(四)实现实时监管,对资产管理产品的发行销售、投资、兑付等各环节进行全面动态监管,建立综合统计制度。”

解读:如果说前述“信息披露”条款强调的是资管机构与投资者之间的信息透明化要求,那么《资管新规》第 25 ~ 27 条则反映了资管机构与监管部门之间有关信息上报的制度要求。《资管新规》关于信息上报制度的变化可归纳为三点,即从“事后监管”变为“实时监管”,从“被动监管”变为“主动监管”,从“分业监管”变为“标准规制”和“穿透式监管”。如前所述,《资管新规》出台前,监管视角侧重于资管产品的投前合规性,虽然监管部门也要求资管机构定期上报自身项目“不良率”等数据,但是现实中“不良率”的统计口径、统计结论含有较大水分,监管措施方面也较少对此作进一步的分析和处理。《资管新规》出台后,则要求资管机构对项目风险信息及时、实时上报,这就意味着监管部门不再以“最终损失”作为监控指标,风险监控和风险处置措施的开展也不再是资管机构的内部事务,相关过程性工作已被纳入监管范畴,如果资管机构在投后管理制度建设和实操方面存在漏洞,则很可能受到监管部门的处罚。

三、“资管新规实施细则”中的投后管理相关条款

《资管新规》出台后,中国银保监会于 2018 年 9 月 26 日公布《商业银行理财业务监督管理办法》、中国证券监督管理委员会于 2018 年 10 月 22 日公布《证券期货经营机构私募资产管理业务管理办法》,上述文件均是对《资管新规》的细化和补充。如果说《资管新规》只是侧面体现了投后管理的制度要求,那么相关细则则以大量篇幅对投后管理制度作了非常具体的规定,其详细程度可谓“史上首次”。

以下,我们分别摘录上述文件中与投后管理有关的条款。

1.《商业银行理财业务监督管理办法》的相关规定

(1)【风险管理体系建设】

第 16 条:“商业银行应当根据理财业务性质和风险特征,建立健全理财业务管理制度,包括产品准入管理、风险管理与内部控制、人员管理、销售管理、投资管理、合作机构管理、产品托管、产品估值、会计核算和信息披露等。商业银行应当针对理财业务的风险特征,制定和实施相应的风险管理政策和程序,确保持续有效地识别、计量、监测和控制理财业务的各类风险,并将理财业务风险管理纳入其全面风险管理体系。……”

第 39 条第 1 款第 1 项:“商业银行理财产品投资于非标准化债权类资产的,应当符合以下要求:(一)确保理财产品投资与审批流程相分离,比照自营贷款管理要求实施投前尽职调查、风险审查和投后风险管理,并纳入全行统一的信用风险管理体系;”

第 43 条第 1 款:“商业银行应当建立健全理财业务流动性风险管理制度,加强理财产品及其所投资资产期限管理,专业审慎、勤勉尽责地管理理财产品流动性风险,确保投资者的合法权益不受损害并得到公平对待。”

(2)【管理人员培训与考核机制】

第 24 条:“商业银行应当建立健全理财业务人员的资格认定、培训、考核评价和问责制度,确保理财业务人员具备必要的专业知识、行业经验和管理能力,充分了解相关法律、行政法规、监管规定以及理财产品的法律关系、交易结构、主要风险及风险管控方式,遵守行为准则和职业道德标准。”

(3)【投后信息披露要求】

第 40 条第 3 款:“商业银行应当向投资者及时、准确、完整地披露理财产品所投资信贷资产受(收)益权的相关情况,并及时披露对投资者权益或投资收益等产生重大影响的突发事件。”

第 56 条第 1 款第 4 项、第 2 款和第 3 款:“商业银行发行公募理财产品的,应当在本行官方网站或者按照与投资者约定的方式,披露以下理财产品信息:(四)定期报告,包括理财产品的存续规模、收益表现,并分别列示直接和间接投资的资产种类、投资比例、投资组合的流动性风险分析,以及前十项资产具体名称、规模和比例等信息;”

“商业银行应当在理财产品成立之后 5 日内披露发行公告,在理财产品终止后 5 日内披露到期公告,在发生可能对理财产品投资者或者理财产品收益产生重大影响的事件后2日内发布重大事项公告。”

“商业银行应当在每个季度结束之日起15日内、上半年结束之日起60日内、每年结束之日起90日内,编制完成理财产品的季度、半年和年度报告等定期报告。理财产品成立不足90日或者剩余存续期不超过90日的,商业银行可以不编制理财产品当期的季度、半年和年度报告。”

(4)【投后风险监控与风险处置预案(压力测试)制度】

第46条:“商业银行应当建立健全理财产品压力测试制度。理财产品压力测试应当至少符合以下要求:

(一)针对单只理财产品,合理审慎设定并定期审核压力情景,充分考虑理财产品的规模、投资策略、投资者类型等因素,审慎评估各类风险对理财产品的影响,压力测试的数据应当准确可靠并及时更新,压力测试频率应当与商业银行理财产品的规模和复杂程度相适应;

(二)针对每只公募理财产品,压力测试应当至少每季度进行一次,出现市场剧烈波动等情况时,应当提高压力测试频率;

(三)在可能情况下,应当参考以往出现的影响理财产品的外部冲击,对压力测试结果实施事后检验,压力测试结果和事后检验应当有书面记录;

(四)在理财产品投资运作和风险管理过程中应当充分考虑压力测试结果,必要时根据压力测试结果进行调整;

(五)制定有效的理财产品应急计划,确保其可以应对紧急情况下的理财产品赎回需求。应急计划的制定应当充分考虑压力测试结果,内容包括但不限于触发应急计划的各种情景、应急资金来源、应急程序和措施,董事会、高级管理层及相关部门实施应急程序和措施的权限与职责等;

(六)由专门的团队负责压力测试的实施与评估,该团队应当与投资管理团队保持相对独立。”

(5)【与合作机构之间的投资管理职责】

第48条:“商业银行应当对理财投资合作机构的资质条件、专业服务能力和风险管理水平等开展尽职调查,实行名单制管理,明确规定理财投资合作机构的准入标准和程序、责任与义务、存续期管理、利益冲突防范机制、信息披露义务及退出机制,理财投资合作机构的名单应当至少由总行高级管理层批准并定期评估,必要时进行调整。商业银行应当以书面方式明确界定双方的权利义务和风险责任承担方式,切实履行投资管理职责,不因委托其他机构投资而免除自身应当承担的责任。”

(6)【投后风险上报制度】

第64条:“从事理财业务的商业银行在理财业务中出现重大风险和损失时,应当及时向银行业监督管理机构报告,并提交应对措施。”

2.《证券期货经营机构私募资产管理业务管理办法》相关规定

(1)【风险管理制度建设】

第3条第2款:“证券期货经营机构应当遵守审慎经营规则,制定科学合理的投资策略和风险管理制度,有效防范和控制风险,确保业务开展与资本实力、管理能力及风险控制水平相适应。”

第60条:“证券期货经营机构应当明确投资决策流程与授权管理制度,建立、维护投资对象与交易对手备选库,设定清晰的清算流程和资金划转路径,对资产管理计划账户日常交易情况进行风险识别、监测,严格执行风险控制措施和投资交易复核程序,保证投资决策按照法律、行政法规、中国证监会的规定以及合同约定执行。”

(2)【与合作机构之间的投资管理职责】

第46条第1款第2项:“证券期货经营机构应当切实履行主动管理职责,不得有下列行为:(二)在资产管理合同中约定由委托人或其指定第三方自行负责尽职调查或者投资运作。”

(3)【投后信息披露要求】

第48条第1款第3项和第4项:“资产管理计划应向投资者提供下列信息披露文件:(三)资产管理计划定期报告,至少包括季度报告和年度报告;(四)重大事项的临时报告;”

第50条:“资产管理计划运作期间,证券期货经营机构应当按照以下要求向投资者提供相关信息:

(一)投资标准化资产的资产管理计划至少每周披露一次净值,投资非标准化资产的资产管理计划至少每季度披露一次净值;

(二)开放式资产管理计划净值的披露频率不得低于资产管理计划的开放频率,分级资产管理计划应当披露各类别份额净值;

(三)每季度结束之日起一个月内披露季度报告,每年度结束之日起四个月内披露年度报告;

(四)发生资产管理合同约定的或者可能影响投资者利益的重大事项时,在事项发生之日起五日内向投资者披露；

（五）中国证监会规定的其他要求。

资产管理计划成立不足三个月或者存续期间不足三个月的，证券期货经营机构可以不编制资产管理计划当期的季度报告和年度报告。”

（4）【投后风险监控、预案与风险处置】

第61条：“证券期货经营机构应当建立健全信用风险管理制度，对信用风险进行准确识别、审慎评估、动态监控、及时应对和全程管理。

证券期货经营机构应当对投资对象、交易对手开展必要的尽职调查，实施严格的准入管理和交易额度管理，评估并持续关注证券发行人、融资主体和交易对手的资信状况，以及担保物状况、增信措施和其他保障措施的有效性。出现可能影响投资者权益的事项，证券期货经营机构应当及时采取申请追加担保、依法申请财产保全等风险控制措施。”

第63条：“证券期货经营机构应当建立健全流动性风险监测、预警与应急处置制度，将私募资产管理业务纳入常态化压力测试机制，压力测试应当至少每季度进行一次。

证券期货经营机构应当结合市场状况和自身管理能力制定并持续更新流动性风险应急预案，明确预案触发情景、应急程序与措施、应急资金来源、公司董事会、管理层及各部门职责与权限等。”

（5）【投后管理与信息披露专岗制度】

第62条：“资产管理计划投资于本办法第三十七条第（五）项规定资产的，证券期货经营机构应当建立专门的质量控制制度，进行充分尽职调查并制作书面报告，设置专岗负责投后管理、信息披露等事宜，动态监测风险。”

第63条第1款：“证券期货经营机构应当建立健全流动性风险监测、预警与应急处置制度，将私募资产管理业务纳入常态化压力测试机制，压力测试应当至少每季度进行一次。”

第67条：“证券期货经营机构应当建立健全信息披露管理制度，设置专门部门或者专岗负责信息披露工作，明确负责的高级管理人员，并建立复核机制，通过规范渠道向投资者披露有关信息，还应当定期对信息披露工作的真实性、准确性、完整性、及时性等进行评估。”

第68条：“证券期货经营机构和托管人应当加强对私募资产管理业务从业人员的管理，加强关键岗位的监督与制衡，投资经理、交易执行、风险控制等岗位不得相互兼任，并建立从业人员投资申报、登记、审查、处置等管理制度，防范与投资者发生利益冲突。”

(6)【重大风险事件上报】

第72条：“证券期货经营机构应当建立健全应急处理机制，对发生延期兑付、负面舆论、群体性事件等风险事件的处理原则、方案等作出明确规定，并指定高级管理人员负责实施。出现重大风险事件的，应当及时向中国证监会及相关派出机构、证券投资基金业协会报告。”

第二节 资管新政对资管机构在投后管理方面的现实影响

《资管新规》及其配套文件的相继出台，不但对资管机构业务的合规性提出了新要求，而且对投后管理的制度建设和实操方面的要求越来越明确和具体，因此资管机构必须加快自身制度建设步伐。我们认为，新监管政策之下的资管机构所面临的挑战主要来自以下两个方面。

一、来自监管部门的压力

加强投后管理制度建设，首先是新监管趋势下监管部门的明确要求。如果投后管理工作不到位，有可能直接招致监管部门的处罚。

新监管政策带来的最直接的变化就是监管从严和处罚从重。通过对银保监会及其下属各级银保监局对外披露的行政处罚信息表的分析可以看到，2017年以后，各级银保监部门开出的罚单比以往几年大幅增多，“天价罚单”更是层出不穷。在处罚事由方面，2017年以前大多集中在投(贷)前的合规性方面，比较集中的问题包括：机构设置违规、投(贷)前调查不审慎、放款程序不合规、放款对象不符合条件等，体现在投(贷)端的问题基本就是“未按规定审查资金流向”这一项上，针对其他投(贷)后疏漏进行处罚的案例比较少见。而在2017年以后，针对投后或者贷后管理存在问题开出的罚单骤增，处罚事由也呈多样性。

例如，《深银监罚决字〔2018〕3号》罚单的处罚案由为“卖方信贷流动资金贷款贷后管理不到位、保全措施不及时，严重违反审慎经营规则”；《津银监罚决字〔2018〕20号》罚单的处罚案由为“同业投资投后管理失职”；《陕银监罚决字

〔2017〕90 号》罚单的处罚案由为“理财资金投资非标准化债权资产投后管理不严”;《湘银监罚决字〔2018〕32 号》罚单的处罚案由包括“岗位相互分离制衡原则落实不到位”以及“投后管理不到位”。从上述处罚事由可见,资管业务中的投后管理越发受到监管部门的重视,从投后管理的制度建设到投后管理实务操作等各个角度,监管部门均已加大了监管和处罚力度。

另外,2017 年年末爆出的“侨兴债违规担保案”,则是加强监管之后的代表性案例。除了“史上最大罚单”为业界瞠目之外,亦可体现新监管政策在投后管理方面的一些变化,在此作简要回顾。

“侨兴债违规担保案”回顾与分析(以下案例信息采集自媒体公开报道):

2016 年 12 月,广东惠州侨兴集团 10 亿元私募债到期无法兑付,浙商财险公司提供全额保证保险后,以广发银行惠州分行为其出具了兜底保函为由,向后者主张债权。之后,10 多家金融机构亦持类似的兜底保函向广发银行提出相同的主张。然而令这些金融机构颇感意外的是,广发银行随后声明称相关“保函”上的公章、私章均系伪造,拒绝兑付。至此,“广发银行萝卜章”事件曝光,监管部门介入调查。2017 年 12 月,原银监会公布了处罚结果,13 家涉事金融机构受到处罚,仅广发银行一家的罚没金额就达到 7.22 亿元,总罚没金额超过 20 亿元。同时,原银监会相关人员在谈及处罚原因时表示:“出资机构存在的问题,一是业务开展不审慎,合规意识淡漠。二是对项目尽职调查不到位,投后管理缺失。三是过度追求业务发展规模和速度。”

通过上述采访对话可见,“侨兴案”之所以令监管部门震惊和震怒,除了涉事金融机构违反同业禁令外,另一个主要原因就是相关方在投前尽调和投后管理方面的严重缺失。投前阶段,各机构过分看重“银行兜底保函”的作用,却忽视了对被投企业及其项目本身的尽职调查,也没有对“兜底保函”的真实性作出合理验证;投后阶段,各机构显然也未尽到应尽的投后检查职责,既没有对侨兴集团可能发生的违约事件作出风险预判和提早开展处置工作,也没有对保函真实性提出质疑。事实上,只要任何一家涉事机构向广发银行总部发出问询,“假保函”就可以提早暴露。正如监管人员受访时总结的:“这些机构的违规行为,性质恶劣,后果严重,只有依法严处,才能令其深刻吸取教训,并对行业和市场形成足够的警示作用。”

二、来自普通投资者的压力

暂且将专业金融投资机构以外的金融消费者和提供委托资金的其他法人

主体称为普通投资者。

在《资管新规》出台之前，金融资管机构在与普通投资者之间的关系中占据绝对主导地位，而且越是规模大的金融资管机构越是强势，普通投资者们能够成功申购大机构发行的或者回报率稍高的理财产品就已十分满足，至于资金的真实流向、投后的风险走势和资管机构面对风险时的处置手段等，普通投资者几乎无从知晓。加之“刚性兑付”“资金池”“层层嵌套”等现象在资管行业普遍存在的情况下，普通投资者也缺乏主动关注和监督的动力和渠道。

《资管新规》出台后，其实际效果唤醒了众多普通投资者的知情权和维权意识。

在笔者看来，让“资管业务回归代客理财的本源”，让“投资者成为金融市场监督的主力军”，是监管机构“依靠群众、发动群众”和“自我减负”的聪明做法。事实上，监管部门无法对多如牛毛的资管机构和资管产品实施全面性监管，任何监管政策和监管措施都带有滞后性，但是普通投资者不同，一是其数量众多，二是关乎其切身利益，所以可以做到对每一个资管产品进行过程性监督。因此，《资管新规》在“信息披露”制度上的重大变革，也可视为监管部门将监督权力正式授予普通投资者的举措，每一个普通投资者均有权全程和实时知悉资管产品的风险状态和资管机构采取的管理动作。

另外，由于《资管新规》还对“去通道”“破除刚兑”“打破资金池”等提出了明确要求，上述每一项变革，都会对投资者的投资利益产生直接影响。当资管产品发生损失时，《资管新规》又明确了普通投资者对资管机构在后者未尽勤勉尽责义务时的损失索赔权，这更加激发了资管机构在受托理财的全过程中必须尽职尽责、制度合理、执行彻底的信心。

在中国裁判文书网上，将检索时间设定为2016年1月至2019年8月，将检索对象设定为投资者对金融机构提起的侵权责任纠纷或财产损害赔偿纠纷，以“《关于规范金融机构资产管理业务的指导意见》”为关键词检索到案件21起，以“勤勉尽责”为关键词检索到案件272起，而且相关案件呈逐年递增趋势。考虑到《资管新规》出台仅1年多的时间，而且裁判文书网公示的案件还只是生效案件，说明《资管新规》在普通投资者中的影响力还是相当大的，而且在相当一部分案件中，《资管新规》已成为投资者们行使索赔权的法律依据。可以预见，《资管新规》或者最高人民法院关于维护金融投资者权益的相关司法解释将越来越多地出现在司法判例中，为此资管机构必须加强对“勤勉尽责”的理解和实操,其中一个重要板块就是投后管理与风险处置。

有关金融消费者或其他投资者与金融资管机构之间的索赔诉讼或知情权诉讼,我们将在后续的章节中展开论述,在此简单概括我们的观点就是:新监管政策实则是来自监管部门和普通投资者的双重监督和双重压力,而投后管理问题已经引起越来越多的监管部门和普通投资者的重视,项目投后阶段不再是资管机构任意而为的"自留地"。无论是来自监管部门的处罚,还是来自普通投资者提出的知情权和索赔权,必然会倒逼资管机构尽快完善投后管理制度建设,规范投后管理的各方面工作。

第三章

投后检查

CHAPTER 03

投后检查是投后管理体系中的一项重要内容，在投后管理工作中占有相当大的比重，同时也是资管机构对投后项目风险进行监控的主要手段。在风险排查—风险预警—风险处置的投后风险控制流程中，投后检查发挥着重要作用，它是实现“风险早发现、早处置”的前提和基础。投后检查质量的高低是资管机构风控水平的直观体现。

实践中，各个资管机构无论分属哪一体系，无论自身规模大小，都会将投后检查视为风控体系当中不可或缺的一项。而且正如之前章节所述，投后检查也是监管部门测评资管机构风控体系完整度的重点关注项，每个资管机构必须制定投后检查的机制和制度。

虽然制度相对完善，但在实操层面却体现出各机构之间的差异，甚至有些机构在投后检查工作上流于形式，并没有发挥其应有的风险预警和监控作用。

因此，本章旨在探讨符合资管产品特性的投后检查工作如何开展，其作用和价值如何体现，以及检查科目如何设置，从而为各资管机构对照完善自身投后检查工作制度提供帮助。

第一节　投后检查的功能和原则

一、投前尽职调查与投后检查的联系与区别

投前尽职调查（以下简称投前尽调），是为金融投融资业务的决策和管理提供有效依据和支撑，由尽调人员对资金拟投向的目标企业、目标项目及相关材料及其潜在风险情况予以收集整理、调查核实、分析论证，并形成调查结论的工作过程，其主要功能是在资金投放前进行风险揭示和风险评估，并提出应对措施以防控相应风险，为投融资业务决策提供依据。

投后检查，则是在资金投放后，对目标企业、目标项目以及影响业务风险控制的有关因素进行持续监控和分析，以便及时发现风险、跟踪风险走势、评估风险处置效果的工作过程。

从上述定义可见，投前尽调与投后检查之间存在关联关系，而且从工作方式方法上又有近似性，但二者除了工作阶段一个在资金投放前、一个在资金投放后存在不同以外，在作用、目的和关注点方面也存在较大区别。为了更好地理解投后检查的功能和作用，我们首先对投前尽调与投后检查进行比较。

1. 投前尽调是投后检查的基础，投后检查是投前调查的延续

虽然工作阶段分处投前和投后，但是投前尽调和投后检查并不是完全分割开的两项工作，相反，二者之间存在高度的依附性。投前尽调过程中收集的信息和资料，通过资料分析发现的潜在风险，以及针对潜在风险作出的评估和提出的解决对策，都是开展投后检查的重要依据。投后检查人员在开展工作之前，需要调取投前尽调报告及投前阶段获取的材料并进行认真研读，这样才能迅速厘清检查思路和关注点，有针对性地开展检查工作，避免检查方向错误及重复劳动。另外，由于资管机构在投前尽调过程中与目标企业及项目接触时间和接触次数有限，且尽调报告仅反映了被尽调对象当时所处的状态，因此投前尽调得出的分析意见和结论往往具有局限性，需要借助投后检查中获取的信息和资料不断充实分析依据，验证分析结论的正确性和准确度，并在投后检查中对动态变化的项目风险进行持续监测，因此投后检查又是投前调查的延续。

2. 投前尽调功能多样,投后检查更为专注

资管机构通常会对每一类投融资项目设置内部准入标准,例如,针对某医疗健康产业的并购项目,资管机构会对融资规模、该融资主体在医疗健康行业中的排名、交易模式、并购过程中的资金投放方式等设定门槛,尽调人员则需要根据事先设定的准入门槛设计相应的尽调事项,其关注点不仅在于该项目可能存在的风险,还需要对项目投前合规性、项目与本机构相符性、风控与增信措施的可行性等方面进行综合分析,从而为投资决策提供全面依据。而到了投后阶段,目标企业已经锁定,交易模式已经定型,资管机构唯一关注的问题就是已投放资金能否安全回收,所以投后检查基本围绕项目中存在的各种风险展开,其检查视角更为专注。

3. 投前尽调重在分析问题,投后检查重在解决问题

在风险排查方面,对投前尽调工作的要求是风险揭示的全面性。只有全面揭示风险,才能够帮助决策层作出准确决策。但是投前风险揭示不一定深入,因为此时资管机构在项目操作上具有选择权和灵活性,一旦发现风险隐患且难以有效防控,很可能就会放弃该项目的后续运作,包括投前尽调在内所有项目运作流程即告结束,不需要再对项目风险进行深度挖掘。但在资金投放后,资管机构已经同目标企业形成利益绑定关系,资金回收依赖于目标企业和目标项目的健康运作以及第二还款源的有效保障,因此投后检查的功能不仅仅是尽早揭示风险,还要对风险成因、当前风险程度和风险未来走势作出尽可能细致和深入的分析,这样才能为后续制定风险处置预案以及风险处置实操工作提供准确依据。所以投后检查过程中,检查人员不仅要及时发现问题,还要考虑如何解决问题。从这一角度看,投后检查人员的各方面能力甚至需要高于投前尽调人员。

4. 投前尽调方式更为常规,投后检查方式更为多样

每个资管机构针对不同资管产品会预先设计符合自身需求的尽调模板,虽然投前尽调人员也会因自身经验和能力差异呈现出不同的调查细致程度,但是同一类项目中每份尽调报告的关注点和主要科目基本趋同。另外,目标企业为了顺利获得融资,通常会在投前尽调阶段积极配合,投前尽调相对容易完成。投后阶段,项目风险可能来自各个方面,需要根据每个项目的自身特点和风险因素的不同采取更有针对性的投后检查方式和手段,并确定重点检查科目,根据风险所处阶段不同,还需要及时调整检查策略。同时,由于资管机构和目标企业之间的地位在某种程度上发生翻转,资管机构的检查难度相应增大,检查

人员需要拓宽思路和手段以获取有用信息。因此,投后检查更像是资管机构同目标企业"斗法"的过程,资管机构需要设定好"三板斧",但也不能拘泥于形式而被目标企业"牵着鼻子走",还是要丰富自身的检查方式和检查手段。

5. 投前尽调通常受时间限制,投后检查不受时间和次数限制

出于抢占市场上优质项目的考虑,资管机构从初始接触项目到开展尽职调查再到作出投资决策并实际放款,往往只有几个月甚至更短的时间,这期间尽职调查所用时间非常有限,如果尽调中仍有遗留问题未能查明,尽调人员很少再有充足时间进行补充调查,要么放弃项目,要么囫囵过会,尽调工作即告结束。而在投后阶段,资管机构需要对资金投放后至回收前的全程进行风险监控,投后检查亦需要在项目存续期内持续、反复进行。需要特别强调的是,很多资管机构会以季度或半年为单位设定投后检查频率,但投后检查不应受频次和时间的限制,在每次投后检查之间的间隔期内,同样需要不间断地进行风险监控,一旦发现风险事件,就需要立即着手开展投后检查,并在风险彻底化解前加大检查频率,持续跟踪风险走势和风险化解效果。

二、投后检查的工作原则

1. 定检与抽查相结合原则

投后检查的目的是尽量减少资管机构与目标企业之间有关风险事件信息的不对等,尽早发现项目风险隐患,为后续处置动作赢取时间。投后阶段,目标企业融资目的已经实现,加之为了避免资管机构对其经营自主权和资金使用权的干涉控制,其对资管机构的配合度会有较大程度的下降。基于以上两方面因素,为了在投后检查过程中尽可能获取真实有效信息,就需要采取定期检查与不定期抽查的工作方式。就像兴奋剂检测机构采取的"飞行药检"措施,检测机构在运动员非比赛日不事先通知地采取突击性检查,可以避免运动员提早准备导致检测结果的不真实。不定期抽查的目的也是防止目标企业为了应付检查预作安排,资管机构在设定的定期投后检查频次以外,可以穿插进行抽查工作。例如,针对生产型企业,在不通知目标企业的情况下到企业所在地暗中观察其开工正常与否,职工数量有无明显减少,对目标企业内部人员进行随机访谈,采取"突袭"方式要求调取目标企业的财务账册、应收账款的回收情况、主要部门负责人的在岗情况,同时观察目标企业及相关人员对于抽查工作的反应和态度等。采取上述方式进行检查,有助于调取真实资料和掌握有用信息,对于隐藏

风险的挖掘具有很大意义。

2. 合理安排检查频率原则

投后检查切忌流于形式，而检查频次设置得过松或过密都可能影响检查效果。

首先，检查频次过松，不利于及时发现项目风险。例如，在与被投项目进度与回款节奏密切相关的资管产品中，需要加强对被投项目进度的检查工作。如果一个房地产项目在存续期间每半年才检查一次，而该项目建设停工两三个月就可能对整个项目产生影响，且停工背后往往存在更大的背景原因，此时如不能及时跟进并了解停工原因，而是坐等检查期，届时风险可能已经彻底爆发，无可挽回。

其次，检查频次也不可过密，因为这可能导致每次检查都无法彻底，过程流于形式。例如，某资管机构照搬银行贷后管理制度，规定项目经理必须每月前往项目所在地进行现场检查。但事实上，该资管机构忽略了银行贷后项目可以做到属地化管理的因素，而在该机构投后项目分散于全国各地市的情况下，有些位于偏远地区的项目仅在途时间就要耗费三四天，而且项目经理还要兼顾新业务拓展，根本不可能做到每月进行现场检查。于是，有的项目经理在编制投后检查报告时仅根据目标企业提供的财务报表甚至投前形成的尽调报告简单应付了事，而投后管理部明知很多投后检查报告严重不符合要求，但因为制度本身不合理，很难以制度作为约束。长此以往，投后检查报告在该机构越来越不受重视，整个投后管理制度形同虚设，投后预警机制全部失效，看似严格的投后管理制度反而没有发挥任何作用，直接导致项目险情不断。

因此，各资管机构应当根据自身项目情况、项目数量和人员情况科学设置检查频次，同时应当根据每一类资管产品的特点分别设置检查方式和检查频次，这样才能使投后检查真正发挥作用。

3. 全面报告与重点跟踪原则

如果将资管机构的管理决策层比喻为风控体系中的“大脑”，那么具体负责投后检查的人员就是“眼睛”和“耳朵”。检查人员在投后检查中看到的、听到的，需要如实、全面向上报告，这样才更有助于上级决策层对风险事件进行全面分析评估，并准确制定风险处置方案。实践中，目标企业极少主动向检查人员报告风险事件，大多采取潜在风险“小事化无”、既发风险“大事化小”的策略以应付检查，以便为自行化解危机甚至恶意转移资产赢取时间。由于身处投后检查第一线，检查人员在接触中难免受目标企业对接人员影响导致对风险的判断带有主观性，特别是针对一些情况尚不明朗的风险事件，不知道该不该及时上报。针对上述情况，建议投后检查人员在撰写检查报告时，应当尽量客观、全面地反映真实线索，针对一些风险隐患和苗头，即使无法作为风险判断的直接依据，也应当作为一条线索如实向上报告，由风控经验更丰富、信息渠道更广阔的管理决策层进行评估和决策。否则，即使决策层经验再丰富，在没有基础信息作为判断依据的情况下，也难以提早或及时发现风险。

另外，投后检查过程中还应当避免"眉毛、胡子一把抓"。投后检查区别于投前尽调的其中一点就是投后检查需要持续、不间断地开展风险监控工作，当投后检查人员身兼数个甚至数十个投后项目管理职责时，其投后检查任务是相当繁重的，如果对管理的所有项目不区分监控重点，则会出现"低风险项目浪费检查时间、高风险项目投入不足"的现象。针对每个项目需要根据个案情况确定检查重点，不能仅就检查报告上的所有列项逐一照做，而是针对重点科目着重检查和分析，特别是对检查报告复核人员或者决策层提出的关注事项，需要在再次检查中及时落实和反馈。

4. 交叉检查与换人检查原则

交叉检查是规避投后检查流于形式或者发生投后检查部门内部道德风险的有效途径。交叉检查体现为两种形式：一种是检查报告复审程序，一般由投后专门部门或者风控部门抽调人员对投后检查报告及其检查中收集的资料进行分析复审，确定其检查内容是否完整、资料是否真实，并据此作出风险初步预判，指明下一次关注重点等。复审中更要注意审核意见的专业性和所指出问题的深度，如果仅就一些细枝末节的问题"挑刺"，不但有可能漏过实质风险，还可能造成投后检查一线人员的不满并对复审人员的专业能力有所质疑，交叉检查的作用必定大打折扣。另一种则是投后检查报告的抽检和传阅，在一些风控体系健全的大型金融机构中，会定期组织检查报告的抽查，并选取优秀报告和不合格报告在各业务部门之间进行交流学习，在提升投后检查业务技能的同时，还可通过互相监督的形式尽量避免道德风险。

换人检查则通常是在相关项目已经发生风险或存在较大风险隐患的情况下进行，此时对项目风险需要进一步准确评估并找到解决对策，因此由投后部门或风控部门代替业务部门进行投后检查，或至少由后台部门和专业法务、财务人员主导后续检查工作，从风控意识、专业能力和中立性方面确保检查工作取得实效。

5. 及时检查与持续检查原则

投后检查最核心的理念是实现“风险早发现”，所以投后检查并不是某一时间点开展的一项机械重复的工作，当前一次检查的目的尚未全部达成，风险隐患尚未全部排查完毕时，并不是等着下一次检查时点到来时再采取补救措施，而是要着重分析未能达成的原因是否是目标企业刻意隐瞒所致，并且需要督促目标企业及时配合完成。当发现风险苗头时更不能坐等下一次检查节点再采取行动，必须及时采取检查动作，第一时间同目标企业取得联系，掌握其真实状态。

另外，投后检查的作用也不仅限于正常项目的日常检查，除非已对该项目采取诉讼手段进行催收，否则就需要持续跟踪项目风险走势和风险处置实施后的效果，即便风险已经排除，依然要对该项目比一般项目投以更多关注。因此，直至资金全部回收前，投后检查工作应当始终处于持续状态，任何时候都不应松懈。

6. 随时“备战”原则

“谁知道明天和意外，哪一个先来？”就资管产品而言，谁又知道回款和风险哪一个会先来？正是因为风险爆发的时间节点难以预判，“临阵磨枪”必然影响风险处置的效率和效果，所以好的投后检查人员要随时处于“临战”状态，在投后检查过程中，要注意对目标企业信息进行及时更新，对财产线索进行摸底和收集，并培养证据意识。

(1)信息是制定谈判或诉讼策略的基础

对目标企业信息掌握得越透彻，越有利于准确制定谈判策略或诉讼方案。在此简单列举两个真实的案例。

案例一：某企业实际控制人王大和王二是兄弟关系，王大功成身退后，将股权全部转让给王二。某资管机构介入时，在股权登记上并没有发现王大与目标企业的关联关系，但这一信息被投后管理人员在进行现场检查时获悉，并如实写在投后检查报告当中。事后项目出现逾期，该资管机构几次找弟弟王二约谈，均被风格强硬的王二拒绝，谈判工作陷于停滞。处置小组于是决定启动诉讼程序，但在翻阅项目档案时发现了王大是这家企业的创始人，于是决定调整谈判策略，通过王大对王二进行施压。果然，60多岁的王大更为老成持重，而且对企业和王二依然有足够的影响力，在王大的劝说下，目标企业终于答应了资管机构提出的还款条件。由于投后检查工作细致和到位，这家资管机构成功利用非诉手段化解了风险。

案例二：某资管产品设定了目标企业实际控制人C某提供保证担保，该目标企业位于深圳且已存续10余年，按照常理推测，C某作为创办人理应是在深圳长期定居并拥有名下房产，但在签订保证合同时，合同中留存的C某联系地址只有C某的身份证地址贵州省某县城。后在历次投后检查过程中和风险爆发后的谈判阶段，资管机构相关人员依然未发现这一问题，未能抓住合作关系破裂前的良好机会弥补这一漏洞。事后资管机构启动诉讼程序，在送达阶段，目标企业收到起诉书后予以签收，而法院根据资管机构提供的邮寄地址对C某进行送达时却被邮局退回，这时目标企业已经聘请了律师并制定了“拖延战术”，拒不提供C某的真实住址，法院只得采取公告送达方式。公告临近期满即将开庭时，法院突然收到C某邮寄到法院的管辖异议书，虽然法院及时出具了驳回管辖异议的裁定，但由于C某故意不留送达地址和其他联系方式，法院经研究后依然决定再次对裁定书采取公告送达方式，二次公告后法院又收到了C某的管辖权异议上诉状，继而采取第三次公告……最终，该案仅一审就经历了一年半的时间。暂且不论法院应否仅根据当事人邮寄来的管辖异议书进行程序处理，从该资管机构角度而言，如果投后管理阶段能够及时发现保证合同中这一微小疏漏，及时获悉C某的实际住址，不但可以通过法院有效送达让对方无法实施“拖延战术”，还可以尝试以C某住址作为财产线索提起财产保全。

(2)投后检查过程中要时刻注意摸查对手方财产线索

有些资管机构只把目光聚焦在担保物上，疏于摸底调查对方的其他资产。但在现实中，当进入诉讼阶段，出现其他债权人甚至债务人恶意对担保物进行抢先查封时，很可能使资管机构束手无策。根据我们的经验，掌握财产线索的丰富程度决定了回款速度与回款概率。当各债权人针对同一项资产争得“头破血流”时，如果其中一家能够“另辟蹊径”，选择其他债权人不掌握的财产线索进行查封和处置，提早脱身“上岸”的机会显然更高。另外，在项目正常状态下开展投后检查工作，目标企业的配合度相对较高，检查人员对财产线索的收集相对容易，也不会遭致目标企业的过分抵触。但至风险爆发时，目标企业配合度会直线下降,此时再想获取有价值的财产信息极为困难,所以这也是投后检查阶段进行财产线索收集的意义所在。

(3)投后检查人员要注意对目标企业违约事实的证据收集

资管机构在有些项目约定回款期限届满前就发现了风险隐患,而此时对手方尚未发生逾期还款等明显违约事实,资管机构只能等待项目到期时再行诉讼,而此时可能已经贻误了诉讼时机。但通常情况下,资管机构与目标企业签订的资管合同都会将"可能影响还款能力的事件"作为违约事由的兜底条款,如果在投后检查中注重对相关信息的证据收集,完全可以以此为由先行采取诉讼手段,并打乱对方的应对节奏。在有些项目纠纷中,资管机构是以目标企业违反资金用途构成违约而提起诉讼,同样要求投后检查人员尽可能收集资金实际去向方面的证据。总之,"打官司就是打证据",这在项目到期前预先起诉的案例中体现得更为深刻。

第二节　投后检查的科目设置

虽然各资管机构因其业务方向和项目特点在设置投后检查科目时侧重点有所不同,但一般均应坚持"点、线、面"的工作方式,即"由点及线,由线到面",这样才能做到风险监控的全面性。

所谓"点",是指对投后阶段的主要风险点进行重点筛查;所谓"线",是指以目标企业和所投项目为条线开展的系统性检查梳理;所谓"面",则是针对目标企业和所投项目所处的行业风险、政策风险进行系统性的信息收集与分析。

一、点

1. 网上舆情信息整理分析

针对目标企业、目标企业实际控制人及其正在推进中的重点项目进行网上舆情信息收集和分析,是投后风险监控的重要手段,同时也是投后检查中的必备项目。投后检查人员应当持之以恒地开展此项工作,而且应当在投后检查报告中着重体现信息来源并对有效信息进行梳理、分析、总结。相比于现场检查,网上舆情信息收集相对省时省力,而且在信息网络化更为发达的今天,以这种方式获取有价值信息的可能性越来越高。

从信息来源上，如果是上市公司，信息更加公开透明，检查人员可以重点关注上市公司公告以及监管部门的行政处罚信息；如果是非上市公司，检查人员则可以通过目标企业网站、新闻报道、企业征信系统APP等综合途径查找线索。另外，当前一些财经类专业媒体甚至自媒体公众号进行的深度报道非常有助于了解事实真相，值得重点关注，不过对这类信息来源的真实性依然需要根据自身所掌握的情况以及从其他渠道获取的信息进行鉴别和综合分析，而且由于有些公众号上的文章时隔不久会被删除，所以还需要及时关注并存档。

至于目标企业涉诉信息，虽然“中国裁判文书网”建立后大大提升了涉诉信息的公开性，不过网上公开的司法文书一般仅限于已生效文书，正在审理中的案件信息难以从以上渠道获取，另外，在纠纷解决方式上占据越来越大比例的仲裁程序，其法律文书并不公开，因此就会造成通过网络途径查证目标企业涉诉信息具有较大的滞后性和片面性。目前并无太好办法解决上述问题，不过除了“中国裁判文书网”以外，最高人民法院还建立了“人民法院公告网”“执行信息公开网”等，还有部分开庭信息也可以从网上找到，通过上述网站信息的汇总收集，可以丰富涉诉案件网上信息的获取渠道。

2. 资金用途相符性检查

现实中，目标企业未按约定用途使用资金，是导致项目发生风险的重要原因，也是发生风险的前兆之一，因此需要投后检查人员特别加以关注。针对具体项目，如果资管机构控制着目标企业的银行账户，则可以主动查证资金去向；如果并不掌控目标企业的银行账户，则需要目标企业配合提供银行流水。假如目标企业拒绝配合，则有可能确实存在问题，资管机构对此一定要加以重视，坚持查证，并在目标企业拒不配合的情况下依据合同中相关配合检查条款向其进行提示和催告，严重时甚至可以行使合同解除权，宣布资管计划提前终止。

需要特别提示的问题是，有些目标企业可能会通过子公司、关联公司配合作假，将项目资金以约定用途投向指定公司后再转回目标企业或划付至第三方公司，以蒙蔽资管机构的监控视线。所以资管机构在进行资金用途检查时，不应仅局限于查证项目资金的第一落点，而是尽可能扩大监控视野，尽可能追踪资金最终流向。此外，资管机构应坚持对目标企业及关联方银行流水和财务报表的分析，关注可疑资金的流入和流出，作为资金实际流向的辅助判断项目。此外，还要关注资金投向指定用途后的实际效果。比如，资管计划资金用于目标企业并购其他企业，就需要关注股权转让完成后的工商登记信息变化；再如，项目资金用于目标企业购买新的生产线，则需要关注设备到位情况。

3. 风控措施的查漏补缺与存续性检查

一些资管机构存在投前与投后风控脱节的现象，投后只关注投后事项，却忽略对投前风控措施发现的漏洞进行及时修补和对存续状态进行持续跟踪，从而导致风控措施无效、失效，项目发生风险后难以通过诉讼途径实现回款目的。因此，投后检查不仅仅是对投后风险点的检查跟踪，还要对投前设定的风控措施进行梳理、完善并对重点风险进行跟踪。

例如，某资管项目要求目标企业实际控制人签订《无限连带责任保证担保合同》，但是项目落地前该实控人恰巧在国外，导致合同无法及时签订，该资管机构迫于时间要求只得先放款，并要求项目经理事后补签合同，但该项目经理恰巧离职，导致补签保证合同的事被搁置，接手经办人不明情况，也疏于对此前交易文件的整理，结果待项目出现风险时，对手方拒绝配合办理，资管机构无法对实控人一并提起诉讼。

再如，某信托计划采取“1.5（年）+1（年）”的交易模式，但在办理抵押物登记时，登记机关只同意登记抵押期限为1.5年。至1.5年届满时，资管机构对产品予以续期，但忽略了抵押登记到期问题，目标企业趁机将抵押物另行抵押给另一家金融机构进行融资，而且未通知该资管机构，导致项目出险时该资管机构无法行使抵押权。

从上述两个案例可见，投后阶段对投前设定的风控增信措施进行及时完善和效力持续跟踪是非常必要的，尤其是针对存在漏洞的风控措施要尽早完善，时间拖得越久，目标企业配合度越低，甚至故意钻空子，为恶意违约埋设伏笔。

4. 逾期原因追踪

在一些分期还款或定期付息的资管产品中，目标企业曾经发生过逾期记录，不过有的在短期内已经偿还，有些资管机构对这类项目风险的重视度不足，不去深究逾期原因，而是只要当期应付款还清就仍旧列为正常类项目。但实践表明，这类项目往往隐藏着深层次的隐患，可能导致目标企业局势的进一步恶化，风险无可挽回。因此，投后检查人员对既往出现的逾期事件不能不闻不问，而应当采取积极手段深度挖掘逾期原因。在进行逾期原因的专项检查时，切忌轻信目标企业对逾期原因的单方描述，而是要深入实地进行全面的风险摸查，只有将逾期事件作为重要的风险预警信号并加以重视，才有可能第一时间发现风险。

二、线

1. 目标企业股权、实际控制人、高管变动情况检查

从企业内部看，企业控制权对企业经营发展的稳定性至关重要，而控制权变动主要体现在实际控制人、股东和主要高管这三方面的变化上。由于上述变化在相对漫长的投后管理阶段时有发生，大多数企业不会将变动情况主动通知资管机构，所以资管机构对相关信息及变化情况进行定期收集分析是投后检查的常规科目。检查过程中，有些检查人员可能会放松对小股东退出以及主要高管变动情况的警觉性，但以上人员的退出或许就是因为一些知晓目标企业真实风险状况的小股东、高管为求自保而“提前上岸”，也有一些董事、总经理职位的变化代表着企业发生问题后企业控制权的易主。针对上述隐藏原因的调查，资管机构可以尝试同已退出的小股东或已离职的高管进行接触，以便获取有价值的信息，同时也要注意及时收集相关股权转让协议、退出协议、新公司章程等法律文件并加以分析。另外，现实中，有些民营企业甚至不会将股东和股权变化的情况在工商部门变更备案，这给资管机构针对此项科目的投后检查造成了一定困难。因此，不能将工商查询信息作为唯一的信息渠道，要定期同企业实际控制人会谈，了解企业状况、业绩指标、发展目标，同时也可以对实际控制人、股东、高管团队是否发生调整进行侧面观察。如果相关人员已经调整，资管机构需要详细了解变更原因并作出风险评估。

2. 财务报表分析

企业财务报表或第三方机构审计报告是重要的投后检查的分析素材，通过比对核心利润率、资产负债率、销售收入和净利润率、大额应收应付账款情况、职工工资等主要数据的变化情况，往往能够为判断企业现状和未来走势提供帮助，所以此项检查的重要性不言而喻。但实践中无论是企业自制的报表，还是第三方出具的审计报告，均无法保证百分百可信，检查中要同时抽取银行对账单、收支明细、付款凭证及合同等详细材料进行比对，这样才能从报表中筛除水分，圈定疑点，为后续工作提供数据支持。

3. 目标企业及重点下属企业经营状况检查

目标企业实际经营情况的好坏直接关系到第一还款源是否稳定。在大多数资管产品不设驻场人员的情况下，资管机构很难获取以上真实信息，所以对以上科目需要深入目标企业所在地进行现场检查。现场检查中，要重点观察目

标企业及其下属重点企业的机器设备运转情况，在岗职工人数有无明显减少，主营业务是否变更，抽检排在前10位的上游及下游客户和订单，查阅近期税费缴纳金额，比对水电费缴费单验证生产是否正常，查看存货和原料的增减等，通过多渠道、多角度进行核实。此外，很多已经存在经营困难的目标企业为了掩盖真相、应付检查，往往会在检查人员进场前提前布置，所以现场检查必须坚持定期检查与临时抽检相结合的方式，对疑似风险项目更要以临时抽检方式为主，防止目标企业预先做准备而达不到检查效果。

4. 债务信息搜集

一般情况下，目标企业大额负债主要源于5个方面：第一，银行贷款或企业债券；第二，非银行金融机构的贷款或财务投资；第三，收购、兼并、重组过程中产生的应付款项；第四，上下游客户之间产生的债务；第五，资金拆借或民间借贷。

上述1~5项是按照调查核实从易到难的顺序排序。针对第一类银行贷款，在目标企业配合检查的情况下，通过中国人民银行的贷款卡查询就可一目了然；针对第二类非银行金融机构贷款或财务投资，一方面可以从目标企业对外公告（上市公告）和财务报表核对，另一方面可以从“中登网”等征信系统检索，也可以通过目标企业及其关联方的不动产抵押、股权或动产质押、股权登记信息等方式获取线索；针对第三项因股权或资产收购产生的应付款项，重点是核实相关法律文件中有关付款的时间节点及实际履行情况；针对第四类因生产经营产生的负债，则需要检查人员结合交易合同、上下游客户名单以及财务报表内容进行交叉验证，必要时还需要向上下游客户直接求证；而第五类的民间借贷在实践中最难查证，如果目标企业不主动配合提供真实信息，检查人员就需要拥有足够的专业能力，通过财务报表分析、资金运转轨迹甚至目标企业及其实际控制人的财富积累过程进行抽丝剥茧式的耐心查证。

5. 资产和债权情况摸底

对企业资产和债权情况进行定期摸底，有两方面作用：一是判断企业账面或财务报表上的资产负债率是否真实，企业是否健康稳定；二是为未来可能发生的风险处置工作未雨绸缪，以便在查找目标企业财产线索并采取强制措施的时候“有米下锅”。一旦风险爆发需要尽快采取行动时，首先要找对财产，或者要求目标企业增加担保措施，或者直接采取司法查封措施，避开其他债权人的纠缠，从而选择最可行、最迅捷的回款途径。实践中，如果资管机构能够尽可能多地掌握财产线索，在与目标企业的交锋中，无论采取谈判还是司法强制措施，无疑将占据极大主动，甚至达到“不战而屈人之兵”的效果。

6. 项目进展情况跟踪

很多资管产品的资金是定向投放于目标企业投资开发的一个新项目当中的，并以该项目预期收益作为第一还款来源，因此针对这类资管产品，对新项目开发进展的跟踪必不可少。由于开展投前尽职调查时新项目往往处于启动前或者启动初期，资管机构难以全面、准确评估影响项目建设与实现投资回报的各种潜在障碍，所以投后检查要以最新掌握的信息对投前尽调报告进行重新审视，发现可能影响项目进展而此前并未关注到的因素时，要对项目进展进行重新评估。实践中，一个切实可行的方法是建立项目合同偏离表，罗列项目合同文本条款、实际履约对应情况、偏离原因、因偏离而产生的风险、风险应对措施建议以及偏离情况涉及部门。项目合同偏离表要根据项目进度情况进行定期更新，风险应对措施要落实到人，对于偏离情况是否最终纠正要有所反馈。

7. 信用评级跟踪

如目标企业是银行授信客户，或曾经在银行间债券市场发过债券，则会存在银行评级或债券风险评级。信用评级往往由银行或第三方专业机构作出，其特点是动态调整、定期发布，是投资风险和投资价值的风向标，因其信息公开的特点，第三方可以通过公开渠道查阅和参考。投后检查中，要定期关注上述评级变化情况，如果评级下调，说明其他评级机构已经发现了风险或风险隐患，本资管机构需加以足够重视并对风险点作出进一步排查。

8. 对外担保情况检查

目标企业或有负债主要由企业涉诉情况和对外担保情况两项构成，其中目标企业对外担保往往又是其被卷入诉讼的重要原因，所以目标企业对外担保的动态变化在投后检查过程中必不可少。由于目标企业对外担保的对象往往是其母公司或同一实际控制人控制的关联企业，所以通过对目标企业对外担保情况的检查，也能从一个侧面了解实际控制人的整体资本运作情况，这对于掌握目标企业在整体企业体系中所处位置意义重大。此科目检查中应重点关注的内容有：目标企业对外担保余额、对外担保集中度、被担保企业与目标公司的关联关系、对外担保余额与净资产比值。

9. 重要关联企业检查

投后检查常犯的错误是“就事论事”，即仅针对资金投向的直接目标主体进行检查,却对同一实际控制人名下的其他关联企业一无所知,特别是关联企业之间存在跨板块、跨区域特点时,这些关联企业更易被忽略。比如,一些民营企业以房地产和矿业投资起家,之后又转型新能源领域,很难区分这几个领域中哪一个是其主业,资管机构的资金投向该企业新能源领域,有可能就忽视了对其另外两个板块的整体情况梳理。但现实风险有时并不是目标企业和项目自身出了问题,而是受其他产业拖累导致关联企业之间的整个资金链发生断裂,这就要求资管机构同样要对各个关联企业的整体情况有所了解。

现实中,对一些特大型集团开展的投后检查难以覆盖其全部关联企业,而且投后检查铺设面过广,还存在过分消耗投后管理成本和对手方难以全面配合的问题。所以针对这类企业开展的投后检查并不要求面面俱到,通常做法是对该集团下设重点企业和非重点企业进行初步梳理,排除一些投资额和利润不高的企业以及小额参股的企业后,再对圈定后的重点企业进行二次梳理,重点锁定风险性高或者投资占比大的子企业和子项目,这些关联企业和项目往往是影响资管产品安全的源头,需要重点关注。

10. 上下游客户跟踪与访谈

任何企业的生存发展不是孤立的,该企业相关的上下游客户都会与其存在密切关系。投后检查中,要分别选取 2 ~ 3 家重要上下游客户进行定期梳理或访谈。对于上游企业而言,要重点关注其供应关系,如合同期限、规模、结算方式等;对于下游企业而言,要重点关注其评价,如下游客户对目标企业产品质量、企业信誉等的评价。另外,由于目标企业重要上下游客户通常是其常年合作伙伴,比资管机构更加了解目标企业的历史和现状,所以资管机构也需尝试同上下游企业建立直接沟通渠道,这也是进一步深入了解目标企业和重新梳理项目风险点的一条重要信息渠道。

11. 当地政府与当地银行的外围评价

有些资管机构并不具备银行系统广泛的消息源和立足当地的先天优势,所以在投后检查中要加强同目标企业所在地的主要贷款银行和当地工商、税务、商业主管部门等政府机构的沟通联络,从中获取的信息可能更加及时、准确。投前阶段,资管机构一般也会安排尽调人员走访当地的政府机构和贷款银行,但是一方面受制于尽调工作时限要求,另一方面则是因为目标企业刻意安排,尽调人员往往难以获得客观中立的评价。但到了投后阶段,随着资管机构同当地政府和银行的关系更为深入和融洽,检查人员也可尝试建立自己的信息渠道，从第三方机构那里及时获取有价值的信息。

三、面

投后检查过程中还要注意对资管产品投向相关行业的整体经济走势、市场需求以及法律法规与政策导向的变化情况进行收集和分析。实践表明，很大一部分出险项目并不是目标企业自身运营出现了问题，而是受制于行业整体下行的市场大环境影响，或者受累于政策、法律的突然变化，所以在相对漫长的投后阶段，更要对以上风险投入足够的关注度。很多资管机构设置了专门的投资战略分析部门或者专门岗位，但是作为深入市场第一线的投后检查人员，同样要注重上述信息的收集工作，并对可能造成的影响及时向上反馈。

1. 行业风险

行业走势既要根据国际、国内整体发展态势进行宏观分析，也要根据项目所在地的具体市场环境进行具体分析。例如，过去几年某新能源行业属于政府支持发展行业，行业前景也被业界普遍看好，但是具体到某一地，由于“跟风”式投资和当地政府未能有序引导，导致当地产能过剩。如果仅从整体市场格局进行判断，并不能及时发现风险，只有深入到项目第一线，切身感受当地的市场环境，才有可能及时揭示风险。

2. 法律风险

法律风险来自两个层面：一是立法层面或称顶层设计层面，对投、融双方可能产生的影响。例如，2018 年 4 月 27 日出台的《资管新规》及其各领域的配套实施细则，就导致很多资管产品被叫停或无法续期，目标企业因无法按计划获取融资而出现资金链断裂，这就要求资管机构在投后检查中对相关法律、法规出台后对目标企业的现实影响进行评估，并通过目标企业各项经营指标加以验证。二是司法层面对具体项目可能产生的影响，例如某项目因为侵犯知识产权被法院判决停止侵害，就会导致整个项目陷入停滞状态。所以在投后管理中，要同时进行这两方面信息的收集并对实际影响程度进行评估。

3. 政策风险

政策风险也包含两个层面，一是整体大环境，二是当地具体的政策影响。例如，2019 年 5 月 17 日银保监会下发《关于开展“巩固治乱象成果促进合规建设”工作的通知》（银保监发〔2019〕23 号），随后又组织对房地产信托业务增速过快的 10 家信托公司进行约谈，导致房地产投融资风向骤变，很多房地产公司立即感受到资金短缺的压力。另外,由于我国不同地域之间政策差异较大,对目标企业所在地特殊政策的出台和变化同样要加以关注。这种风险可能是投前尽调时已经提示,对此要在投后过程中结合现实情况对风险走势进行再次评估;也可能是投后出台的新政策,对此就需要及时收集文件内容并调查当地政府对政策文件的理解和执行态度。

第三节 不同业务类型的投后检查侧重点

对于百万亿元市场量级的资产管理业务而言,“资管产品”是一个非常概括的概念统称。数万家大大小小的资管机构因为各自的资金募集渠道不同、取得的金融牌照不同、业务方向不同,导致所发行资管产品的交易结构和针对对象千差万别。加之每个资管机构内部通常存在很多类型的资管产品,而且投资领域和业务模式也不可能一成不变。另外,很多资管计划还存在“嵌套”和“名股实债”的现象。因此,无论是按照“股权类”和“债权类”的交易结构进行划分,还是按照资管机构类型、目标企业所处行业进行划分,都存在“你中有我、我中有你”的问题,难以体现每一类资管产品在投后关注点上的区别。

为了方便探讨,我们尝试以投资选择和回款途径作为划分方式,将资管产品划分为以下几种类型。

一、以目标企业资信状况和担保措施为回款保障类业务

代表性业务类型:银行委托贷款、信托贷款

贷款类业务是资管产品中最为常见的一种业务类型。银行或者信托公司根据单一委托人或者集合资金委托人的委托,将资金投放于具有一定规模和行业地位的成熟型目标企业,该目标企业发展态势良好,具有稳定的现金流,并通常能够提供足额的抵、质押物或者其他担保措施作为回款保障,资管机构以“先息后本”或“定期还本付息”的方式收取固定回报。

一般情况下,贷款类业务更为看重的是目标企业现状和贷款期限内的稳定现金流,以及各种担保措施的保障性,而资金用途可能并不是某一具体项目,或者至少不是将该特定项目能否完全实现预期收益作为唯一的回款保障,因此贷款类业务投后检查关注点也主要围绕目标企业自身发展态势和各种担保措施。

1. 贷款用途检查

主要检查各项贷款是否按照合同约定用途使用，是否被挪用、套用和擅自拆借贷款。在贷款模式下，资管机构在目标企业经营决策过程中的参与度更低，双方之间信息不对称现象则更为明显，因此对资金用途检查的主要目的是验证目标企业是否存在隐藏风险。当发现融资款项被挪用、套用，或未按约定节点进行投放，则可能存在目标企业虚报融资用途、掩盖真实风险的问题，资管机构应当以资金实际流向为线索进行风险的深度挖掘。

2. 目标企业经营情况检查

主要通过现场检查方式观察目标企业的主营业务是否正常开展；其资信等级是否下调并影响其再融资能力和现金流稳定性；通过目标企业按月、按季度提供的财务报表，分析企业资产负债率是否在合理范围，是否有异常波动和异常资金流入或流出；利用各种渠道广泛收集目标企业重大风险事件信息，并评估其对目标企业按期还款的影响程度。

3. 各种担保措施检查

各种抵、质押物的财产价值以及有效存续将直接影响到后期贷款出现问题时的回款可能性，因此在贷款类业务中，检查担保措施所能发挥的作用尤其凸显。

(1)检查各种担保法律文件是否真实有效和齐全，内容是否完善，确保不存在权利瑕疵或理解歧义；企业提供担保的，要检查股东会决议等配套文件是否齐备；自然人提供抵押、质押担保的，其配偶同意担保的书面文件不可或缺。

(2)以房地产等实物进行抵押的，应当定期对担保物的价值进行评估，当发现价值明显减损时，要及时通知对手方追加担保；提供信用担保的，则应当关注担保人资信状况有无显著下降。

(3)发现被抵押房屋存在出租事实的，首先，要防止倒签租赁合同提前于抵押权成立的现象发生。其次，如果租赁在先，抵押在后，应核实抵押人是否已将本次抵押书面告知承租人，且承租人书面同意接受实现抵押权后受让人解除租赁关系的安排；如果抵押在先，租赁在后，则应立即通知被担保方更换担保物，否则就以目标企业违约为由要求其提前还款。

二、以特定项目为资金投向和主要回款保障类业务

代表性业务类型：房地产开发业务投(融)资

此类业务成立的前提是交易对手已经取得了某一项目的开发经营权，或该

项目已经在开发过程中，但项目后续开发需要大量的资金注入，此时资管机构介入后提供资金专项用于特定项目的开发，直至该项目开发完成产生销售回款，或开发工作进展到一定阶段后通过转让方式取得回款。

此类业务与前述抵押贷款模式相比，更为看重资金投向特定项目后的投资效果，该项目能否如期实现收益是到期回款的重要保障，而且普遍呈现资金回收期长，资金调配频繁而又密集，项目复杂程度高，对市场及政策的敏感性强等特点，所以投后关注点相对更多。在以特定项目为投向和回款保障的资管产品中，房地产类投（融）资业务具有较强的代表性，且房地产类业务在资管业务中占据较大比重，因此将其作为典型业务进行探讨。同时需要说明的是，房地产类投（融）资业务通常需要专业团队从财务、法律、工程技术等不同角度采取综合手段进行投后管理，鉴于本书的研究对象，以下仅从法律角度列明重点关注点。

1. 印章和证照管控或共管

需确保项目公司各种章、证始终齐备，不脱离管控视线，不出现空白盖章文书，不用于与房地产开发进程无关的用途，当发现未经审批的盖章文件时，除尽可能收回该文件并予以作废以外，还要注意核查盖章文件的出处，确认对手方是否预留空白盖章文本，或存在私刻公章替换旧章的问题。

2. 账户监控

核查已开立的全部账户是否全部在监控范围内，监控账户内资金流入和流出情况，确保不存在未经许可情况下的新开立账户和账户注销情况发生。

3. 资金支出监控

首先，应关注项目的预算、测算、资金使用计划及项目进度等，避免与项目文件中约定的开发成本出现较大偏差；其次，要确保资金投向指定收款单位，防止企业因开发多个项目或分期滚动开发项目而挪用资金；最后，还要对资金支出的真实性进行复核，如该笔资金用于购买建筑材料，就要复核款项付出后的货品到位情况等。

4. 合同监管

要对工程类、营销类合同建立管理台账，摘录合同中有关权利义务、价款支付方式及付款条件、工程交付验收与结算、房地产销售单价及物业交接、违约条款等重要条款，并对其合理性及其事先预测相符性进行核查，避免阴阳合同出现。

5. 项目销售收入监管

项目销售回款是投资利益的第一保障，因此对于项目的销售计划应实行监管，对销售数量、销售回款应进行严密监控，防止对手方通过其他途径取得销售回款并逃避监管；此外，为降低项目投资风险，要在销售取得回款时分批次及时收回投资回报，尽量避免因采取项目到期一次性收回投资的方式而导致销售回款不可控局面的出现。

6. 其他交易对手动向监控

房地产项目投（融）资业务中主要纠纷类型是开发商与施工单位产生的建设工程纠纷、多个主体联合开发时产生的股东内部纠纷、多个资金方共同投资某一项目产生的利益冲突等，因此在投后管理中要时刻关注其他交易对手的动向。例如，当项目开发进度延后时，要观察施工总包单位的态度，以及是否会影响后续开发进度，联合开发主体之间的关系是否融洽，是否存在各种利益纠葛等，并对产生诉讼案件的可能性和风险性进行评估。

7. 相关政策的变化

房地产项目周期长，跨度可能长达几年，而且国家和地区性房地产政策的变化比较频繁，房地产行业又是受政策影响比较大的行业，所以对政策变化要有很高的敏感度，在投后管理过程中要注意收集相关政策变化信息，特别是对地区性政策变化尤其需要关注，同时还需对新政策实施后的影响程度进行实地考察。

三、以特定方式退出类业务

代表性业务类型：私募股权投资基金

典型意义上的私募股权投资基金一般是采取“保底＋不固定额外回报”的结构设计，退出方式主要包括上市退出、并购退出、回购退出和清算退出，前两种是较为常见和成功的退出方式，后两种则是保障性退出方式。与贷款类业务更看重目标企业的现状不同，私募股权投资更看重的是目标企业的未来，资管机构能否实现超额收益取决于目标企业的发展态势，因此私募股权投资的投后检查关注点主要在于行业、政策和管理团队。

1. 行业发展趋势

对私募投资机构而言，对行业发展的趋势判断至关重要，虽然这种趋势判断的大方向取决于投前，但在投后阶段依然要对行业发展状况的各方面信息及时进行收集和分析，当发现目标企业所处的行业细分领域存在明显问题时，要利用资管机构对目标企业控股或参股的优势，对企业经营决策施加影响，避免企业价值因错误决策而出现迅速下滑，为股权退出争取更多机会。

2. 政策波动风险

由于私募股权投资更偏重追逐政策利好行业，反言之，此类业务投资成败与否受政策调整的影响更大。投后阶段，要更为密切地关注政策波动对目标企业的影响，一方面是相关政策对企业自身经营业绩的影响，另一方面是对企业上市、并购重组计划的影响，一旦发现政策调整足以影响项目的如期退出，就要提早做好其他方式退出的准备。

3. 管理团队深度考察

由于私募股权投资更为看重企业的明天，所以对管理团队的依赖度更高。投前阶段对于管理团队的考察毕竟有限，但是在投后阶段两方并肩作战后，更方便对对方管理团队进行近距离考察。对管理团队的考察主要在于两方面，一方面是其经营管理能力，另一方面则是道德风险。实践中，私募股权投资业务中经常遇到的一类风险并不是目标企业自身发生了太大的问题，而是对赌条件达成时对手方想尽办法拒绝履行，或者意图用较小的代价将投资机构挤走。为了防止类似情况发生，就要在投后管理中对其管理团队的处事风格和决策机制进行摸底，如果发现该企业时常发生经营不合规或者剑走偏锋的经营路线，说明其管理团队法律意识比较淡薄，未来发生违约的概率比较高，此时在做好应对预案的同时，还可以对其不合规问题注意收集证据，以作谈判筹码。

4. 现金流监测

发展中的企业出现现金流紧张的情况比较普遍，如果发现目标企业在未来一段时间内应收账款余额持续增加、账龄偏长，而且过于依赖外部融资，则需要予以特别关注。必要时，需要利用对目标企业的控制权，叫停其正在进行的项目投资，确保现金流稳定。

5. 交易价格重新估值

私募股权投资领域，好的公司不等于好的交易，对于投前设定的交易价格，要在投后阶段重新进行估值，如果发现是在市场估值过高的时点完成投资，即便目标企业完成上市工作，也不一定能够实现预期收益。

四、证券投资类业务

代表性业务类型：券商资管、证券投资基金、结构化证券投资信托我国企业在资本市场上融资的方式有直接融资和间接融资两种，直接融资，是指资金供给者与资金需求者通过一定的金融工具直接形成债权债务关系的金融行为，包括股票和债券；间接融资，是指资金供给者与资金需求者通过金融中介机构间接实现资金融通的行为。证券投资类业务即是金融资管机构代替资金供给者将募集的资金投向企业在证券市场、债券市场发行的股票和债券，其实质依然属于间接融资，且在资管产品中占有相当大的份额。本书探讨的对象则是资管机构基于自身选择而不是投资者的指令，投向特定目标企业发行的股票或公司债。

有别于其他资管产品在投前对目标企业、目标项目进行全面尽职调查，并根据尽职调查结果等进行投资决策的业务模式，证券投资类业务主要依靠上市公司股票市值和走势预测，或依据债券发行说明书、公告书来进行投资决策。与之相对应，很多证券投资类业务在投后阶段并不直接与目标企业建立直接联系，因此难以深入目标企业了解其真实风险状况，主要通过目标企业的外围信息进行风险监控，因此证券投资类业务的投后检查工作开展方式比较特殊。

需要提示的问题是，证券投资类业务开展投后检查工作时，除了实时关注证券市场的价格波动情况、上市公司公告、信用评级报告和相关监管机构的行政处罚情况以外，还需特别注意对目标企业相关新闻事件的跟踪。

例如，2018 年 7 月，国家药监局发布公告，认定某药品上市公司在狂犬病疫苗生产中存在记录造假等行为，但该公司随即在官网声明称，“公司所有已经上市的人用狂犬病疫苗产品质量符合国家注册标准，没有发生过因产品质量问题引起的不良反应事件，请广大使用者放心”，但随后事件继续发酵，并查出该公司早在 2014 年就发生了严重违反药品生产质量管理规范和国家药品标准规定的问题，最终该公司股票被深交所强制退市。

又如，2018 年 3 月，某商界知名人士因涉嫌行贿被相关部门调查的消息被媒体曝出，虽然与其相关联的能源领域上市公司在同一时间发布公告表示该知名人士并非公司实际控制人，意图摆脱负面消息对企业市值的影响，但这并不能阻止该企业股票一路跌停，直至 2019 年 8 月被迫退市的结果。

再如，2019 年 7 月，另一商界知名人士同样因为涉嫌刑事犯罪被曝光，关联上市公司 2 天后才发布公告认可消息属实，随后股价于当日开始大跌，数据显示，截至 2019 年 8 月，该公司总市值蒸发上百亿元。

上述事件的相同之处在于：（1）上市公司相关负面新闻将直接影响股价的

变动,有些甚至对企业形成毁灭性打击;(2)目标企业为了应对负面消息影响,往往不会第一时间站出来承认,甚至发布一些澄清信息或者其他正面报道意图"稳定民心";(3)监管部门的处理措施和第三方机构的评级下调往往迟于目标企业股票的彻底崩塌。

由此可见,资管机构如果缺乏足够的敏锐度,以监管部门的处理结果和第三方机构的风险测评作为判断依据,很难"跑赢"广大民间投资者的反应速度,届时再寻"上岸"途径将会难上加难。因此,建议资管机构对相关新闻事件要有充分的敏感性和分析识别能力,一方面,要力争在第一时间掌握相对负面信息,同时对相关信息进行搜集整理,确认其消息源的真实性,并立即对其影响程度作出评估并进行处置动作;另一方面,如果投向某一只股票或债券的资金规模较大,就要充分利用机构自身作为大债权人的身份优势,同目标企业建立直接联系并行使现场检查工作的权利。

五、政府合作类业务

代表性业务类型:政信合作类信托、产业投资基金

政府合作类业务,是指资管机构与各级地方政府融资平台公司在基础设施、民生工程等领域开展的合作业务,这类项目的还款通常会有地方政府或地方财政局做出承诺,或者直接就是以地方政府的债权收益权作为融资标的。政府合作类业务多数投向交通基础设施建设、保障房建设、棚户区改造、公用设施建设领域,其第一还款来源主要是政府付费、使用者付费、项目本身资产运营收益及其他收益(各种补贴)等,第二还款来源则是收费权质押或应收账款质押、资产抵押、地方财政兜底承诺等。

一般而言,政府合作类业务出现风险的概率较低,不过由于其通常单体投资规模大、投资期限长、受政策影响程度高,所以在投后风险监控过程中仍需对以下事项进行重点关注。

1. 市场和经营风险监测

由于政府合作类业务的时间普遍长达3~5年甚至更长,其间市场环境、宏观经济状况、地方融资平台公司的经营能力、发展规划等的变动都会产生市场和经营风险,因此要在上述方面进行风险监测。

2. 地方财政状况

对于没有第一还款来源的政府合作类业务,对地方财政收入和预算支出需

要特别重视，需要关注地方经济是否出现较大波动、地方政府负债水平的变化以及地方政府再融资能力的变化。

3. 地方政府融资平台公司组织架构和出资到位情况

很多政府融资平台在设立和运作方面存在不规范的问题，公司内部管理层人员由地方政府部门领导兼任，因此可能存在公司治理结构不规范和商业化运作能力不高的问题。此外，有些地方融资平台公司还存在出资不足的现象，用于出资的实物、知识产权或土地使用权不足额，分期交纳出资不能按时到位，甚至以流动资金或过桥贷款充当资本金，这些问题都可能影响合资、合作后的项目运作。因此，资管机构发现上述问题时，应当尽可能利用股东身份予以纠正，确保合作项目不出现大的方向性问题。

4. 项目运营和收益情况

首先，对于在建过程中的项目，要核查其建设情况是否符合预期，如果产生偏差，要对偏差原因进行分析总结，确认是否能够如期、足额收回投资及收益，还要对资金到位情况进行核查，确保项目资金如约使用和建设进度如期开展。其次，如果是项目建成后政府或使用者一次性回购，则要在投后阶段对其交易结构安全性、相关方回购能力进行验证。如果是通过项目资产经营收益逐步收回投资回报，则要对项目权属进行落实，对收费权合法性、稳定性进行评估，对合作公司账户进行监管，确保资金及时回流。

六、融资租赁业务

根据中国租赁联盟、联合租赁研发中心和天津滨海融资租赁研究院的统计，截至2019年6月底，全国融资租赁企业（不含单一项目公司、分公司、SPV公司和收购海外的公司）总数约为12,027家，全国融资租赁合同余额约为67,000亿元人民币，比2018年年底的66,500亿元增加约500亿元，增长0.8%。除去少部分仅以自有资金进行投资运作的融资租赁公司以外，很多融资租赁业务的实质与金融资产管理业务并无本质区别。由于融资租赁业务的投资对象主要针对实体行业，第二还款保障主要依靠租赁物的回收和变现能力，所以投（租）后检查的重要性更为凸显。

除针对目标企业、目标项目和补充担保措施的常规检查科目以外，融资租赁公司对融资租赁业务在投后阶段的管理还需重视对租赁物的相关方面进行检查。

1. 租赁物的现实价值与变现能力

不同融资租赁公司因业务偏好不同,在对租赁物的选择上也有很大不同,大到飞机、轮船、大型成套设备,小到汽车、零散办公用品等都可能成为租赁物。绝大多数情况下,融资租赁期限届满后都会约定租赁物由承租人回购,融资租赁公司无须收回租赁物,但是在业务开展过程中不可避免地会遇到承租人违约事件,此时租赁物能否顺利变现并覆盖投资收益,就显得非常重要。因此在融资租赁业务投后检查中对租赁物状态的检查不可或缺。

首先,要了解租赁物的具体位置。如果对此不掌握,即便进入司法执行环节,融资租赁公司也很难收回租赁物实现项目的安全退出。例如,汽车租赁中,融资租赁公司可采取安装 GPS、加装锁机软件监测设备的方式进行监控;轮船租赁中,要在日常检查中注意收集航行记录等信息,这样才能掌握该轮船于何时停泊于何港口,并通知人民法院及时采取查封措施。

其次,要掌握该租赁物的价值变化情况。由于租赁物通常是承租人用于生产经营活动的物品,难免发生消耗和损失,所以融资租赁公司在日常检查中要对租赁物现状进行全面检查或者抽查,同时应当确认租赁物保险的获赔权利归属,一旦发生租赁物灭失或者价值严重贬损,则需立即要求承租人补充其他足值租赁物,或者提前解除合同,通过承租人一次性返还租金或者保险赔偿的方式收回投资。

最后,要注意对潜在买家的信息进行收集。租赁物处置变现时,往往因为难寻买家而导致流拍现象严重,所以融资租赁公司在投后检查中应当注意同时寻找潜在买家,为可能发生的最坏结果做好准备。例如,很多地方有与目标企业处于同行业的其他企业,一旦目标企业因资不抵债发生违约事件,融资租赁公司可以在对目标企业提起诉讼的同时通知该同行业企业,如果该企业有扩大生产经营规模的打算,或者自身拥有处置变现渠道,基于地理位置优势和同行业优势,该企业很可能会提出收购租赁物的意向。在融资租赁公司经司法程序确认所有权后,甚至在诉讼进程中,相关交易即可达成,融资租赁公司可以省却租赁物拆卸、拖运的费用。

2. 租赁物的权属

实践中,租赁物的权属问题极大影响最终的处置变现,如果发生承租人将租赁物转让给善意受让人,或者同其他融资租赁公司就同一租赁物再次开展售后回租,将导致融资租赁公司无法收回租赁物。最高人民法院《关于审理融资租赁合同纠纷案件适用法律问题的解释》第 9 条规定:“承租人或者租赁物的实际使用人,未经出租人同意转让租赁物或者在租赁物上设立其他物权,第三人依据物权法第一百零六条的规定取得租赁物的所有权或者其他物权,出租人主张第三人物权权利不成立的,人民法院不予支持,但有下列情形之一的除外:(一)出租人已在租赁物的显著位置作出标识,第三人在与承租人交易时知道或者应当知道该物为租赁物的;(二)出租人授权承租人将租赁物抵押给出租人并在登记机关依法办理抵押权登记的;(三)第三人与承租人交易时,未按照法律、行政法规、行业或者地区主管部门的规定在相应机构进行融资租赁交易查询的;(四)出租人有证据证明第三人知道或者应当知道交易标的物为租赁物的其他情形。”据此,融资租赁公司在租前工作中会同时采取暂扣租赁物购买发票、张贴租赁物标识、进行租赁物抵押和在中登网网站上进行权属登记 4 种方式进行所有权控制。与此相对应,投后过程中,融资租赁公司还要定期从发票是否齐备、标识是否清晰完整、抵押登记是否依然存续、网站登记是否完备以及是否存在权利相冲突的其他融资租赁公司登记这几个方面进行投后检查。

3. 租赁物范围界定的政策和司法判例变化

最高人民法院《关于审理融资租赁合同纠纷案件适用法律问题的解释》第 1 条第 2 款规定:“对名为融资租赁合同,但实际不构成融资租赁法律关系的,人民法院应按照其实际构成的法律关系处理。”具体到司法实践中,也确实存在依据上述条款认定融资租赁合同无效的案例发生,且因融资租赁合同无效,可能导致融资租赁公司无法对租赁物行使权利,以及投资本金以外的额外收益无法被支持。在相关案例中,融资租赁合同被认定无效的主要原因就是租赁物的选择存在问题,如选择的租赁物与现有规定存在冲突,或者租赁物实际价值与融资租赁公司支付的对价严重不符等。因此,在投后检查中融资租赁公司还需密切关注解释租赁物范围的新政策的出台,以及效力等级较高的司法判例对租赁物的界定,如果发现上述情况,融资租赁公司需提早做好应对准备。

第四章

风险成因与预警信号

CHAPTER 04

投后管理的一项重要功能是通过各种风险监测手段及时发现风险，以便为成功化解风险赢得机会。除了极个别目标企业因偶发性因素导致“突然死亡”以外，一般而言，风险从初露端倪到产生实质风险，再到风险彻底爆发而不可收拾，都会经历一段时间的演变，而且规模大的目标企业因为自身抵御风险能力强，这段时间过程会相对更长。在上述风险演变过程中，往往会释放一些风险预警信号，资管机构顺着这些“蛛丝马迹”进一步挖掘，就有可能尽早监测到风险；反之，如果对这些预警信号无动于衷，就会坐失良机，并导致后续处置工作陷入被动。因此，投后管理人员要具备很强的风险识别、预测和分析能力，而要想提升这方面的能力，首先要熟悉各种风险成因，即目标企业和资管产品可能在哪个环节、哪个方面出现问题，从而进行有针对性的线索查找；其次则要注意对各种风险预警信号进行总结，了解各种异常现象背后可能隐藏的实质风险。

在此，我们对实践中上百个资管产品爆发风险的真实案例进行经验总结，并从风险成因和风险预警信号两个维度进行归类。

第一节　既发风险成因归类

通说认为,金融风险包括信用风险、市场风险、流动性风险、操作风险、声誉风险等。为了更加贴近本书的研究对象,我们根据上述划分方式进行了更为具体的归类。另外,很多项目出险可能是多重因素叠加的结果,在此,我们仅以发生风险的主要原因或者典型因素作为归类原则。

一、目标企业所处行业呈下行趋势

国内外市场大环境不景气,或者存在产能过剩、技术落后等问题,都会导致某类行业的市场发展受到冲击。像我国钢铁行业、水泥行业、有色金属行业、电力行业、煤炭行业、石油行业、化工行业、装备制造业工业等就在很长一段时间内处于下行趋势,身处这些行业链条上的企业或多或少都会受到影响,大量中小民营企业纷纷倒闭,甚至某些大型民营和国有企业也发生了破产事件。

目标企业所处行业呈下行趋势是很多资管产品爆发风险的最主要原因,虽然资管机构对目标行业和具体目标企业的选择是在投前就已决定的,但由于投后阶段行业波动趋势仍会持续变化,资管机构必须对行业走势以及对目标企业的影响进行持续跟踪。

风险成因案例1　东北特钢集团债券违约及破产重整事件

东北特钢集团(以下简称东北特钢)是由国家原三大骨干特钢企业——大连特钢、抚顺特钢、北满特钢重组而成,主要经营特种钢,是国有大型特殊钢生产企业,也是中国特殊钢行业的领军企业。如此规模的支柱型国企,却于2016年3月首次出现债券违约,并在不到4个月的时间内,连续发生7次违约,涉及债务总额达47.7亿元。2016年10月10日,大连市中级人民法院裁定受理东北特钢破产重整案,东北特钢正式进入破产重整程序。

东北特钢经营状况的迅速下滑,主因是国内外宏观经济形势不佳和我国钢铁行业产能严重过剩。钢铁被誉为“工业的骨骼”,在整体经济形势下行时,钢铁行业受到的影响首当其冲,因此自2010年以后,钢铁行业的利润率开始持续走低。由于我国在过去几年未能对钢铁行业整体市场前景进行准确预估，故钢铁产能仍在持续增长。根据世界钢铁协会(WSA)发布的《世界钢铁统计数据2016》，在2015年，中国的粗钢产量已达803.8万吨，是第二名日本的7倍多。由于总体需求持续下滑，我国钢铁产能又未见减少，为了确保销量，各钢铁厂商展开了激烈的价格竞争，并大量销往海外，但大量的钢铁出口又造成了钢铁价格下跌，使得全球钢铁行业越来越不景气。

但与上述行业背景相对应的是，东北特钢恰好在同一时期筹集了巨资进行技术升级改造。据《辽宁日报》报道："近几年，东北特钢集团三大基地同步进行了大规模的全面技术改造。大连基地投资160亿元引进国际一流的工艺装备，建成了世界最先进的10条现代化特殊钢专业化生产线；抚顺基地斥资百亿元，形成了国防军工和高科技领域国际一流水平的工艺装备；北满基地则规划投资227亿元，进行全面技术改造。"2014年7月《辽宁日报》报道："据统计，此前东北特钢已累计投入近300亿元，实施了国内外特钢企业最大规模的技术改造。"然而接近300亿元的投资并没有实现企业的扭亏为盈，相反，对金融资本的过分依赖和资产负债率的迅速升高为不久之后发生的债券违约埋下了伏笔。新华网2016年10月报道："据测算，东北特钢的负债以金融债务为主，包括集团本部、子公司及控股公司在内的负债共计约443亿元。"另外，还有一个细节也在东北特钢债权违约事件后被媒体报道出来，即东北特钢自2015年9月披露截至2014年年底未经审计的年报之后，就一直拒绝披露财务报表，包括2015年度财务报告及2016年一季度财务情况。

对市场前景和企业自身风险承受能力的错误判断致使东北特钢盲目追加投资，终究没有挺过钢铁行业最凛冽的寒冬。对于各金融机构而言，过分看重东北特钢国企背景这道护身符，却无视其行业走势、经营风险和发生违约事件前的各种风险前兆，是导致资管机构深陷其中无法自拔的根本原因。

小结：行业走势波动虽然对每个相关企业都会有影响，但是各企业受影响程度大小、所采取的应对策略会有所不同，资管机构理应在投后阶段持续关注。此外，虽然这类风险成因从资管机构角度难以化解，但其另一特征是风险演变趋势相对较慢，如果资管机构能够在较早阶段发现风险隐患并在目标企业濒临破产前提早抽身，还是有机会保全投资本金和收益的。因此，资管机构对于行业走势不明朗的项目，在投后阶段要格外重视，既不能存在侥幸心理，也不能抱以“听天由命”的心态。

二、集团企业系统性风险导致业务子板块受到牵连

在此类风险事件中，目标企业往往是产业链铺设较长或者横跨多个产业链的集团型公司，资管机构如果是对其下属某一板块进行项目投融资，受投资决策时限限制，投前往往只对其子公司和具体项目进行尽职调查，对母公司的整体情况的了解通常只是浮于表面，更难以掌握母公司旗下其他板块的整体情况。此时，如果仍不抓住在投后阶段同目标企业及其关联企业近距离接触的机会，就有可能彻底忽略因目标企业母公司发生系统性崩塌而产生的风险。

风险成因案例2　乐视系资金链断裂事件回顾

2004年，贾某创建了乐视。在互联网时代背景下，乐视始终在快车道上高速超车。自2012年开始实施生态圈战略和“平台+内容+终端+应用”的生态系统理念后，依托创业板上市的乐视网，乐视系先后发展了影视、手机、体育、互联网金融、汽车、云计算、电视共7个领域的业务，被业界称为“乐视模式”。但在各项业务如火如荼、齐头并进的发展背后，却是惊人的融资规模。根据《第一财经》的报道：“乐视网2010年在创业板上市之初的总资产约为10.32亿元，此后，乐视网通过IPO、定增和发债直接融资92.89亿元；截至2016年三季度末，乐视创始人兼控制人贾某股权质押5.71亿股，融得资金超百亿元，贾某家族还通过股权转让及减持，套现近百亿元资金，通过借款融资176亿元。以乐视网为核心，乐视上市平台已经完成的累计融资规模就已达到361亿元以上。而子生态各个板块的融资规模同样极为惊人。乐视体育两次融资额为88亿元，乐视电视为4.3亿元，乐视汽车、乐视手机合计16.1亿美元，约合人民币107亿元，乐视云计算有限公司在2016年2月获得了10亿元人民币的A轮融资，加上2017年1月168亿元的融资，整个乐视企业生态圈自2010年以来向社会多种融资渠道多轮融资近800多亿元人民币。”与此同时，乐视企业生态体系内部几大业务之间互相腾挪资金的现象越来越严重。《腾讯财经》报道：“乐视体育完成80亿元B轮融资后，79亿元都被乐视控股挪走，只留给乐视体育1亿元，这也是直接导致乐视体育最终因资金链

断裂而痛失亚冠和中超的转播权的直接原因。”事实上,在乐视发展壮大过程中,不止一次遇到资金链紧张的危机,但这并没有引起很多金融机构的警觉,反而随着乐视新业务领域的拓展不断有新的资本注入并为其推波助澜。直至2016年年底,乐视资金问题开始慢慢浮出水面,乐视帝国摇摇欲坠。2017年4月,乐视持股的易到公司13亿元资金被挪用事件被热炒,之后有关乐视的各种负面消息越来越集中。2017年6月,招商银行上海川北支行对乐视系及贾某等担保人提起诉讼和财产保全,各资管机构随后纷纷跟进。至此,乐视资金链彻底断裂成为既成事实,贾某被列入失信被执行人名单,其本人远赴美国。

小结:我国商界人士多信奉“大而不倒”的经营理念,越是企业运营出现困境,越是不能停下扩张的脚步,似乎只有不断开拓新业务,才能带来新的利润增长点并吸引新的投资。正是在这种理念指引下,乐视系的步伐才越走越快,越走越不寻常。反观深陷其中的金融机构,其核心问题就是犯了“一叶障目”的错误,单独投资乐视系旗下某一板块的项目,就只关注这一板块的发展情况,忽略了对乐视系整体风险的评估,忽略了乐视系在后期进行大规模融资和各板块之间相互输血带来的巨大隐患。事后证明,乐视帝国的轰然崩塌,恰恰不是某一子板块出了什么问题,而是其整体风险隐患聚积酿成的恶果。

三、政策变化致使目标企业受到根本性影响

政策风险,是指因中央或地方主管部门出台的政策发生变化,如货币政策、财政政策、行业政策、地区发展政策等,导致目标企业受政策变化影响而发生风险。有些政策导向会影响企业生存发展的根本。例如,环保政策趋严会导致化工企业在一些地区被限制发展甚至不受欢迎;税收政策的变化会导致某些企业盈利指标严重下滑;产品进出口政策的调整则直接影响一些进出口行业及其关联上下游企业。

投前和投后两个阶段相比,投前通过尽职调查等途径了解到的政策情况是明确的,该政策对目标企业的影响也相对容易评估;而在投后阶段,政策调整是难以预知的,新政策出台后对企业的影响更是需要准确评估。因此,对于一些政策变化频繁或者本身受政策影响大的行业,资管机构应在投后对其政策变化

情况加以特别关注。

风险成因案例 3　以光伏行业为例

以光伏为代表的清洁能源产业是与国家和地方政策息息相关的行业。2004 年 8 月，德国更新了《可再生能源法》，对光伏发电大力补贴，使其在能源供应中的比重大幅上调，随后，欧洲多个国家也效仿德国的上述做法，欧盟对光伏电池的需求大幅增加，中国光伏行业正是在这样的背景下迎来了井喷式增长。在国家产业政策的影响和引导下，中国光伏产业迅速发展。据统计，全国在政府主导下建立起来的各种“太阳城”和“光伏园”超过 300 个，仅千亿级产业园就达到几十个，早在数年前我国就已成为全球最大的太阳能电池生产国。作为新兴产业的代表，光伏行业诞生了一大批明星企业，并受到资本市场的热捧。但事实上，光伏产业截至目前已经经历过两次“寒冬”，而且都与政策变化有关。第一次是 2012 年欧美对中国光伏产品征收反倾销税和反补贴税，中国光伏行业整体受到冲击；第二次是 2018 年国家能源局出台“光伏 5·31 新政”，明确提出控制光伏新建规模、降低补贴强度，很多靠政策支持的光伏企业终究难以挺过这样的“寒冬”。这些已经倒下的光伏企业背后的金融投资机构，或者投资彻底“泡汤”，或者只能寄望于光伏企业资产重组以后减小损失。

小结：政策调整虽然具有突然性，但对目标企业的影响却在经过一段时间后才会显现，资管机构依然有在风险彻底爆发前全身而退的机会，这就要求资管机构对目标企业所处行业和所处地区的市场和政策环境有所了解，并注意及时更新市场、政策动态信息。即便投前在这方面做的功课不够深入，也要在投后阶段及时“补课”。

四、企业自身经营不善

企业管理者决定了企业的未来和命运，管理者采取什么样的经营理念，将直接决定企业的未来。实践中，有些企业在创立初期得益于对市场和自身的准确定位，获得了快速发展，但在发展路途中由于不适应市场变化，或者管理者思维理念跟不上企业发展速度，或者经营决策出现重大失误等各种原因，都可能导致企业迅速被市场抛弃。

风险成因案例4　ofo(小黄车)从兴盛迅速走向衰落

2014年,ofo(小黄车)从北大校园走出,凭借"无桩单车共享"模式和移动互联网技术的助力,出现在北京的街头巷尾。随后两年,共享单车行业呈现"红、橙、黄、绿、青、蓝、紫"颜色大混战的局面,但ofo凭借更低的产品成本,一方面获得了资本的青睐,另一方面又通过源源不断的资本注入将这股黄色旋风铺展到北京城的每一个角落,进而扩张到全国很多城市以及国外部分地区。由于共享单车背后的互联网营销思维就是迅速抢占市场、抢占客户群体,重要的是客户群体不断壮大,至于产品质量好不好,企业是否盈利,都显得不再重要。但在ofo逐渐巩固了自己行业龙头地位的同时,并没有及时在产品质量、运营管理等方面转变思路,而是继续在"烧钱"模式下一路狂奔,似乎是想通过这种"满城尽是小黄车"的产品堆砌方式彻底打垮其他同行,让消费者选无可选,但这种营销策略终归没有真正赢得消费者的认可。ofo崛起速度惊人,衰败的速度同样惊人。2017年年末,ofo被曝出退押金困难,随后演变成信任危机,上千万人线上排队退押,导致其资金链断裂,而其创始人也上了失信被执行人名单。回顾ofo短短4年间的大起大落,其成功之道是为了抢占市场而尽可能压缩产品成本,但也恰恰是这种经营策略的延续导致市场饱和后出现市场差评和车辆折损、维修成本过高等弊端,可谓"成也萧何,败也萧何"。

小结:在以目标企业所处行业和市场前景作为投资选择考量因素的资管产品中,资管机构要对目标企业实际控制人及其管理团队的各方面能力进行考察,并在投后阶段对其经营发展策略予以持续关注。当发现企业管理者因为经营管理方向性错误可能带来的重大隐患时,资管机构一方面应尝试利用资方影响力予以纠正,另一方面当沟通无果时,需在事态严重前做好抽身而退的打算。

五、重大项目投资失败

我国很多民营企业家都是根据商机和政策导向决定自己的投资方向,因此有些形成一定规模的民营企业并不是专攻某一产业，其产业布局存在跨行业特征。现实中，导致目标企业资金链断裂的可能并不是其主营业务，而是其投资非关联产业遭遇失败带来的连锁反应。资管机构在进行投后管理时不应仅仅关注目标项目和目标企业的主营板块，还要对其非关联重大项目投资进展予以关注，并对发生投资失败的后续影响进行评估。重大项目需要根据该项目投资金额占目标企业净资产和现金流的比重来判断。

风险成因案例 5　某制造型企业投资五星级酒店失败案

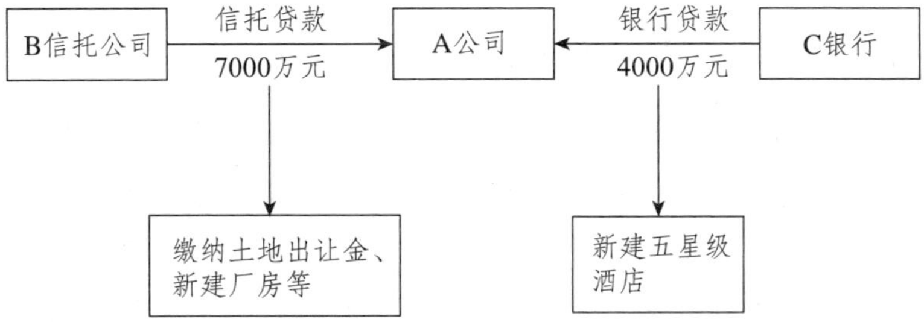

目标企业为某机械制造业的民营企业 A 公司，A 公司在行业内耕耘 10 余年，拥有 4 条运转良好的设备生产线，年产值 4 亿余元，净利润 6000 万余元。2015 年，为了满足市政规划要求，A 公司被要求迁址另建新厂，于是 A 公司除自筹资金以外，另向 B 信托公司申请信托贷款 7000 万元，用于缴纳土地出让金和新厂房建设。但在拿地的同时，当地政府向 A 公司提出由 A 公司在开发区新建一座五星级酒店的转让条件。事后了解，A 公司曾在经营过程中通过其他债务人以物抵债形式取得一座三星级酒店的所有权和经营权，所以对开发五星级酒店很感兴趣，加之为了取得该建设用地，于是未作充分考虑即答应了政府提出的条件，并另行通过当地 C 银行取得了 4000 万元的建设资金。但事后证明，A 公司并无任何房地产开发经验，在酒店图纸设计、施工单位选聘和施工监理等方面均存在严重问题。开工一年后，终因建筑材料供应和建筑质量等问题被迫停工。随后，C 银行由于担心抵押物落空而对目标企业采取抽贷措施，B 信托公司的信托计划随即发生逾期。

小结:B信托公司实际上在投前尽调中对目标企业同时在建设五星级酒店及申请银行贷款的事情是知情的,但在历次投后检查中从未对酒店建设项目进展情况进行关注,而是仅对新厂房建设项目进行跟踪检查,因此直至信托计划逾期后才了解到项目出险的真实原因,但后续的风险处置工作已经陷于被动。尽管为了避免投后关注点过于分散,投后检查中并非要求资管机构对目标企业所有对外投资情况进行一一检查,但是对资管产品以外目标企业正在操作的重大投资项目,资管机构依然有必要从投资动机、项目驾驭能力以及该项目进展程度或者主要障碍等关键点进行检查,这样才能确保风险监测的全面性。

六、目标企业及其实际控制人涉刑或违法、违规经营

因目标企业及其实际控制人涉刑,或因违法、违规经营被公安机关或政府有关部门查处,这一方面将导致目标企业迅速陷入信誉危机,另一方面有可能连带导致其资金账户被冻结。由于实践中"先刑后民"原则存在被扩大解读的现实问题,即便资管机构与目标企业之间形成的债权、债务关系与对方涉刑、涉及违法事件无关,但资管机构追讨债权依然要等到账户解封后再行处理。现实中,尽管这类风险成因在总体风险事件中所占比例不高,但其风险处置过程却相对更为棘手,因此依然应当引起资管机构的重视。个别情况下,目标企业违法、违规行为还有可能殃及资管机构,更要引起资管机构的警觉。

风险成因案例6　某企业涉刑诈骗致金融机构受刑事追查案

假象:

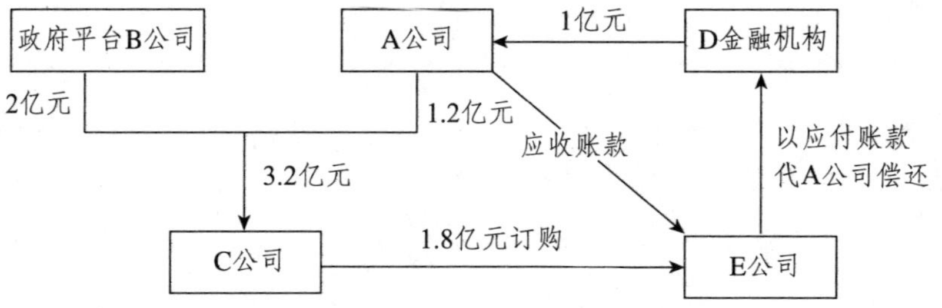

真相：

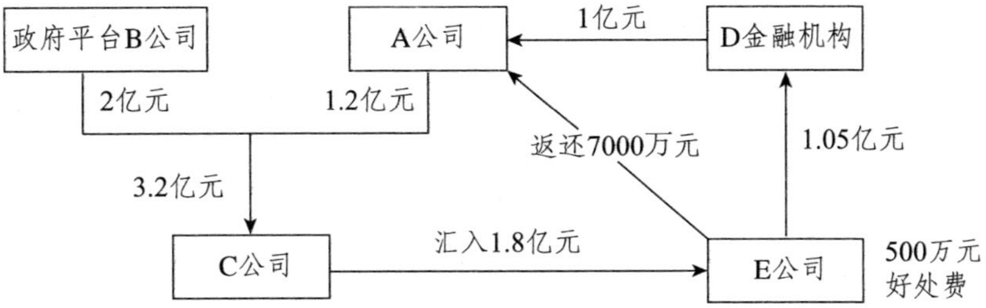

2015年，位于湖北的A公司与当地政府下属投资公司B签订合作协议，约定A公司出资1.2亿元，B公司出资2亿元，双方共同成立平台公司C进行新能源产品开发合作。与此同时，A公司向某民营背景的金融机构D申请为期3个月金额1亿元的短期借款，用于补齐A公司对C公司的出资，同时根据A公司的计划，C公司3.2亿元注册资金到位后，其中1.8亿元将向E公司订购设备生产线，E公司则负责代替A公司偿还对D金融机构的短期借款。关于E公司为A公司代偿借款的原因，A公司在申请融资时的理由是A、E之间原本存在应收账款，所以E自愿以应付款项代偿A对D金融机构的应还款。

相关协议签订后进入实际履行阶段，D金融机构向A公司发放贷款后，随即按约定通过E公司收回贷款本息合计1.05亿元。原本以为该项目正常结束，但时隔不久，湖北当地公安机关突然对D金融机构其他资管产品账户内的2亿元资金采取了冻结措施。原来，A公司在与当地政府达成战略合作后，由于自身现金流紧张，于是产生仅利用政府平台单方出资进行资金周转的想法，并拉入E公司事先串谋，以D金融机构贷款完成验资，再以向E公司购买机器设备和与E公司之间存在其他债权债务关系为名，将B公司的部分出资以及D金融机构借贷给A公司的资金合计1.8亿元汇入E公司账户，E公司收到该笔资金后，并没有按约定发货，而是将1.8亿元拆分成三份，其中一笔500万元截留作为“好处费”，另一笔1.05亿元归还D金融机构，最后剩余7000万元则返还至A公司账户。由于B公司迟迟未见设备到位便产生怀疑，随即报案，当地公安机关认为A公司、D金融机构、E公司均参与诈骗行为，于是对D金融机构账户采取了临时冻结措施。虽然事后D金融机构向公安机关说明情况表示并未参与犯罪行为，并被迫同意再向A公司提供一笔借款专项用于补齐A公司从C公司挪走的资金，总算化解了涉刑危机，但是该机构遭受的巨大经济损失却不可避免。

小结：虽然本次事件是A公司、E公司共同犯罪所引发，但D金融机构在投前、投后风险控制中均存在明显失误，D金融机构受到的损失并非不可避免。首先，针对本次贷款的交易结构设计存在明显的不合理性，该笔贷款通过D金融机构到A公司、从A公司以缴纳出资为名到C公司，从C公司以购买设备为名到E公司，再从E公司以代偿为名回到D金融机构，整个资金流转形成非正常循环，其中E公司代替A公司进行贷款偿还尤为不合理，这并未引起D金融机构的警觉，D金融机构也没有对A公司所谓的应收账款进行查证。其次，在投后阶段，虽然该笔贷款属短期性质且已经偿还，但如果D金融机构对此引起足够警觉，理应对E公司签订大额供货合同的履行情况进行关注，一旦发现E公司未按约定履行，D金融机构可通过提早报案或告知C公司、B公司的形式撇清自己与此事的关系，不至于后来被公安机关怀疑为"共犯"。总之，对交易结构特殊的项目，或者在投后检查中发现目标企业及其实际控制人存在其他违法行为时，金融机构应当慎重对待。

七、担保措施存在权利瑕疵

有些资管产品对于第二还款源即各种担保措施的依赖度很高，现实中曾经出现过担保措施无效、失效导致项目出险并发生损失的案例。另外，由于担保措施不到位，有些目标企业还会利用这样的漏洞同资管机构谈条件，意图延期偿还或少支付应付款项，最终使资管产品无法按期、全额获得预期收益。

风险成因案例7　因在建工程抵押未及时办理导致应收利息全损案

2014年，某信托公司与某房地产开发商签订《信托合同》，约定信托贷款2.5亿元，贷款期2年，年利率16%，担保措施为前期土地抵押、后期在建工程抵押。合同签订后，信托公司在开发商配合下完成了土地使用权抵押登记备案，随后向其发放了信托贷款，房地产项目进入建设期。然而现实中存在的普遍问题是，我国并无土地使用权抵押直接转为在建工程抵押的操作流程，具体做法是先到土地管理部门办理土地抵押解除手续，再到房产管理部门办理抵押解除手续。在本项目中，当投后管理人员办理完毕土地解押手续并继续办理在建工程抵押时，却发现该在建工程已被开发商的其他债权人通过法院财产保全程序予以查封，导致在建工程抵押手续无法办理。遇此障碍后，信托公司催问开发商并要求其解决查封事宜，开发商一开始态度比较积极，但随着事情的拖延逐渐变为冷淡。信托公司在此次风险处置中也存在决策机制拖沓、态度不够坚决等问题，导致风险事件未能及时化解。时隔半年后，开发商终于亮出底牌，以贷款利率过高和需要资金化解另案诉讼为借口，向信托公司提出免除利息、仅偿还本金的交换条件。经过一番讨价还价，最后双方达成补充协议，信托公司以减让10%、仅按8%的利息标准为代价，终于将在建工程抵押手续办理完毕。仅仅因为投后人员未能关注到在建工程被查封问题，导致信托公司在该项目中实际损失了5000万元的应收利息，代价不可谓不大。

小结：各种担保措施的有效性是投后阶段需要关注的重点问题，特别是对于抵、质押期限不能覆盖资管产品存续期、投后阶段需要更换抵质押物并重新办理抵押登记手续的项目，要派遣专人跟踪落实，并注意在操作中预先核验有无操作障碍、提前准备相关材料、尽量缩短操作时间，杜绝因操作原因产生的风险和漏洞。

八、庞氏骗局

庞氏骗局是对金融领域投资诈骗的称呼，在我国又称“拆东墙补西墙”“空手套白狼”，简言之，就是利用新投资人的钱向老投资者支付利息和短期回报，以制造赚钱的假象进而骗取更多的投资。现实商业环境中，一些民营企业实际控制人不满足于实体行业较低的利润回报，为了在短期内聚集财富，便利用资本运作手段迅速做大，导致一些风险防范意识不强的金融机构被套牢。

风险成因案例8 某企业编造虚假资金用途融资案

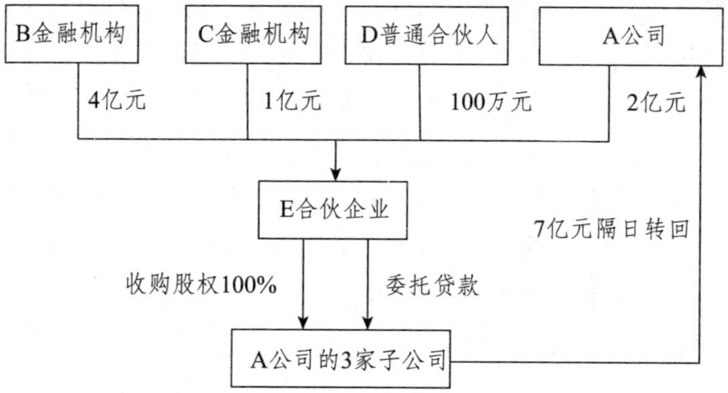

某新能源企业A公司依靠其所处热点行业和名下多项专利技术获得地方政府和资本市场的青睐。一方面，多地政府吸纳该企业前往当地投资建厂，并给予政策补贴和税收支持；另一方面，多达数十家金融机构向其提供资金支持，从而使该企业在数年间规模扩张数十倍，并成功在主板上市。然而在取得巨大成功的同时，该企业发展速度逐渐失控，背负的利息成本也越来越高。正是从这时开始，该企业“借新还旧”现象越发严重。在本次风险事件中，B金融机构、C金融机构与A公司及D普通合伙人共同成立E合伙企业，约定A出资2亿元、B出资4亿元、C出资1亿元、D出资100万元，该只基金专项投资于A公司名下的3家子公司，部分资金用于收购子公司100%股权，部分资金以委托贷款形式为3家子公司补充流动资金。但股权转让手续完成及资金投出后，虽然E合伙企业取得了3家公司的全部股权，然而实际上并未做到资金监控。事后查明，全部股权转让款和贷款接近7亿元在到账第二天全部转回A公司，而E合伙企业则实际由A公司控制，这也是未能实现资金监管的主要原因。这样，A公司预先出资2亿元不仅分文未少地回到自己手中，还套取了B、C两家金融机构合计5亿元资金。而A公司实际用途却是偿还其他到期银行贷款。当A公司终因资不抵债发生其他债券产品逾期时，B、C金融机构才发现项目发生风险，但在拟定诉讼方案时，方才发现实际控制的3家子公司基本等同于空壳，变现可能性微乎其微。

小结：金融机构在该项目操作中失误频频，最显而易见的问题是未能对资金去向做好监控工作，直至目标企业风险彻底爆发后方才“如梦方醒”。事实上，防止“庞氏骗局”的主要手段就是确保投资项目真实和资金去向真实，只要保证每一笔资金都用于实际项目，不发生资金外流现象，那么对手方的不良企图就很难实现。即便该资管项目因为其他原因发生风险，资管机构也有很大概率通过资金投向真实项目的处置变现收回资金，不至于因为项目虚假而毫无处置机会。

九、对外担保被拖累

目标企业对外提供保证担保，被担保人可能是关联企业或上级股东，也可能是存在合作伙伴关系的上下游客户，有时毫无关联关系的两家或两家以上企业为了申请银行贷款，被银行硬性要求形成互保或联保关系。《商业银行法》第7条第1款规定：“商业银行开展信贷业务，应当严格审查借款人的资信，实行担保，保障按期收回贷款。”为了满足上述合规要求，同时为了降低银行自身的信贷风险，于是有些银行将地处同一地区的几家企业串联起来互为担保。这些企业可能对被担保人各方面状况并不十分了解，但为了自身贷款能够通过银行审批，不得不同意提供担保。在上述原因形成的对外担保中，通常目标企业自身经营状况尚属正常，但受承担担保责任事件的拖累从而发生风险，因此资管机构在投后管理中除了关注目标企业自身之外，对其对外担保风险应当予以同等重视。

风险成因案例9　山东东营民营企业互为担保引发的整体危机

山东省东营市是随着我国第二大石油工业基地胜利油田的建设而于1983年正式建市，历经数十年的飞速发展，依托石油资源发展起来的石化、轮胎企业已经遍布全市。据统计，在2017年，东营市位居中国民营企业500强的民营企业一度达到18家。但在蓬勃发展的同时，一股逆流却从2018年开始席卷而来。

据《中国经济周刊》报道：2019年3月，东辰控股集团有限公司、山东胜通集团股份有限公司同时被东营市中级人民法院受理破产重整的申请，此前，已有山东天信集团有限公司、山东大海集团有限公司、山东金茂纺织化工集团有限公司3家企业进入破产重整。如此大规模的企业同时出现危机，其中一个不容忽视的问题是“互保、联保”现象在东营当地十分普遍。“企业向银行贷款，可以采取抵押贷款的形式，但局限于抵押物（如土地、设备等）的价值，贷款额度通常较小，难以满足企业的资金需求。如果有其他企业为它做担保，额度就会扩大，甚至超过抵押贷款额度的10倍以上。通过担保，民营企业的贷款难度大大下降，而一旦企业无法偿还贷款，为其作保的企业就要履行代偿义务。”“直接发生担保关系的企业往往互相了解，但对间接关联的企业就不一定了解……只要一环出现危机，危机就会沿链条传递；如果是网状，影响更会多维扩散，所以企业难以预测风险来自哪里。”“很多企业的确有代偿能力，可怕的是即使进行了代偿，银行对企业的信任度仍会下降，因此抽贷或压贷，很容易导致企业资金链断裂。”——《中国经济周刊》如是报道。

“互保”模式究竟利大于弊还是弊大于利，站在不同立场可能有不同的结论，在此我们不做过多探讨。但从上述案例可见，目标企业因为对外提供担保并因此发生风险时，其风险的影响不仅体现于目标企业有无代偿能力，还在于引发的连锁反应。有些企业并不是亡于实际承担了担保责任，而是后续该企业自身以及该地区整体产生的信誉危机和再融资困难。

小结：此类风险事件由于发生于目标企业自身经营状况之外，有时会被金融机构忽略，加之有的目标企业为了获得融资会采取隐瞒真实担保状况的做法，使得金融机构更加难以及时察觉风险。在此，提出以下几点建议：（1）尽可能深入目标企业所在地区并实地考察当地投融资环境，如果发现“互保”现象普遍存在，应当引起格外重视；（2）尝试从目标企业关联股东、上下游客户、同地区同类型企业以及其他金融机构发布的对外公告、产品信息中查询目标企业有无参与提供担保、提供担保的实际金额，并注意与目标企业提供的信息进行交叉验证；（3）针对目标企业对外担保情况，要将投后关注点扩展到被担保人，一旦发现被担保人发生风险事件要引起高度警惕，要对目标企业采取的应对措施以及后续影响进行持续跟踪。

十、目标企业治理结构发生严重问题

所谓公司治理结构，是指为实现资源配置的有效性，所有者（股东）对公司的经营管理和绩效改革等进行监督、激励、控制和协调的一整套制度安排，它反映了决定公司发展方向和业绩的各参与方之间的关系。如果目标企业治理结构发生严重问题，如公司管理层重要人员发生舞弊事件、股东之间互相拆台等，将可能导致该企业迅速走向衰败。

风险成因案例10　山水集团各方股东权利角逐事件

山东山水水泥集团有限公司(以下简称山水水泥)曾经是全国十强水泥企业，2014年熟料产能5328.9万吨，居全国第7位，在山东、辽宁等地市场拥有较强的话语权。但自2015年11月第一只超短融债券违约，在随后近一年半的时间里，共计68亿元的公募债券违约，该公司陷入巨大的债务危机。直至2018年，公司经营管理逐步走向正轨，并于当年10月重新恢复上市，该违约事件才暂告一段落。回顾违约事件，外部普遍认为系该公司内部股东之间权利之争所引发。

山水水泥的前身为济南建材工业集团有限公司，后经国企改制并成立中国山水投资有限公司，对山水水泥进行股权控制，中国山水投资有限公司的股权由该公司董事长张某奎、7位高管以及3939名职工股东共同持有。2013年，张某奎推出了面向7位高管和3939名职工的退股方案，小股东们因为对退股方案不满，导致双方矛盾激化，2014年8月，小股东联名将张某奎告上香港高等法院，要求解除信托关系，归还各自股权等。上层股东出现矛盾，同时导致山水水泥层面实际控制权格局不稳，随着亚洲水泥、天瑞集团对山水水泥流通股的大量收购，导致其流通股不足25%，按港交所规定自2015年4月16日停牌，并由此引发境外美元债的提前偿付条款，进而导致该美元债违约，其融资渠道被彻底封死。之后，由于山水水泥及上层结构的股东之间陷入混战，企业运营一度出现失控状态，其商业信誉亦降至冰点，终于发生后续的大量债券违约事件。

小结：资管机构在对目标企业实施投后管理过程中，要对其公司治理结构发生的重大变化予以关注，特别是类似山水水泥这样股权结构复杂、历史上发生国企改制遗留隐患的企业，尤其要予以重视。

十一、目标企业及其实际控制人突发性事件

我国民营经济发展历程尚短，家族企业色彩浓厚的问题广泛存在，且在未来一段时间内依然无法改变。在此背景下，企业实际控制人自身的起起伏伏与该企业息息相关，有时实际控制人去世、涉及刑事案件、其他负面消息和个人不良行为等突发性事件，都会对该企业的发展前景带来一定程度的影响，有时甚至会导致目标企业的突然“死亡”。

风险成因案例 11　金立通信实际控制人被传“涉赌”事件

深圳市金立通信设备有限公司（以下简称金立通信）成立于2002年，公司旗下的金立手机是其主要产品。HIS市场调研显示，在2013年，金立手机在世界排名第11位，全球已有超过1.1亿的金立手机用户。但在2017年年底，金立通信突然爆出资金链断裂，在之后一年的时间，该公司财务状况依然没有好转，至2018年11月，金立通信相关债权人向深圳中院提交对金立通信的破产重整申请。然而事实上，金立通信发生财务危机非常突然。金立通信发行的债券产品显示，2016年，金立通信营收达到271亿余元，净利润为13.3亿余元，2017年上半年营收150亿余元，净利润7.6亿余元，现金余额更是达到10.3亿元。究竟是什么原因让金立通信在短短半年时间内就遭遇资金链断裂的困境？据多家媒体报道，这与金立通信实际控制人挪用金立通信公款进行赌博有关。“在赌博上输了超过100亿元，股东们推测其挪用公款数额在60亿元左右，甚至，在塞班岛上，一把牌输掉了7亿美元。”——相关媒体如此报道。虽然金立通信随后出面辟谣，声明称其实际控制人涉嫌巨额赌博的报道不实，但后来亦有媒体报道称金立通信实际控制人承认赌资大概在十几亿元。不论如何，金立通信在短期内大量资金不知去向，且导致企业迅速走向破产边缘，却是不争的事实。

小结：目标企业及其实际控制人突发性因素导致项目出现风险，针对这类风险成因很难预先防范，除了事先对该目标企业历史上发生的行政处罚以及实际控制人不良嗜好等问题进行背景调查以外，似乎没有更好的防范措施。不过，解决这类事件的关键点在于对负面消息的监控能力，对事件走势和影响程

度的分析判断能力，以及面对突发事件的快速反应能力。如果风险监测及时准确、风险处置手段迅速得当，资管机构就有可能在风险不可控之前收回全部或者部分投资，尽量避免损失的无可挽回。

十二、内部人员或合作机构的道德风险

金融领域道德风险既可能发生在交易对手也可能发生在金融资管机构内部人员或合作机构，某些业界人士甚至认为这是项目出险最主要的原因。由于有些金融资管机构设立时间不长，内部人员流动性大，发生内部道德风险的概率就相对更高。由于内部道德风险往往直接转化为项目的实质风险，而且基于投资者保护原则在《资管新规》出台之后不断强化的大背景下，此类型风险很有可能导致资管机构被判赔偿责任，所以资管机构更应当加以重视。

风险成因案例12　某融资租赁公司向濒临破产企业放款案

2012年，某融资租赁公司以售后回租形式向一家生产制造型企业放款3000万元，约定目标企业按季度等额支付租金，租赁期限为3年。但在项目落地后短短6个月，也即目标企业按约定应支付第二期租金时，就发生了逾期。随后，融资租赁公司欲约谈目标企业实际控制人时，却发现对方已经失联。与此同时，推荐和操作该项目的业务经理也已在项目逾期前一个月辞职，而该业务经理操作的其余三个项目无一例外均发生了风险。

正常情况下，针对融资租赁业务，如果项目选择方向大体正确，即便事后发生逾期还款，通常会经历一至两年的风险潜伏期，一般极少有目标企业在放款后短短6个月就发生逾期事件的情况，于是该融资租赁公司派风控人员前往目标企业所在地进行实地调查。通过调查发现，该目标企业位于偏僻山村，仅单程在途时间就达2天，而且目标企业早已停产，人去屋空。原来，该融资租赁公司由于成立不久，风控部门人手有限，为了大力开展业务，采取了由业务人员负责现场尽调，风控部门仅根据业务团队提交的材料进行书面复核的业务模式，这样就给了该业务经理尽调报告任意造假的机会。更为讽刺的是，该业务经理因为业绩突出，在离职前几个月召开的年终总结会上刚刚获得“优秀职业经理人”称号。

风险成因案例 13　某普通合伙人套取合伙企业资金案

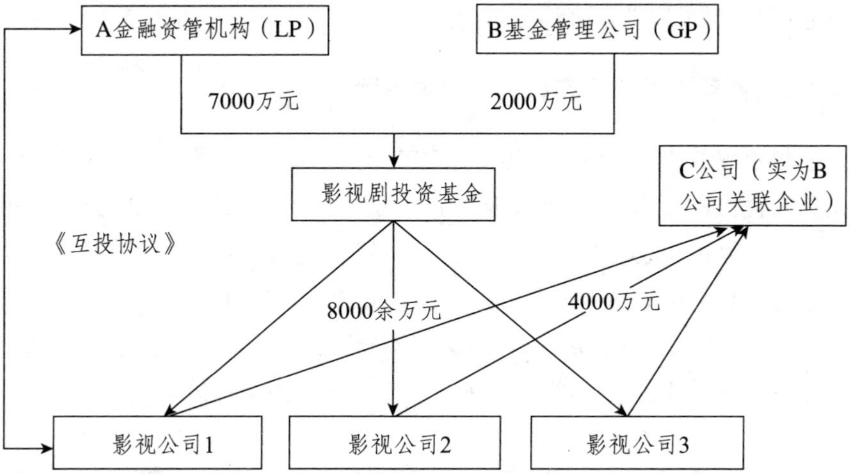

某金融资管机构A与某基金管理公司B共同出资成立影视剧投资基金，其中，A公司出资7000万元，B公司出资2000万元，并由B公司担任该基金的执行事务合伙人。A公司的初始投资目的是利用B公司在影视剧投资方面的经验实现项目盈利。出资到位后，B公司以基金名义先后向3家影视剧制作公司投资8000余万元，然而项目到期后，这几家影视公司都没能按期支付投资回报，此时B公司非但不对影视公司采取任何行动，反而对A公司也避而不见。事后，A公司直接向影视公司发出律师函进行催款，并找到几家影视公司负责人进行约谈，事情真相终于浮出水面。原来，B公司在做影视剧投资的同时，其同一实际控制人名下的关联企业C也在同时操作一部电影的制作，由于A公司与B公司签订的《合伙协议》中明确禁止合伙企业投资B公司的关联产品，于是B公司另辟蹊径，找到3家影视公司并签订《互投协议》，约定3家影视公司获得基金投资款后的5日内要将其中50%的款项转给C公司，而这3家影视公司为了获得剩余50%的款项，就答应了B公司提出的条件。事后，C公司负责运作的电影项目未能及时发行播映，3家影视公司自然未能收回投资，于是认为B公司与合伙企业存在关联，仅同意归还实际收到的50%款项。

小结:从以上两个案例可见,内部人员或者合作机构道德风险的产生大多源自资管机构自身制度建设的不健全,内部人员或者合作机构与目标企业进行恶意串通,使得原本不符合项目准入标准的项目最终通过并放款,或者业务人员在投后阶段帮助目标企业故意隐瞒各种风险事件,这些都是道德风险中的常见问题。但是上述问题实质上并非没有解决办法。首先,资管机构要加强风险控制流程的制度建设,要在投前尽调、投资决策、投后管理等各个环节上避免出现管理漏洞;其次,要在各个实操环节实现多部门和多人员的集体参与和相互监督;最后,针对与其他机构进行合作开展的项目,要对该合作机构的实力、能力有所了解,除非该合作机构有足够的实力进行项目兜底,否则应避免投后管理"大撒把"的管理方式,依然要组织力量参与投后风险管理,同时对项目各方面信息的真实性进行验证。

第二节　风险预警信号

一、风险预警信号描述

(一)一般风险预警信号

一般风险预警信号是指,对资管产品兑付存在实质性影响的事件,虽然该等事件并不必然可以推导出风险已经发生或将来确定发生,但需要以此为切入点进行原因分析和深度挖掘,并且对各种风险点进行全面排查。

一般风险预警信号主要发生在以下几方面。

1. 财务报表数据异常

解读:对财务报表的解读与分析是投后风险监控的常用手段,而且目标企业存在的潜在风险或者既发风险大多都能从财务报表的数据异常中露出端倪,所以投后管理环节更要持续关注财务报表中存在的异常变化。报表数据异常的预警信号体现为两方面,一方面,是异常数据直接体现出的问题,即通过对前后各期资产负债表、利润表、现金流量表等相关数据的对比,发现目标企业在经营过程中出现的各种异常情况。例如,某企业应收账款数额骤增,经查证发现是目标企业下游大客户的资金链出现了问题,导致无法按期向目标企业支付货款,资管机构通过财务报表的异常及时发现了这一风险线索,于是对应收账款回款概率、回款时间和对资管产品到期兑付的影响性等重新进行了准确评估。另一方面,还可从财务报表中的不实数据反向推导和锁定风险。例如,某企业作价转让旗下一家子公司后报表显示其资产总额减少,但同时并未显示目标企业收到了转让价款,而且应收账款中也没有这笔钱。资管机构通过深度调查发现,目标企业转让子公司的真实原因是折抵其到期债务,而这笔债务此前并未在报表中体现,经过资管机构的进一步调查发现,在进行资产折抵债务后这笔债务依然没有清偿完毕,于是资管机构果断采取了风险处置手段。

2. 目标企业涉及重大诉讼/仲裁

解读:同财务数据异常信息类似,目标企业现实存在的各种问题和风险会通过涉诉信息体现出来。重大涉诉案件败诉后不仅会影响企业现金流的稳定性,而且通过案情分析还能够揭示目标企业在某些方面存在的问题,所以重大涉诉信息的判断不应仅仅以案件标的额的大小为标准,也不应当仅将以目标企业为被告的案件作为调查对象。例如,股权转让纠纷、股东知情权纠纷等类型的纠纷可能预示目标企业股东层面发生动荡;因工程欠款、工程质量引发的纠纷可能影响在建项目的建设进度,还可能说明目标企业资金链出现了问题;目标企业出现劳动争议、产品质量等问题,虽然单体案件标的额不大,但是如果短期内发生群体诉讼,则表明目标企业可能存在深层次风险;目标企业因为侵犯知识产权引发纠纷并最终败诉,其后果可能不仅是赔偿金额,还涉及侵权产品被迫停产以及企业形象方面等更严重的影响。针对每一起涉诉案件,需要对具体案情进行详细了解后才能发现其中存在的风险隐患,所以资管机构在收集涉诉信息时,不要因为案件标的不大或者目标企业并非被告而轻易放过。另外,从涉诉案情中还可能发现资管机构此前不掌握的有用信息,对此资管机构要认真对待。

3. 处于建设期的项目异常情况

(1)影响项目建设的新法律法规或地方政策出台

解读:处于建设期的项目特别容易受到政策影响,有些项目会因此延缓建设进度,严重时甚至造成项目搁浅。例如,2017 年很多地方的"商改住"政策调整就导致许多商业楼盘无法按设计方案推进,有的被迫改为纯商业用房,有的则被长期搁置,而项目延期将直接导致后续销售计划无法开展,从而直接影响到资管产品的安全性。因此,新政出台时,资管机构要深入了解其对在建项目的切实影响程度。

(2)在建项目发生事故或因其他违法、违规问题受到行政处罚

解读:在建项目发生人身伤亡事故和因为其他违法、违规问题受到行政处罚的概率比较高,而一旦受到相关部门处罚,则可能直接导致项目停工,引发后续一系列问题。资管机构在项目审批、设计、建设、监理等各个环节均应随时注意是否发生处罚事件,以及处罚内容是否涉及责令停工。

(3)建设计划和关键设备购置出现非正常停滞或变化

解读:项目建设过程中,项目设计方案、建设内容、建设规模、主要施工队伍、关键设备和原材料购置方面都会面临各种各样的问题和突发性事件,上述问题均可能影响建设进程以及成本控制、盈利预期。

(4)项目建设质量出现重大问题

解读:项目建设质量决定项目的最终成败,当发生重大质量问题时,一方面将导致建设进度迟延和建设成本增加,另一方面则会影响后续销售收益的实现。

(5)项目建设资金被挪用或其他原因导致不能按期到位

解读:一般情况下,项目建设资金分为借贷资金和目标企业自筹资金两部分,因此资管机构在对项目建设资金到位情况进行检查时,应同时关注资管产品资金是否按计划运用,以及目标企业自筹资金的到位情况。如果发现实际建设资金过分高于计划、建设资金不能按时到位或被挪用,以及建设方与材料供应方、施工方存在关联关系和资金非正常流转等情形时,资管机构应当特别警惕。

4. 处于生产销售期的项目异常情况

(1)主营产品、主营业务非正常转型或频繁变化

解读:成熟企业的主营产品、主营业务已经基本定型并能够产生稳定的现金流,如果目标企业转型理由不合理,或者在一段时间内频繁发生变化,有可能是其主营业务和产品发生了重大问题而被迫调整,因此资管机构需要对目标企业的还款能力重新作出评估。

(2)开工不足,处于停产、半停产状态

解读:有些目标企业为了应付投后检查,会在检查人员到来时摆出设备正常运转的假象,或者编造类似环保要求而暂时停产等借口,所以资管机构在投后检查时要特别注意前后检查结果的比对和对辅助材料的收集,比如通过在职员工人数信息、现场库存材料和对生产产品的统计、水电费缴费单等推定生产状况是否正常。

(3)存货增加或者销售半成品、零部件

解读:现场检查中资管机构应当关注存货数量有无明显积压,或者将半成品转卖给同业公司,如果存在这样的情况,说明其或因产品销路不畅,或者因为企业急需周转资金而选择将半成品低价急售,无论何种情形,都需要对目标企业的资金链情况进行关注。

(4)设备陈旧或不及时维修导致生产不正常

解读:针对生产型企业,保证生产设备的正常运转是第一位的,如果投后检查中发现目标企业生产设备非常陈旧,或者损坏后不及时维修,则会影响其产品正常供应和及时回款,甚至有可能是目标企业在资金链、经营销售等方面已经产生问题,导致其无暇顾及或无力顾及设备更换和维修,据此说明目标企业可能潜藏更为严重的风险。

(5)成本控制和销售情况严重偏离计划

解读:控制成本和实现销售目标是企业实现盈利的根本途径,如果资管机构发现这两项指标与目标企业事先提供的计划严重不符,或者在投后阶段发生严重下滑,都会影响目标企业盈利指标,进而影响其还款能力。

(6)同区域出现优势明显的竞争性对手或项目

解读:某些企业抵御市场竞争风险的能力不强,或者所处行业属于区域性市场需求易于饱和的产业,则需要对同业竞争对手情况进行关注。例如,某市通过招商引资吸引目标企业开发一个新项目,但在事隔不久又批建同一类型的项目,导致目标企业开发项目受到巨大冲击,如果资管机构不及时关注这方面的重要信息,则无法对目标企业投资项目前景变化进行准确评估。

(7)重要上下游客户发生变化或问题

解读:针对上游供应商和下游采购商比较集中的目标企业,要特别注意其采购和销售渠道是否发生重大变化,或者上下游客户自身是否出现问题,从而导致上下游业务链受到影响。例如,某手机配件生产企业的下游客户基本集中于三家手机企业,而且其中一家采购额超过50%,在该企业最新公布的采购名单中突然剔除了该目标企业,目标企业为了防止影响扩散并未主动告知资管机构,但资管机构通过下游手机企业的对外公告主动发现了这一问题,并在后续风险处置动作中占得先机。

(8)产品质量问题及其负面舆论消息

解读:产品质量是企业的生命线,当出现产品质量频繁受到消费者投诉,管理部门因质量问题对目标企业进行处罚，重大质量问题造成消费者伤亡或者引发社会关注等问题时，资管机构应当特别重视。例如，某月饼生产企业被媒体爆出销售陈年月饼，结果新闻事件持续发酵，受到公众强烈谴责，直接导致目标企业被关停，如资管机构与该企业存在关联，则应在新闻报道发布的第一时间对事件后续影响作出判断，如果发现情况紧急，应立即转入风险处置阶段。

5. 与企业治理结构有关的异常情况

（1）实际控制人品行不端或行为异常

解读：对目标企业实际控制人个人品行、行事风格、日常动向和家庭状况的考察应当持续进行。一是要注意观察其是否有大额赌博、公私严重不分等恶习，该等行为可能影响企业现金流稳定性、商业信誉度等；二是要看其经营理念是否过于激进，是否信守法律和承诺，有些项目发生目标企业财务造假、私刻公章、受到有关管理部门严厉处罚，或者对资管产品恶意违约以期达到展期或者免付利息的目的等严重后果，都是由目标企业实际控制人的日常行事风格决定的；三是注意是否存在实际控制人行踪飘忽不定、频繁更换手机号码，突然行事高调或者低调等情况；四是要注意实际控制人婚姻状况变化和离婚时财产分割情况，有的企业实际控制人属于正常离婚，但夫妻财产分割后会对目标企业资产状况和现金流产生严重影响，还有的就是假借离婚恶意转移财产，此时目标企业可能已经在为资管产品逾期预留后手。

（2）股东或重要管理人员非正常退出

解读：目标企业的股东以及董事、董秘、总经理、财务负责人等主要高管人员退出、离职的原因需要引起资管机构的重视。因为上述人员相比于资管机构更为了解目标企业的实际情况，有时恰恰是前述人员察觉到前景黯淡而在目标企业爆发风险之前提早撤出。资管机构应当对相关人员撤出或离职原因的合理性进行调查，还应当尽量尝试同相关人员取得直接联系，进一步了解目标企业的真实状况。由于这些人员大多同目标企业已无利益关联，如果资管机构主动与之取得联系，大概率会获得资管机构不掌握的信息情报。

（3）股东、最高管理层之间产生较大分歧

解读：目标企业股东和内部决策层面在重大事项上产生纠纷，可能是利益分配不均衡所致，也可能是因为经营方向、重大投资意见不合。资管机构如发现内部关系不和谐，首先是调查产生纠纷的背景原因是否潜藏风险，其次是要对内部纠纷的影响和发展趋势进行关注。针对一些目标企业的实际控制人无法达到绝对控股，或者股东之间持股比例近似的企业架构，公司话语权由多方共同掌握的情形，应对股东间关系的和谐程度多加关注。

(4)中级管理层职位变动或离职现象比较频繁

解读：目标企业经营状况不佳或者管理不善，会导致人员离职率比通常情况高，而目标企业盲目扩张，则会造成中级管理人员在各个岗位上的频繁调动。上述不稳定因素都会构成目标企业的潜在风险。因此，投后风险监控的视角不应仅局限于目标企业实际控制人和高层人员，还应当关注其内部各部门正副职人员，并尽可能向对方索要内部各部门正副职人员名单，并定期观察其人员变动情况，抽查、暗访离职的原因或部门调动人员的调动原因。

6. 目标企业与本机构或其他金融机构之间的合作关系异常

(1)投后检查配合度明显下降

解读：通常情况下，目标企业在投前为了获得融资，会积极配合投前尽调工作的开展，在资金到位后，除非双方还有新的合作项目，否则其心态难免发生变化，加之为了防止资管机构对其自主经营进行干预和影响，所以目标企业在投后检查中的配合度往往难以达到投前的水平。但是如果目标企业投后检查配合度下降得非常突然，表现得一反常态，甚至完全拒绝配合，则极有可能是目标企业自身已经发现风险而故意阻碍资管机构对风险的监测。因此，资管机构首先要加强日常投后检查的规范性，并利用交易合同关于配合投后检查及其相应违约行为的约定对目标企业行为加以约束，这样才能敏锐察觉目标企业配合度是否下降，继而准确推断其背后隐藏的风险。如果资管机构平时开展投后检查就不积极、不规范，就难以及时发现目标企业发生的变化。另外，从预警信号的具体表现上，如果目标企业存在不提供或者不完整提供投后检查所需资料，主要负责人和高管多次以外出为由不配合访谈，故意提供虚假信息并错误引导投后检查人员的检查方向，对现场检查工作不配合或者有意拖延，现场检查时只提供对其有利的信息而对有些科目的检查进行搪塞等，则应当引起资管机构的注意。

(2)对本机构或其他金融机构提出的再融资申请十分迫切

解读：如果目标企业资金链已经非常紧张，就会迫切需要通过再融资手段尽快缓解资金缺口，此时目标企业向本机构或者其他金融机构提出的再融资请求会显得非常急迫和不合常理。比如，目标企业对资金到位的时间非常在意，融资申请没有明确资金使用计划或者虚构计划，为了获得融资接受一些原本难以接受的高利率，原本拒绝提供的股东个人担保等增信措施也表示愿意接受等，这些方面均可体现其再融资的迫切程度。

(3)偿还其他金融机构到期款项时发生异常情况

解读：投后检查中常见的错误是只关注自身资管产品到期时间和各期还款，却忽视目标企业对其他金融产品的兑付情况，或者虽然关注到其他金融产品的兑付情况，却未做深度调查。事实上，其他金融产品先于本资管产品兑付的情况普遍存在，而其他金融产品兑付发生的异常则预示着目标企业存在的风险，可以对本资管机构起到风险提示作用。因此，除已发生兑付逾期的情况外，还应当关注其他金融产品是否发生了被迫展期或被动性借新还旧，目标企业签发的各种票据经常被银行拒付，其他金融机构是否提出增加担保和其他增信措施的要求等。

(4)故意隐瞒其他金融机构或财务投资者真实情况

解读：为了顺利获得融资，或者避免引起资管机构的警惕，目标企业在投前和投后阶段都可能发生故意隐瞒真实对外负债信息的问题，而上述问题不但会造成资管机构对目标企业资产负债率和现金流的调查和监控出现偏差，还会导致当发生交叉违约事件时资管机构难以及时察觉。同时，如果目标企业故意隐瞒的负债金额过大，说明目标企业提供不实信息已不仅是对投资者信心方面的考虑，而是切实发生了兑付危机。因此资管机构在投后风险监测中应当想方设法对其真实的对外负债信息进行全面收集。在信息收集手段上，一是注意观察有无异常资金流入和流出；二是核实有无资管机构不掌握的银行账户以及目标企业私设新账户的行为；三是经常检索其他金融、投资机构对外发布的产品公告等。

(5)金融监管部门或其他金融机构收紧融资政策

解读：相关融资政策收紧，一方面来自金融监管政策对于某一类行业的整体要求，例如近年来对于房地产企业融资政策的收紧，会对相关房地产企业产生整体性影响，每一家房地产企业都会受到波及；另一方面则是针对某一目标企业单独收紧融资政策，其原因可能是该目标企业自身存在的潜在隐患被其他金融机构提前探查到。无论上述何种原因，都会导致目标企业再融资困难并影响其现金流的健康稳定，资管机构应当慎重评估相关政策持续的时间。

7. 外部评价降低

解读：目标企业在经营过程中会与当地政府主管部门、项目合作方、上下游客户、经销商、新闻媒体等外部机构发生关系，这些外部机构通常比资管机构更加了解目标企业的真实情况，所以投后检查过程中应当注意收集外部机构对目标企业的评价，一旦发现外部评价降低，需要根据所获得的具体信息进行针对性调查，核实外部评价信息的真实可靠性以及评价降低的具体原因。

（二）重大风险预警信号

重大风险预警信号是指，相关事件被揭示时基本可以确定目标企业已经爆发风险，需要立即转入风险处置环节，同时需以重大风险预警信号为基础，对发生风险的原因、风险处置难度、风险处置手段进行深度调查和周密设计。

重大风险预警信号主要包括以下内容。

1. 资管产品已发生阶段性逾期

解读：有些资管产品按预先设计的交易结构是分阶段兑付的，在某一期应还款项发生逾期时，目标企业往往会寻找各种原因掩盖真实风险，并承诺在下一期或者最终兑付期限届满时一次性兑付。个别资管机构因为轻信目标企业的解释和心存侥幸心理，不做深度调查，从而丧失了处置时机。另外，有些项目中目标企业虽然发生阶段性逾期，但事后又将当期应还款项付清，导致资管机构放弃对逾期原因的调查。然而如果目标企业确实存在实质风险，下一阶段和最终阶段逾期的概率依然很大，届时将导致资管机构措手不及。因此，资管机构应当将阶段性逾期事件视为重大风险预警信号，不论目标企业如何解释，也不论该阶段性款项是否事后还清，都应当对企业真实状况、逾期原因和还款来源等作深入调查，而不能坐等资管产品最终到期时才着手处理，将主动权完全交付于目标企业之手，从而错过风险处置的最佳时机。

2. 被其他金融机构起诉

解读：与其他涉诉案件相比，相关金融机构对目标企业提起的诉讼将带来更为严重的后果。其一，金融类诉讼纠纷通常标的额较大，目标企业无论能否清偿金融欠款，都会导致其陷入资金困难的境地；其二，金融机构提起诉讼的原因要么是该笔债务已经逾期，要么就是提起诉讼的金融机构已经发现目标企业预期违约事由，该目标企业可能已经存在严重风险；其三，金融类诉讼通常伴有诉讼保全措施，对目标企业股权或其他资产采取的查封措施很可能会影响目标企业正常的生产经营秩序；其四，也是最重要的一点，金融类诉讼将严重贬损目标企业的商业信誉，招致其他金融机构和债权人的后续连锁诉讼，还会导致目标企业再融资渠道严重收紧。因此一旦发现目标企业涉及金融类欠款纠纷，资管机构应当特别加以重视。

3. 银行抽贷或信用评级、授信额度下调

解读：当资管机构以外的银行等金融机构对目标企业只收贷不续贷，或者下调其授信额度时，说明其他金融机构已经发现目标企业隐藏的风险，资管机构如果尚未发现相应风险的存在，应当以其他金融机构上述行为作为判断风险的风向标，进一步深入调查了解抽贷、下调评级或授信额度的具体原因，并且仔细评估对目标企业的实质影响。

4. 违反资金用途或资金去向不明

解读：目标企业在申请融资时必须对资金用途进行详细描述，并在资金到位后严格按照约定使用资金。资金用途相符性是对投前决策依据和风险评估的重要验证途径。但在现实中，一些资管机构在投前尽调时就对资金用途的相符性调查不够严密，投后阶段更是放任目标企业擅自挪用资金而不去关注，即便发现资金去向不符也不作深究，完全将还款保障建立在目标企业整体规模、还款能力和担保措施方面。但事实表明，违反资金用途情况下发生资管产品逾期甚至损失的概率极高。如果目标企业将 A 项目融资挪用在 B 项目上，则 A 项目真实性和实现投资回报的期限就严重值得怀疑；如果目标企业对融资款进行借新还旧，更说明目标企业现金流已经十分紧张。另外，目标企业擅自挪用资金，还意味着其诚信度和法律意识的严重缺失，这更进一步增加了逾期违约的概率。

5. 财务舞弊问题

解读：如果在投后检查中发现目标企业财务报表水分过大，并达到一定严重程度，则不仅说明目标企业真实经营状况已经出现问题，而且目标企业系故意通过虚假数据掩盖实质风险，同时如果目标企业是上市公司，财务舞弊问题一经曝光，还会造成投资者信心的瞬间崩塌和后续连锁诉讼以及监管部门的处罚。因此资管机构一旦发现财务舞弊问题严重，即便事件尚未曝光和持续发酵，也要立即转入风险处置阶段。

6. 频繁采用借新还旧操作

解读：目标企业于短期内发生资金周转困难而选择通过过桥资金偿还旧债，尚属企业经营过程中遇到的正常现象。但是如果一家企业频繁采用借新还旧操作，要么说明其“造血”功能已经存在问题，不得不依靠“输血”解决困境，要么就是企业经营发展策略非常冒险,不计后果。当上述情况持续时间过长且没有改观时,无疑将提高企业的财务成本,同时其现金流的稳定性也非常值得怀疑。

7. 严重依赖民间融资

解读:民间融资的融资成本一般远高于金融机构贷款的融资成本,很多经营状况稳健的企业不会选择民间融资,或仅仅将民间融资作为借新还旧的短期过桥资金。如果发现目标企业存在借款期较长、金额较大的民间借贷,或者频繁利用高息民间借贷进行过桥,通常说明目标企业的现金流已经非常紧张,无法通过正常的经营利润偿付到期债务。也有些目标企业为了迅速扩张,或者受回报丰厚的项目诱惑,在资本市场募集资金难以满足需求的情况下选择了高息民间借贷。但无论上述何种原因,过分依赖民间借贷的危害是非常巨大的。首先,高额的利息会成为巨大的负担,一旦难以及时偿还会形成恶性循环,将对企业正常生产经营秩序造成严重影响,甚至会直接导致企业倒闭。其次,民间借贷债权人相对更为敏感,一旦民间借贷发生逾期,或者但凡目标企业出现些许负面消息,相关债权人动辄提起诉讼,更可能采取不择手段的催收方式,对目标企业形成的伤害甚至远大于债务本身。最后,如果涉及笔数众多的民间借贷和以虚假项目进行融资,目标企业及其实际控制人还有可能涉嫌非法吸收公众资金,由此带来的后果无疑更为严重。因此,资管机构应当特别注意对目标企业在民间借贷方面的信息收集,随时对由此带来的风险进行分析。

8. 利用关联企业自融

解读:有些目标企业会自设融资平台为自己"补血",其中一部分是设立或收购持牌金融机构,将募集的资金投注于自身的关联项目,还有一部分目标企业甚至是利用所谓"互联网金融平台",以虚假项目非法吸收公众资金。当发现目标企业与某金融机构之间存在关联关系和关联交易时,资管机构应当对其金融产品合规性以及目标企业现金流的稳定性进行调查;当发现目标企业设立非法机构吸收公众资金时,则应毫不犹豫地立即启动风险处置工作。

9. 应收账款回收情况严重偏离计划

解读:有些目标企业虽然实力雄厚,但是现金流非常紧张,过分依赖应收账款的回款速度。例如,有的企业主要从事政府基础设施建设,相关项目虽然回报丰厚但是回款时间相对漫长且不可控因素较多,由于这类项目的单体投入巨大,就需要通过资本市场大量募集资金以稳定其现金流,而一旦几个项目上的应收账款无法按期回收,即便该企业规模再大,也有可能被迅速增长的财务成本拖垮。

10. 受到大额担保责任拖累

解读:由于大额对外担保产生的还款责任常常带有突然性,目标企业自身也难以预料,所以一旦担保责任转化为实质债务,通常会导致目标企业措手不及、无力应对,进而发生涉诉纠纷和银行抽贷等连锁反应,所以资管机构应当对目标企业大额对外担保进行实时关注。即便目标企业实际承担了担保责任,并未发生后续不利影响,依然要对其担保还款来源、还款后的资金补偿措施等问题进行持续关注。

11. 擅自处置抵、质押物

解读:现实中,某些民营企业为了获得再融资机会,会对已成立的资管产品设置的抵押、质押措施,通过私刻公章、欺骗登记机构的方式予以解押,并将抵、质押物予以转卖或者抵押给其他单位或个人。虽然该目标企业擅自处理抵、质押物的行为通常构成刑事犯罪,但是如果买受人或者后手抵、质押权人属于善意第三人,则资管机构原先设定的抵、质押优先权无法对抗善意第三人,无法通过将抵、质押物变现而实现债权。因此,资管机构应当随时关注抵、质押权是否存续和有效,在发现权利落空时,应立即进行风险处置工作,而非等待资管产品到期时再作反应。

12. 重要客户或市场份额流失

解读:有些目标企业对重要大客户的依赖程度非常严重,或者目标企业自身所占市场份额并不稳定,当发生重要客户或市场份额流失严重,短期内这一现象又无法恢复和弥补时,就会对企业资金链产生严重影响,因此资管机构应当对这类企业的销售环节予以特别重视。

13. 经营环境受到政策的严重影响

解读:有的目标企业自身经营状况并无异常,但风险主要发生于政策方面的影响,当相关政策在一段时间内没有改观,目标企业又无法通过转型等方式予以解决时,目标企业就会出现严重问题。资管机构应当敏锐发现政策方面的调整,并及时对其影响的持续时间和程度进行评估。

14. 政府平台或重要投资人撤资

解读:目标企业背后的政府平台或其他重要投资人突然撤资,必然会对目标企业现金流、背景实力、市场前景等各方面产生长期影响，同时如果撤资原因没有合理解释，还意味着目标企业可能隐藏其他严重问题。因此，资管机构应当实时关注目标企业背后政府平台或重要投资人的动向，如果发生撤资情形，短期内又无新的投资人和资金加入，则资管机构应当立即采取行动。

15. 目标企业实际控制人行为异常

解读：如果目标企业属于民营企业，且其实际控制人是自然人的，应当对实际控制人的日常状态予以关注。资管机构应当及时掌握该实际控制人的行踪，一旦发现其长期失联或滞留国外，或者有转移、隐匿财产行为，说明目标企业可能已经爆发巨大危机，资管机构要立即采取行动。此外，还应实时关注该实际控制人是否存在负面消息被集中曝光，如果负面消息持续发酵，或者该实际控制人被刑事立案侦查，则目标企业必然受到严重影响。

16. 目标企业实际控制人非正常更替

解读：目标企业实际控制人的变动必然会对目标企业的未来产生不确定性影响。首先，由于很多企业实际控制人并不实际担任公司职务，或者实际控制人变动时并不及时进行工商登记变更，因此资管机构在进行投后检查时，不仅要从工商登记信息上查看法定代表人、董事长等人员是否变化，还应当在同目标企业近距离接触中，通过对相关人员的访谈、目标企业运营系统的电子审批、相关文件签字人等其他途径对实际控制人变动情况进行核实。其次，发现实际控制人变动时，要对实际控制人变动原因、目标企业经营理念、实际控制人行事风格等事项进行测评。比如，有的企业因为对外负债严重而发生债转股，或者股东持股比例发生非正常反转，原实际控制人将企业控制权被迫移交，此时就要认真评估目标企业真实的对外负债情况，以及发生变动后对资管产品到期兑付的现实影响。

二、风险识别技巧

在对一般风险预警信号和重大风险预警信号进行总结之后，另一重要课题就是如何尽早探查到这些预警事件。现实中，由于目标企业与资管机构之间的信息不对称性，前者查知风险的时间通常会早于后者，并且通常不会主动报告相关风险事件，甚至采取各种手段延缓资管机构知晓风险事件的时间，因此风险识别实际上就是资管机构与目标企业“斗智”和比较细心程度的过程。根据以往实战经验，我们总结了以下风险识别技巧。

1. 善于利用合同条款迫使目标企业配合检查

现实中,目标企业不配合或者不完全配合投后检查的情况比比皆是,特别是在目标企业已经发生风险的情况下,同资管机构的配合度更会明显下降,从而导致资管机构获取资料和前往现场检查的难度大增,难以及时察觉风险。发生这种情况时,投后检查人员需要根据资管机构与目标企业之间签订的资管合同中的相应条款对其行为加以约束。事实上,目标企业配合投后检查和投后管理的相关义务在资管合同中一般都会详细约定,包括其配合检查的具体形式、不配合投后检查时应当承担的违约责任等,而且合同条款中通常都会赋予资管机构在对方不配合检查时的合同解除权。因此,投后检查人员首先应当熟知相应合同条款,并合理利用这些条款,根据目标企业不配合检查的具体情形和程度,通过发送本资管机构盖章的书面函件或者律师函的形式对目标企业进行警告。而从目标企业角度而言,在收到警示函后,除非其困难局面已经到了无力挽回的情况,否则还是会担心资管机构提起诉讼或采取其他法律手段带来的不良后果,所以其不配合态度通常会有所转变。因此,资管机构以发函形式敦促目标企业配合检查,大多能够取得一定效果。另外,假如目标企业收到函件后仍无改观,则有可能是其确已发生严重风险,因此资管机构以发函形式试探目标企业的态度,本身也是探查风险程度的一种手段。

2. 注重报表联系实际的交叉验证方式

现实中,目标企业向资管机构提供的财务报表与其实际情况之间多少会存在一些出入,所以资管机构的任务就是挤出财务报表中含有的"水分",还原目标企业的真实经营情况。在对待财务报表的态度上,资管机构不可忽视,又不可完全相信,而是要根据获取的其他资料和信息进行交叉验证。投后阶段,随着资管机构对目标企业了解程度的深入,更是需要结合实际情况对财务报表数据进行分析比对,这样才能获取有价值的信息。首先,财务报表依然是进行风险监控的基础材料,不能因为内容不实、不全面就弃之不用。如前所述,即便是报表中的不实数据,也可通过各项数据之间的分析比对找到其中隐藏的问题,或通过虚假数据找到目标企业隐瞒真实情况的原因,而且通过指出不实报表存在的问题,可以压迫对手提交真实报表,另外,虚假财务报表还可作为谈判筹码或者资管产品加速到期的依据,所以投后阶段依然应当坚持对各期财务报表进行采集与分析。其次,单纯从财务报表的分析中很难发现其中存在的虚假成分,既然财务数据是根据现实情况统计得出的,那么就要根据目标企业的实际情况找到线索。比如通过存货盘点和前后比对验证产品生产、销售数量是否真实，通过银行流水查证是否有报表中未体现的可疑资金流入或流出，通过财务费用数值核算企业真实的利息支出以及有无未申报的金融借款或民间融资等。

3. 善于联络“友军”和“内线”

风险识别就像是资管机构和目标企业之间展开的一场“谍报战”，一方想尽办法获得真实信息，另一方则可能采取各种方式加以阻拦，在这种情况下，直接从目标企业及其实际控制人、主要对接人那里获取有价值信息的难度很大，所以不妨通过第三方挖掘线索。所谓“友军”，就是与目标企业发生业务关系的其他金融机构。在目标企业风险彻底爆发前，资管机构与其他金融机构之间尚不构成利益冲突，反而大多存在共同利益关系，这些第三方机构同样需要获得目标企业的真实信息，所以通过信息交换的方式或者同属金融行业的便利，有可能挖掘到本资管机构不掌握的有用信息。而所谓“内线”则包括目标企业内部的高管、员工，也包括目标企业所在地的政府主管部门、上下游客户和竞争对手等。由于这些个人和单位对目标企业的真实情况更加清楚，也不排除将有用信息透露给资管机构的可能性。在对“友军”或者“内线”中的重点人物进行发掘时，投后管理人员和项目经理要注重在日常工作中建立联系，特别是一些设置驻场人员的资管产品，更要利用现场管理的优势广泛建立人脉关系，伸长风险监控的“手臂”，而不是仅仅关注目标企业本身，或者在风险已经实际发生时再去“临时抱佛脚”。

4. 善用各种网络搜索工具

在互联网已经广泛应用的时代，各种信息在网络上高度汇集和快速传播，但凡具备一定规模的企业，都能从网络上找到有关该企业的一些动态信息。如果目标企业系上市公司，则其相关信息会更加公开化、透明化。另外，随着司法公开、行政处罚公示的要求和企业征信系统的逐渐建立、健全，对于目标企业相关信息的检索也变得越发通畅。通过网络搜索工具对目标企业进行信息收集，无疑比现场检查更为省时省力，所以投后管理人员应当巧妙运用各种网络搜索工具，一般应当以“周”为时间单位进行信息检索，针对发生风险预兆的信息更要加大检索频次。对目标企业网上搜集的信息主要包括股权结构信息、抵押或质押信息、融资信息、生产销售信息、经营状况信息、招聘信息、企业关联性信息、关联交易信息、重大投资项目信息、受处罚信息、负面舆情信息和涉诉信息等，检索对象则包括官方和民间的企业征信网站、百度等搜索引擎、企业自设网站、以企业名称命名的贴吧、政府主管部门及金融监管部门网站、财经类专业媒体网站、最高人民法院设立的裁判文书、开庭公告网和执行信息网站等。在信息分析方面，则应注重对于各种网上信息结合自身已掌握的情况进行比对，从而判断该信息的真实性，同时，由于网上信息通常仅为浅层信息和初步信息，所以还要加强对网上信息所反映的问题进行横向联系和深度挖掘。

5. 通过企业和实际控制人发展历程调查或有负债

有些民营企业虽然成立时间不长，却在短期内实现了资产规模的暴增，虽然表面上看不出任何问题，但资管机构对这类企业的历史发展轨迹应当予以重视。资管机构在投前阶段主要关注目标企业的现状和未来，对于企业的过去毕竟了解有限，在投后阶段，随着资管机构同目标企业接触的机会增多，更要注重对其历史沿革和发展历程进行调查。首先，需要了解该实际控制人是如何赚得"第一桶金"，完成资本原始积累过程的。如果企业原始资本来源不明，则不排除有隐藏在背后的实际投资者或者关联企业的存在，目标企业故意隐瞒这些信息，很可能是其真实背景比想象中要复杂，而这种复杂关系有可能会带来风险隐患。其次，企业发展通常需遵循螺旋式上升的规律，从资本投入到产生利润回报，再到回收资金的再投资和企业规模的扩张，总要经历一定的时间过程。如果发现企业扩张速度严重不合理，历史发展脉络不清晰，则需对目标企业对外披露的资产净值高度存疑；或者该企业实际控制人经营理念非常激进，喜好高回报高风险的项目，而且经常利用占比过重甚至成本很高的对外融资渠道进行"赌博式"投资，此时目标企业在发展中积累的潜在风险就会比较严重。最后，不应仅仅聚焦目标企业当前的主营业务、资产规模和未来发展趋势，还要了解企业既往发生的重要转型和重大挫折，具体探查目标企业在此过程中是否还遗留有重大未决事项及其或有负债等。

三、风险预警相关案例

风险预警案例 1　"七千万嫁女"事件的背后真相

原山西联盛集团（以下简称联盛集团）实际控制人邢某某曾以"七千万嫁女"的爆炸性新闻引发社会热议。据新闻报道，2012 年 3 月 18 日，联盛集团董事长邢某某在三亚丽思卡尔顿酒店为女儿举办大型婚礼，并开办演唱会，邀请了众多明星，婚礼总费用超过 7000 万元，据传邢某某身家达到上百亿元，婚礼费用虽然令人瞠目,但仍不足其总资产的1%。上述新闻爆出后,全国人民都认识了这样一位山西柳林首富,民众虽然对这种炫富行为褒贬不一,但无不对其雄厚的资本实力刮目相看。

事件过去多年,笔者因为其他诉讼案件到山西柳林出差,恰巧听说了这样一则令人啼笑皆非的传言:据传,联盛集团在垮台之前大量吸收民间借贷,而且花样不断翻新。有一次,企业下属一名职工因工伤不幸遇难,联盛集团在同死者家属就赔偿金额达成一致后,却提出"入股分红"的方案,即赔偿款并不实际发放给家属,而是转为投资款,由家属定期提取高出银行利率数倍的分红,于是家属欣然接受。但由于联盛集团随后不久就轰然倒塌,这些家属原本应得的赔偿款很可能化为泡影,想必是欲哭无泪。

这则传言和之前的"七千万嫁女"事件相关联,令笔者产生了浓厚兴趣,既然规模如此雄厚的一家企业,为何会不择手段地吸收资金?又为何瞬间发生资金链断裂而众多金融机构均未提早察觉?于是,笔者对联盛集团资金链断裂过程进行了重新梳理。

2002 年,邢某某以 8000 万元的价格接手了原属国有煤矿且负债累累的兴无煤矿的经营权,随即赶上煤炭价格迅速上涨的"东风",并由此开始了急速扩张之路。据媒体报道,2009 年,邢某某以 34 亿元身家,跻身胡润能源富豪榜第 22 位,最高峰的时候,联盛集团控制了柳林超过 80% 的地方和集体煤矿。一条重要新闻线索是,就在"七千万嫁女"事件发生的当年,联盛集团的资产总额从 2011 年年底的 138 亿元,暴增至 2012 年年底的 476.6 亿元,一年内翻了近两番。但是仅隔不足一年,联盛集团突然发生资金链断裂,被法院宣告破产重整。2017 年 4 月 20 日,山西省吕梁市中级人民法院裁定批准重整计划及其修正案并终止山西联盛能源有限公司等 32 家公司的重整程序。根据对外披露的重整计划,联盛集团对外负债主要以银行借款和信托借款为主,涉及金融机构多达数十家,而在重整计划批准通过后,债权人只获得 8.82% 的清偿率,剩余部分只能通过债转股和按比例分红形式缓慢获得清偿。

事后复盘:众多金融机构被联盛集团的虚假繁荣假象所蒙蔽,甚至一些金融机构是在联盛集团这条大船即将沉没前才刚刚"上船"就被一同裹挟着卷入海底深渊。试想，如果有人能对“七千万嫁女”事件中故意炫富的反常现象有所警觉，能够真正深入柳林当地去了解联盛集团吸收民间借款的疯狂和饥渴程度，或者对其对外披露的财务报表虚增和隐瞒内容认真去除水分，以及在行业下行趋势下联盛集团依然盲目扩张和投入大量资金进行技术改造的行为提出质疑，并在联盛集团资金链彻底断裂并进入破产程序前果断抽身而退，全额收回本息或者至少收回大部分本息并非没有机会。

风险预警案例2　某实体企业通过金融子公司进行大量关联交易

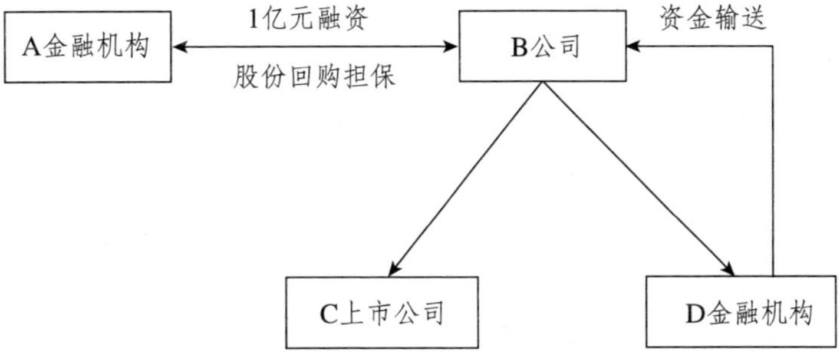

2016年，A金融机构通过资管产品结构化设计向目标企业B公司发放一笔1亿元融资，约定该笔资金指定用于受让B公司持有的C上市公司股票，持有期限为1年，B公司到期作价回购，同时约定了警戒线、平仓线等。根据B公司官方网站的介绍，B公司是一家集团化控股公司，除C上市公司以外，旗下拥有生物食品、旅游、金融产业等多个板块数十家子公司。根据资管产品兑付方面的安排，该资管产品原计划在2017年8月完成回购，但是至2017年7月，目标企业被曝出金融产品逾期事件，经C公司公告后，股票连续跌停并导致停牌，随后B公司、C公司被爆出更多债务危机和涉诉案件，A金融机构未能在风险事件爆发前提早平仓。事后经了解，B公司出资设立并实际控制的D金融机构于2014年成立，自2015年以后，D金融机构通过其发行的多个金融产品并大量向B公司输送资金，而B公司披露的财务报表中却并没有全面披露相关关联交易，导致A金融机构并未对B公司的真实负债情况有所察觉。

事后复盘：在上述风险案例中，A 金融机构在进行投后管理和风险监控时存在一定难度。首先，A 金融机构主要看中的是 B 公司的整体资产规模和实力以及 C 公司的股票市值，但对于 B 公司整体经营状况无法近距离观察；其次，B 公司经过多年发展，体系过于庞杂，A 金融机构除了对 C 上市公司的公告进行定期跟踪以外，难以对 B 公司其他板块的经营状况进行全面了解和跟踪；再次，该资管产品看似确定了资金用途，即购买 B 公司持有的 C 上市公司股票，然而仔细分析，A 金融机构将资金发放给 B 公司后，对于 B 公司的进一步用途并没有具体约定，而且 A 金融机构也无法对资金去向进行监控，更缺乏对 B 公司银行流水进行查询的渠道；最后，该资管产品存续期只有一年，而且收益有限，A 金融机构除了常规财务报表检查手段以外，并没有设置现场检查和其他辅助检查措施。但是，通过本案例中事后暴露出的 B 公司下属金融子公司关联交易事件来看，A 金融机构提早查知风险并作出正确风险判断并非没有机会。事实上，虽然 B 公司财务报表并未全面体现从 D 金融机构募集资金的真实数额，但 A 金融机构通过网上工商信息和 B 公司官方网站可以轻易获悉 B 公司与 D 金融机构之间的关联关系，而 D 金融机构作为一家受监管部门监管的正规金融机构，每一个资管产品的发行规模、资金流向都已进行公示，再通过 D 金融机构公示的资管产品信息，就可以倒推 B 公司财务报表的虚假成分。而 B 公司通过子公司自融和财务报表虚假问题，说明 B 公司现金流已经非常紧张，足以引起 A 金融机构的警觉并提早触发风险处置工作。

风险预警案例 3　企业主“非吸”引发的无穷后患

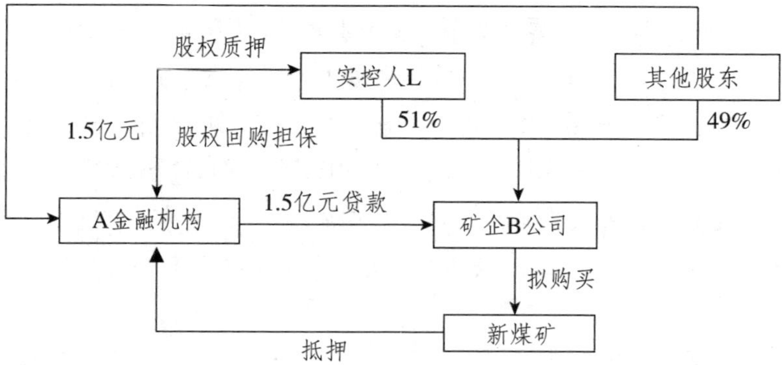

2011 年,某民企背景的 A 金融机构在内蒙古鄂尔多斯市进行矿业投融资业务拓展中,结识了某煤矿开采企业 B 公司,B 公司的实际控制人 L 自 2005 年起拥有了第一家小煤窑,至 2011 年,B 企业名下拥有两座中等规模的煤矿,当时市场估值约 8 亿元,煤炭销售年净利润约 1 亿余元。B 公司为了扩大规模,计划购买一座新煤矿,该煤矿原由当地另外三家矿企老板按比例持有,B 公司已同三个转让人签订了转让合同,转让价款含应缴税费达到 8.7 亿元,B 公司按照约定期限已经支付转让款 5.7 亿元,尚欠剩余转让款和税费 3 亿元。B 公司自述情况称,该企业原计划向银行贷款但因故迟延,导致剩余转让款未能及时支付,因此向 A 金融机构申请融资。A 金融机构经过尽职调查和矿权价值评估后,未发现潜在问题,且矿业工程师对拟转让煤矿的估值达到 9 亿元,符合抵押率要求,于是通过了融资计划,提出的交易结构和风控措施包括:(1)A 金融机构向 B 公司提供直接贷款 1.5 亿元,贷款期限 3 年,以股权转让方式出资 1.5 亿元,受让 L 持有的 B 公司 51% 股权,同时约定该笔 3 亿元资金全部用于收购新煤矿及应缴税费等。(2)待新煤矿装入 B 公司后,B 公司以该煤矿采矿权向 A 金融机构办理抵押登记手续。(3)L 及 B 公司其他股东(实为以 L 的亲属名义持股)对借款本息承担连带责任保证,并以剩余 49% 股权向 A 金融机构办理质押手续,同时还就已转让给 A 金融机构的 51% 股权签订了 3 年期限回购条款。

上述交易合同签订后,A 金融机构先是顺利取得 B 公司 51% 股权和剩余股权质押权,随后依约发放 3 亿元资金,并通过监管方式全部支付给转让方和国家机关,然后又顺利取得新煤矿抵押权,风控措施的落实看似一切正常。随后,B 公司在取得新煤矿开采权后,因为资金短缺而未能及时完成矿区建设和开工筹备,然而由于该煤矿属于露天煤矿,满足开工条件所需资金不多,加之 A 金融机构认为该项目风控措施非常完善,即便 B 公司依然无法按期开工,亦可通过矿权转让方式实现项目退出,于是仍未过多关注。直至 2012 年,煤炭和煤矿转让价格暴跌,而 B 公司实际控制人 L 突然因为涉嫌“非法吸收公众存款”罪而被公安机关采取刑事强制措施,相应风险彻底爆发。

随即,经公安机关统计,案涉被害人多达数百人,报案金额总计 6 亿余元,其中最大的两个被害人同时也是初始报案人涉及金额分别达到 1.2 亿元和 0.9 亿元,这两个报案人其实也是当地煤老板 W 和 Y。公安机关在侦查阶段同时对B公司银行账户、三座煤矿矿权采取了冻结措施。经过进一步调查发现,B公司原先拥有的两座煤矿最初是L分别向W和Y借款购买的,由于L无力及时清偿欠款,双方还分别签订了债转股协议,只是受当地风气影响和逃避应缴税款,各方均未在工商部门办理股权转让协议的备案。事实上,B公司的资金链早在两年前就已出现严重问题,但由于煤矿转让价格一直呈上涨趋势,贪心不足的L非但没有尽早出让资产清理旧债,反而继续采取原有套路,在自有资金不足的情况下通过民间借贷吸收公众资金,继续收购新煤矿。之后,L在未告知W和Y的情况下,私下与A金融机构签订了各种交易合同并转让B公司股权和办理质押手续,W、Y事后知晓后对此非常不满,眼看L短期内没有还款迹象,加之煤炭行业出现巨大下行趋势,于是W、Y就将B公司资不抵债的消息透露给其他债主,并联合其他人向当地公安机关报案。

A金融机构在知晓上述全部事实并着手进行风险处置过程中,却发现其虽然拥有B公司控制权和煤矿抵押权,但是在公安机关已经采取冻结措施的情况下,加之其他债权人的各种干扰、阻挠,A金融机构根本无法进行股权、矿权转让处置。A金融机构随后先就1.5亿元借款提起诉讼,但受当地政府为了稳定众多受害人情绪的因素影响,诉讼程序进展非常缓慢,无法取得预期效果。于是,A金融机构疲于奔波于实际控制人L、W和Y及其他债权人之间,虽然名义上控制着B公司,但在协商谈判和司法处置过程中完全陷入了被动局面。

事后复盘:本案例中的A金融机构看似完全按照资管产品运作模式进行操作,相应担保措施和控制措施也一一实现,但事后证明当其发现风险时根本无力自行化解,那么A金融机构的问题究竟出在哪里呢?抛开投前尽调不细致和对矿业行业前景评估错误的问题不谈,单是进入投后阶段,如果A公司能够重视各种风险预警信号,及时查知实质风险的存在,并抢在民间投资者报案前采取处置措施,依然有机会安全实现退出。本案风险预警信号主要有以下几个。

(1)A金融机构进入鄂尔多斯矿业投资市场属于“初来乍到”,由于入场前未对其投资环境做充分调研,在进入后就应当通过项目驻场人员广泛积累人脉关系,扩大消息来源,对当地投资习惯和潜在风险进行全面了解,对包括B公司在内的被投资企业背景进行深入调查。事实上,受煤炭价格一路狂飙的因素带动,鄂尔多斯一度以“羊、煤、土、气”优势资源声名鹊起,城市 GDP 高速发展,当地居民整体收入呈几何式增长。然而其负面效果就是“民间借贷”之风一度盛行。很多人“一夜暴富”之后,心态变得浮躁,而理财观念又相对落后,缺乏投资渠道,于是纷纷加入“民间借贷”行列,将资金高息出借给一些企业主,由这些企业主进行操盘运作。另外,企业主难以通过常规项目的获益覆盖融资成本,煤矿开采产生的收益和回款速度都难以满足这些企业主的“胃口”,于是纷纷从事“炒房”“炒矿”生意,即不以项目开发为目的,而是在项目收购完成后立即直接转售,或稍加修整后加价转售。以 B 企业新收购的煤矿为例,事后经了解,该矿在 2007 年的转让价格仅为不到 1 亿元,2009 年第二次转让时价格达到 4 亿元,B 企业接手时转让价格高达 7 亿余元,短短 4 年时间市值增长 7 倍。而事后证明,B 企业原先的计划也并不是收购矿权后耐心进行矿建、技改和达产,其真实的计划就是简单改造后寻找高点再次抛售,用转让差价填补高利贷和 A 金融机构欠款,只是煤矿价格暴跌连 L 自己也未预料到,使其丧失了转让机会甚至身陷囹圄。

(2)虽然很多民营企业“矿老板”同样学历不高,但他们大多很早就从事矿业行业,依靠对当地矿产资源分布的了解和一定运气成分赚得“第一桶金”。经调查发现,B 企业的 L 介入矿业行业相对较晚,从 2005 年拥有第一座小煤窑开始,其发展路径并不是稳步提升,几乎从一开始就是通过矿权倒买倒卖实现了财富聚集,而且其用于收购矿权的资金来源严重值得怀疑。假如 A 金融机构在投前和投后能够充分关注到以上疑点,就应当对此开展针对性调查工作。事实上,关于 W 和 Y 向 B 公司提供借款并且之后签订以资抵债协议的事实,在当地矿业圈中几乎不是秘密,甚至 W 和 Y 在 A 金融机构人员进驻后还经常去矿区查看生产情况,A 金融机构驻场人员却并未将这一异常问题及时向上反馈,A 金融机构错失了及时察觉隐藏风险的最好机会。

(3)回溯到 B 公司未能依约向三家转让人及时支付转让价款的时间点,B 公司实际在向 A 金融机构申请融资前就已对三家转让人发生付款违约,依照该转让协议的约定,三家转让人有权在解除合同、收回矿权的同时向 B 公司追索高达 1 亿元的违约金。然而三家转让人在获悉 B 公司已向 A 金融机构申请融资后,均不约而同地选择配合 A 金融机构对融资目的的调查,并在 A 金融机构监控 B 公司支付转让价款时,绝口不提 B 公司已经构成违约的问题,反而非常积极地配合完成矿权转让工作。事后才获悉,这三家转让人在鄂尔多斯矿业行业运营多年,资历比B公司和L强很多,他们当时就已对煤矿行业即将面临的暴风骤雨有所警觉,因此纷纷采取收缩战略,7亿余元的转让价格在他们看来已经达到最高点,所以他们宁愿放弃1亿元违约金的追索权,也要尽快实现变现。假如A金融机构工作人员并不是机械地完成放款操作,而是及时向上反馈三家转让人的异常反应,或许就能触发A金融机构对煤矿市场前景的重新评估。

风险预警案例4　某房地产企业私下销售事件

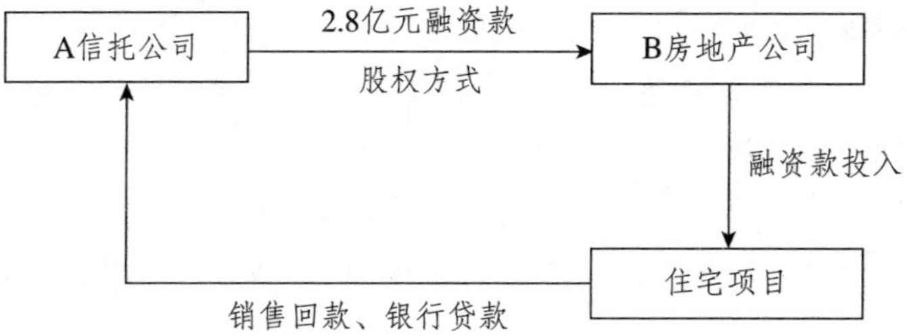

2016年,A信托公司以股权投资方式向B房地产公司(以下简称B公司)提供融资2.8亿元,指定投向B公司新开发的一个住宅项目,回款方式即为该住宅项目达到预售条件时的销售回款和银行按揭贷款。为此,A信托公司为该项目派驻了现场财务经理G某,并对B公司的证照、银行账户、项目开发进度和资金流向采取管控措施。随后,该房地产项目如期开工建设,建设过程也相对比较顺利,并未发现项目本身有何问题。然而,项目建设期间的某天,G某恰好在B公司门口遇到一位购房者,该人向G某咨询退房手续的经办部门,而提及的房屋恰好就是A信托公司的投建项目。这一情况引起了G某的警觉,因为此时B公司尚未取得预售许可证,对外销售更未征得A信托公司的同意,所以G某以指路为名向来人详细了解了情况。原来,该购房者在项目现场售楼处看房时,B公司销售人员告知可以以优惠价格预订房屋,于是购房者当即签订了预售合同并交纳了首付款;事后,该人感觉预购房屋有风险,于是回到售楼处协商退款,但协商未果,于是购房者就直接到B公司办公地打算继续交涉,这样恰好遇到了G某。了解事件经过后,G某立即将此事向上汇报,而A信托公司经研究认为,当前关键问题是掌握B公司私下收取购房款的收款账户，为防止B公司了解G某身份不会如实告知，于是另行委派法务人员假借购房名义到B公司售楼处暗访，终于成功从B公司预售合同上获取了收款账户信息，A信托公司随即申请人民法院对该账户采取了保全查封措施，并顺利冻结了该账户内尚未挪走的全部资金。在完成上述工作后，A信托公司立即约谈了B公司的实际控制人。经过进一步了解，B公司承认为了凑齐另一地块的拍卖保证金，于是采取私设账户和私自预收的方式取得销售款项，虽然该项目尚未封顶并取得预售资格，但因为地段优越，价格优惠，至A信托公司发现时，楼盘销售比例竟已超过40%。经过施压，B公司于一个月后凑齐资金将信托借款本息全部归还A信托公司，A信托公司由此避免了可能发生的项目逾期风险和损失。

事后复盘：虽然A信托公司在发现B公司私自预售房屋行为后处置措施得当，避免了可能发生的损失，但须指出，该风险事件的发现过程比较侥幸，A信托项目管控过程中依然存在不严密的问题。例如，B公司私设银行账户时需要用到企业证照和多个印鉴，如果该私设账户行为发生于A信托公司管控之前，说明尽调过程中对企业银行开户情况并未全面掌握；如果私设账户发生于管控之后，那么违规使用上述章、证却未被A信托公司项目管理人员发现，实属管理疏漏，对此A信托公司应当反思。在预售合同上加盖有B公司的公章，相关合同不可能在管控前事先印制，说明公章管理同样不严格。另外，资管机构驻场人员的日常工作不仅是对证照进行管控，还要像“侦查员”那样多方查找风险隐患。比如，通过章证管控的优势，经常通过银行征信信息查询目标企业有无私设账户的行为；除了关注项目开发建设情况以外，还可以到售楼处试探有无私下销售行为；除了关注本项目以外，对于目标企业资金流转情况予以全面关注，对可疑流入、流出资金进行资金来源和流向进行调查等。

第五章

风险等级分类制度

CHAPTER 05

风险等级分类制度在我国早已成型，并以监管部门统一颁布规范性文件的形式在商业银行体系内全面推行，其在完善和规范银行内部风险管理体系、科学评估信贷资产质量以及加强机构监管和监控系统性金融风险等方面起到非常积极和重要的作用。我们认为，除银行业金融机构以外，所有金融资管行业均应全面引入以风险分类为基础的风险评级管理制度，这对于投后管理体系建设同样意义重大。当然，本章的撰写目的单纯是规范和方便各资管机构对内部存量资管产品的风险进行评估和管理，并非为了统一资产质量统计上报口径和配合监管等其他因素，所以各资管机构在对产品风险进行具体分类和对管理制度进行详细设置时，不宜完全照搬现有风险分类规定，而是要从自身实际情况出发，对现有分类原则进行优化设计。

第一节　我国银行贷款风险分类制度概述

一、我国银行贷款分类制度的演变过程

金融机构风险评级的定义存在广义和狭义之分。广义上，金融机构风险评级是包含客户端风险评级、资产端风险评级和风险压力评级等涉及多个领域的风险评级体系；狭义上，则仅指针对金融资产的风险评级。我国历次颁行的风险分类规定均针对的是狭义概念的风险分类。

银行作为我国最早开始使用风险评级管理的金融机构，其风险评级管理体系自诞生之日起经历了数轮变化，每一次变化均体现了对风险的认识和管理理念与管理方法的迭代，因此非常具有探讨价值和借鉴意义。

我国贷款风险分类制度的演变主要分为以下 4 个阶段。

第一阶段（1988 年至 1998 年）：四级风险分类阶段。1988 年，财政部发布《关于国家专业银行建立贷款呆账准备金的暂行规定》，明确了可以列为呆账贷款的 4 种情况：一是借款人依法破产；二是借款人死亡；三是借款人遭受重大灾害；四是国务院专案批准核销的贷款。1993 年，财政部又发布了《金融保险企业财务制度》，明确了逾期贷款和呆滞贷款的标准。上述分类方法被归纳为“正常 + 一逾两呆”的风险四级分类。风险四级分类在我国金融史上首次提出，具有建设性意义。然而该划分方式是一种以期限为划分标准的静态分类标准，对未到期贷款分类标准过松，风险识别功能不强，同时对逾期贷款管理过严，加大了银行资本的压力，所以在管理信贷风险方面还不够科学。

第二阶段（1998 年至 2004 年）：四级分类和五级分类并行阶段。1993 年，世界银行将贷款五级分类制度介绍到中国；1998 年，中国人民银行印发了《贷款风险分类指导原则（试行）》，根据贷款风险状况，将贷款分为正常、关注、次级、可疑和损失，后三类合称为不良贷款，该方法以风险评价为基础，可以更为全面、动态地反映贷款质量。由于采用新方法计算的不良资产较原方法大幅提高，为进行顺利过渡，两种分类方法在一段时间内并行。2001 年，我国开始全面实施贷款分类工作，至 2004 年年底，全部商业银行都已实行贷款五级分类制度。

第三阶段（2004 年至 2014 年）：五级分类阶段。2007 年，原中国银监会发

布了新的《贷款风险分类指引》,较原有规定,新规允许对零售贷款使用脱期法进行分类,同时增加了审慎性原则,强化了内控管理要求,扩大了风险分类的覆盖范围。由于上述划分方式对贷款风险识别和管理提出了一些指导性意见,分类和统计原则更为科学,所以在银行信贷风险管理方面体现出明显的进步。

第四阶段(2014 年至今):新分类方法的探索阶段。2007 年原中国银监会发布《中国银行业实施新资本协议指导意见》后,国内商业银行根据巴塞尔新资本协议要求,开始完善内部评级法建设。2014 年,工商银行、农业银行、中国银行、建设银行、交通银行五大银行和招商银行获准实施资本管理高级法,该资本管理方法与此前监管部门统一规定的评级标准方法并行,构成二维评级体系。在可以根据内部模型计量风险和监管资本后,部分银行内部开始探索如何将内部评级法的相关模型与贷款质量分类管理进行有机结合。2019 年 4 月 30 日,中国银保监会发布了《商业银行金融资产风险分类暂行办法(公开征求意见稿)》(以下简称"新规征求意见稿"),标志着风险分类制度和管理方法的再次革新。

二、风险分类制度在银行业监管与内控中的功能

1. 动态拨备功能

银行拨备,是指银行对承担风险和损失的金融资产计提的准备金,其对于提高银行消化不良资产的能力具有关键性作用。在监管理论中,拨备的作用是抵补预期损失,而贷款风险分类制度就是监管部门用来判断已提取的拨备能否覆盖预期损失的依据,从监管角度制定统一标尺来衡量整体风险大小,确定应当计提拨备的具体数额。如果商业银行实际计提的拨备低于应当计提的拨备,不足以覆盖预期损失,就应当将两者之间的差额从资本中扣除,再计算资本充足率;反之,如果商业银行实际计提的拨备高于应当计提的拨备,则应保护商业银行更为审慎地计量风险和提取拨备的积极性。因此,贷款风险分类制度、拨备制度与资本要求是整个资本监管制度不可分割的有机组成部分,其共同目的是在准确识别风险和计量风险的基础上,提早计提拨备与资本来抵御和补偿各类已经预计到或潜在的风险。

2. 体系建设功能

贷款五级分类要求不仅通过贷款的到期偿付情况评价贷款风险,而且应当从贷款发放开始就进行全程的风险监控与评价,所以风险五级分类管理方法的

引入,使银行的风险管理能力得到提升。信贷管理作为一项系统工程,不仅涉及信贷业务的各个环节,还需要银行内部其他部门的协调和配合,因此其不仅改变了银行的信贷风险管理方法,而且促使中国银行业以现代风险管理理念推进自身的改革,积极构建独立的风险管理体系,以形成风险管理与业务拓展相互补充、相互制衡的运行机制,使信贷管理工作更具独立性、主动性和前瞻性。

3. 风险预警功能

风险评级管理具有风险预警功能。商业银行管理者运用一系列风险评估办法、技术、程序对商业银行的风险进行连续和全面的分析和评估,从而判明商业银行所承受的风险性质、类型,并评估出当前商业银行所面临风险的程度,使决策层和各级管理人员在事前就能够充分认识和评价银行当前所面临的各种风险和受损程度,以便及时有针对性地采取措施控制和化解银行风险。

4. 决策参谋功能

通过风险评级管理,识别和评价出的风险对管理层具有决策参谋功能。管理层可以根据已判明的风险性质和受险程度调整下一步的经营目标、经营策略。在业务操作过程中,如果测定的风险是可控制风险,管理层必须判明是承受这些风险,还是通过控制活动减少风险;如果是不可控制风险,管理层必须决定是准备承受,还是取消相关业务活动或降低经营活动规模。

5. 业绩评价功能

风险评级的结果有利于对银行各部门或职员的业绩进行综合评价。通过风险分类方法,可以判明他们已经开展业务的风险状况,并作为衡量经营业绩的重要因素之一。各部门或职员的任务完成情况和工作好坏的考核标准不应该只考虑历史和当前的盈利大小和盈利能力,还应该考虑商业银行未来的盈利能力,而当前和未来的风险程度是商业银行当前和未来盈利能力的重要变量,高收益往往伴随着高风险。通过综合业绩评价,才能有效限制各部门或职员的投机行为,防止为了追逐巨额利益而承受超出可控范围的巨大风险。

三、《贷款风险分类指引》简述及存在问题分析

《贷款风险分类指引》将贷款划分为正常、关注、次级、可疑和损失五类,并对每类贷款的含义作了界定。其分类原则主要考虑:借款人的还款能力、借款人的还款记录、借款人的还款意愿、贷款项目的盈利能力、贷款的担保、贷款偿还的法律责任和银行的信贷管理状况。对贷款进行分类时,要求以评估借款人

的还款能力为核心,主要包括借款人的现金流量、财务状况、影响还款能力的非财务因素等。对零售贷款,如自然人和小企业贷款,主要采取脱期法,依据贷款逾期时间的长短直接划分风险类别。对农户、农村微型企业贷款可同时结合信用等级、担保情况等进行风险分类。

《贷款风险分类指引》在适用中主要存在的问题如下。

1. 分类标准不够清晰

《贷款风险分类指引》只是简单提及以风险程度作为分类依据,而对每一档次的定义又很模糊,比如对关注类的定义为,“尽管借款人目前有能力偿还贷款本息,但存在一些可能对偿还产生不利影响的因素”,但是有哪些具体评估因素,并没有进一步规定。这就导致各商业银行对风险程度具体内涵的理解和评估方法各不相同,有的银行以客户评级为基础进行酌情调整,有的等同于债项评级,还有的则自行创设评估标准。掌握尺度不统一,又造成不同银行的贷款质量数据缺乏可比性,监管部门难以全面准确了解各家银行的资产质量,投资者也无法根据银行对外披露的数据进行投资选择。

2. 风险预警功能不强

虽然分类指引在一定程度上实现了对贷款项目风险的动态监测,但是在具体执行中,我国商业银行基本上还是在贷款发生逾期甚至逾期一段时间之后才予以质量评估和分类,对于同一目标企业下属不同子公司的贷款质量和风险事件又缺乏横向联系,对于风险的界定标准也比较宽泛,这些因素都降低了风险评级体系在贷款逾期前风险预警方面的价值,致使银行在应对突发性风险事件时的敏感性、反应速度不佳。

3. 统计数据水分较大

分类指引带有便于监管部门监管和规范银行内部风控体系建设的双重作用。但在具体适用中,一是由于分类标准不具体,漏洞较多;二是来自监管部门和银行各层级之间的考核压力过重;三是拨备计提比例较高,拨备调整不灵活,这些因素造成银行在进行风险分类和不良率统计时的水分太大,很多机构刻意调低风险等级,或者以不良资产表内转表外的方式应付检查的问题大量存在。这样,风险分类制度对完善银行内部风险预警、处置流程和提高风险管理水平的功能被大大削弱。

4. 与贷后管理相脱节

贷后管理的目的是跟踪贷款的风险状况并及时进行风险处置,风险分类与贷款质量分类的目的是一致的,而风险分类本应属于贷后管理体系中的一项制度。但是在实践中,有些银行将风险分类和贷后管理视为不同的两项工作,而且相互脱节,不仅未能发挥风险分类在贷后管理中应有的作用,还造成投后管理人员的重复劳动,产生懈怠甚至是抵触情绪。

5. 不重视第二还款源

各种担保措施是贷款的第二还款来源,对押品价值变化和其他担保措施风险的评估也是贷款质量分类中的一个重要考量因素。但《贷款风险分类指引》只是简单规定了分类标准要考虑贷款的担保,缺乏进一步的详细规定,而国内商业银行对押品管理原本就存在不足,《贷款风险分类指引》颁行后也没有太大改观。部分大银行初步建立了押品的定期重评机制,但普遍存在重评形式化、重评质量不高和重评不及时等问题,部分中小银行则尚未建立押品的定期重评机制,无法及时了解押品的市场价值变化情况。

四、新旧分类制度对比

虽然截至本书定稿,中国银保监会尚未正式颁行新的风险分类办法,但从已公布的"新规征求意见稿"来看,原有五级风险分类的划分标准必然发生重大变化。与原有分类制度相比,新规则强调以债务人为中心的风险分类理念,扩展了风险分类的金融资产范围,引入了穿透管理和重组资产风险分类等新概念,更重要的是对五级分类标准的概念和认定标准加以细化。

五级分类的概念和认定标准的变化如表 5-1 和表 5-2 所示。

表 5-1　风险五级分类概念对比

	《贷款风险分类指引》	"新规征求意见稿"
正常	借款人能够履行合同,没有足够理由怀疑贷款本息不能按时足额偿还	债务人能够履行合同,没有客观证据表明本金、利息或收益不能按时足额偿付,资产未出现信用减值迹象
关注	尽管借款人目前有能力偿还贷款本息,但存在一些可能对偿还产生不利影响的因素	虽然存在一些可能对履行合同产生不利影响的因素,但债务人目前有能力偿付本金、利息或收益,且资产未发生信用减值
次级	借款人的还款能力出现明显问题,完全依靠其正常营业收入无法足额偿还贷款本息,即使执行担保,也可能会造成一定损失	债务人依靠其正常收入无法足额偿付本金、利息或收益,资产已经发生信用减值

续表

	《贷款风险分类指引》	“新规征求意见稿”
可疑	借款人无法足额偿还贷款本息,即使执行担保,也肯定要造成较大损失	债务人已经无法足额偿付本金、利息或收益,资产已显著信用减值
损失	在采取所有可能的措施或一切必要的法律程序之后,本息仍然无法收回,或只能收回极少部分	在采取所有可能的措施后,只能收回极少部分金融资产,或损失全部金融资产

表 5-2　风险五级分类的具体认定标准对比

	《贷款风险分类指引》	“新规征求意见稿”
关注	(1)本金和利息虽尚未逾期,但借款人有利用兼并、重组、分立等形式恶意逃废银行债务的嫌疑; (2)借新还旧,或者需通过其他融资方式偿还; (3)改变贷款用途; (4)本金或者利息逾期; (5)同一借款人对本行或其他银行的部分债务已经不良; (6)违反国家有关法律和法规发放的贷款	(1)本金、利息或收益逾期; (2)改变资金用途; (3)债务人财务状况正常情况下,通过借新还旧或通过其他债务融资方式偿还; (4)同一债务人在其他银行的债务出现不良
次级	(1)逾期(含展期后)超过一定期限、其应收利息不再计入当期损益; (2)借款人利用合并、分立等形式恶意逃废银行债务,本金或者利息已经逾期	(1)本金、利息或收益逾期(含展期后)超过 90 天; (2)债务人或金融资产的外部评级被下调至非投资级; (3)同一非零售债务人在所有银行的债务中,逾期 90 天以上的债务已经超过 5%; (4)债务人被纳入失信联合惩戒名单
可疑	未具体规定	(1)本金、利息或收益逾期(含展期后)超过 270 天; (2)债务人逃废银行债务; (3)金融资产已减值 40% 以上
损失	未具体规定	(1)本金、利息或收益逾期(含展期后)超过 360 天; (2)债务人已进入破产程序; (3)金融资产已减值 80% 以上

小结:从上述两张表可见,“新规征求意见稿”分类制度的明显变化在于:(1)分类原则不再围绕“贷款本息”能否收回,而是重点考量债务人是否有履约能力;(2)强调资产信用减值在风险分类中的作用,只要发生了因为信用状况恶化引起的减值,一律降为不良;(3)将逾期天数作为资产恶化程度的重要指标,且逾期天数是区分次级、可疑、损失三个分类标准的显著依据;(4)逃废债一律纳入可疑,纳入失信人惩戒名单的则至少纳入次级。

第二节 制定风险分类内部制度的具体建议

一、资管机构全面引入风险分类制度的积极意义

中国银保监会颁布的“新规征求意见稿”第2条规定,“本办法适用于中华人民共和国境内依法设立的商业银行”,同时第45条还规定:“银行业监督管理机构监管的其他金融机构参照本办法执行”。显然,上述规定的适用对象明确为境内商业银行,而其他性质的银行、金融资产管理公司、信托公司、金融租赁公司等属于参照执行的对象。此外,由于发文单位是中国银保监会,该规定的适用对象并不包括银监部门监管范围以外的其他类型的金融资管机构。但根据上一节的分析,风险等级分类制度自实施后已经起到非常重要和积极的作用,即便没有监管压力的银行业以外的其他金融机构,亦应参照风险分类办法建立符合自身需求的风险等级分类制度。

风险等级分类制度在整个投后管理体系中,就像一条贯穿管理工作的主线,可在以下方面发挥重要作用。

1. 促进投后管理体系建设

在风险监控、风险预警、风险评估再到风险处置的整个投后风控体系中,首先要建立一整套规范合理、快速反应、行之有效、配合严密的管理制度。而风险评级制度对于整个流程的建立具有非常积极的推动作用。例如,针对某资管项目,除了以项目逾期作为区分正常项目与风险项目的考量点以外,还有何种判断标准? 对于风险项目,以何种因素判断具体风险程度? 针对处于不同风险等级的风险项目,应当采取何种态度、方法和手段予以应对? 上述问题都可通过预先制定风险分类制度的方式予以明确,从而使资管机构内部各部门、各单位人员统一认识、步调一致。

2. 合理配置投后管理资源

针对正常项目和处于不同风险等级的风险项目,管理方法不同,重视程度不同,应对策略不同,参与人员也不同。如果针对每一个资管产品都采用同样手段进行管理,即便该项目尚未发现风险因素,也依然如临大敌、草木皆兵,无疑将过分消耗本就有限的投后管理资源,造成人力、物力的无谓流失,还会加重同目标企业之间的紧张关系;反之,如果不区分正常项目与非正常项目以及处于不同等级的风险项目的管理方法,同样会造成项目管理上不分轻重缓急、无法组织有效资源应对重点项目,还会导致各部门之间职能划分与分工配合上的责、权、利不明晰。

3. 存量资产质量一目了然

抛开资产质量与风险等级的统计上报监管要求不谈,即便在资管机构内部,亦应及时、准确掌握自身存量项目的整体质量和受损概率等重要经营指标。如果仅仅将本机构存量资产按照是否逾期进行简单划分,则未逾期项目因为高风险因素的存在可能在将来发生逾期,而已逾期项目也有转为正常的可能,那么按照上述划分方法只能静态反映当前资产状况,不能体现未来一段时间内的动态状况。而采取风险分级制度,将使相关数据统计和分析变得更为细化和精确,动态反映本机构真实风险和损失程度,同时可作为资管机构调整投资战略、投资方向和考评各部门业绩的重要依据。

二、风险分类规定的选择性适用

如上所述,我国监管部门制定适用于商业银行的统一的风险分类制度,一方面是规范商业银行内部的风控流程,实现与国际接轨;另一方面是为了方便数据统计和监管。

对于风险分类规则适用对象以外的金融资管机构,可以不考虑监管和统计数据上报方面的规则限制,并根据本机构开展资管业务的方向、资管产品的特点,以及与银行贷款业务之间的区别,在更大的灵活空间内制定符合自身需求的风险等级分类制度。当然,随着强监管态势的形成,以及监管部门对资管机构投后管理水平与资产质量重视度的不断提升,也不排除其他金融监管部门或者更高层级的政府机构制定面向所有资管机构的统一的风险分类制度的可能性。所以各资管机构预先制定内部风险分类制度,并提前适应这种管理和统计方式,更显得非常必要。

对于风险分类规则直接指向的商业银行，以及受各级银监部门监管的参照适用风险分类规则的其他金融机构，则应当在新的分类规则正式出台后，以新规则为依据及时制定内部的细化制度。根据“新规征求意见稿”的规定，有两个问题值得适用范围内的金融机构注意。第一，“新规征求意见稿”第24条规定，该办法是金融资产风险分类的最低要求，说明商业银行在制定内部分类制度时不必完全照搬新规，特别是对于新规没有涉及的诸如风险分类评估与调级频率、流程以及针对不同风险等级的资产管理方式等重要内容，金融机构还可继续细化，只是不得突破新规下限。第二，“新规征求意见稿”第46条规定，在新办法施行的同时，《贷款风险分类指引》直接废止，而第48条给出的过渡期有两条，即一般情况下商业银行应在2019年年底之前进行重新分类；确有困难的，经银行业监管机构批准，可以延长至2020年年底。虽然不排除正式稿出台后对上述期限给予宽限的可能，但考虑到金融机构进行资产重新分类之前要留出时间对新规进行理解和消化，还要重新制定一整套内部的风险分类制度，因此留给金融机构的时间实际上并不宽裕。

三、制定风险分类制度的要点

虽然各个资管机构的自身情况不同，在制定内部风险分类制度时要进行量身定制，不过依然要遵循其整体框架，从而完全发挥风险分类的作用。在此，总结了以下制定要点。

1. 风险分类原则

(1)真实性原则

风险分类应真实、准确地反映金融资产风险水平。其一，风险分类的重要作用之一是促使投贷后管理的规范化、体系化，如果风险分类无法做到客观和真实，自然无法起到应有的作用。其二，在进行风险分类和风险调级时不能任由某一部门或某一人来全程操控和主导，要形成提议—审核—审批—复核的一整套流程，实现各部门和人员之间的相互监督、相互制约、共同参与，从而避免一家之言导致的片面性，这样方可保证真实。

(2)及时性原则

根据债务人履约能力以及金融资产风险变化情况，及时、动态地调整分类结果。风险等级是对不同资管产品采取不同管理方法的重要依据，所以一方面要做到对每一个投后资管项目的及时评级，并不是待项目发生逾期后才进行评级调整,另一方面在级别上调或下调时同样要及时,不可仅仅根据项目逾期时间机械地作出调整。

(3)审慎性原则

金融资产风险分类不确定的,应从低确定分类等级。如前文所述,资管机构发现项目风险时,这往往只是风险的“冰山一角”,如果对现有风险水平判断不清,或者对更大的风险隐患存在严重怀疑时,不应作出过于乐观的估计,而应审慎地按照更低级别进行评级,这样才能加强对风险持续监控、评估和处置的力度。

(4)独立性原则

金融资产风险分类结果取决于商业银行在依法依规前提下的独立判断,不受其他因素影响。俗话说,“自家情况自家知”,即便很多目标企业有第三方评级机构或其他金融机构的信誉评级,但外部评级只可作为重要参考,不能替代本机构的风险评级,本机构还是应当以全面的投后检查工作为基础,自行开展风险等级分类。

2. 风险分类与投后管理之间的关系

首先,风险分类需要以投后检查、风险评估和风险处置进展等其他投后管理工作作为分类和调整分类的依据;其次,风险等级分类同样是贯穿整个投后管理过程的主线和指导投后管理其他工作的重要依据。因此,风险分类并不是孤立的一项制度,应将其完全融入投后管理体系之中,使其与投后管理中的其他工作互为依托,这样才能使投后管理发挥最大功效。

在具体分类流程方面,“新规征求意见稿”确定为“初分、认定、审批”的三级程序,至于三个程序分别由哪一部门来负责,该规定并未进一步明确。我们认为,风险分类流程可以与投后检查工作合并开展。一般情况下,各机构会对每个资管项目指定专人负责投后检查并出具检查报告,检查人员按期将检查报告和收集的资料上交给投后管理部,投后管理部则负责对本机构所有存量项目的投后检查报告进行审查,再将审查结论汇总上报给投后管理部负责人或分管风控工作的机构领导。风险分类流程亦可交由上述三个部门或人员来完成,即投后检查人员在出具检查报告的同时应对项目风险等级进行初分,投后管理部则在审核检查报告的同时完成对该项目风险等级的认定,再将认定结果上报主管领导审批确认。这样,既可实现风险分类有据可依,还可避免各部门的重复劳动,节省管理成本。

另外,“新规征求意见稿”将分类频率确定为至少每季度进行一次全部资产的风险分类,对于债务人财务状况或影响债务偿还的因素发生重大变化的,还规定应及时调整风险分类。上述规定与投后检查的检查频次规定同样是一致的,进一步说明二者可以合并执行。

3. 针对新规风险分类标准的探讨

虽然“新规征求意见稿”对于风险等级分类标准的规定在细致、科学、合理性上前进了一大步,但我们认为,在具体适用层面,仍有一些内容值得商榷,具体表现在以下几个方面。

(1)正常类。“新规征求意见稿”对正常类的表述为“没有证据表明本金、利息或收益不能按时偿付”,但是对何为“证据”没有再作阐述,我们建议以当期风险分类时的最近一期贷后检查结果作为“证据”。

(2)关注类。“新规征求意见稿”中对分类具体标准列举了 4 种情形,一是本金、利息或收益逾期;二是改变资金用途;三是债务人财务状况正常情况下,通过借新还旧或通过其他债务融资方式偿还;四是同一债务人在其他银行的债务出现不良。但我们认为:首先,逾期状况不应仅指当前逾期情况,还应当包括历史上发生的短期逾期事件,目标企业发生短期逾期后虽然予以兑付,但资管机构还是应当深入调查逾期原因的合理性,并在一段时间内对该项目进行特别关注,所以我们建议将历史上的逾期事件确定为“上两次还款中任一期发生逾期”或者“短期逾期发生在一年内”。其次,改变资金用途和在其他银行(金融机构)出现不良实质上属于重大风险预警信号,仅将上述事件归为关注类值得商榷,我们建议调整为“次级类”。最后,关注类分类标准事实上还有很多具体考量因素,如财务指标异常、重大涉诉案件、负面消息集中、重大项目投资失败等,具体可参照本书第四章总结的“一般风险预警信号”内容。

(3)次级类。“新规征求意见稿”将逾期 90 日作为这一等级的重要评判标准,虽然其目的是统一各商业银行的划分尺度,但在具体效果上显得比较机械,特别是针对次级类项目需要重点开展风险处置工作的情况下,如果资管机构单纯以逾期时间作为开展下一阶段工作的依据,就有可能出现 90 日期满前无人重视、无处置动作的不利后果。因此,在将逾期时间作为评判标准的同时,建议参照本书第四章总结的“重大风险预警信号”,一旦任一重大风险预警信号被触发,就应立即进入风险处置阶段。

(4)可疑类与损失类。从“新规征求意见稿”对可疑类、损失类的定义来看，二者的区别主要是损失的可能性和损失的大小。可疑类资产的目标企业基本无力自主解决问题，或者依靠银行债务重组，或者银行已经提起诉讼并通过资产处置方式实现回款，银行方面无法收回全部本息或收益的可能性较大。而损失类则意味着银行必然发生较大损失，甚至发生全损。五级分类对可疑类和损失类的划分主要是从监管部门对整体金融资产状况和系统性金融风险的监管角度出发，所以对于商业银行针对可疑类和损失类项目采取何种应对措施并无细化规定。不过从资管机构内部的管理角度看，资管产品划入可疑类之后，能够采取的风险监控、风险处置动作基本都已进入实施阶段，资管机构主要是关注其实施效果，同时要以最大程度挽回损失为目的，对是否作价转让不良资产作出取舍，所以资管机构的另一项任务是尽可能准确地评估受损程度或者回款比例和回款时间。

4. 不同风险程度的投后管理资源配置

投后管理资源配置，是指针对不同风险程度的资管项目，配备不同管理团队和专业人员，采取不同管理手段，投入不同程度的人力、财力、物力资源进行区别化管理的方式。

首先，不同风险等级的对口管理团队、专业人员和管理手段不同。针对正常项目，以投后检查和风险排查为主，一般由业务团队负责，有些项目还有驻场团队或人员的参与。相关人员需具备的重要素质是对目标企业所处行业、所处地域高度熟悉，其次还要同目标企业上下各级人员和外围机构和人员建立广泛、良好的沟通渠道，拥有良好的职业操守，同时还应具备对风险的敏锐嗅觉。针对关注类项目，后台审计人员和法务人员应当及时介入，重在对风险点的重新梳理和对风险走势的持续跟踪与分析。针对次级类项目，则应当由资管机构内较高级别的领导级人物牵头，抽调多部门人员联合组成风险处置工作组。工作组的处置措施执行人员要具备很强的执行力和现场突发问题解决能力，而决策层、参谋人员要具有财务、法律、金融等多方面知识，工作部署明确，决策果断，谈判能力强。如果需要动用诉讼手段进行反制，还应当有专业律师以及具备诉讼业务能力的法务人员的参与。针对可疑类和损失类，则基本属于不良资产处置工作范畴，一般由资产保全部会同外聘律师负责具体诉讼、执行或破产流程的跟进，当计划对不良债权作价转让时，还应对该不良资产的市场价值作出尽可能准确的评估。

其次，不同风险等级的资源和精力投入不同。在五级分类方法下，每个等级下的资源配置并不完全一样，也不是随着风险等级的提升而提升。第一，如果对每个风险等级的重视程度不加区分，就会造成本就有限的投后管理资源被无谓消耗，需要重点关注和解决的事项会因为精力分散而发生拖延，贻误风险监控与处置的最佳时机。第二，风险次级阶段实质是风险处置的最佳时机，资管机构从上到下应当绷紧神经、主动出击，为此应当抽调最精锐的力量组建团队，并不惜成本落实风险处置的各项措施；而风险关注阶段则是判断采取何种风险处置方法的依据，对其资源的投入应当仅次于风险次级阶段；正常项目的检查属于资管机构的常规动作，对资源投入次于风险关注阶段；至于可疑类和损失类，由于该阶段风险已经全面爆发，并无继续判断风险走势的必要，而应当采取的风险处置动作也已进入实施阶段，继续耗费大量管理资源并无太大必要。因此，投后管理资源投入多少的顺序由大到小依次为：次级 > 关注 > 正常 > 可疑 > 损失。

第三节　资管机构内部风险分类案例详解

一、某融资租赁公司风险分类制度

1. 风险分类标准

该公司以租赁资产是否能够按时、足额回收作为重要风险评价标准，将租赁资产划分为正常、关注、次级、可疑、损失 5 个类别。

（1）正常类资产：承租人能够履行合同或协议，没有足够理由怀疑租金不能按时足额偿还。归属于该类资产的项目原则上应满足以下条件：①承租人生产经营正常，能够正常偿还租金，且保证人、抵（质）押物未出现不利于租金偿还的变化；②承租人法人制度完善，财务、经营状况正常，不存在任何影响租金及时、全额偿还的消极因素；③租赁物件使用正常，不存在影响承租人还款意愿的消极因素；④区域市场竞争在适度范围内，外部宏观环境没有发生对承租人经营不利的变化。

（2）关注类资产：尽管承租人目前有能力偿还租金，但存在一些可能对偿还租金产生不利影响的因素。租赁资产如满足以下条件之一，原则上即判定为关注类资产：①单笔租金最长逾期天数超过 30 天（含 30 天），但不超过 90 天；②最近半年内承租人的实际控制人或股东发生重大变更、重要业务伙伴关系恶化、实际控制人家庭不和或婚姻出现危机，并对租金偿还产生不利影响的；③承租人或其实际控制人因涉嫌违规事项接受政府相关主管部门调查，预计会对租金偿付产生不利影响；④承租人的经营情况发生显著下降，或信贷规模明显缩减的，若企业仍能正常履行我司偿还义务的，则可以不划为此类；⑤承租人还款意愿差，不配合我司资产管理的相关工作；⑥承租人生产不足，或产能过剩的；⑦其他影响资产安全的事项（包括发生责任事故/法律纠纷/违规行为等导致重大赔偿，因自然灾害遭受重大损失，或租赁物件运行未达到承租人预期目标等）；⑧承租人所属行业整体发生较大变化，或宏观形势对行业产生重大不利影响。

（3）次级类资产：承租人的偿还能力出现明显问题，完全依靠其正常经营收入无法足额偿还租金，即使执行担保，也可能会造成一定损失。租赁资产如满足以下条件之一，原则上即判定为次级类资产：①单笔租金最长逾期天数超过90天（含90天），但不超过180天；②承租人涉及政治、经济、法律、婚姻纠纷，或企业出现分立、减资、虚增实收资本、抽逃资金、重大人事变动、内部股东不合、重要业务伙伴关系恶化等情况，导致企业生产经营受影响或停顿，已严重影响租金足额偿付的；③承租人拖欠银行或其他金融机构债务，或不能偿还对其他债权人的债务，或其他债权人的债权加速到期，且已影响到其经营和偿债能力；④承租人偿付能力差，需要进行债务重组但尚未完成的；⑤承租人生产严重不足，只能维持一般费用的；⑥租赁物件被承租人处置或被用于其他金融机构融资的，且已危及项目资产安全。

（4）可疑类资产：承租人已无法足额偿还租金，即使执行担保，也会造成租赁资产较大损失。租赁资产如满足以下条件之一，原则上即判定为可疑类资产：①单笔租金最长逾期天数超过180天（含180天），但不超过一年；②承租人处于停业、半停业状态；③承租人资不抵债，或已启动破产程序；④承租人的债务已经过重组，但仍然逾期或仍然不能正常归还，还款状况未明显改善；⑤金融机构以诉诸法律手段来催收租金；⑥承租人采用隐瞒事实等不正当手段套取银行等金融机构贷款或我司资金。

（5）损失类资产：在采取所有可能的措施或一切必要的法律程序之后，我司租金仍然无法收回，或只能收回极少部分。租赁资产如满足以下条件之一，原则上即判定为损失类资产：①承租人已经依法宣告破产、被依法撤销、关闭、解散，并终止法人资格，经确认无法还清租金，经法定清偿后，仍不能还清租金；

②承租人遭受重大自然灾害，损失巨大且不能获得保险补偿，确实无力偿还部分或全部租金；③承租人实际控制人死亡，或者依照《中华人民共和国民法通则》的规定宣告失踪或者死亡，依法对其财产或遗产进行清偿，并对担保人进行追偿后未能收回租金；④承租人虽未依法终止法人资格，但经营活动已经停止，或经营活动虽未停止，但收入大幅下滑，濒临倒闭，且承租人名存实亡，复工无望，经确认无法还清租金；⑤承租人触犯刑律，依法受到制裁，其财产不足归还租金，又无其他债务承担者，经追偿后确实无法收回租金；⑥由于承租人和担保人不能偿还租金，诉诸法律，经法院对承租人和担保人强制执行，承租人和担保人均无财产可执行，法院裁定终结执行后，无法收回租金。

2. 其他条款亮点

（1）行业差异化分类：该租赁公司将租赁资产按照行业差异进行分类，对于国家明令禁止或不支持发展的行业，如高污染、高能耗及产能过剩行业等，规定资产类别原则上应不高于关注类。另外，若项目能够提供土地、房产抵押且抵押率充足，或提供非关联担保，且担保实力较强的（关联企业担保或自然人保证的不作为调整因素），或有其他经风险管理部或项目评审委员会认可的措施，可调整为正常类。

（2）逾期和历史逾期事件的级别调整：对于有租金逾期的租赁资产，单笔租金逾期天数超过30天（含30天）的，租赁资产划分类别原则上最高不超过关注类；单笔租金逾期天数超过90天（含90天）的，租赁资产划分类别原则上最高不超过次级类。若承租人在逾期之后，连续两期正常偿还租金的，租赁资产可上调一个级别。

（3）追加担保措施或情况好转后的风险级别调整：①因租金逾期下调级别的租赁资产，如承租人能够追加抵押物、担保或其他增信措施的，且经总裁办公会审批同意的，可上调至原级别；②对于正常类以下的租赁资产，如承租人经营情况已出现好转，或其他影响其正常经营的问题已解决，承租人已具备正常还款能力，且能提供资料证明的，经运营管理部核实后，可上调一个级别；③由于其他非经营水平或偿付能力下降导致被划分为关注及以下类别的租赁资产，承租人在最近半年内正常偿还租金的，运营管理部可将该租赁资产可上调一个级别；④已进入诉讼阶段的租赁资产，经法院查封到承租人或项目交易结构中涉及的法人或个人的实质性资产，且资产价值大于该公司剩余租金的风险敞口的，经总裁办公会审批同意的，可上调级别，具体级别由总裁办公会确定；⑤已划分为次级或可疑类的租赁资产，如承租人已签署重组协议并有实质性工作进展的，经总裁办公会审批同意的，可上调级别，具体级别由总裁办公会确定。

（4）对于非经营状况恶化造成短期逾期的区分对待：该融资租赁公司对于非承租人原因造成的短期逾期事件，规定了可不列入其对应级别的几种情况：①租金偿还过程中，承租人资金划付错误，且有相关付款凭证可以验证的；②由于出租人原因造成承租人逾期的；③由于利率调整，导致承租人应付利息逾期支付的；④其他。

二、某大型商业银行风险分类制度

1. 风险分类标准

该商业银行将贷款风险五级分类进一步细化，形成以下七级分类法，该分类方法以风险为基础对贷款质量进行分类，即按贷款本金利息收回的可能性和损失程度，与贷款五级分类相对应，将贷款分为正常、关注、关注－、次级、次级－、可疑、损失七类，后四类贷款合称为不良贷款。对应关系如表5－3所示。

表5－3

七级分类级数	五级分类名称	七级分类名称
1	正常	正常
2	关注	关注
3		关注－
4	次级	次级
5		次级－
6	可疑	可疑
7	损失	损失

该银行风险分类标准中，我们注意到其对关注类和次级类进行了进一步的细分，使得关注类和次级类的分类标准更加量化，风险程度大小更加清晰，从而更具可操作性。

（1）关注类

常态关注类，是指尽管借款人目前有能力偿还贷款本息，但存在一些可能对偿还产生不利影响的因素需一般关注。关注类，是指借款人的收入状况出现了恶化，发生了违约事宜，但是不会形成贷款损失需重点关注。相较于前述某国企背景的融资租赁公司而言，该银行的风险分类方法体现出了自身的亮点：其中关注－类的满足条件不仅体现出目标公司方的风险因素，也体现了银行作为贷款人一方的风险因素，例如，其分类标准满足条件中规定存在以下情况也可归入关注－类，“17. 信贷合同或其中的部分条款不利于或开始不利于银行；18. 银行信贷档案不齐全，部分法律文件遗失或有误，但对还款尚未构成实质性影响；19. 违反贷款审批程序，例如超越授权发放贷款”。从风险发生的角度来考虑，这更加符合风险发生的逻辑，即风险并不是仅仅由借款人一方造成的，更加可能的情况是贷款人本身出了问题，这种分类方法提示资管机构在拟定自身的风险分类标准时要摆脱“灯下黑”的盲区，就要建立多主体视角，既要看到借款人及其关联人的风险因素，更要看到自身风险控制上可能存在的风险因素。

（2）次级类

常态次级类，是指借款人的还款能力出现明显问题，依靠其正常收入已无法足额偿还贷款本息，即使执行担保，也会造成一定的损失，贷款本息损失率预计在 20%（含）以内。次级－类，是指借款人的还款能力出现较大问题，完全依靠其正常收入已无法足额偿还贷款本息，即使执行担保，也可能会造成损失，贷款本息损失率预计在 20% ~40%（含）以内。与前述某国企背景的融资租赁公司相比，该银行风险分类标准中的次级类将贷款逾期的 90 ~ 180 天的期间进一步细分为两段，即 90 ~ 120 天为常态次级类，120 ~ 180 天为次级－类，同时根据银行业态自身的特点，将表内和表外业务风险情况进行区分，给予风险更大的表外业务更短的逾期期限的满足条件。

2. 其他条款亮点

（1）业务差异化分类：由于银行作为金融体系的中枢神经，其业务领域覆盖面广、种类更多，因此，该行的风险分类标准细则中根据不同业务种类，制定了涵盖公司贷款类、银行承兑汇票与转贴现类、小企业贷款类、微小企业贷款类、个人贷款类和信用卡风险资产类的不同种类业务的风险分类及归入特征。

（2）小微企业类风险分类更加细化：由于小微企业资本规模有限，其本身抗风险能力较弱，该行针对小微企业这一特点，将小微企业进一步分为分期还款类和非分期还款类，给予了分期还款类的小微企业更细致的动态分类标准。如将不同的担保方式结合逾期天数制定了动态矩阵分类表，如表 5－4 所示。

表 5 – 4

担保方式/逾期天数	未逾期	1 ~ 30 天	31 ~ 60 天	61 ~ 90 天	91 ~ 180 天	181 ~ 270 天	271 ~ 360 天	360 天以上
信用	关注	关注 –	次级	次级 –	可疑	可疑	可疑	损失
保证	正常	关注	关注 –	次级	次级 –	可疑	可疑	损失
抵押	正常	正常	关注	关注 –	次级	次级 –	可疑	可疑
质押	正常	正常	正常	关注	关注 –	次级	次级 –	可疑

三、某信托机构风险分类制度

1. 风险分类标准

该信托机构将开展信托投资、融资业务和其他金融服务所形成的信托业务资产（或项目）按债权类和权益类进行二分，在此基础上按照风险程度从小到大分别对债权类和权益类进行了 A、B、C 三级分类。

首先，“债权类资产”包括但不限于各类贷款、投资附加回购（含收购）、收购各类资产或收益权并附回购（含收购）、债券投资及其他存在债权债务关系的信托项目。

（1）A 类：交易对手能够履行合同或协议，不存在可能对偿还本金及收益产生不利影响的因素，还款意愿良好，经营、财务等各方面状况正常，能正常还本付息，无拖欠债务本金或收益的记录，也不存在任何影响其偿还能力的重大风险事件。

（2）B 类：交易对手存在对偿还本金及收益产生不利影响的因素，或者采取所有可能的措施或一切必要的法律程序之后，交易对手仍无法全部偿还本金或收益，但预计债权的损失率不超过 90%，本金或收益逾期不超过 360 天。

（3）C 类：在采取所有可能的措施或一切必要的法律程序之后，债权本金或收益仍然无法收回，或只能收回极少部分，预计债权损失率在 90% 以上，本金或收益逾期超过 360 天。

其次，“权益类资产”包括但不限于对股票和基金的投资、股权投资和其他权益性投资的信托项目。

（1）A 类：被投资企业所有者权益大于实收资本，且经营状况良好，盈利能力较强，正常分红。

(2)B 类：被投资企业盈利能力较低或亏损，不能正常分红。

(3)C 类：发生以下情况之一者，可归入该类。

①参股企业经依法宣告破产，进行清偿后，未能收回的股权；②参股企业被依法撤销、关闭、解散，并终止法人资格，无法收回的股权；③参股企业虽未依法终止法人资格，但生产经营活动已经停止，且参股企业已名存实亡，复工无望，无法收回的股权；④参股企业的经营活动虽未停止，但产品毫无市场，企业资不抵债，亏损严重并濒临倒闭，且政府不予救助，无法收回的股权；⑤被投资企业资不抵债的。

2. 其他条款亮点

风控分类工作流程：根据该信托机构《资产风险分类指引》第 20 条的规定，将风险分类工作的规范动作划分为以下三个流程：

第一，分类准备。业务部门在日常经营活动和客户维护工作的基础上负责持续收集项目的基础信息，包括交易对手的项目申报材料及批复文件、交易对手和保证人的最新经审计的财务报表及其他财务信息、抵(质)押品评估报告、重要文件、往来函件、交易对手偿还记录和银行催收通知、媒体披露信息等；并在整理和更新信息的基础上完成后期检查，按季度提交项目后期管理分析报告，为资产风险分类做好准备。

第二，项目初分。项目成立后，业务部门应在项目每一季度分析报告中提出初分意见及依据(未满一个完整自然季度的可以不提出，下同)，并按季度填写信托业务资产风险分类审批表，经部门负责人签字后，将项目季度分析报告和资产风险分类审批表于季度后 10 个工作日内一并提交风险合规部。业务部门对交易对手信息的真实性、准确性负责。

第三，分类结果审批。风险合规部及时将初步分类结果提交公司风险管理和内部控制委员会进行审议，风险管理和内部控制委员会审议并确定资产风险分类结果。风险管理和内部控制委员会秘书处应及时将资产风险分类结果告知信托财务部、计划财务部及相关部门。

下　篇

风险处置

第六章

风险处置工作概述

CHAPTER 06

投后管理的重中之重正是发现风险或隐患之后的处置过程，在风险尚处于正常等级之时，可能无须采取风险处置，但是一旦发现风险释放，风险处置则成为投后管理体系中的终极任务，将直接影响损失会否发生以及损失的大小。风险处置应针对不同情况采取不同的处置方式，设定不同的处置预期效果，采取不同的处置手段。

为保证风险处置工作的准确性、主动性、及时性、长效性及适当性，制定风险处置预案就显得极其重要，一套周密且切实可行的预案将大大提升风险处置工作的效率。

本章即围绕风险处置相关概念释义，处置方式、效果、手段及预案等内容展开，为读者提供切实有效的风险处置思路，并从实务经验出发，总结此环节可能出现的错误认知，供读者参考借鉴。

第一节　风险处置的概念和原则

一、概念

资管业务中的风险处置是指,资管机构在风险监控、风险预警和风险分类等工作基础上,在发现风险即将发生或者已经发生时,为了降低风险发生概率,或避免、减少损失程度,主动采取的各种处置措施。

风险处置是投后管理体系中的或有步骤。在风险五级分类中,如果资管产品在资金投放到返还的整个期间始终被评定为正常类,则无须采取风险处置动作;而针对损失类项目,风险已经完全释放,目标企业不具有主动还款的能力,资管机构进行催收、谈判等主动措施已经失去意义或者根本无法进行,只能被动参与司法程序等待结果,所以风险处置也不适用于损失类项目。因此,风险处置工作仅在关注类、次级类、可疑类项目中适用,且应根据不同风险等级采取不同的风险处置对策。

风险处置是投后管理体系中的终极任务。在投后管理体系中,风险监控的作用和意义是尽早发现风险、尽可能全面揭示风险,从而为及时开展风险处置赢得机会、提供依据,所以风险监控阶段重在资管机构发现问题的能力。而当发现风险时,资管机构应选择正确路径和手段消灭风险或者降低风险产生的损失,所以风险处置阶段重在资管机构解决问题的能力,是投后管理的终极任务。

二、原则

1. 准确性原则

准确性原则包含两方面含义:一是风险发生概率和影响程度的准确评估,只有在准确评估的基础之上,才能做到风险处置开展及时、方向正确;二是要及时洞悉目标企业真实意图和应对风险的真实打算,抓住目标企业的“痛点”,并根据对手方情况和现实风险情况采取针对性强的风险处置措施,确保风险处置取得既定效果。

2. 主动性原则

由于风险发生于目标企业,而且风险并不必然导致资管产品发生逾期和最终损失,因此有的资管机构对风险化解过程缺乏积极参与的认知和动力,也没有具体的手段和方法及时了解风险走势,而是完全寄托于目标企业自行化解风险,轻信其关于解决方案和落实效果的报告且不做任何验证。然而大量现实案例表明,消极等待往往会导致资管机构最后陷入被动局面,错过采取处置动作的最佳时机。因此,资管机构应当采取更为积极、主动的风险应对策略。如果经评估认为目标企业有能力自行化解风险,则结果可以等待,但过程必须参与,资管机构应当全面了解目标企业化解风险的具体措施,随时关注风险走势;如果认为风险有进一步释放的趋势,资管机构更要主动出击,采取相应对策确保自身利益不受损或者尽量减少损失程度。

3. 及时性原则

及时性原则是贯穿投后管理始终的重要工作理念,在风险处置阶段更应当重视和遵守。第一,在判定风险已经发生或者必然发生的情况下,应当及早开展处置工作,而不是坐等项目逾期后才有所行动,浪费风险处置的黄金机会;第二,风险处置通常是多部门、多人员协同作战的过程,应当针对每一个风险项目单独组建应急处置小组,各部门之间要高度重视、紧密配合,高效制定应对方案并由专人负责方案的快速落实;第三,风险处置的每一步动作应当步骤清晰、节奏紧凑,一旦发现之前制定的处置方案难以推进或者效果不佳,就要及时调整处置方案,不能出现处置动作的不合理停顿。

4. 长效性原则

风险处置就像一套组合拳,不能寄希望于一招一式就打倒对手,一是要预先制定好几套对"敌"策略并根据实战情况选择适用,还要时刻留意来自对手的反击甚至是第三方的"突袭";二是在出拳后应当及时观察对对手方的打击效果,即便效果达到,风险得以暂时化解,但在项目安全退出之前依然不能放松警惕,要对发生过风险的项目进行重点监控;三是出拳不能只顾眼前不顾将来,不能"头痛医头、脚痛医脚",而是要走一步看三步,力求用在较短时间内一次性解决问题,避免危局出现反复。

5. 适当性原则

仍然是以打拳作比喻,资管机构在出拳时既不可太轻,也不能太重。出拳太轻,对对手方的震慑作用不够,也起不到应有的效果;出拳太重,同样可能带来副作用。拳击比赛的意义是获得冠军,而不是上阵杀敌,资管机构采取风险处置措施同样如此,其目的不是直接打垮交易对手,而是促使风险得以化解,避免自身发生损失。如果资管机构不分风险程度一律选择诉讼等最严厉的手段，有时非但不能实现自身的安全退出，还会引起其他第三方的围攻致使目标企业情况迅速恶化，原本可以通过分步回款实现退出的目的只能落空。另外，如果一味采取这种将对手“打死”而不仅是“打倒”的处置策略，待业界周知后，又有哪个目标企业愿意同该资管机构合作呢？

第二节　风险处置的方式、效果与手段

一、风险处置的方式

针对不同程度的风险可采取不同应对方式，以期实现资管机构和投资者利益的最大化。

1. 风险预防

风险预防，是指在风险彻底爆发和无可挽回之前，资管机构通过有效措施对风险予以化解，或者延缓风险爆发的时间和风险释放的速度，致使资管产品成功兑付。

风险预防又可分为敦促化解和协助化解两种情况。例如，资管机构发现目标企业违规行为可能受到来自监管部门的处罚，可在监管部门发现或作出处罚结果之前及时敦促目标企业纠正违规行为，避免或减轻处罚以化解对资管产品兑付造成的影响；再如，目标企业因为产品销路不畅造成现金流紧张，资管机构利用其资源优势主动为目标企业对接下游客户，即属于协助化解。

2. 风险抑制

风险抑制，是指当风险已无可避免的情况下，采取各种措施降低损失程度，或者以较小的代价规避更大的损失。

风险抑制有两方面的含义，一是风险发生时的损失最小化；二是风险发生后的损失取舍。由于风险来自于目标企业，有时资管机构即便提早发现风险隐患，亦无力阻止风险的最终爆发，而随着风险的不断释放，待资管产品到达兑付期时风险的不利影响更为严重，此时就应及时采取风险抑制措施，对目标企业尽早提起诉讼，争取在目标企业彻底无力还款前尽可能多地争取回款。另外，在风险已经实际发生后，在目标企业尚有意愿主动还款但提出减免利息甚至部分本金的条件时，有的资管机构为避免全额损失果断选择接受，这同样属于风

险抑制的处置方式。

3. 风险转移

风险转移,是指为了避免资管产品发生损失,资管机构通过一定的途径将风险转移给其他承担者,以实现本资管产品的安全退出。

风险转移实现途径包括股票二级市场的套现,吸引其他投资人接盘、借新还旧等。风险转移是风险处置中的常见方式,有的资管机构即便资管产品已经逾期,还是会在一定宽限期内暂不提起诉讼,配合目标企业进行再融资,甚至主动为目标企业对接其他金融机构或投资人。在主动对接过程中,资管机构要注意不能向第三方提供虚假信息和故意隐瞒真实信息,否则可能导致对第三方的赔偿责任或退出失败。至于目标企业自身行为造成第三方未能发现风险,如果资管机构并未参与,一般不会导致资管机构承担责任或退出无效。

4. 风险利用

风险按照后果分为纯粹风险和投机风险,纯粹风险只有损失风险而没有获利机会,而投机风险既有损失风险,也有获利机会。投机风险中还会出现风险利用情形。

金融投资中的风险即属于投机风险,当风险发生时,资管机构如果处置措施得当,不但能够避免损失,还可利用风险获益。例如,针对目标企业还款逾期,通过有效的谈判或诉讼方式,资管机构不但可以追索应得本金和收益,还可以额外追索违约金;再如,有的资管机构恰好拥有与目标企业经营范围类似的关联企业,当目标企业出现问题时,资管机构可以通过使其关联企业接管目标企业的方式,继续经营目标企业,若经营得当,则不仅可以避免损失,甚至可以实现超额收益。

二、风险处置预期效果

风险处置的预期效果,是指在开展风险处置工作前或过程中,根据风险程度和处置措施的不同,资管机构期望实现的结果。

1. 提前收回或逾期后尽快收回投资本息

风险处置的根本目的是确保投资本息或收益的全额回收,所以如果风险不足以导致目标企业突然垮塌,资管产品尚有兑付可能的,资管机构应当将回款作为第一选择,能够一次性收回的要尽量一次性收回,不能一次性收回的则尽可能在风险初始阶段多回收,并尽力缩短剩余款项回收期。如果对风险走势的判断不乐观或者无法判断，资管机构即便面临放弃部分收益的选择，也要果断选择放弃。另外，针对兑付期限前发生严重风险或者阶段性逾期项目，资管机构不应坐等最终还款期届满后再采取诉讼或催收措施，应当充分利用资管合同中的有利条款，全面搜集目标企业根本违约的相关证据，实现全部应还款项的加速到期。

2. 追加担保措施或其他增信措施

发生风险后，如果第一还款来源、第二还款来源均无法确保资管机构避免遭受损失，而资管机构经评估认为目标企业兑付能力不足的问题在未来有望解决，就要充分增加第二还款源的保障能力，即通过谈判手段甚至以诉促谈的手段迫使目标企业追加担保措施。追加担保措施是直接收回投资的备选方案，其适用前提，一是目标企业自行化解风险的方案切实可行，风险被化解的成功率高；二是直接对债务人、担保人提起的诉讼难以确保本息全额收回。如果债务人、担保人提供的担保措施变现能力强，还是应当以直接收回作为第一选择。

3. 帮扶目标企业化解短期风险

如果风险等级不高、目标企业有足够实力化解短期内发生的危机，那么资管机构在审慎评估风险的情况下，也可选择帮扶目标企业共渡难关。在具体措施上，包括对资管产品进行展期、免除违约金或暂不收取违约金，追加项目投资，债务重组，帮助目标企业协调解决具体问题，派遣财务、法律和其他专业人员梳理公司治理结构等。

4. 以资抵债分步退出

假如目标企业无法通过改变自身经营状况实现还款，资管机构就应当在各种担保措施上发力。具体方式包括以谈判方式促成目标企业或第三方担保人向资管机构自愿转让担保资产，以及通过诉讼、执行途径进行资产拍卖、变卖等。

5. 取得目标企业或项目控制权等权利

如果第一还款来源、第二还款来源均已落空，资管机构就不得不通过债转股或主导企业实际经营的方式取得目标企业或项目的控制权和开发权、经营权、销售权等权利，通过资产运作或经营收益逐步实现退出。以接盘操作实现收益的途径通常是资管机构被动情况下无奈选择的处置方式。现实中，某些民营资管机构为了追逐更高的投资收益，将对手方违约事件视为接盘契机并且长期持有，但因为对目标企业所处行业和市场前景的不熟悉，加之缺乏相关领域的专业管理人才,这些“接盘侠”非但无法通过经营获利,反而因为背负沉重的资产包袱而受到更大损失,所以在选择以债转股时,资管机构应当特别慎重。

6. 参与破产重整或破产清算

如果目标企业因资不抵债导致破产,资管机构将被动通过破产程序实现债权。由于破产程序历时较长,破产债权人获偿比例低,资管机构一般不会主动选择,但当发现目标企业实控人有转移资产、资产套现或垒高债务的行为,或发现目标企业资产存在被其他债权人瓜分风险时,资管机构应主动提起破产程序。

7. 债权转让变现

资管机构对目标企业享有的债权可通过债权转让方式实现变现,但有一些资管产品是股权投资和对赌退出方式,则需要先行采取诉讼手段确认债权金额,无法直接转让变现。债权转让途径一般需打折实现转让,所以资管机构难免遭受损失,但是为了避免诉讼和执行周期以及回款比例等方面存在的不确定性,债权作价转让不失为一种迅速实现回款的途径。

8. 解决资管产品自身漏洞

资管机构在投后管理过程中不但要关注目标企业的自身风险,还应当随时注意资管产品有无漏洞。有的目标企业自身并未发生风险,但是会恶意利用资管合同中的漏洞或者担保措施上的效力瑕疵同资管机构讲条件,甚至发生恶意违约事件。如果资管机构在目标企业产生恶意违约念头之前提早发现资管产品或担保措施方面的漏洞,应当想方设法修补漏洞。例如,有的应收账款收益权转让产品未事先对次债务人发出通知,有的抵押措施在投后阶段失效,资管机构应当督促目标企业完善相关措施,或者置换担保措施。

三、风险处置的手段

由于风险发生于目标企业,资管机构无论采取规避、化解、转移等何种风险处置措施,都只能将相应措施施加于目标企业并间接产生效果,所以风险处置手段实质上只有非诉讼手段和诉讼手段两种。

1. 非诉讼手段

非诉讼手段主要包括催收和谈判两个单元。

(1)催收

催收工作是在目标企业已经发生或者将要发生还款逾期行为时,以诉讼之外的途径对目标企业或者担保人进行敦促，以期尽快收回欠款或确保按期还款。催收的目的单纯是尽快收回应收款项，不带有同目标企业协商解决当前问题或既存风险的其他目的。催收的方式包括电话催收、当面催收、发函催收、以律师函形式催收等。

催收过程中，应当注意的问题有三点。

一是注意保持一定密度和频率，既不能“三天打鱼，两天晒网”，也不能“前紧后松”或“前松后紧”。实践表明，持续给予债务人压力是促成其主动还款的重要因素，在同等条件下，债务人会优先考虑向催收态度强硬、计划严谨的债权人进行偿还，而催收不积极、没有计划的债权人获偿次序和机会会显著低于前者。

二是要保持催收口径前后统一。由于风险项目通常需要多个部门参与解决，实践中有的资管机构前后发出的催收指令并非出自一人，这就造成催收口径前后混乱和自相矛盾。例如，前一封催收函给出的还款期限是 10 天，后一封催收函却变为 15 天；前一封催收函要求连带偿付违约金，后一封催收函却遗漏违约金的主张等，这种前后不一致会大大降低对目标企业的震慑作用，影响催收效果。

三是要做到催收工作留痕，注意收集和保留相应的催收证据。有些分期还款的资管产品在合同中约定了以催收无果作为提前解约和剩余还款加速到期的条件，所以催收和对方反馈的相关证据至关重要。另外，有些项目催收过程中双方签署或对方反馈的函件还可作为确定违约金标准的证据，一旦对方再次违约，可以以此作为追索违约金的依据。

(2)谈判

谈判是诉讼手段以外化解风险或解决问题的重要手段，如果谈判得力，可使资管机构既能避免诉累又能达到预期目的，所以谈判过程中有很多技巧值得总结，本书将在下一章中作重点阐述，在此不再赘述。

2. 诉讼手段

诉讼手段实质包括一般民事诉讼审理程序、诉前和诉中保全程序、仲裁机构仲裁程序、执行程序、强制执行公证和实现担保物权等特别诉讼与执行程序、破产程序、刑事报案程序等，诉讼手段仅作为各种司法途径的简称。诉讼手段是非诉手段以外的有力补充，二者形成互为支撑的关系，其本质目的依然是收回或尽可能多收回各项应收款项。

有些金融机构业内人士认为，金融类诉讼是较为简单的纠纷类型，诉讼过程并无技术难度,难点和关键点在于执行过程。但我们认为,金融类纠纷在任何一个环节都不应忽视,也没有绝对的难易之分。首先,金融类纠纷往往标的额大,涉及债权人、债务人、担保人和其他第三人等案件当事人普遍较多,资管机构在诉前准备和诉讼策略选择上必须非常严谨、审慎,否则极易拖缓诉讼进程,甚至导致部分败诉或达不到回款目的;其次,随着资管产品交易结构的越发复杂,以及立法、司法层面固有的滞后性,很多资管类纠纷中的程序问题、实体问题无法可依现象大量存在,不同法院或仲裁机构对同一问题的理解也很不统一,这同样需要案件代理人具有丰富的办案经验和认真、扎实的办案作风。

因此,本书第九章将以较大篇幅对金融类纠纷当中一些现实问题和前沿性法律问题作具体阐述。

第三节　风险处置预案

一、风险处置预案的基本概念

1. 概念和基本内容

风险处置预案相当于开展风险处置工作的行动纲领。作为一项多部门、多工种协同配合完成的复杂工作,在正式开展处置行动前,必须首先制订一套计划周密又切实可行的预案。

风险处置预案的基本内容应当包括:

(1)风险处置小组的人员构成、工作职责和工作分工;

(2)当前风险程度的判断依据以及风险演化趋势和演化速度评估;

(3)风险全貌的深度调查,目标企业应对风险态度、措施的调查,上述调查工作的开展方式;

(4)风险处置工作的具体步骤,每一步工作如何开展、谁来负责,每一步工作预期实现的效果;

(5)每一步工作完成的时间节点,以及无法按期完成或处置效果无法实现情形下的备选方案。

2. 分类

风险处置预案分为事前制定和事中制定两个层面。

事前制定是在本资管机构投后管理体系中预设有关风险处置的相关制度。

预先设立处置预案制度的作用和意义在于建立风险处置快速反应机制，在发现风险的第一时间立即进入“战斗”状态，为风险处置争取更多时间，并规范风险处置工作，使之有序开展。例如，相关制度中可以规定，在何种风险情形或等级下触发风险处置小组的组建，处置小组的参与人员和角色定位，风险处置小组的工作任务、工作方法，风险处置过程中的信息传递和交流机制等。事前规范不可太过宽泛，过于宽泛会导致实际操作性不强，无法发挥快速反应作用；同时要保留一定弹性，不能过于死板，比如规定处置小组必须何人参与，某个时间节点必须完成哪项工作等，要做到具体项目因事而异、因时而异、因人而异。

事中制定则是根据每一个风险项目量身定制的具体方案，其作用是在处置小组中建立高效的沟通机制，明确人员分工，根据每一个项目的现实问题寻求具体解决策略，评估处置动作实现的可能性，落实每一步动作的具体实施人，限定处置动作和处置效果的实现时间，从而促使整个风险处置工作的快速推进和效果明显。

二、风险处置预案的制定要点

1. 深入调查，信息为先

正确制定风险处置预案的前提首先是对风险发生原因、现状和走势有正确的认识，其次是对对手方可能采取的应对措施有正确的预估，因此必须要保证消息来源真实、全面和准确。但在前期风险监控和预警过程中，资管机构发现的通常是一些片面的风险苗头或者预警信息，并不清楚风险的全貌和目标企业采取的应对策略。风险处置小组组成后，如果发现搜集的各方面信息不全面，则不应急于制定风险处置策略，而是首先要组成工作组深入实地展开详细的调查工作。调查组成员需要具备专业的调查能力、良好的沟通能力甚至是反侦察经验，确保调查结论客观公正，这样才能为风险处置小组决策层制定处置方案提供充分依据。另外，在整个风险处置过程中，各处置小组成员之间也要保持信息沟通通畅，对风险走势和目标企业态度变化的跟踪需要持续进行，从而为及时调整处置手段提供依据。

2. 各司其职，协同作战

风险处置是一项多部门协同配合完成的工作，就如同一台机器，每个零件都应发挥其作用和功能，这样才能保证机器运转流畅，所以风险处置小组要选择多专业人员共同组成，并且事先明确每个人的工作分工。处置小组人员应当至少包括项目对接人、财务审计人员、诉讼方向法务人员、处置工作决策人员和工作指挥人员等，必要时还需配备资产评估人员以及熟悉目标企业所处行业的专业人员。具体工作方面，财务和法律等专业人员负责统计已还款情况、欠款情况，了解尽调阶段已发现的风险点或者项目存在的"硬伤"，并对风险等级和对手方详细情况进行进一步挖掘，协助决策层领导制定具体的处置方案，起草相关法律文件，参与同交易对手的谈判或者处理诉讼事宜等；项目对接人应负责进一步收集新的风险信息和项目情况信息，落实风险处置方案的具体措施，同目标企业人员保持信息沟通，及时反馈风险处置措施的完成情况和效果等；公司决策层人员负责确定工作小组人选，明确人员分工和工作完成时点，听取项目情况以及风险处置工作落实情况汇报，及时制定和调整每一阶段应采取的处置方案，主导同对手方的谈判工作等。如果工作小组负责人为资管机构的高级管理人员时，则可能因精力牵扯无法实时跟踪每一个具体的风险项目，此时就应在工作小组内设置副手，由副手负责跟踪和督促每一个时间节点下应完成的工作，并对现实中发生的具体障碍和问题及时进行决策等。

3. 注重实效，确保实现

当发现风险时，资管机构期待的最好结果当然是立即全额收回投资本金和收益，彻底摆脱风险，但在具体实现过程中，如果仅从本方利益角度制定处置方案，不关注对手方的客观接受程度，就无法达到预期效果甚至会达到相反的效果。比如对目标企业设定过于严苛的还款期、索取过高的违约金，却不考虑目标企业客观上能否实现，或许就会直接导致目标企业产生逆反心理，直接关闭谈判大门甚至恶意转移资产等，进而造成资管机构陷入被动局势。因此，制定风险处置预案既要做到"知己"，又要做到"知彼"，综合考虑处置预案实现的可能性，如果无法一次性达到解决目的，可以考虑分布实施方案。

另外，处置方案的决策和执行通常由机构内不同人员负责，需要避免决策和执行之间相互脱节。首先，决策需要以可实现为前提，决策前要充分听取对现场情况充分了解的人员意见，执行中则应对方案可行性予以及时关注，如果发现方案不切实际，无法执行，就需要及时调整策略。其次，决策方案要明确具体，并含有实现方法，如果方案不具体，会导致执行人员不知所措，方案无法开展，无从下手，以致直接影响风险处置效率。

4. 预留后手，及时纠偏

既然是预案，就要考虑处置工作无法达到预期目的时的其他解决方案。有的资管机构不注重寻求解决问题的多种途径,也不做备选方案,一旦预定方案遇到问题和障碍,就不知如何继续推进,或者等前一方案无法推进后再实施下一方案,同样会延误风险处置时间。制定风险处置预案的正确做法是,对在当前阶段将能够采取的各种措施和可能遇到的阻碍进行综合分析评估,从中选取最有利的实施方案,同时将其他方案作为备选,其他方案可以先进行准备的,要同时开展备选方案的准备工作。比如,当某目标企业发生阶段性还款逾期时,资管机构一方面认可目标企业提出的再融资计划,决定给予目标企业一个月的宽限期,但同时开始做诉讼准备和律所选聘工作,这样在一个月宽限期满时,资管机构能够立即采取诉讼手段,从而避免了另行准备过程中的时间耽搁。

此外,还有一种情况是,资管机构只按最初制定的一种处置方案推进,却不注重方案推进效果和对外部情势变化的观察,这样方案在执行中可能会遇到很多阻碍,或者即便最终实现,但由于情势变化导致无法覆盖风险。因此,资管机构在方案实施过程中还应当时刻关注各方面情况发生的变化,及时纠偏。

5. 确定时点,毫不拖延

风险处置方案如果是分步骤完成的,无论对内对外,都要确定每个步骤的具体完成时点。确定时点对于有序推进风险处置工作至关重要,一方面起到敦促尽快完成的作用,另一方面也是及时调整策略或更换处置方案的依据。

对内,要事先确定各部门和人员完成每个步骤的具体时间期限,形成会议纪要,并据此跟踪完成情况。例如,限定调查组在一周内完成风险再调查工作,相关人员就要在限定的时间内坚决落实,不应因为主观懈怠或忙于其他项目而拖延,同时处置小组负责人要及时提醒、督促执行人员限期完成;再如,对追加担保措施的方案限定在一个月内完成,而由于该方案落实起来相对复杂,还涉及相对方和政府单位的配合问题,所以对落实情况更要紧密跟踪,对不能限期完成的原因要及时总结,如果不能完成的原因可接受,还要重新限定时间并继续跟踪落实情况。

对外,则要对目标企业落实时间加以限定。例如,针对目标企业延期还款的请求,资管机构应当综合目标企业难以及时还款的原因、有无解决对策、风险有无继续恶化趋势等,对延长期加以限定。在限定延长期时还要注意区分对外告知期限和内部掌握的底线。比如资管机构可接受的心理底线是 2 个月,则告知目标企业的延长期要短于底线期,如给予 30 日的最后期限。上述做法的目的是使资管机构明确在前一处置动作无法实现的情况下及时开展其他处置动作,同时区分告知期限和内部底线,这样一方面可以在告知期限到来时尚有缓冲余地,另一方面则是为开展其他处置工作预留准备时间,避免处置方案调整而造成时间耽搁。

第四节　风险处置环节的常见错误认识

实践中,笔者经常接触的一些资管机构从业者在风险处置的作用、流程和工作方法上存在错误认识,而相关错误有可能会导致风险处置效果不佳,甚至造成无谓损失。在此,我们对常见认识错误作简要总结,主要目的是提升风险处置工作的实质效果。

一、将诉讼视为阶段而非手段

一些资管机构将对目标企业提起诉讼作为逾期或风险持续一定时间后的阶段性措施,诉讼工作何时开展也主要是根据逾期时间来进行判断。据笔者观察,在很多资管机构内部制定的投后管理制度中,将逾期状态达到的时间点作为何时启动诉讼程序的明确规定。比如规定资管产品发生逾期且达到 60 日,或者阶段性还款逾期两期后,项目管理人员应启动诉讼流程等。而将诉讼作为一个阶段性工作的认识也在很多金融从业者心中根深蒂固。

以逾期时间作为启动诉讼时点的投后管理制度,固然有其合理性,比如为催收和谈判限定时间、为诉讼流程化管理统一标准等。但是我们认为,诉讼工作并非一个阶段,而是一种手段,如果对诉讼手段产生错误认识,则不利于诉讼手段产生应有效果。

首先,诉讼是资管机构借助外部力量实现回款的最有力的武器,当资管机构发现无力通过自力救济途径化解风险和实现回款时,唯有通过诉讼途径予以实现。固然在现实中,当资管机构发现风险或者风险隐患时,并非直接提起诉讼,而是通过催收和谈判等非诉途径化解风险,这样既可节省费用,又可避免诉讼对本机构带来的不利影响。但是催收、谈判等自力救济途径能否产生效果,并不应当纯粹以逾期或者风险持续的时间作为判断标准。有的项目中,当资管机构发现风险时,有可能风险已经全面爆发,资管机构同目标企业之间已经陷入催无可催、谈无可谈的局面,如果继续开展无谓的谈判只能落后于其他债权人开展诉讼工作的进度，继而在后续执行程序中陷入全面被动的境地。因此，资管机构可以从原则上制定启动诉讼程序的时间节点，但是针对不同项目中的具体风险状态，必须灵活掌握启动诉讼的时机。

其次，诉讼手段和催收、谈判手段并非完全孤立，二者具有相互配合的作用。我们常说的“以诉促谈”和“以谈掩诉”，就是明确的相互配合的方式。诉讼可以对目标企业产生强大的震慑作用，并非需要等到风险演变到一定程度时才能启用。资管机构开展风险监控和风险处置的本质目的是了解风险的真实状态，必要时提前收回全部款项，在与目标企业谈判过程中，如果目标企业拒不如实告知风险状况，并且对催收工作不理不睬，此时无论风险处于何种状态，都可采取“以诉促谈”的方式促成后续谈判工作和风险保障措施的继续落实，亦可迫使目标企业主动提前还款。另外，诉讼计划带有隐蔽性，在资管机构打算真正对目标企业采取诉讼手段时，恰恰应当秘密开展准备工作，防止目标企业事先察觉而转移资产，此时“以谈掩诉”就是迷惑对手方的常用手段。

因此，资管机构何时采用诉讼手段不能以风险等级和阶段而论，要根据项目各方面的具体情况灵活掌握。

二、坐等逾期后才开展处置工作

资管机构常犯的第二个错误是不能及时在风险发生或发现隐患的第一时间开展处置工作，而是坐等项目发生逾期甚至阶段性还款项目最终逾期后才开始行动。造成这一错误的原因是多方面的，一是有的资管机构风险监控和预警机制缺失，直至项目最终逾期时才意识到风险；二是对风险等级和走势缺乏识别能力，即便意识到目标企业存在的问题，但是无法判断是否会影响还款，于是唯有等项目到达兑付期时再根据是否逾期判断风险影响程度；三是不知晓、不清楚预期违约和根本违约的构成要件，误以为直至项目发生逾期且达到一定时间后资管机构才有权提起诉讼。

上述认识错误造成的不利后果也是显而易见的。笔者曾接触一起资管纠纷，该目标企业因为财务数据造假遭到证监部门的处罚，继而各方面风险瞬间暴露，但由于某资管机构资管产品在半年后才到期，即便该资管机构已经关注到目标企业发生的重大问题，还是在发生逾期后才启动诉讼流程。而当该资管机构终于起诉后，发现目标企业名下资产早已被其他金融机构多轮查封，相关诉讼已经落于人后且陷入全面被动局面。造成这一被动局面的根本原因正是该资管机构未能充分利用资管合同中预期违约和根本违约的相关条款，未能在资管产品到期前及早采取诉讼措施。

事实上，资管机构同目标企业签订的资管合同中通常会设置预期违约、根本违约和提前宣告资管合同解除的相关条款。触发条件包括目标企业发生资不抵债、未按约定使用资管资金、重大项目损失、受到政府部门处罚以及其他金融产品违约等，通常上述条款列举的具体事项会相对宽泛且明显有利于资管机构。另外，针对阶段性还款的资管产品，绝大多数资管合同也会约定在某一期或两期应还款发生逾期时，资管机构有权提前解除合同并收回全部款项。因此，资管机构完全可以充分利用上述条款，提早采取诉讼措施。另外，在确认目标企业必将发生逾期的前提下，即便资管合同不含上述提前解约条款，资管机构也可在到期前预作诉讼准备，甚至稍早于到期时点提起诉讼，这样案件从立案到进入审判程序时，如果资管产品恰好到期且发生逾期事由，对手方则难以就起诉时点问题形成有效抗辩，而资管机构抢在其他金融机构起诉前采取保全查封措施，或会在后续处置工作中发挥巨大作用。

三、盲目听信目标企业提出的解决方案

目标企业为了稳住资管机构，避免其采取诉讼等极端手段对己方产生严重不利影响，一方面会想尽办法妨碍资管机构对风险真实状态的调查，另一方面当风险已经无可掩饰时，则会对资管机构进行各种许诺，保证可以自行化解风险，有时还会就化解风险提供具体解决方案。从资管机构角度而言，其常见的错误是盲目听信目标企业提出的解决方案，忽略对相关信息真实性的验证。造成这一错误的原因，一是资管机构缺乏持续监控风险和处置风险的主动性，依然寄托于目标企业自行化解风险，二是欠缺验证信息真实性的具体手段。

以某融资租赁项目为例，该项目中目标企业已经发生阶段性逾期，于是资管机构约谈了目标企业实际控制人，该实际控制人虽然承认企业发生暂时性困难，但同时表示已经寻找到金融机构愿意提供新的融资，而且意向方不止一家，同时对资管机构承诺了还款期。这一约谈结果令资管机构较为满意，于是继续等待目标企业还款。但至承诺延缓期届满时，目标企业仍未兑现还款，于是该资管机构再次约谈该实际控制人，这次实际控制人称有两家金融机构已经完成尽调，只是审批程序较长，还需继续等待，但是对于金融机构名称却以商业秘密为由拒绝透露。事后，目标企业始终未能偿还欠款，该逾期状态至该资管机构

起诉时已近一年，最佳处置时机早已错过。事实上，该资管机构存在的错误正是对目标企业提出的再融资方案不作深究，而目标企业拒不透露所谓金融机构名称的可疑行为也没有得到资管机构的应有重视。假设当初资管机构能够继续追问具体金融机构名称和项目对接人姓名、电话等，目标企业的谎言必然无法周延，该资管机构完全不必等待而应主动采取措施。

四、信息汇报不全面导致决策失误

有些资管机构在信息搜集和方案制定之间存在脱节现象，负责方案决策的人员并不深入现场进行情况调查和信息搜集，负责现场调查的人员又难以参与处置方案的制定过程，加之现场调查人员在向决策人员汇报时带有主观性，选择性汇报自己认为重要的事实而不是全面汇报，这样就造成决策人员难以根据所有有用信息综合判断风险状况和趋势，制定的处置方案就会发生偏差甚至方向性错误。

事实上，一些现场调查人员认为无足轻重的事实却往往在事后被证明是进一步挖掘和验证风险程度或找到解决途径的关键点，而决策层人员一般具备更为丰富的风控经验和更广泛的信息渠道，他们有可能从调查人员认为无用的信息中找到发现问题的线索。因此，作为调查人员，要做好风险处置小组的“眼睛”和“耳朵”，对于看到的、听到的信息应当尽可能详细地向小组决策层人员汇报，尽量避免汇报过程中的主观性和选择性。决策层人员则像整个风险处置小组的“大脑”，由他来决定躯干部位如何动作，首先就是要充分收集各方面的信息并汇总进行分析判断。当然，在情况必要时，决策层人员应当亲自参与调查工作，至少要同目标企业人员进行面对面的接触，这样才能尽可能确保消息来源的全面和真实。

五、只顾眼前不重将来

制定风险处置预案不仅仅要考虑当前面临的风险状况，更要对风险出现原因做深入分析，从而尽可能对风险的未来走势或者风险警报暂时解除后会否再次发生作出判断。如果对风险走势判断并不乐观，或者风险走势判断不够明朗，那么资管机构采取的风险处置手段就不应过于怀柔，否则会导致二次风险的发生。另外，风险处置过程同时也是为资管产品增加保障的良好机会，即便风险暂时化解，也可利用增加的保障措施为风险再次发生时提高回款概率。但有的资管机构只重眼前风险的暂时解决，却不重视对风险的持续关注，导致后续风险发生后应对不及。

举例而言，某目标企业发生阶段性逾期，为避免资管机构立即起诉，目标企业主动同意追加其他资产办理抵押。但在落实过程中，由于项目经理工作开展不及时，加之目标企业很快偿还了逾期部分，致使该抵押工作没有继续推进。事后目标企业再次发生逾期，再次造成资管机构措手不及，风险处置工作等同于全部退回原点后重新开始。待最终进入诉讼程序后，由于抵押工作未落实，甚至拟抵押资产的具体信息都未留存，该资管机构无法对相应资产采取保全措施，原本可以利用的有利条件全然丧失。

第七章

风险处置手段之一——谈判

CHAPTER 07

商业谈判对大多数金融机构从业者而言往往是他们的弱项,这是由于作为一种特殊的商品——金钱,金融机构可以相对容易地将它的商品推销给交易对手,并且预先设定满足自身要求的交易条件,而对手方只有选择接受才会进入后续实操环节,所以金融机构在资金融通这种特殊类型的商业交易中通常占据优势地位,并且在整个投前阶段,商业谈判极少发生,金融机构的从业者难以从中积累谈判经验。但在风险处置环节,商业谈判又是以低成本化解风险和实现回款的重要途径,金融机构不得不同一些商海沉浮中见惯了"大风大浪"的商界老手展开正面交锋,所以要想在谈判中成功避开各种谈判陷阱,实现谈判效果,谈判人员有必要快速掌握一些谈判诀窍。本章即是对风险处置谈判中的原则、要点以及失败或成功案例的总结。

第一节　风险处置谈判二十四招

风险处置谈判二十四招相继适用于谈判前的准备阶段、谈判的开局阶段、谈判过程中、谈判僵持阶段、谈判达到一致意见后。

一、谈判前的准备阶段

古人云:“谋定而后动。”在风险处置谈判中,预先对谈判工作进行各方面准备,是实现谈判目标的重要前提。在此阶段资管机构需要关注以下要点。

1. 第一招:锁定风险原因

锁定资管产品发生逾期或者可能发生逾期风险的产生原因,是谈判准备的第一步,只有准确把握风险来自哪一个方面,才能有针对性地制定谈判目标和谈判策略。例如,如果事先了解到目标企业是因为再融资计划受阻而导致资金链紧张,谈判中就要进一步核实再融资计划是否真实,障碍能否解决,解决障碍的步骤和期限,有无替代方案或其他申请对象,并据此确定是否准予延期还款和具体延长的期限等;如果目标企业是因为盲目投资不熟悉的新业务导致亏损,谈判重点就是促使目标企业停止对新产业的资金投入,甚至作价转让该业务板块以尽快实现资金回流。如果资管机构当前掌握的信息难以锁定风险发生原因,谈判中就不应急于开出谈判条件,或者急于答应或否决对方提出的条件,而是通过谈判从对手方那里挖掘更多的有用信息,据此判断下一步的工作方向。

2. 第二招:评估谈判价值

资管机构必须明白一个道理:谈判过程中时间的消耗通常不利于己方而有利于对方。在未采取其他限制手段的情况下,谈判过程越长,对目标企业越有利,即便该目标企业从一开始就明知无法与资管机构通过谈判达成一致,为了达到拖延目的,其依然会故意摆出积极谈判的态度,甚至设置有利于达成谈判的假象,以引诱资管机构在谈判中消耗时间。因此,在发现风险的第一时间,资管机构应避免被对方设置的假象所迷惑,首先对谈判价值作出独立判断。在有些情况下并没有继续谈判的必要,一种情况是当前风险状态下不容许资管机构采取缓慢的谈判措施，比如已经发现其他金融机构已提起诉讼，或者目标企业实际控制人已经逃往国外等；还有一种情况是本方坚持的底线与对方接受程度之间不匹配，比如本方的唯一要求就是按期还款，而对方显然缺乏在短期内筹措资金的渠道，通过初步试探后发现对方并没有具体还款方案，此时资管机构就要果断放弃谈判，直接转入诉讼途径。

3. 第三招：优劣条件分析

谈判中的一条重要理论是利用不确定性建立谈判优势心理。在资管机构和目标企业之间，不确定性主要产生于两方面，一是信息，二是诉讼。

信息不对等是资管机构最大的劣势，很多资管机构在风险信息掌握不全面和对风险解决方案能否实现并不确定的情况下仓促答应对手方提出的解决方案，原因就是信息不确定性给资管机构带来的恐慌心理，为了摆脱这种不确定性，从而对目标企业听之任之，或在谈判中处处落于下风。谈判桌好比牌局，目标企业是扣下底牌的一方，而资管机构是选择要不要接受底牌的一方。有经验的资管机构并不是一开始就接受底牌或者放弃底牌，其通常是耐心等对方打出几轮牌后根据桌上的明牌推测底牌是什么，再作出抉择。因此，资管机构在谈判前的准备中要先确定信息不确定性的程度和具体方面，并设计如何在谈判中套取相关信息的谈判策略，以具体方式方法尽可能避免信息不确定造成的谈判劣势。

虽然底牌是目标企业扣下的，但资管机构是牌桌（谈判桌）上唯一有权选择结束“游戏”的一方，即作为违约相对方，只有资管机构掌控谈判以外的第二选择——诉讼。何时结束谈判、提起诉讼掌握在资管机构手中，作为违约方的目标企业则只能被动应诉。而相比于谈判，诉讼对目标企业造成损失的不确定性更大，其除了承担本息以外，还要承担违约金和诉讼费用等直接损失，同时，商誉损失、其他债权人连锁诉讼和查封造成的间接经营损失更是难以估量，所以从谈判地位上来看，资管机构占据天然优势。但是诉讼对于资管机构同样具有不确定性，比如回款概率和回款时间等，这种不确定性也会造成部分资管机构在谈判中畏首畏尾、进退维谷。为尽量降低诉讼给己方造成的不确定性，资管机构要在谈判前同步进行诉讼工作的准备和结果评估，通过提前扫清诉讼障碍的方式使诉讼成为更可靠的备选方案，这同时也可使资管机构在谈判中的优势地位更为牢固，底气更足。

4. 第四招：谈判筹码分析

谈判的本质就是筹码的交换，即谈判双方各自握有的对对方而言更为重要的“东西”的交换，在这里“东西”就是筹码。进入谈判前，资管机构首先要搞清楚自己和对方握有哪些筹码，自己的筹码中哪些对对方是意义重大的，而对方的筹码又有哪些是本方最在意的。

最常见的筹码交换是“时间”换“信息”。信息无疑对资管机构是最重要的，目标企业的真实财务状况如何、有无能力自行化解风险、其他债权人的动向等，将从根本上影响资管机构的决策。因此，在信息判断不明时，资管机构宁愿以给予对方一定的还款延长期为代价，也要获得对方真实的财务报表，或者了解真实的资金使用情况等。

其次是“时间”换取“空间”。当发现目标企业在短期内无法还款，但是保持目标企业的稳定有利于在未来实现投入款项的全额退出，有的资管机构会选择“债转股”的形式过渡，或者以延期还款为条件要求对方增加其他担保措施。在此过程中，资管机构让渡的是回款时间，但取得了更高的控制权或者回款保障，如此不失为一种合理的长远解决机制。

此外，有的项目中资管机构已经掌控了目标企业的公章或者股权，有的是还有剩余资金暂未发放，还有的是发现了目标企业及实控人经营中出现的违法违纪行为，利用这些“抓手”对目标企业可能构成的实质影响，就可以在谈判中作为筹码进行交换。

5. 第五招：预估双方时限

实践表明，谈判过程中，越是逼近对方的时间底线，被逼近的一方作出妥协的幅度就越大。这就像国际象棋比赛中两方选手身边各自放置的计时器，剩余时间短的那一方明显更为慌张，出错概率就越大。如前所述，资管机构在谈判过程中的自由度更高，如果谈不成还可以退出谈判直接起诉，所以资管机构首先要为自己设定达成谈判结果的最后期限，避免谈判过程中时间消耗过多而产生更大的风险。其次，有些谈判中目标企业希望达成续期或者再融资的目的，并通过这种方式稳住其他债权人，此时目标企业就会对谈判达成的期限非常关注，而如果资管机构能够预先了解相关债权人的态度和计划，据此推导出目标企业达成谈判结果的最终期限，就能够轻松掌控谈判节奏，并在谈判最终期限行将届满时迫使对方作出让步，实现更大的利益或者保障。

6. 第六招：采取适当限制

正式开启谈判前采取必要和适当的限制措施，一方面可以防止对方以谈判为名在背后搞其他“小动作”，另一方面还可进一步压迫对手促成谈判目的尽快实现。例如,有的诉讼目的并不只是通过诉讼程序一次性收回全部应收款项,还可以通过以诉促谈的形式逼迫对手方主动还款;有的资管产品预设的担保措施不包含目标企业的核心资产,为防止对方转移资产,资管机构也可以先对资产采取诉讼查封措施再坐下来慢慢谈;对未设定质押权的目标企业的应收账款,资管机构可以先向次债务人发出止付通知,防止目标企业收到款项后挪作他用,同时也可在谈判目的无法实现时立即转入诉讼,并以该财产线索作为还款保障;还有的项目采取了证照管控措施,在不影响项目根本性安全的前提下,资管机构对于证照采取收缴式管控,在达成谈判结果前,对目标企业证照使用请求可以不予理睬等。另外,限制措施要注意适当性,这种适当性并不是资管机构从诚信守诺的角度进行考量,而是相应限制措施给目标企业造成的影响是否会显著提升回款风险。比如证照管控措施,在对手方已经发生还款逾期、违约在先的情况下,维护己方利益才是各自考虑问题的基本出发点,资管机构继续宽容以待并不见得能够换回目标企业的主动还款,而对目标企业采取适当限制,反而有利于谈判目的的尽早实现。

7. 第七招:确认谈判资格

虽然谈判控制权的主导因素是优势地位,但谈判过程是需要具体个人来推动的。进入谈判前,资管机构需要尽可能掌握谈判对手的各方面信息,了解越细致,越有利于制定正确的谈判策略。

首先,需要确定谈判对手有无谈判资格,而这也是资管机构经常忽略的一个问题。现实中,有的目标企业为了应付来自资管机构的"责难",会派出没有决策权的公司高管作为"挡箭牌",他们要么"说了不算",要么"算了不说",这样通过谈判就可起到继续拖延的目的;还有的目标企业法定代表人与实际控制人并非同一人,实际控制人出于应付目的暂时答应了资管机构提出的条件,但事后就予以否认或者拖延不落实,而即便落于纸面的协议或者单方承诺因为没有公司盖章或法定代表人签字,也会没有约束力。因此,资管机构在谈判前要先确认对方谈判代表的身份,尽量要求对方派遣有话语权的领导出面。如果谈判代表并非法定代表人,则应当要求其携带公章或者出具公司盖章的授权委托书,这样既可确保谈判结果有效,亦可试探对方的谈判诚意。

其次,还要尽量了解对手方负责谈判人员的年龄、学历、性格特征等个人信息,做到"知己知彼"。针对不同的谈判对手,选择不同的谈判策略,是选择单刀直入,还是先礼后兵,是正面交锋,还是侧面引导,都与对手方的上述信息密切相关。

二、谈判的开局阶段

掌握好谈判的开局,往往能够在后续谈判过程中占据更有利的位置,直至取得预期的最终结果。这就像足球比赛一样,在知己知彼且本方占有绝对优势的情况下,开局猛攻会让对方感到强大的压力,但如果对对手的情况不了解,又不占据绝对优势,开局则应以试探为主,稳扎稳打、择机出击,力求一击而中。开局阶段应注意的要点包括以下几个。

1. 第八招:细节观察

谈判的方式包括电话、信函、邮件、微信、当面沟通等,开局阶段采取当面沟通的谈判方式具有重大意义,这不仅有利于拉近双方距离、减少隔阂、达成一致,更在于通过对对手方的细节观察以获取更多有用信息。

举一个有趣的例子,美国联邦最高法院大法官鲁斯·巴德·金斯伯格是美国最富传奇色彩的女法官,由于美国施行大法官终身制,已达86岁高龄的金斯伯格至今依然坐在审判台上亲自审理案件,而她更为出名的是其爱憎分明、桀骜不驯的性格,“一生为性别而战”和“特朗普头号反对者”两个标签令她举世闻名。与此同时,金斯伯格鲜明性格下的一些行为习惯也被民众摸出规律。比如,在出席会议时,金斯伯格戴着圆滑图案的黄金蕾丝项链,则表示她同意多数派意见;当金斯伯格戴银色蕾丝项链时通常表示其持有异见;而一旦发现她戴着轮廓分明的玻璃珠衣领,她的对手便要格外留神,因为这代表金斯伯格就要展开一场暴风骤雨式的猛烈攻击了。

由此可见,只有当面沟通才能对谈判对手的表情神态、举止习惯,甚至是穿着搭配等进行全面观察,据此判断对方传递信息的可信度、参与谈判的真实目的,以及接受资管机构提出的谈判条件的可能性,以便为资管机构制定具体的谈判方案提供参考。

2. 第九招:少言多听

除非对项目实质风险已经全面了解,以及对对方接受谈判条件有充分把握,否则在谈判开局阶段,资管机构应采取少言多听的策略,不主动亮明观点。首先,少言可以避免“言多语失”的情况发生,防止将自己的真实意图过早暴露给谈判对手。其次,只有少言才可将精力集中于聆听和分析判断。最初的谈话或是观点交流往往有助于资管机构谈判代表辨明对方谈判团队中谁是真正的决策者。对对方言谈举止和性格特点进行观察,还可以揭示出对方传递信息的可信度、谈判目标、优劣势、对方期待的解决方案以及解决期限等。所以在“开场白”中,资管机构的谈判代表不应采用“我认为情况是这样的”或者“这个事情应该这样解决”等句式,而应多采用“你认为问题出在哪里”和“你要怎么做”这样的反问句式。谈判过程中,如果条件允许,还可采取录音、录像的方式,一方面为以后转入诉讼保留证据,另一方面也方便事后对对方传递的信息进行反复咀嚼和消化。

3. 第十招:保持和谐

资管机构谈判代表要避免盛气凌人的态度,尤其是通常情况下资管机构比目标企业谈判地位高,所以派出的谈判代表的级别往往低于对方,此时应当尤为注意。首先,资管机构通常掌握谈判优势,目标企业则是抱着“有求于人”的目的而来,资管机构本就给人“高高在上”的感觉;其次,目标企业谈判代表的级别通常高于资管机构的谈判代表,或者目标企业的谈判人员本就是企业实际控制人,而在从事实体行业的企业老板眼中,实体行业的经营难度本就比金融投资行业更为艰辛,尤其是当自己的企业发生运营困难的情况下,这种心态更为明显,看待谈判对手的行为举止时则更为挑剔。因此,谈判开局时要尽量营造和谐的谈判氛围,这样做的目的是拉近彼此间的距离,减轻对方的敌意和防备心理,让对方认为资管机构除了索要欠款以外,甚至有可能对目标企业产生帮扶作用,从而主动提供资管机构不掌握的信息和实情。

4. 第十一招:拒绝软弱

资管机构的谈判代表要正确理解保持和谐的含义,保持和谐不代表软弱和处处妥协,除了一些原则性问题不能突破以外,开局阶段有些细节问题同样值得注意。例如,在谈判时间和谈判地点的选择上,不能太过随意。

首先,要勇于拒绝不合理的谈判时间,并对对方迟到的行为适当提醒和抗议。有的谈判代表不注重这些细节,在对方提出会面时间时,下意识表示“听你的”“都行”,从而将时间选择权交给对手,这一方面会导致谈判对手的准备更加充分,另一方面则示人一种无原则性,或者使对方感觉资管机构对事态严重性并不十分在意;还有的谈判对手故意以迟到试探对方底线,就如同逾期还款是违约行为一样,迟到同样是一种违约行为,如果资管机构未对对方迟到行为加以提醒和抗议,就会使后续谈判心态发生潜移默化的变化。

其次,初次谈判地点应当尽量安排在资管机构办公地。第一,谈判地点的协商本身就是双方在谈判中的一次交锋和谈判地位的体现,正所谓“上赶着不是买卖”，如果资管机构过于积极地前往对方所在地进行协商，往往给人一种过于急迫和容易妥协的感觉，双方谈判地位会悄然发生倾斜。第二，会谈地点的温度、亮度、座椅摆放等会在谈判双方之间产生明显差异，就如同主场优势一般，如果谈判者在熟悉的会议室里展开谈判，心态明显更加放松，思维则更为敏捷。第三，在自己的办公地开展谈判更便于形成配合，比如对对方提供的信息或者提出的条件需要加以核实或思考时，就可以以需要完成其他工作或者需要请示上级领导为由暂离会场，在自己的主场即可实现这种谈判策略。

再举一个通过时间和地点选择占据谈判优势的有趣案例，这个案例中的成功人士是诸葛亮。一般情况下，面试都是在提供面试机会的雇主办公地完成的，而面试者因为陌生环境产生的压迫感或多或少会降低自己的待遇期望值。但是求贤若渴的刘备却打破了这一常规，亲赴诸葛亮所在的茅庐采取“上门面试”，而诸葛亮则通过三次闭门不见轻易试探出刘备的焦躁程度，同时于无形间抬高了自己的身价，终于在寸功未立的情况下轻松摘得刘备帐下第一军师的职位，谈判时间和地点的选择策略完全奏效。

5. 第十二招：逐步升级

谈判就如同下象棋，如果直接用“车”横扫对手，看似气势很足，但一旦不能立即攻陷对手而陷入僵持，就会后继乏力，缺乏后手。所以在双方势均力敌的情况下，一般会先“拱卒”对对手进行试探。谈判开局阶段也是如此，要特别注意施压手段的循序渐进。比如，在正式见面沟通前最好先采取电话或者邮件方式进行沟通，这样初步试探对方的反应和态度，以便为正式面谈做好前期准备。电话或邮件中的措辞不宜过于强硬，防止对方产生戒备心理拒绝信息交流，也不应过早透露本方的直接意图和具体谈判方案，留给对方过多的反应时间。初次沟通时，资管机构参与谈判的人员不应过多，甚至法务人员也可先不出面，而谈判代表的级别则应至少不高于对方，这样才能根据谈判进展适时安排“分量”更重的人员出场，给对方施加更大的压力，让其感受到谈判机会正在减少，从而产生紧迫感。

6. 第十三招：角色分配

资管机构谈判人员要事先做好角色分配，即所谓的“红脸、黑脸”。一般而言，业务经理因为同对方接触较多，比较适合唱“红脸”，负责拉近同对方的距离和消除对方的警惕心理，在谈话中继续收集有用信息，以及在谈判陷入僵持时适度缓和气氛等。财务、法务等后台人员则比较适合唱“黑脸”，负责指出对方违约事实或其他不当行为，表达本方在谈判中必须坚守的底线和原则等。另外，本方最高层人员通常应当隐于幕后，或者在关键时刻出场，这样可以留有回旋余地，并负责对对方最后施压和关键问题的一锤定音。

三、谈判过程中

在做好前述谈判准备和谈判开局后，资管机构就应适时切入正题了。为了令对方更容易接受本方开出的谈判条件，同时本方应注意哪些谈判陷阱，在本阶段主要应注意以下几点。

1. 第十四招：实现共同目标

很多人把谈判视为一方压倒另一方的过程，因此始终采取咄咄逼人的谈判策略，对一些无关紧要的细节问题也寸土必争、寸步不让。事实上，让对方理解和相信谈判结果对双方都有利可图或者避免双方更大损失，从而将对方从对立面转为战略盟友，是谈判的上佳策略。谈判过程中，要对原则性问题、一般性问题和无关紧要的问题进行区分，该坚持的坚持，该放弃的放弃，该作为筹码交换的要果断进行交换，这样才能促使谈判在和谐、求同存异和高效中不断取得进展。如果有些原则性问题是不可退让的，也要使对方在换位思考的情境下尽可能理解和接受。

2. 第十五招：避免无意泄密

谈判过程中和谈判达成后发生的泄密，可以分为有意泄密和无意泄密两种。有意泄密就是以损害本方利益或维护对方利益为出发点将本方保密信息主动提供给对方，本方有意泄密者俗称为“内鬼”。资管机构如何防范“内鬼”无须赘述，在此重点探讨无意泄密问题。无意识泄密常见于沟通谈判过程中，谈判人员由于心态过于放松而不经意地透露本方想法、目的、对现状的判断或者内部机制存在的问题或障碍等。有的技巧高超的谈判对手甚至会主动提及资管机构尚不掌握的一些信息作为交换和打消顾虑的手段，以刺探对其有用的重要信息，而如果资管机构谈判代表对此没有防备，有时就会“中招”。

另外，除了谈判中泄密以外，谈判条件达成后同样要继续注意避免无意识泄密。有的资管机构谈判代表为了炫耀自己的思路如何清晰，手段如何高明，或者因为谈判条件的达成而瞬间放松，从而将谈判中的决策过程或对方不掌握的情况透露给对方，这种信息泄露同样会对后续合作产生不必要的麻烦，资管机构的谈判代表应当引以为戒。

3. 第十六招:保持怀疑态度

资管机构应时刻保持对目标企业提供信息的怀疑态度和求证精神。有些目标企业为了达到拖延目的,会表示正有一笔应收账款已达回收期,或者再融资计划正在操作中,为增加可信度,甚至就还款时限给予书面承诺,而当承诺无法兑现时,又提供新的理由继续拖延。如果资管机构盲目相信目标企业提供的信息或方案,就只能任由对手方"牵着鼻子走",在风险处置中毫无作为。保持怀疑态度和求证精神的有效做法是细节追问,比如对目标企业提及的应收账款或再融资,要追问交易对手名称并具体查证,而不是听凭目标企业以商业机密为由搪塞;如果资金未能如期到位,要对资金回收过程中的实质障碍进行亲自调查,而不是随意采信目标企业作出的解释。

4. 第十七招:筹码等值交换

风险处置谈判中,有的资管机构对筹码交换缺乏正确认识,从而导致自己手中的筹码在交换中未能产生应有的价值。除了上述对还款方案了解不彻底导致时间筹码被无谓浪费的问题以外,资管机构还容易在以下方面产生认识误区。

其一,为取得少量还款进行无原则的等待。目标企业采取缓兵之计的一个重要手段是"挤牙膏"式的还款方式,即始终表态积极还款,并在行动上经常有实际还款的具体动作,电话和函件催收时少还一点,现场催收时多还一点,这令资管机构产生麻痹心理,错误地认为催收工作卓有成效,却忽略了对于逾期原因的调查和风险走势的分析,与此同时逾期时间越来越长,风险越积越深,资管机构握有的各种筹码未能加以利用。

其二,过分看中还款协议的价值。对于还款时间的谈判,有的资管机构会要求目标企业就其承诺的还款期限出具书面函件或者由双方签署补充还款协议。在这种谈判中,很多资管机构放弃的是对还款违约行为立即追诉的权利,但取得的仅仅是目标企业的一纸承诺。然而事实上,相关投融资合同中已经对还款期限和其他违约条款加以明确,目标企业重新出具的还款承诺或者补充协议要么毫无价值,要么充其量只是对违约金作出更高的约定,然而一旦目标企业继续违反还款承诺约定的期限,只能进一步加剧事态的严重程度,很多情况下非但追加的违约金无法实现,甚至本金都无法全额收回。显然,资管机构在这种无原则的筹码交换中是失败的一方。

其三,追求无用担保措施。有的资管机构会在逾期事件出现后要求目标企业追加担保措施,但是并不注重对追加的担保措施是否能起到应有的作用进行深入调查。比如,在目标企业已经发生逾期且产生巨大风险的情况下,以实际控制人对目标企业持有的股权进行质押并不一定能够起到抑制风险扩大和增加未来变现担保物的作用。因此,这种处置措施看似取得进展,实则毫无意义,反而延误了诉讼时机。

5. 第十八招:及时调整策略

谈判过程中既定的谈判目标和谈判策略并非一成不变,而是要根据不断收集的信息和对手方的反应作出不断调整。首先,资管机构必须清楚认识到风险发生于目标企业且始终处于动态变化这一事实,随着同目标企业进行更多的接触,收集的相关信息就会越全面,在听取目标企业对风险的看法、认识和解决方案后,资管机构于谈判前制定的策略和方案是否是化解或者降低风险的最佳选择,需要重新评估和调整。其次,谈判方案需要考虑对手方的接受程度和可操作性,如果确实是目标企业主观意志以外的原因导致无法实现,在不违背资管机构根本利益和加重风险的情况下,应考虑折中或替代方案。

当然,资管机构在是否调整谈判策略时还要注重坚守原则。有时,谈判“走的太远却忘了为何出发”,为了追逐“聊胜于无”的交换条件却忘记了风险处置的最终目的,这显然只会增加风险而不是化解风险。

四、谈判僵持阶段

有时风险处置谈判的进展并不顺利,资管机构和目标企业因为利益不一致而产生严重分歧,此时就要用到一些谈判技巧以及时打破僵局,从而实现谈判目标。

1. 第十九招:换人谈判

历史上通过换人实现谈判既定目标的著名案例是“德黑兰人质事件”。德黑兰人质事件的起因是美国容许伊朗前国王巴列维以治病为由滞留美国。1979 年 11 月 4 日,伊朗激进分子攻入美国驻伊朗大使馆,将 50 余名美国外交官扣押起来作为交换巴列维的人质,但美国认为这是对自己权威的严重挑衅,从始至终都不同意该交换条件,随即对伊朗采取制裁手段,并尝试武力营救措施,但上述措施非但未取得成效,反而令两国矛盾持续升级,人质面临极大危险。谈判的转机源于美国 1980 年的总统大选,里根在当年 11 月当选新一届美国总统,而在他当选前就多次发表演说,表态在执政后将施行更严厉、更细化的对伊制裁措施。这种表态让伊朗当局产生紧迫感，为了抢在里根上台前解决问题，美伊双方终于在 1981 年 1 月 19 日达成协议，被扣人质得以全部释放。

在谈判无法取得进展时，资管机构或可以借用上述案例中的经验，通过更换项目负责人的方式改变谈判风格，同时可以给对方产生更强的压迫感和紧迫感，从而实现谈判的既定目标。

2. 第二十招：节奏变化

利用节奏变化实现谈判目的，也是谈判中常用的策略。在催收和谈判初期，资管机构采取的各种手段应当相对集中和密集，从而体现资管机构对风险事件的关注程度和专业程度，使对方产生紧迫感。但在经过多轮“狂轰”和手段不断升级后如果依然难以达成谈判效果，资管机构则可以适时将谈判节奏慢下来，既不主动同对方取得联系，也不理睬对方的约谈请求。这样做的目的是让对方认为资管机构已经开始为诉讼做准备，从而产生强烈的紧迫感，或许就会对资管机构开出的谈判条件予以接受。当然，采取节奏变化的前提是在最后一次正式会谈时将本方最终条件明确无误地传递给对方，使对方只有接受或不接受两种选择。此外，资管机构内部还要对等待期进行统一明确，做好谈判破裂情况下的第二手准备。

3. 第二十一招：借助“外援”

当双方陷入僵局时，可以考虑寻找同目标企业存在利害关系的第三方机构或个人作为“说客”，适合担当“说客”的包括目标企业小股东、上级股东或主管部门、保证人等。目标企业小股东虽然没有企业重大事项的决定权，但因为其也将真金白银投入到目标企业中，很有可能会从自身利益角度选择支持资管机构的谈判方案。而有的国有企业上级股东或者主管部门，本身对目标企业经营决策拥有话语权，但有可能对资管产品逾期事件或者资管机构提出的谈判方案并不全面知情，资管机构可以尝试绕过目标企业管理层，直接与其上级机构进行沟通。另外，如果资管产品是由非关联第三方提供担保的，在同债务人谈判不利的局面下，资管机构可以选择将压力更多地转换到第三方担保人身上，以起到间接施压作用，而第三方担保人对目标企业采取的施压手段或许因为其对于目标企业具体情况更为清楚而更有效果。

4. 第二十二招：最后通牒

诉讼始终是资管机构在谈判中最有力的施压手段，资管机构应当将其像“达摩克里斯之剑”一样始终悬于目标企业头上，一旦谈判进展不顺利，资管机构便可以对目标企业进行最后通牒。采取"最后通牒"时要注意两点，第一，不可滥用，因为频繁使用会使警告效果越来越弱，通常资管机构只有一到两次使用机会，否则下了通牒却没有后续动作，反而会减弱诉讼的威慑效果，所以最后通牒一般是在谈判后期等待对方最终回复时运用；第二，则应注意有无使用最后通牒的必要，有些谈判中双方差距过大，即使下了最后通牒，非但难以达成一致，还会令对方接到通知后为转移资产提早进行准备，使资管机构利用诉讼保全措施查封对方有效资产的目的难以实现。

五、谈判达成一致意见后

1. 第二十三招：落到书面，及时推进

在谈判环节中还有一种常见情况是，目标企业对资管机构提出的协商条件虽然勉强答应，却很快就反悔或者不积极落实。这种情况尤为普遍地出现在时间与信息的交换过程中。为了应付资管机构的催收工作，为自己争取更多时间，目标企业往往在当面沟通中对资管机构提出的了解企业真实情况、提供真实财务报表或者真实融资计划的要求满口答应，但事后为了继续隐瞒相关真实信息而百般拖延，比如以具体负责落实人员出差、落实人员未接到目标企业负责人指令为由互相推诿。解决这一问题的最好途径是将协商达成一致的内容尽快形成书面协议或者会议纪要，对每一项工作指定具体对接人、确定完成时间和完成形式。此外，资管机构更要提前指定落实人员和监督人员，避免因本方跟踪不及时而浪费时间、错过机会。

2. 第二十四招：协议严谨，确保效力

谈判过程中形成的具有法律效力的协议要经过专业法务人员的审核，确保协议内容严谨、有效，避免发生歧义或者权利瑕疵。如果新协议条款是对投融资相关合同及其配套协议原定条款内容的增加、补充或者修改，则应尤为注意。现实中，由于有些风险事件发生较为突然，资管机构委派的处置人员为了抢占处置时机，在同目标企业或担保人达成谈判方案时有可能并无法务人员参与，协议内容也没有经过法务人员审核，从而造成新协议内容存在瑕疵。有些协议瑕疵会带来非常不利的严重后果，如导致谈判达成的新条件无法执行，谈判工作变得徒劳无功，有的补充协议甚至是对原协议条款的根本性变更，为后续对目标企业及担保人提起的诉讼造成很大麻烦，所以资管机构应当对此加强重视，避免类似情况发生。

第二节 失败的谈判案例

失败案例1 未同步采取保全措施导致目标资产被转移

2015年3月,A资产管理公司同B企业签订委托贷款合同,A公司向B企业提供贷款1.2亿元,约定借款期为3年,从第1.5年开始分4期等额偿还本金及利息,担保措施为B企业实际控制人S某对B企业持有的全部51%股权进行质押,及个人无限连带保证责任。

2017年3月,该资管计划在第二期还款时发生逾期,A公司组织了由风控副总牵头、投后管理部以及业务三部共同组成的临时小组对B企业进行风险分析和催收。2017年4月,业务经理带队的调查团队同B企业进行了初步接洽,B企业S某亲自接待并且出具了一份还款承诺书,承诺6月一定还清当期欠款,还表示以其个人名义出资参股的一家C公司的市值已经涨了数倍,股权随时可以抛售变现,变现款足以覆盖A公司的全部本息,劝A公司不必过分担心。

2017年4月中旬,A公司召开情况分析会,会上投后管理部门和业务部门产生了一定分歧。投后部门认为,B企业有多笔金融欠款将在近期到期,现金流并不乐观,而且B管理企业属于轻资产类型企业,可变现资产并不多;但业务部门认为,B公司主动还款的态度积极,S某作为连带责任保证人,其持股C公司的股权价值和可变现性都已经过评估,在后手充足的情况下不宜过早采取行动。最终,会议决定先进行观望,待6月承诺期满时根据还款情况再作下一步考虑。

2017年6月,承诺还款期将至,S某主动到A公司驻地进行协商,其表示,虽然再融资出现一定障碍,但是会在7月完成融资计划,请求A公司再给予一定的宽限,并保证连同第三期还款一并付清。另外,S某还提出即便不能按期偿付,也会积极处置C公司股权,还可以将股权低价转让给A公司以折抵债务。由于S某的态度积极,A公司业务经理认为这是一个可行的办法,于是向A公司积极推荐这一方案,并表示愿意带队对C公司股权价值进行全面了解。

2017年7~10月,B公司仅偿还欠款逾期利息200余万元,但S某正式表态愿意以1.2亿元的低价转让C公司股权,A公司将上述还款方案在内部上会进行讨论,最后予以通过。虽然B公司对于第三期应还款继续发生逾期,但由于A公司已经初步决定债务折抵方案,所以逾期问题未能引起A公司的足够重视,也没有采取其他行动。10~12月,A公司组织人员对C公司股权转让事宜进行尽调、交易结构设计、内部审批流程等,随后同S某开始进行价格谈判,最后双方在1.15亿元的价格上达成一致,并着手相关协议的签署流程。

2018年1月,S某突然失联,协议签署流程被迫中断,B企业也对还款事宜持回避态度。2月,经A公司查询,发现S某持有的C公司股权已经全部转让给一家第三方企业,并已办理工商变更登记,而S某的下落也得到确认,早在1月其已经前往美国,而且S某本身就是美籍华人。原来,B企业在2017年5月就已达破产边缘,S某认为回天乏术,早就打算抽身而退,其自知即便卖掉股权也救不了企业,所以早就暗中同真正的意向受让人进行沟通,所谓股权折抵债权的方案其实是S某施展的“明修栈道,暗度陈仓”之计,积极的还款态度也是其为了稳住A公司制造的假象。

事后复盘:以上案例是金融资管机构在协商谈判中常犯的错误,即被对方积极表达还款意愿的假象所迷惑,而对方真实谈判的目的就是给自己转移资产、逃废债务赢得时间。在此过程中,有的目标企业会偿还少量欠款,还有的目标企业会像上述案例中的S某那样给资管机构提供看似真实可信的还款方案,以增加还款意愿的可信度,进一步起到迷惑作用。在谈判过程中,有些资管机构对于是否同步提起限制性诉讼措施存有顾虑,担心诉讼会使双方矛盾彻底激化,协商回款无望。对此我们建议,采取合理措施的前提依然是充分评估风险走势、自身担保措施的保障性、对手方回款意愿、回款能力和回款方案的真实可信度等,并且不能在谈判中放松警惕,给对手以可乘之机。例如本案中,B企业在债务缠身、濒临破产的情况下,S某为何单独允诺A公司进行股权折抵债务,对其他债务如何处置却没有方案,如果A公司就此问题加以重视和认真分析,就可判断S某的说法存在大量可疑点,据此推动A公司采取正确的保全查封措施,避免B公司将资产转移带来的严重后果。

失败案例2 谈判中的泄密事件

2013年,某基金类金融机构A战略性投资B公司,约定以B公司成功上市股权变现,或者上市不成功时股东C公司回购股权两种退出方式。2015年,约定的上市期限届满,B公司未能成功上市,但此时C公司有其他项目正在运作中,现金流较为紧张而未能及时回购A机构的股权,于是双方展开谈判。在谈判中,A机构为了加大施压力度,直接将其与律师事务所签订的委托代理协议发给对方,协议中约定律师事务所提起仲裁的准备期限为协议签订后两个月内。另外,在同C公司沟通谈判时间时,A机构业务经理直接告知本方法务人员已经前往江苏某市,要等法务回来后再约见面时间,而该地恰恰是C公司名下一块重要资产所在地。以上信息引起了C公司实际控制人的不满和警觉,一方面由于双方的合作本就不愉快,C公司认为A机构入股后没有尽到应尽义务,对B公司未能成功上市也负有一定责任;另一方面C公司从A机构无意泄露的消息中了解到A机构设定的期限和资产保全计划,于是决定拖延到底,并将该资产划转到其他企业名下,导致A机构后续提起的保全查封措施落空,A机构在执行程序中陷入全面被动局面。

事后复盘:谈判过程中的泄密是一些资管机构容易出现的问题,这些资管机构谈判者往往并非故意泄密,而是为了达到施压或者信息交换的目的,将本方意图、底线、期限或者对方不掌握的其他重要消息透露给对手方,或者因为交流中缺乏防范意识,无意间将一些信息传递给对方,或被对方刻意套取。因此,资管机构相关谈判人员要特别注意信息保密问题,即便为了进行信息交换或者施压,也要考虑相关信息的重要性和对手获得信息后的可能反应或者态度,如果像上述案例那样,为了施压而将下一步具体行动方案和底线透露给对方,非但无法起到施压效果,反而会给后续司法处置造成障碍。

失败案例3　对诉讼缺乏信心造成步步退让

在某应收账款质押的资管产品发生逾期后，A机构同B企业进行还款谈判，应还款本金为5000万元，利息为500万元。在发生逾期之初，B企业对协商显得比较积极，不但主动派员前往A机构说明情况，并将500万元利息先行付清，还明确了下一步的还款计划。但A机构对该项目中的应收账款核实后，发现应收账款质押前未能通知相关次债务人，于是对于诉讼解决方案产生严重的信心不足，该机构负责人就直接表示："一旦进入诉讼，我们就彻底败了。"在这种悲观情绪引导下，A机构只能将希望全部寄托于谈判途径，但是在谈判中，B企业除了不定期偿还少量款项外，对实质问题却一再推脱。例如，A机构提出派出财务人员对B企业进行查账，要求B企业提供真实的对外债权和负债清单，派员跟踪B企业再融资进展情况等，B企业虽口头答应但并不落实。另外，在整个协商过程中，A机构虽然表面上工作积极，但是缺乏同B企业负责人直接会商以外的其他调查手段和施压手段，包括对于应收账款情况均未向相关次债务人进行核实和通告，原因是担心风险外化后更为不可控。而B企业负责人在经过几轮催收后明显适应了A机构的"三板斧"，先是逐渐减少了承诺的月还款金额以试探A机构的态度，发现A机构仍无态度变化后更加肆无忌惮，中断还款并将月利润挪作他用，直至同A机构长期断绝联系。另外，A机构的谈判人员在施压手段用尽且没有取得效果后，也产生了倦怠情绪，在A机构没有进一步指令的情况下，项目风险处置工作完全陷入了停顿状态。最终，当B企业被其他金融机构起诉时，A机构也只得被动起诉，然而此时已距项目首次逾期长达一年有余，起诉后未能收到良好效果。

事后复盘：一些资管机构因为项目本身存在瑕疵，或者因为对诉讼产生的不确定性而畏惧诉讼途径，似乎有一种"得过且过"或者"能催回一分是一分"的心理。但持有上述心理不但会影响诉讼时机的正确判断，还会造成过分依赖谈判途径而在谈判中畏首畏尾，导致在谈判中处于非常不利的地位。事实上，根据我们总结，除非彻底发生道德风险，每个资管机构在项目投资决策时多少有其亮点和回款保障性，即便没有设置充分的担保措施或者担保存在瑕疵，依靠目标企业自身现金流或其他资产变现依然会实现回款，所以在谈判受阻的情况下资管机构需要尽快起诉,这样也能给本方谈判人员增加信心,避免久拖不决之下丧失谈判底线,从而留给对方可乘之机。以本案例而言,虽然资管产品中的应收账款质押存在一定瑕疵,但从法律角度并不必然导致无效,如果当时资管机构能够直接与次债务人取得联系并督促其直接向资管机构还款,一是有可能直接实现回款,二是会对目标企业产生足够的触动。相反,恰恰因为资管机构畏首畏尾而毫无行动,长期拖延之下应收账款均已到期并被目标企业回收后用于其他途径。

失败案例 4　为补救风险却造成更大风险

2013 年,某资管机构 A 向 B 矿业企业提供贷款 2 亿元,贷款用途为 B 企业名下煤矿的矿山综合建设和技术改造。然而资金到位及开工建设后不久,该矿山建设工作被政府部门叫停,B 企业向 A 机构汇报的原因是前期矿权转让时发生的税款存在一定拖欠,资金缺口为 3000 万元,并提出希望 A 机构通过再融资解决补缴税款问题。A 机构于是派调查人员前往当地政府部门核实情况,调查人员随后反馈拖欠金额和关停原因属实。A 机构考虑到相比起已投资金 2 亿元面临的风险,再投入 3000 万元有利于化解风险,于是同意了 B 企业提出的请求。税款补缴后,矿建工作再次启动,然而时隔半年又被关停,原因是该企业还存在历史上其他偷漏税行为,政府部门在下达限期令后直接对 B 企业的实际控制人采取了刑事强制措施,名下全部资产也被政府部门查封。原来,B 企业拖欠税款问题巨大,在当地政府加强征收力度后,历史旧账也被一并翻出,事实上 A 机构派员前往当地调查时,B 企业拖欠的税款就不止一笔,但税务部门见 A 机构是为了协助 B 企业补缴税款,自然采取"不问不说"的态度,导致问题并未被全面揭露。

事后复盘:一些资管机构选择以小额资金再投入的方式帮助目标企业化解风险,从而保证此前已经投入大额资金的项目实现正常回款,尽管这种风险处置策略本身并非不可取,但是有些目标企业恰恰是利用资管机构因为项目出现风险后产生的焦急心理而达成其目的,资管机构在这种谈判筹码交换过程中容易出现失误。本案例中,在目标企业已经发生逃税行为的情况下,一方面说明其现金流并不宽裕,另一方面更说明该企业平时经营风格并不稳健,资管机构就应当对此引起高度重视，并以该风险事件为切入点对目标企业作全面的重新审视，而不是就事论事、以点找点。事实上，当目标企业发生风险时，其同样会产生焦急的心理，为了获得再融资机会，有可能以本企业真实信息作为交换筹码，或者至少为资管机构调查核实提供协助，而这正是资管机构可以加以利用的，如果调查人员能够抱以全面核查的心态认真调查，未尝不能发现风险全貌，从而避免本资管机构陷入更大的二次风险。

第三节　成功的谈判案例

成功案例1　把握突如其来的机会

某资管产品发生逾期且经过几轮沟通后，B企业均无法提供明确的还款方案，态度也不够积极，于是A资管机构决定成立风险处置小组前往B企业所在地进行现场检查和协商。双方团队会面后，B企业财务副总告知A机构其公司实际控制人L某恰好临时外出，接待和对接工作改由该财务副总负责，随后将A机构人员带至一个会议室，对查账要求则以领导不在为由继续推诿。然而午休时间，A机构人员恰巧撞见院内停放的L某常用汽车，机警的调查人员随即到L某办公室门口探查，偷听得知L某正在接待某银行机构派来的业务经理，双方正就贷款展期问题进行协商。显然，L某是为了应付银行调查才不得已返回公司，而该银行并不清楚A机构资管产品已经逾期的情况。面对这一突发情况，A机构调查小组内部产生了不同的意见，一种意见是认为不宜同该银行正面接触，以防止银行续贷不顺利加重企业还款压力和本资管产品风险；但另一种意见认为，如果手段得当，这恰恰是谈判取得突破的好机会。最后，调查小组在一行5人中选出了两人进入L某的办公室，亮明身份却并未说明真实来意，只是表示同样是金融机构来考察项目，并利用金融同业的身份，与银行工作人员互留联系方式后就退了回来。L某对于调查小组的这一举动自然“心知肚明”，事后配合态度明显转变，并且于三个月后将一笔原用于购买原材料的拆借资金归还给A机构，A机构成功实现全额回款。

事后复盘：对于一些资管机构而言比较尴尬的是，目标企业在选择还款对象的先后顺序时通常将银行机构排在第一位，其次是影响其生产经营的设备或者原材料供应商，最后才是资管机构，所以对于这些资管机构而言，如何提升本机构在目标企业还款选择上的优先级，在暂不考虑诉讼手段的情况下，需要采取一些特别手段，有时甚至需要利用好突发性事件。本案例中，资管机构掌握谈判主动权的过程中有几点值得总结，一是事先准备充分。例如，对L某的常用车辆和办公室位置了如指掌。二是对逾期项目足够重视，办事不拖沓。例如，A机构直接派出包括部门主管在内的5人调查小组，而且在发现机会后能够现场商讨对策、立即采取措施。三是采取应对措施果断而有分寸，既能达到促谈目的又能控制风险、避免外化。例如，5个人中只派出两人以免引起银行的怀疑，而且并不直接挑明逾期问题，却保留了联系方式随时可以同该银行取得联系。在这样的"组合拳"之下，目标企业终于归还了借款。

成功案例2　利用"以诉促谈"弥补合同瑕疵

2017年1月，某融资租赁公司A（以下简称A公司）与一家汽车租赁公司B（以下简称B公司）达成《战略合作协议》，约定B公司以其享有所有权的汽车作为租赁物，采取"售后回租"方式向A公司进行融资。具体操作中，由于车辆实际登记在B公司分散于全国各地的子公司名下，所以实际上是以一辆汽车为租赁物签订一份租赁合同，分批次进行融资工作，合同签订方实际为A公司、B公司和B公司旗下各子公司三方，而且均采取网上电子签章方式完成签约，并无纸质版合同。另外，《战略合作协议》虽约定由被告所在地法院管辖，但实际签署的《融资租赁合同》却约定由合同签订地法院管辖，约定管辖并不一致。自2017年1~8月，A公司累计向B公司放款1.1亿余元，涉及车辆和融资租赁合同多达500余份，涉及B公司旗下子公司则多达20余个。2018年7月，B公司发生阶段性逾期，A公司于是计划采取诉讼手段。

然而在分析案情时，A公司发现该项目存在几点严重的诉讼障碍。首先，由于法院通常以"一案一合同"为原则进行立案，即便A公司与B公司之间是同一法律关系，也极有可能因合同份数被切割为500余案件。其次，《战略合作协议》内容过于原则，难以将该协议作为基础关系在一个案件中统一起诉B公司,而且每份合同的当事人不仅包括B公司,还包括B公司下属各子公司,特别是租赁物(汽车)登记在B公司的各子公司名下,为确保诉讼和可能发生的执行效果,不可能不起诉B公司的各子公司,这样就造成诉讼案件必须拆分,而如果根据500余份合同拆分立案,诉讼准备的工作量必然极大。最后,也是最难攻克的障碍在于,由于采取电子签章形式,最后盖章一方经核实为B公司下属各子公司,这就意味着合同签订地将被确认为B公司各子公司所在地,A公司如想直接起诉,只能前往全国各地法院分别立案。

基于上述问题,A公司巧妙地制定了“个别起诉、以诉促谈”的处置方案,即挑选A公司与B公司及其下属某一家子公司之间签订的10份融资租赁合同先行起诉,诉讼总标的额为300余万元。A公司采用上述处置策略的实质目的在于,通过起诉促成B公司与A公司签订“一揽子”还款协议,将原本分散的500余份合同化零为整,整合为A公司、B公司、子公司在内的20余份合同,并且重新约定管辖地为B公司住所地,彻底消除诉讼障碍。另外,考虑到工作成本、对方还款接受度和避免风险外化等因素,A公司将诉讼范围锁定为同一子公司名下的10个项目。

上述方案实施后,B公司迫于诉讼压力和不良影响,立即偿还了起诉标的范围内的款项,同时接受了签署还款协议的要求,而且对A公司真实意图始终未引起怀疑。A公司则以此途径顺利扫清了诉讼障碍。

事后复盘:当前,由于资管产品类型越来越多样,交易结构设计越来越复杂,加之未能考虑产品设计与诉讼的有效衔接,投前签订的合同存在瑕疵而造成诉讼障碍的案例时有发生。谈判过程中,利用“以诉促谈”或者“以谈掩诉”的方法,让对手摸不清资管机构的真实意图和套路,有时才是高明的谈判手段。

成功案例3 合理采取刑事施压手段

2014年,某资产管理公司A(以下简称A公司)与某实体企业B(以下简称B公司)签订融资合同,担保措施为B公司实际控制人Y某持有的B公司95%的股权,融资金额为5000万元,还款期限为3年。2016年,A公司在对B公司进行投后检查时,意外发现B公司向其他金融机构融资提供的担保措施同样是Y某持有的B公司股权,于是立即派人前往当地工商局调查股权质押存续情况,随即发现Y某采取私刻A公司公章的途径伪造解质押手续,擅自解除了A公司的质押,并已将股权质押给另一家金融机构。虽然该资管产品尚未发生逾期,但发现这一严重问题后,A公司还是对当前风险组织召开内部会议,经过分析,A公司得出以下结论:首先,Y某采取这一铤而走险的手段吸收资金,说明B公司现金流并不乐观,存在到期无法兑付的可能;其次,虽然B公司采取非法手段将股权质押给后手金融机构,但该金融机构很可能被认定为善意相对方,A公司很难通过协商或者诉讼方式恢复对B公司股权质押享有的优先权;最后,当前情况下同后手金融机构进行协商谈判很难取得效果,还会外化风险,因此谈判对手依然锁定为B公司和实际控制人Y某。在具体谈判策略上,A公司分析认为,B公司已经涉嫌伪造公司印章等刑事犯罪,而且A公司所在地公安机关同样对本案拥有侦查权,所以A公司果断以此为由对B公司和Y某进行施压,督促其立即还款。就此问题,Y某先是佯装不知情,但在A公司出示了工商部门留档的经办人授权委托书和身份证复印件后,Y某知道无法抵赖,随即承认是因为资金紧张急于融资,于是想利用时间差,抢在A公司发现至资管产品到期这段时间内及时还款,届时A公司即便发现质押已经提前解除也不会追究。迫于重压,B公司随即通过民间借贷途径筹得资金提前向A公司进行了偿付,A公司在该项目中的风险得以完美化解。

事后复盘:资管业务中目标企业或其实际控制人发生违法、违规甚至触犯刑法的事件时有发生,有些情况下甚至直接将资管产品拖入风险状态。但是如果能够及时发现和合理利用违法犯罪事由给对方制造强大压力,或许会比民事诉讼途径更为快速和有效。有些资管机构担心受到刑事案件牵连而不敢采用此种方式,其实是对“知情不报”存在顾虑。事实上,我国刑法规定了“窝藏、包庇罪”和“掩饰、隐瞒犯罪所得、犯罪所得收益罪”两个罪名,“知情不报”与上述犯罪行为具有显著的区别。

成功案例4 通过债务重组获得财产线索

某资管产品发生逾期,A金融机构随即同B企业就解决方案进行谈判,据B企业汇报称,该公司现金流确实紧张,但公司运营状况良好,项目运作前景乐观,于是主动请求A机构提供债务重组机会,并邀请A机构对B企业实际情况进行调查核实。A机构随即派遣工作组深入B企业进行深入调查。调查过程中,根据B企业实控人对其下属财务负责人下达的全面配合的指令,A机构调查人员顺利进入B企业财务室,并成功利用财务人员不在场的机会获取了B企业的多笔应收账款及其对应合同。项目研讨会上,A机构分析认为,虽然B企业实际情况确实如其所述,运营状态尚可,但是A机构对该企业所处行业及前景并不熟悉,而且采取债务重组方案还需投入额外资金,有可能加大本机构的风险,所以在有可能对应收账款的次债务人提起代位权诉讼并且一次性收回欠款的情况下,及时调整风险处置方案的选择更为妥当。会后,A机构立即调整策略,果断对相关债务人提起代位权诉讼,而B企业由于担心企业声誉进一步受损,加之相关次债务人与其存在商业伙伴关系,于是直接筹资偿还了A机构的欠款,A机构随后对相关次债务人撤回了起诉。

事后复盘:谈判过程中除了既定谈判目标之外,还应尽可能为后续可能发生诉讼做好准备、扫清障碍。通过债务重组机会对目标企业现状和资产状况摸底,就是典型的“两手准备”方式。另外,项目发生风险后,资管机构应切忌“恋战”,一旦有提前退出的机会,应当及时调整战略,选择退出。

第八章

风险处置手段之二——诉讼

CHAPTER 08

近年来，随着项目出险率的逐渐走高，除了谈判手段以外，诉讼则是资管机构实现风险处置和回款的必备手段。恰如前文所述，诉讼并不是一个阶段，而是一种手段，它并不是在催收或者谈判无效的情况下才予以采用，不少现实案例中，资管机构都是采取诉、谈结合的方式以实现最佳效果，这就要求资管机构不能再像以往那样完全将诉讼工作交由外聘律师全权处理，在诉前准备、诉讼进程跟踪和诉讼效果评估方面，资管机构参与程度越来越高，这就要求资管机构必须掌握一定的诉讼技能，而且不仅本机构法务人员需要具备相应知识，其他非法务人员同样需要了解一些诉讼方面的法律常识。本章即是对资管机构在诉讼准备过程中关于诉讼时机、诉讼对象、诉讼途径、财产线索如何选择进行总结，以及当前资管类纠纷在诉讼、仲裁、保全、执行等环节中的常见知识点进行介绍。

第一节 诉讼准备工作

一、诉讼时机的选择

实践中，在何种情况或者何种风险状态下启动诉讼，这是困扰很多资管机构的现实问题。

绝大多数资管机构将诉讼作为最后和最无奈的选择，其主要原因有几点。一是诉讼案件过多将使本机构信誉受损，既影响商业形象和投资者选择本机构的信心，又影响监管部门的考核指标；二是当前很多资管机构内部考评制度还不够完善，如果相关产品发生诉讼，不论操作该产品的业务团队和个人有无过失，都有可能对其产生负面影响；三是诉讼意味着资管机构同目标企业的合作关系基本破裂，双方几无再合作的可能；四是诉讼成本更高，而诉讼周期和回款金额也存在较大的不确定性。客观而言，资管机构的上述顾虑在很多情况下确实存在，诉讼手段还是应当慎用。然而换一个角度来看，一旦资管机构对诉讼顾忌太深、久拖不决，又会错过诉讼的最佳时机。如前所述，诉讼是实现回款的终极武器，如果催收和谈判无法取得进展，越早提起诉讼才越有可能最大程度实现回款。另外，随着《资管新规》的正式颁布，“行使诉讼权利或者实施其他法律行为”已成为对资管机构能否免责的重要考量点，如果资管机构因为起诉不及时而造成投资者损失，同样可能承担赔偿责任。

实践中，有些资管机构会将项目逾期时间或者逾期期数作为启动诉讼的发起点，应当说这种“一刀切”式的规定方式对于规范诉讼管理制度、统一管理流程还是起到了积极作用，但这种制度依然是将诉讼排在了逾期以及催收和谈判无效之后的一个阶段，有些情况下资管产品在逾期前或逾期之时就已发生严重风险，机械等待逾期达到一定时间或金额后再起诉只会贻误战机。因此，我们认为，在统一规定之外，还应对一些考量点进行归纳总结，并作为立即发起诉讼的例外规定。在此，我们试总结如下考量点，当发生以下情形时，资管机构应立即启动诉讼工作：

第一，目标企业资信状况迅速恶化，且目标企业缺乏解决方案；

第二，目标企业存在转移资产、逃废债务或实控人失联、外逃等情形；

第三,发现目标企业或其实控人发生严重违法、违规行为且已被有关部门处罚,或者存在被有关部门处罚的风险;

第四,发现财务报表造假或者其他严重影响投资决策正确性的问题,与目标企业协商无果,或者为防止目标企业转移资产不宜将上述问题直接告知目标企业;

第五,发现目标企业存在挪用资金、私自解除担保措施等严重损害资管机构利益的行为,且通过谈判实现回款的可能性不大;

第六,其他金融机构已经起诉或已经发生风险外化的其他情形;

第七,缺乏担保措施、担保物价值不足或担保失效等导致风险敞口且没有解决途径的情形;

第八,目标企业对催收、谈判反应不积极,通过以诉促谈有可能实现谈判目标或者直接实现回款;

第九,目标企业已经资不抵债,没有谈判价值。

二、诉讼对象的选择

正确选择诉讼对象是保证达到诉讼目的和实现回款的重要因素。在制定诉讼方案时,一般应按照以下流程对诉讼对象进行逐步梳理和最终选择:

首先,要对资管产品的结构做充分了解,比如该资管产品有哪些担保人和抵、质押措施,资管产品本身有无瑕疵或者影响诉讼目标实现的障碍等。采取这一步骤的目的有两个,一是避免遗漏当事人。一般情况下,资管机构应当在同一案件中对全体债务人和担保人一并起诉,从而扩大回款途径。然而现实中确实发生过因为对项目梳理不全面从而遗漏债务人和担保人的情形,特别是在投后阶段追加的担保措施,更应注意避免遗漏。二是在一些个案中,起诉全体债务人和担保人反而有可能影响诉讼进程,比如有的担保措施约定不明确,会增加审理难度,或者部分债务人、担保人下落不明导致公告送达拖延审理期限,如果诉讼准备阶段发现了相关问题,而且放弃对部分债务人、担保人的起诉不影响全局时,不妨主动放弃。

其次,要充分考虑诉讼目的和诉讼效果。有的项目在起诉时依然存在继续协商的可能,全面起诉有可能因风险外化而毫无回旋余地,此时就要对诉讼方案进行精心设计。例如,某资管产品的债务人为上市公司,保证人为非上市的控股股东,该资管机构考虑如果直接起诉债务人,债务人必须依照上市公司管理规定进行公告，这样于己方于对方都存在不利影响，而该项目保证人拥有其他可供执行的资产，单独起诉保证人亦可实现诉讼目的，于是决定单独起诉保证人。

最后，诉讼对象的选择要始终以最快途径实现回款作为根本出发点。有些情况下，目标企业及其担保人都已发生严重恶化情形，起诉对方意义不大，此时不妨“另辟蹊径”。除起诉债务人和担保人以外，常见的诉讼对象还包括代位权诉讼中的次债务人、滥用有限责任或出资不实而承担连带责任的公司股东，侵犯合伙企业利益的其他合伙人等。

除此之外，通过以下两个案例或可为资管机构在选择诉讼对象时开拓思路。

案例 1　银行因虚假承诺“续贷”承担赔偿案

该案中，借款人林某锦为了偿还民生银行福州分行的到期贷款，向出借人林某何借款，并且表示银行将很快完成续贷，届时将以银行续贷资金偿还林某何，林某何则在出借前特意就此事的真实性向银行核实，而该银行经办人员在明知不会续贷的情况下向林某何作出虚假承诺，林某何于是向林某锦提供了借款，林某锦又将该笔资金归还银行，但银行在收贷后以抵押物存在瑕疵为由未继续向林某锦提供贷款，导致林某何向林某锦出借的资金部分无法收回。最终，最高人民法院认定了民生银行福州分行的欺诈事实以及欺诈事实与林某何遭受损失之间存在的因果关系，改判银行赔付林某何未能收回的全部本金和利息。

点评：类似上述案例中的共同欺诈事件在资管业务中并不罕见，如果受到共同欺诈和因为受到欺诈导致损失的事实清楚、证据充分，资管机构可以考虑起诉债务人以外的共同欺诈人。

案例2　质押监管人因未尽监管职责而承担部分赔偿责任案

2014年3月27日，珠江村镇银行与港湾谷物公司及中储公司签订《动产质押监管合作协议》，约定中储公司作为质押监管人，监管债务人出质的质物，同时中储公司在质物入库单上盖章。随后，由于债务人违约，银行向中储公司发函要求返还质物，中储公司方才发现所谓质物并不存在，银行随即对中储公司提起诉讼。该案经一审、二审，辽宁省高院最后判决认为，银行和中储公司应共同承担对虚假质物未尽到审查义务的责任，银行应负主要责任，中储公司负次要责任，于是酌定中储公司对银行损失承担30%的违约责任。

点评：资管产品中抵押、质押措施的办理通常需要债务人以外的第三方单位配合，而相关担保措施无效、失效的情况也时有发生，针对法院判决的责任承担比例我们不作置评，不过本案的确为资管机构追究债务人以外的相关责任人从而实现回款提供了新的思路。

三、诉讼途径的选择

选择诉讼途径也是诉讼准备中的重要课题，正确的途径选择往往能够大大节省诉讼耗时，为取得回款赢得更多机会。资管纠纷中，除了普通诉讼和仲裁程序外，还包括实现担保物权和强制执行公证债权文书两种程序，在此分别作简单介绍和分析。

1. 实现担保物权特别程序

实现担保物权特别程序是《民事诉讼法》于2012年修订后新设立的诉讼程序，其立法用意是简便快捷实现债权人权益，减少债权人负担。由于民诉法统一规定特别程序的审限是30天，针对一些以抵、质押措施作为还款保障的资管产品，资管机构如果选择该特别程序，无疑将大大节省诉讼周期。然而现实中，由于相关程序设立时间不长，法律规定又比较简单，各地法院对于该特别程序的接受程度不高，对于相关程序的理解和执行也存在严重不统一，所以资管机构在选择这一路径时要特别慎重。实现担保物权程序当前存在的问题主要在于以下几点。

（1）相关法律规定简略，缺乏专门性司法解释

实现担保物权特别程序的规定主要见于《民事诉讼法》，其中第196条规定："申请实现担保物权，由担保物权人以及其他有权请求实现担保物权的人依照物权法等法律，向担保财产所在地或者担保物权登记地基层人民法院提出。"第197条规定："人民法院受理申请后，经审查，符合法律规定的，裁定拍卖、变卖担保财产，当事人依据该裁定可以向人民法院申请执行；不符合法律规定的，裁定驳回申请，当事人可以向人民法院提起诉讼。"此外，最高人民法院《关于适用〈中华人民共和国民事诉讼法〉若干问题的解释》（以下简称《民诉法司法解释》）第361～374条也是对该特别程序的相关规定。另外，个别地方高院专门制定了较为详细的指导意见。例如，浙江高院下发的《关于审理实现担保物权案件的意见》（浙高法〔2012〕396号）和重庆高院下发的《关于办理实现担保物权案件若干问题的解答》（渝高法〔2015〕164号）。

从总体上看，关于实现担保物权特别程序的相关规定不够详细，而且最高人民法院尚未出台针对该特别程序的细化规定，这就造成当前各地法院在理解与适用上还存在极大的差异和模糊地带，造成该诉讼途径有时并不快捷。

（2）管辖权问题较为混乱，而且通常由债务人住所地法院管辖

首先，民诉法虽然规定该程序的管辖法院为担保财产所在地或者担保物权登记地的基层法院，但是何为担保物权登记地，不同地域有不同理解，甚至造成法院之间互相推脱。

其次，法律规定明确为基层人民法院管辖，申请人拿到裁定书后也是在作出裁定的基层法院申请强制执行，但是资管产品通常都是大标的额，有些地方的基层法院缺乏处理大标的额执行案件的经验，而且基层法院往往未结案数量更多，所以特别程序节省的时间有时会延误在执行阶段。

再次，资管合同通常会按照有利于资管机构的原则约定由资管机构所在地法院管辖，但是如果选择担保物权程序，除了民诉法解释规定的票据、仓单、提单等有权利凭证的权利质权案件，可以由权利凭证持有人住所地人民法院管辖以外，大多数案件只能在异地审理，造成资管机构的不便。

最后，法学界的普遍观点是管辖权异议不适用于特别程序，即被申请人无权就管辖提出异议并享有上诉的权利，但是笔者经查询裁判文书网发现，该特别程序中存在不少法院出具的一审、二审裁定，债权人为避免债务人拖延时间而选择该特别程序的目的并未实现。

(3)被申请人范围通常仅及于担保人

民诉法并未对担保物权程序的被申请人作出规定,但既然申请人主要是担保权人,因此一般理解被申请人应当是抵押人和质押人。然而现实中的一个问题在于,如果抵押人或质押人是债务人以外的第三人,法院通常不会将债务人作为共同被申请人,同时也不会将保证担保人列为共同被申请人,而且案件标的也仅是担保合同对应的债权范围,这样无疑就会大为缩减可供执行的财产范围,还有可能无法对应全部债务。除非资管机构对担保物变现非常有信心,否则一旦实现担保物权程序无法实现全额回款,还要再次起诉,反而贻误时机。

(4)在该程序中申请财产保全存在障碍

财产保全是控制对方资产和实施压迫手段的重要途径。虽然《民诉法司法解释》第373条明确规定了该特别程序中可以申请财产保全,但是司法实践中仍然存在很多障碍,一是各地法院直接不受理财产保全申请的现象大量存在;二是特别程序审限只有30天,往往不会等保全做完再向被申请人送达申请书,出其不意的效果无法实现;三是实现担保物权程序中的保全对象基本上只能是该担保物或权利,无法及于债务人和保证人名下的其他财产。

综上,笔者认为,实现担保物权特别程序本身是常规诉讼手段以外的一条便捷路径,但是由于其在我国司法实践中还存在诸多障碍,资管机构在选择适用时还是要特别慎重,诉讼准备中应对具体细节和可能遇到的问题作充分调研。

2.赋予强制执行效力的债权文书程序

《民事诉讼法》第238条规定:"对公证机构依法赋予强制执行效力的债权文书,一方当事人不履行的,对方当事人可以向有管辖权的人民法院申请执行,受申请的人民法院应当执行。公证债权文书确有错误的,人民法院裁定不予执行,并将裁定书送达双方当事人和公证机关。"

赋予强制执行效力的债权文书程序(以下简称"强执公证程序")最大的效用是绕开前期审判环节直接进入强执执行程序,一是大大节省诉讼周期;二是节省诉讼费、保全费和保全担保成本,直接通过执行程序对被执行人名下资产进行查封;三是执行程序中法院可以依职权对被执行人名下财产线索进行查询,而保全程序通常需要申请人提供对方财产线索,申请人无法提供财产线索的,法院则无法采取保全措施。基于上述优势,越来越多的资管机构选择在投前阶段对债权文书预先办理强制执行公证,以便在发生逾期时直接申请强制执行。另外，各地法院对于强执公证程序的接受度也越来越高，特别是随着2017年《关于充分发挥公证书的强制执行效力服务银行金融债权风险防控的通知》（司发通〔2017〕76号）的出台，以及最高人民法院《关于公证债权文书执行若干问题的规定》（法释〔2018〕18号）于2018年10月1日起施行后，强执公证程序的立案难度大为降低，而且相关程序有了统一的细化规定。

强执公证程序在适用中常见的具体问题主要包括以下几点。

（1）强执公证程序的管辖法院

与普通诉讼程序的执行基本上由作出一审判决的法院受理不同，由于强执公证程序不存在审判环节，最高院司法解释明确了"公证债权文书执行案件，由被执行人住所地或者被执行的财产所在地人民法院管辖。前款规定案件的级别管辖，参照人民法院受理第一审民商事案件级别管辖的规定确定"。

这里要探讨的一个问题是，由于很多目标企业的主要财产就在其住所地，无论按照被执行人住所地还是财产所在地来选择执行法院，实际上都脱离不开目标企业所在地，所以有的资管机构为了避免异地执行而放弃选择强执公证程序。那么资管机构有无可能对管辖法院进行预先设计呢？事实上，根据上述司法解释和实践中的具体理解，"财产所在地"并不限定为"主要财产所在地"，更不等同于"担保财产所在地"，比如目标企业或者保证人在A、B、C三地都拥有财产，即便A地财产所占全部财产的比重很大，但资管机构依然可以选择B地或C地法院申请执行。实践中，有的资管机构甚至会在项目落地前直接要求目标企业在资管机构所在地的银行新开设一个账户，同时存入一定金额的保证金，并以该银行账户列为目标企业财产和执行法院的管辖依据，以此方式将管辖权牢牢掌握在自己手中。

（2）"明股实债"等类型资管产品可否办理强执公证

近年来，随着资管产品交易结构的越发复杂，出现了大量的"明股实债"、"股债结合"或者"名为投资实为借贷"类型的资管产品。根据我们的实践经验，此类资管合同被公证处拒之门外的情况非常普遍，其原因之一是相关资管合同通常较为复杂，公证人员无法判断合同中应还款金额和还款期限等是否固定，从而否认其债权属性，原因之二则是《关于充分发挥公证书的强制执行效力服务银行金融债权风险防控的通知》对于可办理强执公证的债权文书作了列举式规定，凡是不符合上述规定种类的资管产品公证处一律拒绝办理。

针对上述问题，可考虑以下解决途径。第一，由于强执公证手续并不限定在某一地或某一家公证机构办理，各公证机构出具的强执公证书效力是等同的，所以资管机构可以提前选择观念开放的公证机构并邀请相关公证员参与金融业务培训，了解相关金融知识，帮助其加深对相关资管合同中债权属性的理解。第二，则是积极采取事后补救方式。如果在投前阶段因故无法办理强执公证手续，也可以在目标企业发生风险且尚有意愿积极配合时，督促目标企业办理强执公证，此时由于还款金额已经固定，双方可通过补充签署《还款协议》的形式将双方债权债务关系固定下来，并对相关协议补充办理强制执行公证。

（3）申请强制执行时的前置程序

在强执公证程序中，资管机构向法院申请强执执行前，需要先取得公证机构出具的《执行证书》，然而现实中，资管机构可能会遇到公证机构不予出具《执行证书》的情况。例如，相关规定要求公证机构在出具执行证书前要向债务人核实不履行或不完全履行债务的情况是否属实，有的公证机构因为联系不上债务人而不予出具；还有的是因为债权人已经发生变更而被公证机构拒绝，比如进入执行程序前已经发生债权转让，或者因为通道类资管产品发生逾期后原状分配给委托机构后，委托机构无法获得公证机构的认可。针对前述第一种情况，即公证机构是否必须由债务人承认欠债才算核实清楚的问题，由于现实中债务人拒不配合的情况居多，所以公证机构通常会根据预留的送达地址向债务人送达问询函，如果无法送达或者送达后限期内未收到回复，核实程序即告结束，所以并非需要债务人亲口承认欠债。如果公证机构没有正当理由拒不出具，资管机构可以逐级提出复查申请，也可向其主管司法行政机关反映情况，确有必要时甚至可以对该公证机构提起诉讼。至于因为债权人发生变更而无法取得执行证书的情况，在现行规定之下则很难解决，公证机构只向办理强执公证手续的债权人出具执行证书也是常规操作，因此资管机构如果希望走强执公证程序的，建议还是在进入执行程序后再变更债权人。

（4）强执公证程序对一般诉讼和仲裁程序的排除

最高人民法院《关于审理涉及公证活动相关民事案件的若干规定》（法释〔2014〕6号）第3条第2款规定，在裁定不予执行前，无论是债权人、债务人还是利害关系人都不能就公证债权文书涉及的民事权利义务争议提起诉讼。

据此可知，公证债权文书一经出具，不但债务人无法再回溯到诉讼程序中，债权人同样无此权利。因此，与实现担保物权程序同一般程序之间的可选择性不同，强执公证程序与一般程序无法由资管机构进行选择，由此导致了对诉权限制过严的问题。这不仅给公证机构不予出具执行证书、法院裁定不予受理或驳回执行申请时,债权人实现权利造成了障碍,同时也导致债务人的实体抗辩失去了在诉讼中主张的机会,更使得利害关系人的诉权非因自身原因无端丧失。

不过,2018 年 10 月 1 日最高人民法院出台的《关于公证债权文书执行若干问题的规定》(法释〔2018〕18 号)还是很大程度上解决了两个程序的衔接和救济问题。例如规定,债权人、债务人在人民法院裁定不予受理、驳回执行申请时(第 7 条第 2 款)、公证机构不予出具执行证书时(第 8 条),债权人、利害关系人在公证债权文书载明的民事权利义务关系与事实不符或存在无效、可撤销等情形时(第 24 条),可以向人民法院提起诉讼;债务人则可以基于实体事由提起债务人异议之诉(第 22 条)。

另外,上述规定还采用多个条文、从多个角度明确了公证债权文书执行案件的执行依据仅为公证债权文书,而不包括执行证书。比如,最高人民法院《关于审理涉及公证活动相关民事案件的若干规定》第 3 条,明确作为执行依据的是公证债权文书而非执行证书;第 4 条,明确公证证词应当列明权利义务主体和给付内容,而这是对执行依据的要求;第 9 条第 1 款,明确申请执行时效从公证债权文书而非执行证书确定的履行期间的最后一日起计算;第 10 条,明确应当依据公证债权文书而非执行证书确定执行内容。

(5)申请人、被执行人在法院作出是否不予执行裁定后的救济途径

人民法院受理公证债权文书的执行案件后,被执行人有权申请法院不予执行,而法院执行机构收到被执行人的申请后,要作出不予执行裁定或驳回不予执行裁定,而申请人针对不予执行裁定和被执行人针对驳回裁定的救济途径却有很大不同。最高人民法院《关于人民法院办理执行异议和复议案件若干问题的规定》(法释〔2015〕10 号)第 10 条规定:“当事人不服驳回不予执行公证债权文书申请的裁定的,可以自收到裁定之日起十日内向上一级人民法院申请复议。上一级人民法院应当自收到复议申请之日起三十日内审查,理由成立的,裁定撤销原裁定,不予执行该公证债权文书;理由不成立的,裁定驳回复议申请。复议期间,不停止执行。”据此说明被执行人针对驳回裁定有申请上级法院复议的权利。但与此同时,该司法解释并未规定申请人收到不予执行裁定后有权申请复议,所以现行做法是申请人收到不予执行裁定后,只能另行起诉,并没有申请复议的权利。所以针对资管机构而言,要特别注意公证债权文书和申请

执行证书过程中的内容和程序合法，避免被对方抓住漏洞。

四、财产线索的查找和选择

财产线索是决定回款概率和回款速度的直接因素，所以资管机构在查找和选择财产线索的两个环节要非常谨慎。

1. 查找财产线索

笔者在代理资管类纠纷时常常被资管机构询问的一个问题就是有哪些财产线索的查找途径，可见资管机构对于财产线索是非常重视的。财产线索的查找可以简单归类为当事人自行查找和申请法院依职权查找两种途径。

首先，资管机构要积极拓宽自行查找对方财产线索的途径，因为在当前法院几乎呈现诉讼爆炸局面的不利环境下，人民法院更多地希望当事人主动提供对方的财产线索，从而节省司法资源。而资管机构对于对方财产线索的梳理不应抱有"临时抱佛脚"的心态，即临近起诉时才开始进行查找，这项工作应当放在投前或者投后阶段对方尚能配合时。一旦项目出现风险，谈判陷入僵局，目标企业及其担保方的配合度会直线下降，隐藏或者转移资产还唯恐不及，又如何会主动向资管机构提供财产线索。因此，在投前阶段，资管机构要在尽调时对目标企业和担保方的资产状况进行摸底，即便有些资产并非用于抵押或质押，也要尽可能全面了解、登记造册；在投后阶段，项目正常状态下，投后检查人员应当继续通过投后检查的机会对其资产状况进行进一步摸查，特别是对价值高、易变现的资产应当尤为重视，随时为后续可能发生的风险处置做准备；当发现风险隐患或者既发风险时，资管机构更应当将查找财产线索作为第一要务，尽可能在双方谈判环节利用对方的积极配合态度实现财产梳理的目标。另外，除了对有价值资产的现场考察以外，网上信息的搜索能力也是资管机构实现财产线索查找的有效途径，特别是在目标企业已经拒绝配合的状态下，更要利用好各种网络搜索工具。

其次，可否申请法院依职权查找对方财产线索，主要分为诉前保全、诉讼保全和执行三个阶段。诉前保全阶段法院为了防止当事人以诉前保全为名，利用法院的公权力对对方财产进行任意查找和查封以实现其非法目的，事后又不提起诉讼，所以各地法院现行的普遍做法是在当事人提供明确的财产线索的情况下才会受理诉前保全申请，而不会接受当事人的财产线索调查申请。诉中保全阶段，随着最高人民法院《关于人民法院办理财产保全案件若干问题的规定》

(法释〔2016〕22 号)颁布,其中第 10 条、第 11 条规定了当事人可以在不能提供明确、具体财产线索情况下申请法院作出财产保全,以及可以申请法院查询对方财产的情况。据此,诉中保全程序中法院接受申请人查询财产线索的情况越来越多见,然而据笔者了解,这种接受程度从整体而言还不够普遍,法院不接受的情况依然居多。另外,在执行阶段,申请执行人无法提供对方的财产线索,或者提供的财产线索不充分的情况较为常见,法院为了审结案件基本会主动查询对方财产线索而且无须当事人申请。但即便如此,资管机构依然要尽可能向法院提供财产线索,一方面是因为法院无法对对方财产线索作全面查找,另一方面则是因为除了现金和银行存款以外,法院很难对其他资产可变现的顺序进行评估,资管机构要主动向法院说明相关情况。

2. 选择财产线索

资管机构常犯的一个错误是在保全阶段或执行阶段将自己所知的对方财产线索不分主次地一并列于《财产线索清单》中,这样的错误在于,人民法院有时不会再征询申请人的意见,而是根据清单所列顺序或者工作便利的原则逐一采取查封措施,而且根据查封额度与保全或执行标的额基本相当的原则,一旦查封额度已经达到,就不会对其他财产线索采取查封措施。例如,如果资管机构在《财产线索清单》中将被申请人持有的公司股权列为第一位,而房产列为第二位,法院有可能查封股权份额后发现已经足额,就不再查封房产,但是很多情况下股权份额的拍卖难度和时间要大于房产,一旦无法对房产采取查封措施,资管机构有可能因为自己细微的失误而发生巨大损失。因此,资管机构在申报财产线索时要注意以下三点:

一是并非就自己所知的财产线索全部列于清单之上,有些没有实际价值,或者价值难以变现的财产,宁可不列。例如,有的专利类财产线索,除非资管机构确信该专利的价值和可变现性,或者的确没有其他可列财产,否则列入清单不仅会影响其他财产线索的查封速度,还会造成法院工作量的增加。

二是要在诉前或者申请执行前充分了解相关财产的实际价值和可变现性。一般而言,银行存款的冻结措施是最有可能实现回款的途径,尽管大多数情况下债务人或保证人的银行存款无法直接满足债权标的额,但是现实中也确实发生过账户冻结后又有新的资金流入的情况,所以银行账户是财产线索的首选。另外,房屋、土地等不动产同样容易进行价值评估,而且拍卖成功率高,可以作为次要选择。至于公司股权,应当区分上市公司股权和非上市公司股权,如果是非上市公司股权，变现难度很大，即便该非上市公司的股权在查封时公司名下拥有很多资产，但是股权查封并不能影响对方转移资产的行为，很多情况下在案件进入执行拍卖流程时，公司股权几乎已经一文不值。另外，则是要尽量选择“干净的资产”，即没有被查封的资产，一旦发现该资产已经被查封，除非己方享有优先权，否则将大大影响变现价值和执行速度。

三是要充分考虑财产查封对于目标企业产生的触动和影响。一种情况是有的财产线索本身没有太大的实际价值，或者变现难度很大，但是查封该资产很可能对目标企业产生强烈震慑作用，比如银行基本户的查封就会对目标企业的银行征信和生产经营造成巨大影响，查封后有时会促成目标企业主动还款；另一种情况是查封相关财产后导致目标企业风险外化和后续连锁诉讼，比如对目标企业股权采取的查封措施，由于相关查封通常会通过网上工商信息系统被公之于众，如果担心风险外化，资管机构就要特别谨慎。

第二节　诉讼程序与仲裁程序

诉讼和仲裁是我国立法框架下解决争议的两大主要途径，由于这两种途径在许多方面存在很大差异，资管机构在约定管辖方式时有时会因为不熟悉而选择不当或产生约定管辖无效的问题；在相应程序进程中，也会发生准备不充分和操作不妥当从而耽误时间甚至影响最终结果的情况。本节即是对基本诉讼程序和仲裁程序的浅显比较和介绍。

一、程序选择

诉讼：诉讼程序不要求当事人事先进行明确选择。一旦发生争议，只要相关争议属于我国境内管辖范围，即便合同中没有约定，任何一方都可以向有管辖权的法院提起诉讼。另外，诉讼程序当中有关级别管辖、地域管辖和专属管辖的规定多且分散，比如级别管辖就会根据不同省份甚至同一省份的不同地市而规定有所不同，需要查询拟立案法院所在地区的具体规定才能加以确定；地域管辖更是如此，被告住所地、原告住所地、财产所在地、侵权行为地等种类繁多，有些当事人因为管辖错误导致案件被移送而耽误时间的情况时有发生，对此要特别留意。另外，当前有的地方成立了金融法院对金融类纠纷专属管辖，比如2018年成立的上海金融法院和北京互联网法院、杭州互联网法院等，当事人如果对此不了解而选择错误也会造成无谓的时间损耗。

仲裁：仲裁程序则需要当事人事先自愿达成书面仲裁协议或合同中含有明确的仲裁条款。如果事先没有约定仲裁条款，在发生争议后，双方当事人也可以补充协商并且共同选择仲裁机构，但是此种情况下通常因为仲裁机构选择不同而难以达成一致，所以还是要在事先约定清楚。另外，国内各省的主要城市都已建立仲裁机构，有的城市还同时存在两家以上的仲裁机构，当事人在约定管辖时需要对具体仲裁机构的名称进行明确约定，否则很可能导致约定无效。

二、法律依据

诉讼：《民事诉讼法》是人民法院主要参照的程序法规定，而在具体细节方面则通过《民诉法司法解释》和其他具体司法解释予以规制，我国各地法院在基本审判程序和大原则上适用统一的规定，一些细微之处则可能根据各地方高院出台的规定有所微调。

仲裁：《仲裁法》是我国各仲裁机构一律适用的基本法，仲裁法司法解释则是对一些问题的补充和细化。各个仲裁机构则会专门制定仲裁规则，相当于《民诉法司法解释》，是各仲裁机构审理程序的具体规定，但是各仲裁规则只适用于本机构，彼此之间没有关联，也存在一定差异。相关仲裁规则的基本规则保持一致，但细节方面各有不同，所以在选定仲裁机构时要对该机构的仲裁规则进行研读。另外，实体法方面，如果不存在涉外因素，仲裁机构适用的国内法与法院无异，但是仲裁机构在审理风格和思路上更加追求当事人意思自治原则，合同中的约定条款如果不违反法律禁止性条款，仲裁机构通常会尽量考虑，这一点同法院严守成文法律条文、最高院司法解释甚至是本地高院、中院制定的审判规则的做法有很大不同。比如，仲裁裁决对胜诉方律师费损失的支持率就大大高于法院判决，这也是有些资管机构愿意选择仲裁的一项理由。

三、受理案件的范围

诉讼：人民法院受理案件不限范围，只要符合程序法规定的可诉性，法院都应当受理，同时随着立案登记制的实施，法院拒不受理又不给理由的情况越来越少，“立案关难过”的情况正在改善。法院受理案件时，会根据案件类型分配具体处理庭室，通常会分为民事、商事、刑事、行政、知识产权专业庭室，不过有的法院推行“大民事”概念，民商合一不分庭室，还有很多法院设立了破产专业庭、金融专业庭等。

仲裁：《仲裁法》规定平等主体的公民、法人和其他组织之间发生的合同纠纷和其他财产权益纠纷，可以仲裁，但婚姻、收养、监护、扶养、继承纠纷和行政争议不能仲裁。这里要重点探讨的是资管业务纠纷中，投资者对金融机构提起的诉讼可否由仲裁管辖的问题。关于受案范围，北京仲裁委员会（以下简称北仲）仲裁规则与仲裁法一致，中国国际经济贸易仲裁委员会（以下简称“贸仲”）仲裁规则规定为契约性或非契约性的经济贸易等争议案件。我们理解，其他财产权益纠纷或者非契约性经济贸易争议，应当包括侵权责任纠纷类案件，如果投资者与资管机构签订的资管合同约定了仲裁管辖方式，而投资者在合同责任与侵权责任竞合时选择了侵权路径，依然应当由仲裁管辖。除了法律规定的“财产权益纠纷”明确包括“侵权纠纷”，据此可证仲裁机构有权受理侵权纠纷案件以外，还有一个例证是，2012 年修改的《民事诉讼法》第 124 条第 2 项“依照法律规定，双方当事人达成书面仲裁协议申请仲裁、不得向人民法院起诉的，告知原告向仲裁机构申请仲裁”，将 2007 年版《民事诉讼法》条文中的“对合同纠纷”予以删除，继而说明该条款修改的目的显然是与《仲裁法》相适应，因此仲裁机构受案范围不应仅限于合同纠纷。

四、隶属与救济途径

诉讼：我国法院一般程序适用“两审终审”制，特别程序适用“一审终局”的特例，法院按照层级分为最高人民法院、高级人民法院、中级人民法院和基层人民法院四级，各级法院之间存在隶属关系。如果一方当事人对生效判决不服，还可以申请法院再审，法院也可以自行启动再审程序，法院有权对本院或下级法院的错误判决等予以纠正。随着最高人民法院于 2019 年 4 月 30 日发文，将全国各中级法院受理一审民事案件的诉讼标的额调整为 50 亿元以下，除非规定再次作出调整，否则最高人民法院将基本不再受理二审民事案件，所以最高人民法院从审判功能上实质演变为“再审法院”，负责对全国各级法院生效案件的监督。

仲裁：《仲裁法》明确规定，我国仲裁机构均属于社团法人性质，仲裁委员会独立于行政机关，与行政机关没有隶属关系，仲裁委员会之间也没有隶属关系。仲裁实行“一裁终局”制度，这既是仲裁独立性的体现，也是仲裁效率的体现。

中国仲裁协会是仲裁委员会的自律性组织，根据章程对仲裁委员会及其组成人员、仲裁员的违纪行为进行监督，据笔者所知，尚未听闻中国仲裁协会对具体案件的审理过程、仲裁结果进行干预的案例。另外，虽然《民事诉讼法》规定了人民法院可以撤销仲裁裁决和对仲裁裁决不予执行，但法院的权限基本限于对仲裁程序性错误的纠正，依然体现了对仲裁机构自由裁量权的充分尊重。基于上述制度，审理过程中的流程监督、仲裁裁决的错误纠正，基本只能通过仲裁机构内设部门自行解决。比如当事人不满审理期限过长，就只能向仲裁机构的内部管理协调部门反映，而一旦仲裁裁决已经作出，仅限于对裁决书中的文字、计算错误或者仲裁庭已经裁决但在裁决书中遗漏的事项进行补正，而无法对证据和事实认定以及裁判观点进行修改。正是基于上述原因，也有一些资管机构因为仲裁程序缺乏监督和救济途径而对选择仲裁途径心存顾虑。

五、审理人员的组成和选择

诉讼：法院由合议庭负责审理案件，简易程序由一名法官独任审判，合议庭组成人员包括法官（或陪审员）、法官助理和书记员，所有审判人员均无法由当事人自行选择，而是立案后采取系统随机选择。不过为了确保当事人的权利，民诉法规定了回避制度，发现回避法定情形时，审判人员应当自行回避，也可以由当事人申请回避。

仲裁：仲裁程序中的“秘书”是由仲裁机构直接指定的，其负责整个仲裁流程中的辅助性工作，而仲裁员则负责仲裁案件审理和仲裁文书的制作，一般包括一名“首裁”和两名“边裁”。当事人双方可以各自选定一名仲裁员或各自委托仲裁机构主任指定一名仲裁员，首席仲裁员则由当事人共同选定或者共同委托仲裁委员会主任指定，无法单边选择。正是因为“边裁”可以由当事人一方直接选择，所以有一种说法认为“边裁”的作用就是本方意志在仲裁案件审理中的延伸，资管机构要审慎选择符合本方利益需求的“边裁”，比如应当优先选择精通资管业务的仲裁员。

六、审理过程和裁判文书的公开性

诉讼：“公开、公平、公正”的“三公”原则是对司法审判的基本要求，近年来人民法院对于审判流程、审判过程和裁判文书的公开程度越来越高，网上查询审判流程、庭审直播、裁判文书网站建设等举措基本在全国法院范围内得到推广，特别是近年来生效裁判文书的全面上网公开，让当事人以外的第三方可以非常便捷地查询到相关案件的审理结果。除了调解书一般不会公开，以及因个别涉密、涉隐私案件裁判结果未公开以外，法院极少因为当事人的申请而对生效裁判文书不予公开。旁听制度方面，公开审理的案件均允许案外人进行旁听，双方当事人除非有合理理由，很难阻止案外人旁听。

仲裁：为当事人保守商业秘密是设立仲裁制度的初衷，所以在公开性上仲裁机构与法院大相径庭。一是庭审活动的不公开，除非双方当事人均明确表示同意，否则无关第三方甚至一方当事人的企业职员都无法参与旁听，不过仲裁机构一般不限制代理人人数，如果想参与庭审，可以以代理人身份出庭。二是仲裁文书的不公开，无论仲裁流程中的文书还是仲裁裁决书，除非一方当事人自行对外公布，否则案外人并无查阅途径。资管机构对于这种不公开性还是多数持欢迎态度，这对于避免涉诉信息外化和影响本机构声誉都有一定作用，这一点则是有些资管机构愿意选择仲裁的主因。

七、案件审理期限

诉讼：《民事诉讼法》规定，诉讼案件中简易程序的审限为 3 个月，超过 3 个月应转为普通程序审理，普通程序的审限为 6 个月，遇特殊情况经本院院长批准可以再延长 6 个月，经上级法院批准还可以再延长。另外，送达、公告、鉴定、调解等环节可以扣除审限。由于诉讼实行“两审”终审制，加之扣除审限、延审、管辖异议及上诉、发回重审、转卷在途时间等影响审理期限的因素众多，所以诉讼周期一般快则两三个月，慢则长达数年，实在难以预测。虽然最高人民法院一直在加速和规范审判周期方面下功夫，但是截至当前司法环境下依然改观不大，资管机构一方只能依靠代理人勤勉细心，积极督促，尽量缩减诉讼周期，避免无谓的时间损耗。

仲裁：仲裁机构的审理期限由各仲裁委自行制定的仲裁规则加以明确，例如北仲规定简易程序一般为 75 日，普通程序一般为 4 个月，“贸仲”规定简易程序 3 个月，普通程序 6 个月等。但是在延长审限方面，仲裁机构内部同样拥有非常大的自由度，笔者就曾遇到因为仲裁员个人事务繁忙的非合理事由延长审限的情形，个别案件长达一两年无法获得裁决的情况也确实存在。与此同时，由于当事人针对审限问题只能向该机构提出异议而缺乏外部救济途径，所以很多仲裁机构对外宣传的仲裁效率优势在当前环境下依然存在一定缺陷，仲裁机构应当加以重视并予以改进。

八、案件受理费用

诉讼：全国法院系统采取统一的累进制诉讼费收费办法，法院立案时会根据案件标的额和计算公式来计算应收取的诉讼费，简易程序则减半收取。不过由于很多案件还有二审程序，一审败诉的当事人上诉时还要再交一笔上诉费。

仲裁：各仲裁机构各自制定收费标准，但通常会比诉讼费高出不少，对于大标的额的资管类纠纷而言，资管机构通常需要垫付数额不菲的仲裁费用，尽管可以向败诉方主张返还垫付的仲裁费，但是存在执行不能的风险。

九、追加、变更当事人

诉讼：追加、变更当事人是诉讼中的常见情形。例如，诉讼中发生债权转让，受让人可以申请替代转让人作为原告的地位，也可以以无独立请求权的第三人身份参加诉讼；只起诉债务人或者保证人后，诉讼中也可以追加被告；认为与本案有利害关系，当事人可以作为第三人参加诉讼等，法院一般都会准许。

仲裁：仲裁程序严格遵守当事人事先选定原则，所以仲裁中只有申请人和被申请人两方，至于追加当事人问题，只有事先签署了仲裁协议或者经双方当事人共同同意补充签署仲裁条款，且仲裁委员会审核同意的情况下，才可追加当事人，这一点需要资管机构特别注意。不少现实案例中，投前阶段资管机构与相对方签订的资管合同与其他当事人另行签订的保证合同、差补协议等关于管辖条款约定不一致，或者投后阶段为了增加增信措施而补充签订相应合同却忘记约定管辖条款，都会造成无法在同一个程序中对债务人、保证人一并申请仲裁的问题。此时资管机构只能对有仲裁条款的通过仲裁解决，没有仲裁条款的另行起诉，但这种处理方式很可能造成两个程序步调不一致，资产被对方提前转移的风险。另外，有些资管合同比较复杂，需要以第三人身份加入却难以在仲裁程序中实现，此时在设计交易结构和起草资管合同时就要注意到争议解决环节可能发生的障碍，尽量不选择仲裁途径。

十、保全与执行

诉讼：关于诉讼保全，当事人直接向有管辖权的法院提交诉前保全申请及相关材料，或者立案时、诉讼中向受理案件的法院提交诉中保全申请和材料，符合条件时法院都会受理。至于保全的必要性，法院在把握尺度上具有很大弹性，而针对诉前保全，虽然立案条件比诉中的保全要求更高，但也并非罕见。通过诉前保全，当事人可以更为灵活地运用施压手段，从而达到对方主动还款的目的。关于裁判文书生效后的执行，《民事诉讼法》规定，由当事人向一审法院或者被执行人财产所在地法院提出，法院执行局负责执行。

仲裁：仲裁中的仲裁前保全，据笔者了解尚存在于理论中，其原因并不是仲裁机构不予认可，而在于民诉法及其相关司法解释均无关于当事人于仲裁立案前可以提起保全的相关规定，所以在无法可依的情况下，人民法院通常持否定态度。至于仲裁保全，最高人民法院《关于人民法院执行工作若干问题的规定（试行）》（2008 年修订）第 11 条规定：在国内仲裁过程中，当事人申请财产保全，经仲裁机构提交人民法院的，由被申请人住所地或被申请保全的财产所在地的基层人民法院裁定并执行；申请证据保全的，由证据所在地的基层人民法院裁定并执行。针对上述规定，现实中有两个问题值得探讨。一是关于仲裁财产保全的管辖法院，虽然明文规定为基层法院，但是实践中有些地方依然是中级人民法院受理和执行，比如当前北京市就是统一由中级人民法院处理，所以当事人在申请时要自行明确管辖法院，仲裁机构并不负责核实。二是关于仲裁财产保全的决定权，上述规定明确了由法院负责作出裁定，也即意味着是否进行保全依然要取决于法院的审查和决定。关于仲裁裁决的执行，最高人民法院《关于适用〈中华人民共和国仲裁法〉若干问题的解释》（2008 年修订）第 29 条规定："当事人申请执行仲裁裁决案件，由被执行人住所地或者被执行的财产所在地的中级人民法院管辖。"因此，如果选择仲裁途径，最后执行环节还是由法院执行机构负责执行，资管机构要考虑到两家机构的衔接问题。

第三节　执行程序中的常见问题

如果通过"以诉促谈"方式依然无法迫使对手方主动还款，资管机构只能向人民法院申请强制执行，依靠国家强制力实现诉讼目的，所以强制执行程序的重要性对资管机构无须多言。

虽然目前我国在强制执行制度上的规定趋于完善，但是相关规定层级不高且过于分散，尚未形成一部统一的部门法，资管机构稍不注意就可能忽略或产生错误理解,错失回款时间和回款机会。所以本节即是对执行程序中资管机构常见的一些现实问题进行归纳和分析。

一、以物抵债有关问题

尽管"以物抵债"并不是《民事诉讼法》及其司法解释中的一个明确概念,不过司法实践中早已大量出现,加之资管业务中常伴有各种抵押物、质押物,所以资管机构常常会主动或被动地通过司法程序实现以物抵债。资管机构应当更多地了解以物抵债的相关规定和实操技巧,以实现自身利益最大化。

2014 年 4 月,江苏省高级人民法院发布《关于以物抵债若干法律适用问题的审理纪要》,其中提到:"'以物抵债'是指债务人与债权人约定以债务人或经第三人同意的第三人所有的财产折价归债权人所有,用以清偿债务的行为。人民法院应当根据当事人设定以物抵债的不同时间、约定的具体内容、履行的具体情况等情形来判断以物抵债不同的法律性质,进而正确认定其效力。"2015 年 12 月,最高人民法院发布《关于当前商事审判工作中的若干具体问题》,其中提到"债权人与债务人之间存在金钱债务,有时双方约定以特定物替代原金钱债务的清偿。实务上将该种替代履行债务的方式称为以物抵债"。

2019 年 11 月 14 日,最高人民法院发布并正式生效的《全国法院民商事审判工作会议纪要》(以下简称《会议纪要》),对司法实践中"以物抵债"的性质认定和效力区分原则进行了统一规范,对于今后一个时期司法实践中的"以物抵债"相关案例具有十分明确的指导意义。根据《会议纪要》中的相关规定,我们将"以物抵债"问题分为以下几个阶段分别阐述。

1. 债务清偿期届满前的以物抵债

债务清偿期届满前的以物抵债,是过去较为常见的保障债权人利益的一种手段,又称为"流押""流质"。《物权法》颁布后,对此种约定的效力予以明确否认。其中,《物权法》第 186 条规定:"抵押权人在债务履行期届满前,不得与抵押人约定债务人不履行到期债务时抵押财产归债权人所有。"第 211 条规定:"质权人在债务履行期届满前,不得与出质人约定债务人不履行到期债务时质押财产归债权人所有。"本次《会议纪要》以上述法律规定为依据,在第 45 条规定:"当事人在债务履行期届满前达成以物抵债协议,抵债物尚未交付债权人,债权人请求债务人交付的，因此种情况不同于本纪要第 71 条[①]规定的让与担保，人民法院应当向其释明，其应当根据原债权债务关系提起诉讼。经释明后当事人仍拒绝变更诉讼请求的，应当驳回其诉讼请求，但不影响其根据原债权债务关系另行提起诉讼。”

由此可见，对于债务清偿期届满前签订的以物抵债协议，若债权人主张直接交付担保物，人民法院应先进行司法释明，不能直接驳回起诉，若债权人仍坚持主张，则驳回起诉。简言之，债务清偿期届满前双方作出以物抵债约定属于无效约定。如果资管机构希望实现以物抵债以确保本方利益，无论是放款前签订的合同，还是放款后发现风险隐患但债务清偿期尚未届满时达成的补充约定，均无法进行此种操作，资管机构应对此特别注意。另外，如果发现债务人为了逃废债而事先恶意将资产通过以物抵债形式转让给第三人的，资管机构则可以凭借上述规定主张无效。

2. 债务清偿期届满后的以物抵债

《会议纪要》第 44 条第 1 款规定："当事人在债务履行期限届满后达成以物抵债协议，抵债物尚未交付债权人，债权人请求债务人交付的，人民法院要着重审查以物抵债协议是否存在恶意损害第三人合法权益等情形，避免虚假诉讼的发生。经审查，不存在以上情况，且无其他无效事由的，人民法院依法予以支持。"第 2 款规定："当事人在一审程序中因达成以物抵债协议申请撤回起诉的，人民法院可予准许。当事人在二审程序中申请撤回上诉的，人民法院应当告知其申请撤回起诉。当事人申请撤回起诉，经审查不损害国家利益、社会公共利益、他人合法权益的，人民法院可予准许。当事人不申请撤回起诉，请求人民法院出具调解书对以物抵债协议予以确认的，因债务人完全可以立即履行该协议，没有必要由人民法院出具调解书，故人民法院不应准许，同时应当继续对原

---

① 该条规定的内容是："【让与担保】债务人或者第三人与债权人订立合同，约定将财产形式上转让至债权人名下，债务人到期清偿债务，债权人将该财产返还给债务人或第三人，债务人到期没有清偿债务，债权人可以对财产拍卖、变卖、折价偿还债权的，人民法院应当认定合同有效。合同如果约定债务人到期没有清偿债务，财产归债权人所有的，人民法院应当认定该部分约定无效，但不影响合同其他部分的效力。

当事人根据上述合同约定，已经完成财产权利变动的公示方式转让至债权人名下，债务人到期没有清偿债务，债权人请求确认财产归其所有的，人民法院不予支持，但债权人请求参照法律关于担保物权的规定对财产拍卖、变卖、折价优先偿还其债权的，人民法院依法予以支持。债务人因到期没有清偿债务，请求对该财产拍卖、变卖、折价偿还所欠债权人合同项下债务的，人民法院亦应依法予以支持。"

债权债务关系进行审理。”

根据上述规定可知，其一，债务清偿期届满后的以物抵债若不存在恶意损害第三人合法权益且无其他无效事由，一般会被认定为有效。其二，对于当事人因达成以物抵债协议而撤回诉讼的所处程序不同，人民法院采取不同的处理方式。一审中，当事人因达成以物抵债协议而撤回起诉，人民法院可予准许；二审中，当事人因达成以物抵债协议而决定不再诉讼，应提出撤回起诉申请，而非撤回上诉，人民法院应主动审查是否存在损害国家、社会或第三人利益的情形，若不存在则可予准许；若当事人不撤诉且要求法院以调解书形式对以物抵债协议效力进行司法确认，人民法院不应准许。至此，《会议纪要》已经从根本上“堵死了”当事人持《调解协议》要求人民法院执行部门强制过户或强制交付抵债物的路径，其目的还是防范虚假诉讼的发生。

3. 执行程序中的以物抵债

通过对《会议纪要》上述条款解读可知，由于《会议纪要》第 44 条和第 45 条规定体现出对以物抵债协议效力的实体审查，故前述条款主要是针对审判程序中的“以物抵债”进行规范。而执行程序中的以物抵债形式按照设定时点可分为当事人合意以物抵债与流拍后的以物抵债，前者表现形式为执行和解协议，后者表现形式为以物抵债裁定书。

(1) 当事人合意以物抵债

最高人民法院于 2018 年发布的《关于执行和解若干问题的规定》第 6 条、第 8 条、第 9 条分别规定：“当事人达成以物抵债执行和解协议的，人民法院不得依据该协议作出以物抵债裁定。”“执行和解协议履行完毕的，人民法院作执行结案处理。”“被执行人一方不履行执行和解协议的，申请执行人可以申请恢复执行原生效法律文书，也可以就履行执行和解协议向执行法院提起诉讼。”

由此可见，执行过程中当事人达成以物抵债和解协议与诉讼过程中当事人达成的和解协议效果类似，由于未经执行拍卖流程，法院不能直接认定抵债物归属于债权人，如果债务人达成执行和解协议后不履行不动产过户义务时，债权人无法直接根据以物抵债和解协议要求法院强制办理过户手续，而只能按原裁判文书确定的债权金额继续申请执行或重新起诉。不过关于债权人重新起诉时可否要求债务人继续履行以物抵债执行和解协议，根据前述最高人民法院审判精神，我们还是持支持态度。

另外，司法实践中，如果同一物上已经存在多个债权人的司法查封措施，债务人不得单独与其中一个债权人达成以物抵债执行和解协议，除非其他债权人已经获得清偿或者放弃债权、解除查封。

（2）流拍后的以物抵债

最高人民法院《关于人民法院民事执行中拍卖、变卖财产的规定》第29条第2款规定："不动产、有登记的特定动产或者其他财产权拍卖成交或者抵债后，该不动产、特定动产的所有权、其他财产权自拍卖成交或者抵债裁定送达买受人或者承受人时起转移。"

最高人民法院执行局编著的《人民法院办理执行案件规范》第473条规定："拍卖、变卖成交或以流拍的财产抵债的，人民法院应当作出裁定，并于价款或者需要补交的差价全额交付后十日内，送达买受人或者承受人。"第474条规定："拍卖、变卖成交或者依法定程序裁定以物抵债的，标的物所有权自拍卖、变卖成交裁定或者抵债裁定送达买受人或者接受抵债物的债权人时转移。需要办理有关财产权证照转移手续的，人民法院可以向有关单位发出协助执行通知书，有关单位必须办理。"

从上述规定可以看出，只有在执行标的物经法院组织的拍卖程序流拍后，法院才可根据流拍时确定的标的物价格折抵债权、作出以物抵债裁定书，而且实践中以物抵债需要根据债权人主动申请，法院不应违反自愿原则强制债权人接受标的物。另外，以物抵债裁定送达债权人时物权即已发生转移，不以不动产登记机构作变更登记为生效要件。

二、首轮查封与优先权冲突

1. 首轮查封和抵押权等优先权冲突的由来

司法实践中，如果优先权人在某地法院申请执行，而该抵押物事先已被其他一般债权人在异地法院申请司法查封，就会存在优先权人与首封人、优先权执行法院与首封法院产生冲突和对抗的问题。这种情况在资管类诉讼和执行中尤为常见。

优先权人的优先受偿权主要见于《物权法》等法律、法规。《物权法》第179条第1款规定："为担保债务的履行，债务人或者第三人不转移财产的占有，将该财产抵押给债权人的，债务人不履行到期债务或者发生当事人约定的实现抵押权的情形，债权人有权就该财产优先受偿。"

但在执行过程中，首封法院却具有优先处置权。其法律依据为1998年公布并生效的最高人民法院《关于人民法院执行工作若干问题的规定(试行)》(法释〔1998〕15 号),其中第 91 条规定:“对参与被执行人财产的具体分配,应当由首先查封、扣押或冻结的法院主持进行。首先查封、扣押、冻结的法院所采取的执行措施如系为执行财产保全裁定,具体分配应当在该院案件审理终结后进行。”

由于优先权人即使在法律上享有优先受偿权,也不可直接越过首封人及首封法院直接将所查封的财产进行拍卖、变卖等处置操作,否则就会造成二者的冲突。现实中发生冲突的原因主要有以下两点。

第一,若抵押物价值不足以覆盖抵押权人债权和一般债权人的债权,作为首封人的一般债权人即使积极处置也极有可能因为其他优先权的存在而无法实现受偿或者受偿比例很小,首封人和首封法院的工作付出远小于回报,出现“为他人作嫁衣”的情况,此时首封人和首封法院要么“动力不足”,要么故意延缓执行程序以阻碍优先权人实现受偿,意图迫使优先权人放弃一定的受偿比例,以便自身受益。

第二,有些债务人为防止自身财产被抵押权人即刻拍卖变现,有可能利用关联债权人甚至编制虚假债务进行抢先查封,即所谓的“保护性查封”,导致优先权人提起的执行程序无法顺利推进。

2. 首封和抵押权矛盾的司法化解

针对首封和抵押权冲突问题,最高人民法院对此已经有所关注并提出了解决办法。2016 年最高人民法院公布的《关于首先查封法院与优先债权执行法院处分查封财产有关问题的批复》(法释〔2016〕6 号)规定:“执行过程中,应当由首先查封、扣押、冻结(以下简称查封)法院负责处分查封财产。但已进入其他法院执行程序的债权对查封财产有顺位在先的担保物权、优先权(该债权以下简称优先债权),自首先查封之日起已超过 60 日,且首先查封法院就该查封财产尚未发布拍卖公告或者进入变卖程序的,优先债权执行法院可以要求将该查封财产移送执行。”

据此可见,首封法院的优先处置权依然获得承认,不过如果首封法院不积极推进,优先权法院在以下条件具备时可接手继续执行:①已进入其他法院执行程序;②自首先查封之日起已超过 60 日,且首先查封法院就该查封财产尚未发布拍卖公告或者进入变卖程序;③由优先权法院出具商请移送执行函等司法文书,首封法院同意移送执行。

上述批复虽然从一定程度上解决了首封与优先权冲突问题，但是实践中对于优先权人而言操作起来依然比较困难。例如，移送执行只能由优先权法院提出，而且是“可以”而非“应当”，至于首封法院收到商情函后是否应当移送，于多少日内移送，则没有进一步规定。这些问题依然有待最高人民法院作出进一步的细化规定。

除了移送执行以外，部分地方法院已经出台相关规定，以适当提高首封债权人的受偿比例或予以补偿的形式调动首封债权人推进执行的积极性。

例如，浙江省高级人民法院《关于在立案和审判中兼顾案件执行问题座谈会纪要》（浙高法〔2009〕116 号）第 3 条第 4 项规定：首先申请财产保全并成功保全债务人财产的债权人在参与该财产变价所得价款的分配时，可适当多分，但最高不得超过 20%（即 1∶1.2 的系数）。北京市高级法院《关于案款分配及参与分配若干问题的意见 》提出：“参与分配程序中，若执行标的物为诉讼前、诉讼中、仲裁前或仲裁中依债权人申请所保全的财产，在清偿对该标的物享有担保物权和法律规定的其他优先受偿权的债权后，对该债权人因申请财产保全所支出的成本及其损失，视具体情况优先予以适当补偿，但补偿额度不得超过其未受偿债权金额的 20%；其剩余债权作为普通债权受偿。”重庆市高级人民法院《关于执行工作适用法律若干问题的解答（一）》（渝高法〔2016〕63 号）也提出：“保证参与分配债权都有受偿的前提下，可适当予以多分，多分部分的金额不得超过待分配财产的 20% 且不高于该债权总额。”

3. 资管机构遇到首封障碍时的救济途径

（1）对债务人“保护性查封”提出异议

实践中，债务人恶意采取“保护性查封”以阻碍资管机构实现抵押权的情形较为多见，其通常做法是利用关联企业或者非关联第三方以民间借贷形式虚构债务。遇到这种情况，资管机构可以首先调查该债权人与债务人是否存在关联关系，其次则是调查民间借贷的发生时间、资金去向是否真实。如果仅有合同而没有转账痕迹，资管机构可以就此提出虚假诉讼之异议，有关此问题我们将在下文中详述。

（2）在首封执行案件中提出执行异议

最高人民法院《关于人民法院办理执行异议和复议案件若干问题的规定》（法释〔2015〕10 号）第 5 条第 1 款规定，认为人民法院的执行行为违法，妨碍其轮候查封、扣押、冻结的债权受偿的，当事人以外的公民、法人和其他组织，可以作为利害关系人提出执行行为异议。如果首封法院在执行过程中损害优先权人利益或有其他违法行为，优先权人可据此提出执行异议，要求首封法院对其错误行为予以纠正。

(3)报请共同上级法院协调处理

为推动首先查封法院加快对查封财产的处置进度，提高执行效率，各地方高院陆续出台了适用于本省的一些执行指导意见，针对首封法院与轮候查封法院冲突问题，如果两家法院共同隶属于同一省或直辖市可以报请共同上级法院或高级法院协调处理。例如，上海市高级人民法院公布的《关于在先查封法院与优先受偿债权执行法院处分查封财产有关问题的解答》、北京市高级人民法院出台的《北京市法院执行案件办理流程与执行公开指南》(京高法发〔2014〕183 号)等，都设置了法院执行权的协调机制。另外，如果首封与轮候查封均为普通债权，相关法院又都在同一省，很多地方高院也陆续出台了相关协调机制，如江苏省高级人民法院公布的《关于首查封与轮候查封均为普通债权的法院之间协调转移处置权相关事项的通知》、福建省高级人民法院公布的《关于首先查封与轮候查封均为普通债权的法院之间协调移送处置权处理意见》等。

当然，如果首封法院和优先权法院不处于同一省或直辖市，如果出现法院之间执行权方面的争议，可否报请最高人民法院来协调处理的问题，截至本书完稿时尚未搜寻到相关案例。所以针对资管机构而言，拥有抵押、质押等优先权并不能“高枕无忧”，当资管机构发现风险或违约事由时，于第一时间争抢“首封权”具有非常重要的战略意义。

三、债务人虚假诉讼阻碍执行

首先列举一个债务人以虚假诉讼进行“保护性查封”的现实案例。

“保护性查封”案例：

A 金融机构出资设立集合资金信托计划并投资于某新三板企业 B 公司，甲某为企业 B 公司的实际控制人，B 公司同时将厂房抵押给 A 机构。其后，B 公司超期未履行回购义务，A 公司在起诉并申请保全时才得知该厂房作为抵押物已于一个月前被其他债权人查封。A 公司进一步了解获悉，查封人就是实控人甲某的妻子，甲某之妻以曾经对 B 公司出借一笔借款到期未还为由通过保全程序在先查封了该抵押物。由于 A 机构是在北京某法院起诉，B 公司是在当地起诉，甲某妻子与 B 公司的民间借贷纠纷仅诉讼程序就进行了一年半，A 机构无奈之下只能继续等待。

在上述案例中,A 机构有何办法破解甲某与 B 公司共同设置的困局呢? 我们先从什么是虚假诉讼说起。

1. 关于虚假诉讼的界定及法律后果

我国关于虚假诉讼的相关规定散见于多项法律法规及司法解释当中。《刑法》第 307 条规定了虚假诉讼罪。针对具体情节,最高人民法院发布的《关于审理民间借贷案件适用法律若干问题的规定》(法释〔2015〕18 号)、《关于审理拒不执行判决、裁定刑事案件适用法律若干问题的解释》(法释〔2015〕16 号)、《关于人民法院登记立案若干问题的规定》(法释〔2015〕8 号)及《关于适用〈中华人民共和国民事诉讼法〉的解释》中也均有所体现。

2016 年公布的最高人民法院《关于防范和制裁虚假诉讼的指导意见》(法发〔2016〕13 号)中对于虚假诉讼的界定和法律后果进行了较为完备的规定,其中第 1 条规定:"虚假诉讼一般包含以下要素:(1)以规避法律、法规或国家政策谋取非法利益为目的;(2)双方当事人存在恶意串通;(3)虚构事实;(4)借用合法的民事程序;(5)侵害国家利益、社会公共利益或者案外人的合法权益。"第 12 条规定:"对虚假诉讼参与人,要适度加大罚款、拘留等妨碍民事诉讼强制措施的法律适用力度;虚假诉讼侵害他人民事权益的,虚假诉讼参与人应当承担赔偿责任;虚假诉讼违法行为涉嫌虚假诉讼罪、诈骗罪、合同诈骗罪等刑事犯罪的,民事审判部门应当依法将相关线索和有关案件材料移送侦查机关。"

同时结合最高人民法院《关于审理民间借贷案件适用法律若干问题的规定》第 19 条规定:"人民法院审理民间借贷纠纷案件时发现有下列情形,应当严格审查借贷发生的原因、时间、地点、款项来源、交付方式、款项流向以及借贷双方的关系、经济状况等事实,综合判断是否属于虚假民事诉讼:(一)出借人明显不具备出借能力;(二)出借人起诉所依据的事实和理由明显不符合常理;(三)出借人不能提交债权凭证或者提交的债权凭证存在伪造的可能;(四)当事人双方在一定期间内多次参加民间借贷诉讼;(五)当事人一方或者双方无正当理由拒不到庭参加诉讼,委托代理人对借贷事实陈述不清或者陈述前后矛盾;(六)当事人双方对借贷事实的发生没有任何争议或者诉辩明显不符合常理;(七)借款人的配偶或合伙人、案外人的其他债权人提出有事实依据的异议;(八)当事人在其他纠纷中存在低价转让财产的情形;(九)当事人不正当放弃权利;(十)其他可能存在虚假民间借贷诉讼的情形"。据此,可以对于虚假诉讼的法律认定有比较清晰的把握。

2. 戳破虚假诉讼的证据准备

如果债务人以虚假诉讼意图阻碍债权人顺利实现债权,其虚构的虚假债务或多或少会留下一些漏洞,关键是看资管机构有无经验和手段予以戳破。资管机构应当重点从以下几方面认真收集证据:

一是针对虚假债权债务的当事人双方的关联关系进行摸查。债务人若想建立虚假债务,又能够控制虚假诉讼的程序推进,必然需要跟债权人达成很深的"默契",所以虚假诉讼中的债权人、债务人通常具有很密切的关联关系,比如双方存在亲属关系,或者企业法人之间的股权隶属关系等,所以资管机构首先要对其背后的关系进行摸查。

二是对合同条款约定的不合理性进行摸查。虚假诉讼编造的合同类型通常以借款合同、买卖合同为主,债务发生原因则通常是借款未还产生的负债,以及未履行交付义务产生的欠款和违约金等。如果是借款合同,资管机构应当尽可能了解借款发生时间、出借款原始来源、借款交付方式等;如果是买卖合同,则应当重点关注买方是否实际付款、合同中违约条款设计是否合理,等等。比如,某虚假诉讼中债权人出示的买卖合同显示,合同标的额仅为 1000 万元,买方支付了 1000 万元货款,卖方到期未能供货并将该笔 1000 万元返还买方,但由于合同约定的违约金高达 5000 万元,于是买方以索赔 5000 万元违约金为由提起诉讼。如果资管机构详细了解合同细节,就会轻易发现该违约条款设置的不合理性,从而作为提出虚假诉讼异议的理由。

三是紧密跟踪合同履行情况。有的虚假诉讼当事人造假手段更为"高明",比如除了伪造借款合同,还会实际转账到目标企业,再通过其他途径循环转账。因此资管机构如想戳破虚假诉讼,不仅要关注合同细节,还要关注合同的实际履行情况,对资金流转轨迹和资金去向进一步进行跟踪,从而指出其中的虚假问题。

3. 救济途径

针对债务人以虚假诉讼转移资产或阻碍执行的情况,资管机构可以通过以下几种途径避免虚假诉讼带来的干扰。

(1)案外人执行异议和执行异议之诉

《民事诉讼法》第 227 条规定:"执行过程中,案外人对执行标的提出书面异议的,人民法院应当自收到书面异议之日起十五日内审查,理由成立的,裁定中止对该标的的执行；理由不成立的，裁定驳回。案外人、当事人对裁定不服，认为原判决、裁定错误的，依照审判监督程序办理；与原判决、裁定无关的，可以自裁定送达之日起十五日内向人民法院提起诉讼。”

如果虚假诉讼已进入执行程序，且损害了债权人利益，根据上述法律规定及最高人民法院《关于人民法院办理执行异议和复议案件若干问题的规定》的具体规定，债权人可以案外人身份提出执行异议和执行异议之诉，要求中止虚假诉讼连带执行程序的执行。

(2)以第三人身份参加诉讼

民事诉讼中的第三人，是指对他人争议的诉讼标的有独立请求权，或者虽无独立的请求权，但案件的处理结果与其有法律上的利害关系，而参加到原告、被告已经开始的诉讼中进行诉讼的人。

如果虚假诉讼直接涉及对资管机构已设置优先权的财产的处分，资管机构有充分理由根据《民事诉讼法》的相关规定参与到正在进行的虚假诉讼之中，并提出本方主张；如果不涉及具体财产，而且虚假诉讼所涉债权债务关系与资管机构没有直接关联，资管机构可能很难以有独立请求权的第三人身份参与到诉讼中，但是现实中也有一些案例支持资管机构以“案件处理结果与其存在法律上利害关系”为由作为第三人参加诉讼，所以资管机构可以尽力争取第三人资格。

(3)提起撤销之诉或申请再审程序

《民事诉讼法》第56条规定：“……第三人……有证据证明发生法律效力的判决、裁定、调解书的部分或者全部内容错误，损害其民事权益的，可以自知道或者应当知道其民事权益受到损害之日起六个月内，向作出该判决、裁定、调解书的人民法院提起诉讼。……”另外，最高人民法院《关于适用〈中华人民共和国民事诉讼法〉审判监督程序若干问题的解释》第5条第1款规定：“案外人对原判决、裁定、调解书确定的执行标的物主张权利，且无法提起新的诉讼解决争议的，可以在判决、裁定、调解书发生法律效力后二年内，或者自知道或应当知道利益被损害之日起三个月内，向作出原判决、裁定、调解书的人民法院的上一级人民法院申请再审。”

因此，对于虚假诉讼形成的判决、调解、裁定已生效的，资管机构可以视情况选择提起撤销之诉或申请再审。

(4)刑事报案途径

最高人民法院、最高人民检察院联合发布的《关于办理虚假诉讼刑事案件适用法律若干问题的解释》中,对于虚假诉讼的认定等问题作了详细规定,如果有充分证据证明系虚假诉讼,资管机构可以考虑通过刑事途径向有关机关报案,通过刑事途径打击虚假诉讼的犯罪行为,维护自身合法权益。

四、境外财产的执行

如果债务人在中国大陆已无财产可供执行,或者大陆资产无法满足多个债权人的分配需求,而债务人在中国大陆以外还存在大额资产,资管机构有无机会“吃下这块肉”呢?这个问题在现实中虽然棘手,但并非毫无办法。2018 年 12 月,上海懒财资产管理有限公司对乐视体育和贾某“赴美追债”,并成功通过美国加州中央地区法院冻结了贾某在美国持有的 FF 公司 33% 股权及其个人名下 4 套别墅,着实让人“眼前一亮”。对于资管机构而言,有必要了解一下债务人境外财产的执行路径。

由于国内仲裁机构作出的仲裁裁决和各级法院作出的生效判决在境外执行路径上存在很大不同,因此我们主要根据以上两种情形分别进行探讨。

1. 国内仲裁裁决的境外执行

从通常意义角度讲,国内仲裁裁决相比于国内法院作出的裁判文书在境外获得认可和执行的机会更大。这主要是因为 1958 年 6 月 10 日在纽约召开并在联合国国际商业仲裁会议上签署的《承认及执行外国仲裁裁决公约》(以下简称《纽约公约》),针对加入《纽约公约》的各成员国作出的仲裁裁决,公约的成员国法院应当根据公约对外国仲裁裁决进行审查,并予以承认和执行。加上中国在内,目前已有 157 个国家和地区加入了该公约,基本囊括了与中国有贸易关系的主要国家和地区,包括美国、加拿大、法国、德国、印度、日本等。

在懒财公司与乐视体育、贾某案中,懒财公司先是对乐视体育和贾某在北京仲裁委员会申请仲裁并获得支持,再持仲裁裁决向美国加州中央地区法院提起诉讼,要求承认中国的仲裁结果,法官 S. James Otero 就因《纽约公约》批准了该项请求,承认了境外仲裁裁决的有效性。暂时冻结了法拉第未来(Faraday Future,FF)公司 CEO 贾某在该公司的 33% 股权,并对他在加州拥有的 4 套豪宅下达了临时限制令。据国内媒体报道,2019 年 4 月,加州法院已经就此案做出宣判,勒令贾某连本带息偿还 1241 万美元。法庭文件显示,8 月 21 日,懒财公司获得加州法院支持,要求贾某必须在 9 月 11 日在洛杉矶出庭,届时他的个人财产将接受法庭的债务人审查。据此分析,懒财公司“赴美追债”胜利在望。

相比于中国与其他国家之间的司法协助，中国内地与香港、澳门特别行政区之间的联系则更为紧密。根据1999年签署的最高人民法院《关于内地与香港特别行政区相互执行仲裁裁决的安排》以及2007年签署的最高人民法院《关于内地与澳门特别行政区相互认可和执行仲裁裁决的安排》，中国内地的仲裁裁决在香港、澳门特别行政区的执行路径相对更为清晰，也有多起成功案例可供借鉴。

2. 国内法院判决的境外执行

由于判决的承认和执行目前尚不存在如《纽约公约》一样的国际多边协定，因此要在境外执行国内法院的判决，主要看中国是否与这些国家或地区签订了双边司法协助条约或互助安排，否则就需要根据该地相关法律来具体判断。

（1）香港特别行政区、澳门特别行政区、台湾地区

2008年以后，我国内地与香港、澳门特别行政区在判决的相互协作上有了实质性进展，相关的法律依据包括最高人民法院《关于内地与香港特别行政区法院相互认可和执行当事人协议管辖的民商事案件判决的安排》、最高人民法院《关于内地与澳门特别行政区相互认可和执行民商事判决的安排》、《内地判决（交互强制执行）条例》以及《香港高等法院规则》等。2019年1月18日，最高人民法院和香港特别行政区政府律政司在北京签署《关于内地与香港特别行政区法院相互认可和执行民商事案件判决的安排》，标志着两地民商事领域司法协助已基本全面覆盖。上述最新安排共计31条，对两地相互认可和执行民商事案件判决的范围和判项内容、申请认可和执行的程序和方式、对原审法院管辖权的审查、不予认可和执行的情形、救济途径等作出了具体规定。

与香港、澳门特别行政区所不同的是，中国大陆和台湾地区尚未共同签署类似的判决互认和执行的司法文件，但是根据中国台湾地区制定的"台湾地区与大陆地区人民关系条例"（1992年）第74条规定："在大陆地区作成之民事确定裁判、民事仲裁判断，不违背台湾地区公共秩序或善良风俗者，得声请法院裁定认可。前项经法院裁定认可之裁判或判断，以给付为内容者，得为执行名义。"据此可知，在中国台湾地区申请认可和执行中国大陆法院的生效判决和仲裁机构的仲裁裁决还是有可行性的。

（2）双边司法协助条约

据统计，截至目前，中国已与37个国家签订了双边民事或商事司法协助条约，其中33个国家的条约中约定了相互承认和执行法院判决的内容。这33个

国家如表 8 - 1 所示。①

表 8 - 1

亚洲	科威特、阿拉伯联合酋长国、朝鲜、老挝、越南、塔吉克斯坦、乌兹别克斯坦、吉尔吉斯斯坦、土耳其、哈萨克斯坦、塞浦路斯、蒙古国
欧洲	波黑、立陶宛、突尼斯、摩洛哥、匈牙利、希腊、保加利亚、意大利、西班牙、法国、波兰、乌克兰、俄罗斯、白俄罗斯、罗马尼亚
非洲	阿尔及利亚、埃及
美洲	秘鲁、巴西、阿根廷、古巴

此外,《中华人民共和国最高人民法院和新加坡共和国最高法院关于承认与执行商事案件金钱判决的指导备忘录》已于 2018 年 8 月 31 日在第二届中新法律和司法圆桌会议上由中国最高院院长和新加坡最高院首席大法官正式签署。该备忘录虽不具有法律效力,但在"一带一路"倡议背景下,对于中国加强与新加坡等"一带一路"沿线国家之间在相互承认与执行民商事判决领域的司法合作有着重要的意义。②

(3)美国、英国、加拿大等国

2001 年 1 月,湖北葛洲坝三联实业股份有限公司和湖北平湖旅游船有限公司诉被告美国罗宾逊直升机有限公司产品质量事故纠纷案在联邦加州中部地区法院经过判决程序获得承认并得到执行。该案被称为"中国法院判决在美国成功获得承认与执行的第一案"。但美国等国与我国之间尚未签订关于民商事司法协助的双边协定,仍需要依照该国国内法操作。在没有双边协定的情况下,若想申请判决的境外执行,境外法院一般会根据互惠原则进行判定。互惠原则包含两方面的含义:首先,外国拒绝承认和执行本国法院判决的,本国也拒绝承认该外国法院的判决;其次,本国承认和执行外国法院判决的条件与外国承认和执行本国法院判决的条件必须对等。在具体判断上,上述国家主要遵循以下依据:①外国法院需对案件具有管辖权;②判决内容可执行;③外国法院的诉讼程序应符合正当程序要求,特别是送达程序应当合理完成;④外国判决需

① 参见李新立:《如何执行境外当事人为义务人的中国法院判决》,载"大成律师事务所"(bj-dacheng)微信公众号。

② 参见廖荣华、叶俊鑫、张子璇:《中国和新加坡相互承认与执行商事金钱判决备忘录述评》,载"汉坤律师事务所"(hankunlaw)微信公众号。

为终局判决;⑤不存在与该外国判决相冲突的其他内国或外国判决;⑥执行该外国判决不会违反内国的公共秩序;⑦该外国判决不是通过欺诈手段获得的;⑧满足互惠要求。[①]

小结:尽管中国大陆作出的判决或裁决越来越多地获得中国大陆以外其他地区或其他国家的认可与执行,但是现实中不被认可和执行的情况也非常普遍,即便获得认可,执行过程也会非常漫长。因此,资管机构在选择投资对象和担保措施时,不能迷信被投资方在境外的资产实力,依然要围绕境内资产进行风险评估和担保措施设计。如果确需考虑境外资产的变现可能时,建议尽量在交易文件中设置仲裁管辖条款,以便在将来发生执行程序时能够以最顺畅的途径实现境外财产的执行。

五、申请执行人、被执行人的变更和追加

在执行程序中申请执行人或被执行人的变更与追加,是资管机构经常遇到的现实问题。由于资管机构通常作为债权人和申请执行人,申请执行人的变更、追加主要是因为资管机构将资产管理过程中产生的债权以当时状况返还给委托人,或者作价转让给不良资产的受让人;而被执行人变更、追加的主要原因一方面是由于被执行人自身情况发生变化,另一方面则是为了扩大执行范围,增加回款概率。

1. 申请执行人的变更、追加

在资管产品的运营中,资管机构作为受托人的核心任务是“受人之托、代客理财”,所以资管机构在执行程序中发生变更执行主体的情况,主要是因为资管机构将不良债权作价转让给第三方,以实现快速变现的目的。也有一些案例中,是根据委托人的指令放弃资产管理职权,在执行阶段将资管产品的全部利益以现状形式分配、返还给委托人,从而由委托人代替资管机构成为申请执行人。2016 年以前,执行程序中的申请人主体变更问题在实操层面存在一定困难,除了四大金融资产管理公司在受让不良债权并申请变更申请执行主体时,因为明确的司法解释规定而不会受到法院的否定以外,其他债权受让人在申请时难免会遇到阻碍。不过 2016 年 11 月最高人民法院《关于民事执行中变更、

① 参见刘国林、陈卓:《中国民商事判决在境外申请强制执行之实务操作——以以色列为例》,载“国浩律师事务所”(grandall)微信公众号。

追加当事人若干问题的规定》出台,其中第9条明确规定:"申请执行人将生效法律文书确定的债权依法转让给第三人,且书面认可第三人取得该债权,该第三人申请变更、追加其为申请执行人的,人民法院应予支持。"据此,只要债权转让合法,无论是债权现状分配,还是基于债权作价转让,任何有资格受让债权的第三人都可以在申请变更申请执行主体时获得法院的支持。

另外最高人民法院《关于民事执行中变更、追加当事人若干问题的规定》第4~8条还就作为法人或其他组织发生终止、合并、分立、破产以及被撤销等情况时,申请执行人的变更、追加问题作出了明确规定。

2. 被执行人的变更和追加

相对而言,对被执行人以外的第三人进行变更、追加为被执行人,或者直接执行第三人名下的财产,比申请执行人的变更、追加问题更为复杂,同时也更加关乎资管机构的切身利益和执行效果。常见问题主要包括以下几方面。

(1)对被执行人配偶的追加和配偶未成年子女名下财产的执行

如果发现被执行人名下已无可供执行财产或不足以清偿债务,但是被执行人配偶、未成年子女名下有可供执行的财产,资管机构可以申请法院对其属于被执行人的部分予以执行。例如,江苏省高级人民法院出台的《关于执行疑难问题的解答》(苏高法〔2018〕86号)第4条指出:"生效法律文书仅载明被执行人个人为债务人,对于下列财产,执行法院可以执行。(一)被执行人配偶名下的存款、股权(股份)、金融理财产品等,婚后登记在被执行人配偶单方名下的房产、车辆以及婚后登记在被执行人和其配偶双方名下的房产、车辆等财产……(三)对于被执行人未成年子女名下与其收入明显不相称的较大数额存款,登记在被执行人未成年子女单方名下的房产、车辆或者登记在被执行人和其未成年子女名下的房产等,执行法院可以执行。……被执行人在共有财产中所占份额,以登记公示为准;没有登记公示的,按照出资额确定;不能确定出资额的,视为等额享有。但对于被执行人配偶单方名下以及被执行人与其配偶双方名下的夫妻共同财产,原则上以1/2份额为限执行……共有人及未成年人子女基于实体权利提出异议的,适用民事诉讼法第227条审查处理。"另外,各地高级人民法院针对登记于被执行人配偶名下房产但属于夫妻共同财产的执行问题也有类似规定。至于是否属于夫妻共同财产,法院执行部门具有一定的认定权利,但如果情况较为复杂,也不排除法院不予执行并告知申请执行人另行解决的可能性。

另外，当前司法实践中，关于是否直接追加被执行人配偶为被执行人的问题，虽然各地方法院掌握尺度不一，存在混乱现象，但从最高人民法院和各地方高级人民法院的态度看，并不支持，所以资管机构遇到此类问题，一般只可对其配偶名下属于夫妻共同财产的部分请求执行，却无法直接对其配偶的个人财产或申请法院采取“限高”、列入失信名单等其他限制措施。因此，资管机构在签订担保合同时要考虑担保人配偶的问题，在起诉时即应考虑对债务人配偶一并起诉。

(2)对被执行人的债务人的执行

最高人民法院《关于人民法院执行工作若干问题的规定(试行)》(法释〔1998〕15号)第61条规定：“被执行人不能清偿债务，但对本案以外的第三人享有到期债权的，人民法院可以依申请执行人或被执行人的申请，向第三人发出履行到期债务的通知。……”第63条规定：“第三人在履行通知指定的期间内提出异议的，人民法院不得对第三人强制执行，对提出的异议不进行审查。”第65条规定：“第三人在履行通知指定的期限内没有提出异议，而又不履行的，执行法院有权裁定对其强制执行。此裁定同时送达第三人和被执行人。”

据此可知，能否对被执行人的债务人进行强制执行，关键看该债务人对到期债务是否持异议，以及是否主动履行。如果债务人向法院提出书面异议，法院执行部门对于异议不作实质审查，即只要收到执行通知的第三人提出有效异议，法院执行部门就不能够对该第三人采取执行措施，申请执行人只能另行通过代位追偿诉讼实现对第三人的追偿，不过第三人以没有履行能力等理由提出异议，则不属于正当理由。如果第三人既未及时提出异议，又不主动履行的，法院就可以对该第三人作出裁定并予以强制执行。

(3)对被执行人恶意转移财产给第三人的变更、追加

最高人民法院《关于依法制裁规避执行行为的若干意见》(法〔2011〕195号)第20条规定：“……有充分证据证明被执行人通过离婚析产、不依法清算、改制重组、关联交易、财产混同等方式恶意转移财产规避执行的，执行法院可以通过依法变更追加被执行人或者告知申请执行人通过诉讼程序追回被转移的财产。”

据此可知，如果被执行人恶意转移财产意图规避执行，比如通过离婚析产将自己名下的财产转移给配偶，通过关联交易等方式转移给关联企业、股东或其他第三人，人民法院可以依法变更追加上述配偶、关联企业、股东或其他第三

人作为被执行人，不过其前提是申请执行人一方要有充分证据证明恶意转移行为，并需要主动向执行法院提出书面申请。

(4)其他追加、变更被执行人的情形

最高人民法院《关于民事执行中变更、追加当事人若干问题的规定》(法释〔2016〕21号)第10~25条还针对被执行人为自然人时的死亡、宣告死亡、宣告失踪，法人或其他组织合并、终止、分立，个人独资企业、合伙企业、法人分支机构等特殊企业类型，变更追加股东、出资人等责任主体，以及作为被执行人的法人或其他组织名下财产依行政命令被无偿调拨、划转给第三人等情形之下的变更、追加被执行人作出了详细规定，在此不再赘述。

第九章

实践中常见的纠纷类型及案例评析

CHAPTER 09

资产管理行业自2008年兴起以来，一直在探索创新的过程中急剧扩张，在快速发展的过程中，受立法滞后性等原因的影响，相关纠纷也呈爆发式增长。资管业务法律纠纷有着案情复杂、管辖不明、裁判尺度不统一等诸多突出特点，针对目前司法现状，对于相关案件类型进行总结并具体分析有助于读者加强理解与把握。本章即选取了目前争议及讨论较多、发生率较高的几种类型案件进行探讨，涵盖投资者适当性纠纷、投资者知情权纠纷、有限合伙人派生诉讼纠纷、通道类业务纠纷、明股实债纠纷以及差额补足义务纠纷，不同类型纠纷所涉及的业务种类可能有所差别，但是其背后法律基础及焦点问题是相通的，希望读者通过阅读能对上述几类纠纷有较为体系性的理解，并通过案例加深印象。

第一节　资产管理业务法律纠纷的现状

资产管理行业自2008年股灾之后开始逐渐兴起，并伴随着居民财富的增长和基金、信托等行业的发展及金融创新的浪潮而急剧扩张。截至2017年年底，各类资管产品整体规模已超过百万亿元，其中以信托、银行理财及保险等金融机构资管产品占比较高。但自2018年起，随着经济态势的持续下行，实体经济停滞不前，资产管理业务亦因此受到影响，且由此引发的纠纷呈爆发式增长。从当前的司法实践来看，该类纠纷主要具备如下几个特点。

一、案情复杂，往往涉及多方主体及多种法律关系，且存在多案交叉情形

首先，金融机构资管业务通常涉及多个交易主体，在资管计划结构化、资管产品相互嵌套的情况下，交易主体结构会更加复杂。例如，资管计划结构化设计中，一般包括委托方、受托方、融资方、增信提供方等4方主体，而增信提供方又包括保证人、质押人、抵押人、差额补足义务人等多个主体，可谓主体众多。在资管产品相互嵌套的情况下，亦会涉及多方主体。例如，银行将理财资金委托给信托公司、基金公司、保险公司等资产管理机构，以期获得投资回报，而信托公司、基金公司、保险公司收到该笔资金后并没有直接投向底层资产、实体经济，而是投向了资管产品，如信托公司将资金投向证券公司、保险公司或基金专户的资管计划，后者又可能继续将资金投向另一个资管计划。在层层嵌套下，除了委托方和最终的融资方外，交易主体可能包括银行、证券公司、信托公司、基金公司等多个金融机构。

其次，在交易主体多元化的情形下，各主体之间的法律关系也呈现出多样化和复杂化的态势。一般而言，委托方和受托方之间系委托或信托法律关系，增信提供方与资金方及融资方之间系担保法律关系，但由于交易结构的复杂化，且中间环节众多，各个主体之间还可能形成合伙、投资、借贷、托管、监管、受托管理、股权/债权回购、优先级/劣后级安排、差额补足等多个合同关系，各个合同之间既彼此关联，又相对独立，有时甚至相互矛盾，因此引发的法律纠纷相较于其他纠纷更为复杂。

最后,交易主体与法律关系的复杂化势必导致各纠纷主体之间基于不同合同及不同法律关系而产生一系列的案件。例如,在底层融资方出现违约或丧失履约能力的情况下,直接与融资方签署合同的相对方可能会提起违约之诉,但与此同时,投资方/委托人也可能基于委托合同或信托合同约定向受托人主张损失赔偿,乃至向没有合同关系的托管人、监管人等主张损失赔偿,从而形成多案、串案等情况。

二、案件多涉及管辖权纠纷,并可能存在仲裁和诉讼程序相交织情形

如前所述,资产管理业务所涉主体众多,各主体之间通常存在若干合同关系,而囿于合同的相对性及不同主体之间的谈判地位,每个合同所约定的管辖方式并不完全一致。比如,委托人/投资者与受托人/管理人之间签订的合同约定争议的解决方式为仲裁,而受托人/管理人与其他通道方/托管方/监管方在合同中约定的争议解决方式可能为诉讼。当委托人的资金受到损失时,其一般选择将直接与其签署合同的受托人及其他相关主体(通道方/托管方/监管方)均列为责任主体,此时就会产生仲裁与诉讼之间的冲突及管辖权争议。加之此类纠纷常伴随侵权责任与违约责任的竞合,且管辖协议本身亦可能存在效力问题,这些因素都将导致管辖纠纷更加复杂。此外,基于仲裁程序对第三人的严格限制与涉资产管理业务纠纷主体众多之间的矛盾,单独的仲裁程序或诉讼程序并不能彻底解决各方之间的争议,因此在案件审理过程中,可能存在仲裁和诉讼程序相互交织的情形。

三、案由设置不统一,各地法院裁判尺度和裁判标准也不统一

资产管理业务纠纷在司法实践中没有固定和统一的称谓,笔者在中国裁判文书网、北大法宝案例库、无讼案例库、威科先行案例库等几大裁判文书网站查询检索,发现该类纠纷经常被冠以"合同纠纷""营业信托纠纷""委托理财纠纷""股权转让纠纷""不当得利纠纷""委托贷款纠纷"等案由。笔者理解,由于资产管理并非法律概念,故各地法院在审理此类纠纷时,通常是根据当事人的诉请及所依据的合同来确定案由,但由于资产管理业务纠纷的特殊性和复杂性,此种简单的案由设定有时并不能反映纠纷的本质。

此外,在司法裁判方面,各地法院的裁判尺度和裁判标准也不统一。对于名股实债、通道方的责任、回购条款的法律效力等诸多资产管理业务纠纷中常

见的问题，不同法院，甚至是同一法院的不同审判人员都可能作出不同，甚至相反的裁判结果，导致此类纠纷没有统一的裁判先例可供参考。最高人民法院已关注到这一问题，并陆续发布了相关指导性意见以规范裁判标准。2017 年 8 月 4 日，最高人民法院发布了《关于进一步加强金融审判工作的若干意见》，该意见明确指出，要加强新类型金融案件的研究和应对，发布指导性案例，通过类案指导，统一裁判尺度。

2019 年 7 月 3 日至 4 日，全国法院民商事审判工作会议在黑龙江召开，会后最高人民法院民二庭于 2019 年 8 月 6 日通过官网发布了《全国法院民商事审判工作会议纪要（征求意见稿）》（以下简称《九民会议纪要（征求意见稿）》），其中诸多内容涉及金融资管类纠纷中合同效力的判定和当事人之间的权责划分，引发业界关注。就在本书即将付梓之时，最高人民法院于 2019 年 11 月 14 日正式发布了《全国法院民商事审判工作会议纪要》（以下简称《会议纪要》），《会议纪要》对统一资产管理纠纷的裁判尺度具有重要意义。尽管关于《会议纪要》的适用，最高人民法院民二庭负责人强调，《会议纪要》不是司法解释，不能作为裁判依据进行援引，在裁判文书具体分析法律适用的理由时，可以根据《会议纪要》的相关规定进行说理，但其对司法实践的影响不可忽视。故我们在分析具体纠纷类型时，将会结合《会议纪要》的内容进行论述。

四、资产管理业务目前的监管规范层级较低，缺乏统一的上位法规范

从当前的司法实践来看，资产管理业务纠纷可能涉及《合同法》《证券法》《公司法》《证券投资基金法》《合伙企业法》《信托法》等相关法律的规定，但这些属于“法律”层级的规定通常都是一些原则性的规定，而资产管理业务纠纷本身纷繁复杂，这些原则性的规定往往并不具有很强的针对性。由于上位法的缺失，监管机构颁布的大量部门规章和规范性文件就占据了主导地位。在2013～2017 年，证监会、银保监会（前身为银监会和保监会）等监管部门集中颁布了一系列的管理办法和监管规定，如《关于规范商业银行理财业务投资运作有关问题的通知》《关于规范银行业金融机构信贷资产收益权转让业务的通知》《私募投资基金监督管理暂行办法》《证券公司集合资产管理业务实施细则》《关于保险资金投资股权和不动产有关问题的通知》《关于保险资金投资创业投资基金有关事项的通知》等。由于银行、证券、基金、信托、保险等不同类别的资产管理机构分别由不同的监管机构进行监管，而上述监管机构在产品准入、投资方向、

投资者适当性管理等方面的监管政策和监管标准并不统一，导致资管业务的监管套利现象非常严重。随着金融风险的逐步积聚，监管政策逐渐趋于严格并开始注重监管的协调性和统一性，最终促成了《资管新规》的出台。[①]《资管新规》出台后，中国人民银行、银保监会和证监会先后发布了《关于进一步明确规范金融机构资产管理业务指导意见有关事项的通知》《商业银行理财业务监督管理办法（征求意见稿）》《证券期货经营机构私募资产管理业务管理办法（征求意见稿）》等细则性规定，标志着新监管时代的到来。但无论是证监会、银保监会等监管机构分别颁布的监管政策，还是《资管新规》，从效力层级上说仍属于部门规章或规范性文件，不能作为直接的司法裁判依据。特别是在认定合同效力、判定各方责任等问题上，依然应当遵循《合同法》等相关法律的规定。

不过值得关注的是，在上位法依然缺失的情况下，最高人民法院颁布的《关于进一步加强金融审判工作的若干意见》与《资管新规》在防范金融风险的大原则上是一致的，因此司法审判有赋予包括《资管新规》在内的金融监管政策更大影响力的趋势。例如，在福建伟杰投资有限公司与福州天策实业有限公司营业信托纠纷案[（2017）最高法民终 529 号]中，最高人民法院认为，双方签订的《信托持股协议》违反了原保监会颁布的《保险公司股权管理办法》的禁止性规定，损害了社会公共利益，该协议无效。尽管原保监会颁布的《保险公司股权管理办法》并非法律和行政法规，但是该管理办法关于禁止代持保险公司股权的规定与《保险法》的立法目的是一致的。并且，由于保险行业涉及众多不特定被保险人的切身利益，保险公司这种潜在的经营风险在一定情况下还将危及金融秩序和社会稳定，进而直接损害社会公共利益。而在北京北大高科技产业投资有限公司与光大兴陇信托有限责任公司借款合同纠纷案[（2015）民二终字第 401 号]中，最高人民法院更是直接援引《资管新规》的内容作为审判依据。最高人民法院首先认定案涉信托为银信通道业务，并认为“根据当前国家金融监管原则，商业银行应还原其业务实质进行风险管控，不得利用信托通道掩盖风险实质，将表内资产虚假出表；信托公司应确保信托目的合法合规，不得为委托方银行规避监管规定或第三方机构违法违规提供通道服务”。然后，最高人民法院引用《资管新规》第 29 条的规定，认为由于本案所涉信托贷款发生在 2011

---

① 所谓《资管新规》是指中国人民银行、银保监会、证监会和国家外汇管理局于 2018 年 4 月 27 日联合发布的《关于规范金融机构资产管理业务的指导意见》。

年,属于“过渡期”内的存量业务,故依据“法不溯及既往”的原则认定合同有效。上述案例具有风向标的作用,受到法律界和金融界的普遍关注。我们注意到,最高人民法院已将上述裁判意见反映在《会议纪要》中,例如,《会议纪要》第 31 条规定:“违反规章一般情况下不影响合同效力,但该规章的内容涉及金融安全、市场秩序、国家宏观政策等公序良俗的,应当认定合同无效。人民法院在认定规章是否涉及公序良俗时,要在考察规范对象基础上,兼顾监管强度、交易安全保护以及社会影响等方面进行充分说理。”

第二节　资产管理业务法律纠纷的主要类型

从当前的司法实践看,资产管理业务法律纠纷并未形成自己的独立体系,而是经常以股权纠纷、借款纠纷、营业信托纠纷、合同纠纷等形式体现。但与普通民商事纠纷相比,资产管理业务法律纠纷具有自身的特点,这里尝试从不同角度对资产管理业务法律纠纷的主要类型作一简单划分,这些划分存在一定程度的重叠。

以从事资产管理业务的不同金融机构为标准进行划分,资产管理业务法律纠纷包括银行资管纠纷、券商资管纠纷、保险资管纠纷、信托资管纠纷等。作此划分的意义在于,我国对资产管理行业实行分业监管,行业监管机构颁发的大量规章及规范性文件对判断资管产品的合规性及资产管理机构的义务和责任等具有重要参考价值。

以资管产品投向的底层资产性质为标准进行划分,资产管理业务法律纠纷主要包括债权项目纠纷和股权项目纠纷两大类。在债权项目纠纷中,根据债权产生的基础合同不同,常见的纠纷类型包括委托贷款合同纠纷、信托贷款合同纠纷、民间借贷纠纷等。在股权项目纠纷中,常见的纠纷类型包括股权转让纠纷、股权回购纠纷、公司增资纠纷、合同纠纷等。当然,上述分类是相对的,最典型的是名股实债问题,外观表象上具有股权投资特征,但内在本质上是一种债权融资。

以资产管理机构是否承担主动管理义务为标准进行划分,可将资产管理业务法律纠纷区分为通道类业务纠纷和非通道类业务纠纷两大类别。在资产管理机构比较单一,资产管理合同约定较为清晰的情况下,进行此种区分相对容易，且该等区分有利于判定资产管理机构的责任范围。但在资管产品层层嵌套，所涉主体众多且结构复杂的情况下，各主体之间的权利义务往往存在争议，而各资产管理机构是否属于通道方亦需仔细甄别。

以资产管理业务法律纠纷所涉及的主体为标准进行划分，可将此类纠纷大致区分为金融消费者与资管产品发行机构、销售机构及资产管理机构之间的纠纷，机构投资者（包括金融机构）与资产管理机构之间的纠纷，以及资产管理机构与底层融资方之间的纠纷。之所以将机构投资者与金融消费者进行区分，主要原因是作为金融消费者的个人投资者因缺乏专业金融知识，在金融交易中处于劣势，故法律给予特殊保护，从而衍生出了与机构投资者不同的独有的纠纷类型，例如投资者知情权纠纷、投资者适当性纠纷等通常不会发生在机构投资者与资产管理机构之间。至于资产管理机构与底层融资方之间的纠纷类型，与资管产品的投向、交易结构、合同内容等直接相关，资管产品的不同情形可能涉及不同类型的股权及债权纠纷。当然，目前也存在投资者突破合同相对性原则，“去通道方”依据法律关于隐名委托、代表诉讼等规定直接向底层融资方进行追索并获得法院支持的案例。

需要说明的是，笔者对资产管理法律纠纷类型作上述划分主要是为了方便下文进行更有针对性的论述，而非严格从科学及逻辑意义上对资产管理法律纠纷进行准确分类，故上述划分可能存在不当或错漏，还请读者理解。

从下一节开始，本书将就当前司法实践中所涉及的资产管理业务法律纠纷的主要类型及相关法律问题进行具体的分析和探讨。为使论述更具有针对性和直观性，该部分内容将采用“典型案例 + 分析”的写作模式，并将案例所涉及的主要法律问题用小标题加以概括。上述典型案例系笔者从各大案例搜索网站查询并筛选出的具有典型意义的公示案例。

第三节　金融消费者与资管产品发行机构、销售机构之间关于“适当性文务”的纠纷

我国成文法中首次使用“金融消费者”一词见于银监会[①]于 2006 年 12 月颁

① 银监会和保监会于 2018 年 4 月合并为银保监会，为论述方便，仍使用原名称。

布的《商业银行金融创新指引》(以下简称《指引》)。《指引》第4条规定:"金融创新是商业银行以客户为中心,以市场为导向,不断提高自主创新能力和风险管理能力,有效提升核心竞争力,更好地满足金融消费者和投资者日益增长的需求,实现可持续发展战略的重要组成部分";第18条规定:"商业银行开展金融创新活动,应遵守职业道德标准和专业操守,完整履行尽职义务,充分维护金融消费者和投资者利益"。值得注意的是,在上述《指引》中,银监会将"金融消费者"与"投资者"作了区分,这表明其认为"金融消费者"与一般意义上的"投资者"存在区别对待的必要。随着个人投资者越来越多地参与金融市场,"金融消费者"概念逐渐获得重视。中国人民银行办公厅于2013年印发的《中国人民银行金融消费权益保护工作管理办法(试行)》第4条尝试对"金融消费者"进行了解释,即"本办法所称金融消费者,是指在中华人民共和国境内购买、使用金融机构销售的金融产品或接受金融机构提供的金融服务的自然人"。2015年,国务院办公厅颁布了《关于加强金融消费者权益保护工作的指导意见》(国办发〔2015〕81号),中国人民银行随即根据该指导意见印发了《中国人民银行金融消费者权益保护实施办法》(银发〔2016〕314号),其中第2条对"金融消费者"的定义为"本办法所称金融消费者是指购买、使用金融机构提供的金融产品和服务的自然人"。

关于金融消费者与投资者之间的关系与区别,学术界有不同的认识。郭丹教授认为,"在金融投资领域,自然人投资者可被称之为金融消费者,相比较机构投资者而言,他们处于交易劣势,尤其需要得到特别的关注"。[①] 何颖博士在《金融消费者刍议》一文中认为,"金融消费者是指为生活需要购买金融商品或接受服务的个人",[②]从而将以投机获益为目的的自然人投资者排除在金融消费者之外。也有学者认为,金融消费者的主体评价标准应为主体实力强弱,不应简单将机构排除在金融消费者概念之外,只要出现实力以及信息不对称情况就应将机构纳入金融消费者的范围内并加以保护。[③] 纵观西方发达国家,其相关法律规定一般将金融消费者限定于自然人范围,其中以英美两国最为典型。美国于1999年颁布的《金融服务现代化法》将其定义为"从金融机构获得,主要为

① 郭丹:《金融消费者之法律界定》,载《学术交流》2010年第8期。
② 何颖:《金融消费者刍议》,载《金融法苑》2008年第2期。
③ 参见邢会强:《处理金融消费纠纷新思路》,载《现代法学》2009年第5期。

私人、家庭或家务目的之用的金融商品或服务的个人,还指此类个人的合法代表"。[①] 在2007年金融危机之后,美国国会于2010年通过了《多德—弗兰克华尔街改革与消费者保护法》,进一步加强了对金融消费者合法权益的保护,并将该法受保护的金融消费者界定为"消费金融商品或服务的自然人,或者代表该自然人的经纪人、受托人或代理人"。[②] 英国金融监管法同样将金融消费者限于自然人。[③]

笔者认为,鉴于暂难以就"主体实力强弱"划定科学标准,故"金融消费者"的概念宜限定在自然人范围内。此外,在当前金融创新越发复杂,金融市场信息不对称越发凸显的情况下,更应注重对自然人投资者的保护,故不宜从消费目的出发判断其是否属于"金融消费者",更何况判断自然人投资者购买金融产品或接受服务是否"出于生活需要"并不十分容易。质言之,对于非以营业为目的而购买金融产品或接受服务的自然人投资者,笔者认为均可纳入"金融消费者"的范畴。事实上,区分金融消费者和投资者(主要指机构投资者)的终极意义在于为金融市场上一定范围内的弱势交易主体提供特殊的倾斜性保护,其中"适当性原则"的运用最为典型。

典型案例1　投资需谨慎:经释明的投资人自担基金亏损风险

【案情简介】刘某系具有大专文化学历的退休教师,其从2014年9月开始购买基金。2015年6月,刘某投入46万元从中国邮政储蓄银行股份有限公司平度市支行(以下简称平度支行)两家营业部先后购买华商盛世成长基金、东方精选混合基金、易方达科讯混合基金等基金产品。刘某在购买上述基金产品时,均在中国邮政储蓄银行理财类业务交易回执上签字,该回执单上载明了交易日期、户名、产品名称、交易金额等事项,并特别注明了以下内容:"产品风险等级:高;客户风险等级:激进型;免责声明:基金的过往业绩并不预示其未来表现,基金管理人管理的其他基金的业绩并不构成新基金表现的保证;本基金经中国证券监督管理委员会核准发行,但中国证监会对本基金作出的任何决定,均不代表其对本基金的风险和收益作出实质性判断、推

① 《美国金融服务现代化法》,黄毅、杜要忠译,中国金融出版社2000年版,第177页。
② Dodd - Frank Wall Street Reform and Consumer Protection Act, Sec. 1002(4).
③ See FCA Handbook, Glossary, Definitions C.

荐或保证；基金管理人除尽诚信的管理义务外，不负基金的盈亏，亦不保证基金的最低收益。”后刘某因亏损5万余元向法院提起诉讼，要求平度支行及营业部赔偿该等损失。

【裁判结果】一审法院驳回了刘某的诉讼请求，二审法院判决驳回上诉，维持原判。

【审理情况】一审法院经审理认为，根据《商业银行个人理财业务管理暂行办法》第37条、[①]《证券投资基金销售管理办法》第59条[②]等部门规章的规定，平度支行及其营业部负有依照对客户刘某的风险评估等级及财务状况等推介合适产品的义务。本案刘某自2014年起多次购买基金，具有一定经验。其于2015年6月购买的混合型基金产品，平度支行评定的风险等级为高，类型为激进，平度支行亦将投资风险告知刘某，刘某在回执单中签字，因此平度支行及其营业部已尽到了释明义务，刘某应自行承担因购买基金造成的损失。刘某不服一审判决，上诉称其并非长期从事购买基金的职业购买人，平度支行营业部的工作人员极力向其推介混合基金产品，称该基金收益很高，而只字未提风险，刘某在没有任何专业知识的情况下盲目购入，纯粹是因为平度支行工作人员在销售过程中隐瞒事实。此外，平度支行营业部还存在主动推介、代填申单、代选产品的违法行为，刘某仅仅签名，对内容均不知情，平度支行营业部也未明确告知，且未按规定对刘某进行风险等级评估，故应当赔偿刘某的损失。平度支行及其营业部答辩认为，刘某系高级中学的退休教师，大专毕业，其本人长期在多个营业所购买基金，其对基金的认知不同于一般普通百姓。在其频繁的基金购买或加仓过程中，有赚有赔均属正常，且平度支行及其营业部已履行了提示义务。二审法院认为，本案争议焦点是平度支行及其营业部在刘某购买基金过程中是否存在过错。基金作为投资型理财产品，其本身具有一定风险，对于投资人而言，在做出购买基金的决定前应

---

① 《商业银行个人理财业务管理暂行办法》第37条规定：商业银行利用理财顾问服务向客户推介投资产品时，应了解客户的风险偏好、风险认知能力和承受能力，评估客户的财务状况，提供合适的投资产品由客户自主选择，并应向客户解释相关投资工具的运作市场及方式，揭示相关风险。商业银行应妥善保存有关客户评估和顾问服务的记录，并妥善保存客户资料和其他文件资料。

② 《证券投资基金销售管理办法》第59条规定：基金销售机构在销售基金和相关产品的过程中，应当坚持投资人利益优先原则，注重根据投资人的风险承受能力销售不同风险等级的产品，把合适的产品销售给合适的基金投资人。

对此有充分了解。在涉案几笔基金的购买过程中，刘某在《基金业务申请表》《业务交易回执》中签字确认，该申请表及回执中均有风险提示，其中交易回执的个人签字位置处也有明显的“投资有风险，选择需谨慎”字样，作为基金代销一方，平度支行及其营业部已尽到提醒义务，刘某签字确认的行为应视为其对风险明知且接受，故其在投资过程中的风险应由本人承担。刘某没有证据证明平度支行及其营业部的工作人员在销售过程中有欺诈、诱导、虚假陈述等行为，故应承担举证不能的责任。

典型案例2　出售基金有风险：银行未尽提示义务被判赔偿

【案情简介】李某在中国工商银行股份有限公司南京新街口支行（以下简称工行新街口支行）办理了一张工银财富卡，并用该卡进行基金交易。2015年6月4日，李某在工行新街口支行的营业场所利用其提供的设备购买了“九泰天富改革新动力混合基金”和“富国中证工业4.0指数基金”，认购金额各10万元。2017年6月27日，其购买的该等基金合计金额为115,230.67元，损失本金84,769.33元。为此，李某向法院提起诉讼，请求工行新街口支行赔偿其本金损失84,769.33元并以20万元为基数，按照银行同期贷款利率赔偿自2015年6月5日起至实际给付之日的利息损失。

【裁判结果】一审法院判决驳回李某的诉讼请求，二审法院改判工行新街口支行赔偿李某本金损失69,199.82元，并赔偿相应的利息损失（以20万元为本金基数，按照中国人民银行同期活期存款利率计算，自2015年6月15日至2017年10月11日止；以69,199.82元为本金基数，按照中国人民银行同期活期存款利率计算，自2017年10月12日至实际给付之日止）。

【审理情况】一审法院查明，李某在购买案涉基金前曾在工行新街口支行购买过其他基金产品，且工行新街口支行对李某的客户风险等级评定为平衡型。一审法院认为，工行新街口支行不仅是案涉基金的基金托管人，还为李某提供了个人投资产品推介、进行客户评估等服务，与李某之间构成了个人理财服务法律关系，因此工行新街口支行应履行该种法律关系项下的义务。鉴于双方之间未订立书面合同，金融监管部门的规范性文件中有关限制金融机构或增加其义务的规定，与法律、行政法规不相抵触的，可以作为依据。而在确定过错责任之前，首先要确定李某的损失金额。本案中，截至2017年6

月27日，两份基金合计损失本金84,769.33元，但该损失是浮动的。而截至一审开庭时，李某尚未赎回上述两份基金，其损失数额具有不确定性，故李某应当在赎回上述两份基金并确定损失数额后，再向工行新街口支行主张相应的权利。一审法院据此判决驳回李某的诉讼请求。李某不服一审判决，提起上诉，请求撤销一审判决，将本案发回重审或改判工行新街口支行赔偿李某本金损失69,199.82元（按照2017年10月11日赎回时确定的损失）以及利息损失（20万元本金自2015年6月5日按照银行同期贷款利率6%计算至2017年10月11日，69,199.82元自2017年10月12日起按照年息6%的标准计算至实际支付时止）。上诉理由主要包括：李某之前在工行新街口支行向其推介理财产品时，均明确要求购买风险性极小的保本型理财产品，工行新街口支行从未告知李某购买的系非保本型理财产品，因此李某应为保守型或稳健型客户。李某在2017年6月27日即起诉前的本金损失84,769.33元已经可以确定，如果一审法院认为该请求具有不确定性，应依法履行释明义务。工行新街口支行答辩称，李某曾多次购买非保本理财产品，有丰富的交易经验和对风险的认知能力。其长期从事非保本理财产品的投资交易，对同类型的案涉基金的性质收益以及可能发生的波动风险是明知的。李某购买案涉两款基金是通过其个人网银客户端的登录密码、账户交易密码及U盾密码完成操作，即是否最终购买案涉基金完全由李某自己决定。李某的风险等级评级为平衡型，案涉基金的风险等级与李某的风险等级虽然不匹配，但李某自主选择购买了案涉基金。

二审法院认为，本案争议焦点为：1. 工行新街口支行在销售案涉基金产品时是否违反适当性义务；2. 如果工行新街口支行存在违反适当性义务的侵权过错，则其承担的损失赔偿数额如何确定。关于第1个争议焦点问题，金融机构在向投资者销售金融产品或提供相关服务时，应履行适当性义务，而审查金融机构是否充分履行了适当性义务，主要应从适当推介和风险揭示两方面进行考量。其中适当推介系指金融机构应在充分了解投资者及产品的基础上，将适当的产品或服务推介给适当的投资者，这就要求金融机构应对投资者及产品分别进行风险评级，不得主动向投资者推介风险不匹配的产品；若投资者主动要求购买的，需履行特定风险揭示义务。本案中，工行新街口支行对李某的风险等级评级为平衡型，而案涉基金的类型分别为混合型和股票型，均为高风险，即该两只基金与李某的风险等级类型不匹配。工行新街口支行承认不匹配，但认为是李某自主选择购买案涉基金，且其已履行风险提示义务。对此，法院认为，由于金融机构与投资者作为金融交易中的双方在专业知识及掌握信息等方面均存在巨大的不对称性，因此为了保护处于弱势的投资者一方，应强化对金融机构适当性义务履行情况的审查，即参酌运用过错推定原则，要求金融机构就其是否履行适当性义务先行承担举证责任。而本案中，工行新街口支行未能就其已履行适当性义务完成举证责任，理由为：1. 工行新街口支行主张案涉基金系完全由李某自主购买，但李某不予认可。考虑到交易行为系发生于工行新街口支行的经营场所，且无现场录音录像等资料可以反映交易情形。仅凭李某使用个人网银进行购买这一事实显然不能当然排除工行新街口支行在李某选择购买案涉基金时的适当推介可能。因该事实的举证责任在于工行新街口支行，其应承担举证不利的法律后果，即工行新街口支行未能证明李某系排除了工行新街口支行的推介完全自主选择购买与李某自身风险等级不匹配的案涉基金，工行新街口支行应就此承担未予适当推介的责任。2. 即便系李某主动要求购买案涉基金，工行新街口支行仍需履行特定风险揭示义务。该种风险揭示义务的要求是具体而实质性的，绝非仅有形式意义。《商业银行个人理财业务管理暂行办法》第37条和《商业银行个人理财业务风险管理指引》第23条[①]对此有明确规定。工行新街口支行所称在理财经理办公室客户咨询台前张贴了理财产品风险提示函的行为，显然不能起到对投资者购买特定产品的具体风险予以充分揭示的作用。工行新街口支行亦未能提供充分证据证明其以金融消费者能够充分了解的方式向李某说明案涉基金产品的运作方式和将最大损失风险以显著、必要的方式向李某作出特别说明。此外，工行新街口支行也没有按照金融监管的要求由李某书面确认是客户主动要求了解和购买产品，并妥善保存顾问服务的记录。因此，应认定工行新街口支行在李某购买案涉基金过程中未尽适当性义务，以致李某实际购买了与其风险等级不匹配的产品。虽然

---

① 《商业银行个人理财业务风险管理指引》（目前已失效）第23条规定：对于市场风险较大的投资产品，特别是与衍生交易相关的投资产品，商业银行不应主动向无相关交易经验或经评估不适宜购买该产品的客户推介或销售该产品。客户主动要求了解或购买有关产品时，商业银行应向客户当面说明有关产品的投资风险和风险管理的基本知识，并以书面形式确认是客户主动要求了解和购买产品。

李某在案涉投资行为前曾有购买其他风险较高产品的经验，但本案中反映的工行新街口支行对李某的风险等级评级依然是平衡型，并没有因而调整到与案涉基金相匹配的风险等级，也就是说工行新街口支行并不因此减轻或免除应尽的适当性义务，故应认定工行新街口支行的过错行为与李某的损失间具有相当因果关系，工行新街口支行应对此承担相应的赔偿责任。

关于第2个争议焦点问题，即工行新街口支行应当承担的损失赔偿数额问题，二审法院认为，对于李某的损失，应当以其实际损失为基础，根据双方过错程度公平予以确定。现李某分别以10万元价格购买案涉两只基金，而赎回后两只基金净值分别为73,425.66元、57,374.52元，即李某实际损失为69,199.82元。工行新街口支行认为李某的损失是证券市场正常波动的结果，与李某选择在何种时机赎回基金有关，即李某对损害结果的发生或扩大具有过错。对此，二审法院认为，证券市场价格变动不居，投资者如何预知价格走势，并究竟于何时决定卖出产品，始称善尽义务而非与有过失，实难预知，故不能仅以投资者未在价格高点卖出产品而推论其对损害结果存有过错。李某因购买案涉基金产品而实际所受损失69,199.82元，可向工行新街口支行全额求偿。关于利息损失，该项主张属于可得利益和间接损失，酌情按照中国人民银行同期活期存款利率予以支持。

小结：类似上述案例的情形在司法实践中大量发生，审判机构对个案的审理虽然可能基于对案件事实、证据的认定及裁判价值的倾向而产生不同的审理结果，但大多已将“适当性原则”引入到裁判说理当中并作为判断金融机构责任的重要依据。

“适当性原则”在国外立法中有较为清晰的定义和细致的规定。例如，美国证券交易委员会规则及全美证券交易商协会规则将“适当性原则”定义为金融机构在金融商品销售与服务中将适合的产品提供给投资者的义务。日本《金融贩卖法》第7条规定：“金融机构业者于劝诱其金融商品业务时，必须尽力确保其劝诱的适当性。”欧盟于2007年实施的《金融工具市场指令》（MIFID）中规定，金融机构向客户提供金融服务要建立在“了解你的客户”基础上，有针对性地提供与客户的知识、经验及风险承受能力等相符合的金融商品或服务。英国为配合欧盟MIFID的实施，在其规范手册（FCA Handbook）中颁布了“商业行为规则”(Conduct of Business Sourcebook,COBS),该规则同样对金融商品交易中的适当性原则进行了规范。根据 COBS 的规定,在金融机构提供投资建议或投资管理服务的情形下,应当获得投资者有关特定金融商品或服务的知识、经验、财务状况以及投资目标等信息,并在此基础上进行适当性评估,以判断该特定商品或服务是否适合投资者。此外,COBS 还要求金融机构在向投资者推荐集合理财计划、信托投资、个人退休年金等特定金融商品时,提供必要的适当性报告,并将适当性推荐相关的记录保留一定的期限。

我国关于适当性原则的规定除了在《证券投资基金法》和《证券公司监督管理条例》中有概括性规定,主要散见于金融监管机构颁布的规章和规范性文件中。例如,被审判机构经常引用的《商业银行个人理财业务管理暂行办法》和《商业银行个人理财业务风险管理指引》即是银监会于 2005 年颁布的指导性规定。2008 ~ 2009 年,银监会进一步发布了《关于进一步规范商业银行个人理财业务有关问题的通知》《关于进一步规范商业银行个人理财业务投资管理有关问题的通知》等文件,对客户评估机制、客户和理财产品的分类等问题进行了规定。上述文件目前均已失效,取而代之的是银保监会于 2018 年 9 月 26 日发布并实施的《商业银行理财业务监督管理办法》。该管理办法基本延续了上述文件的原则性规定并有所扩展。例如,该管理办法第 26 条第 1 款规定:“商业银行销售理财产品,应当加强投资者适当性管理,向投资者充分披露信息和揭示风险,不得宣传或承诺保本保收益,不得误导投资者购买与其风险承受能力不相匹配的理财产品。”第 28 条规定:“商业银行应当对非机构投资者的风险承受能力进行评估,确定投资者风险承受能力等级,由低到高至少包括一级至五级,并可以根据实际情况进一步细分。商业银行不得在风险承受能力评估过程中误导投资者或者代为操作,确保风险承受能力评估结果的真实性和有效性”。第 29 条第 1 款规定:“商业银行只能向投资者销售风险等级等于或低于其风险承受能力等级的理财产品,并在销售文件中明确提示产品适合销售的投资者范围,在销售系统中设置销售限制措施。”证监会颁布的关于投资者适当性的规定主要体现在《创业板市场投资者适当性管理暂行规定》《证券投资基金销售适用性指导意见》《证券期货投资者适当性管理办法》等部门规章中,主要内容是要求证券、期货、基金产品的销售机构在销售产品或提供服务的过程中,应勤勉尽责,审慎履职,全面了解投资者情况,深入调查分析产品或者服务信息,科学有效评估,充分揭示风险,基于投资者的不同风险承受能力以及产品或者服务的不同风险等级等因素，提出明确的适当性匹配意见，将适当的产品或者服务销售或者提供给适合的投资者，并对违法违规行为承担法律责任。保监会在“适当性”方面的成文规定相对较少，也较为简单，且其侧重点不是金融消费者的风险承受能力，而是满足金融消费者（投保人）实际的金融消费需要。2018 年 4 月 27 日，由中国人民银行、银保监会、证监会、国家外汇管理局联合发布的《资管新规》第 6 条可以说对各监管机构规定的“适当性原则”作了一个总结，即“金融机构发行和销售资产管理产品，应当坚持‘了解产品’和‘了解客户’的经营理念，加强投资者适当性管理，向投资者销售与其风险识别能力和风险承担能力相适应的资产管理产品。禁止欺诈或者误导投资者购买与其风险承担能力不匹配的资产管理产品。金融机构不得通过拆分资产管理产品的方式，向风险识别能力和风险承担能力低于产品风险等级的投资者销售资产管理产品”。

客观地说，上述部门规章和规范性文件对于法院解决此类纠纷发挥了积极的作用。但该等部门规章和规范性文件所处的法律层级较低，且偏重于指导性、自律性而非强制性，不能作为判定合同效力的直接依据，对于判断金融机构是否履行了“适当性义务”也仅具有参考意义，亟须更高层级的法律、法规或司法解释等进行规制，以便更充分地保护金融消费者的利益。就在本书即将付梓之时，第十三届全国人大常委会第十五次会议通过了《证券法》的修改。新修订的《证券法》第 88 条对证券公司向投资者销售证券和提供服务时的“适当性义务”进行了明确规定（下文详述）。最高人民法院亦已关注到当前经济下行大背景下日益增多的涉金融消费者纠纷，该类纠纷如果处理不当，很容易激化社会矛盾，引发群体性事件，并不利于维护正常有序的金融秩序。为此，最高人民法院于 2019 年 11 月 14 日发布的《会议纪要》第 5 大项专门规定了“关于金融消费者权益保护纠纷案件的审理”，共 7 条（第 72 ~ 78 条），涉及法律适用规则、责任主体、举证责任的分配、损失赔偿数额的确定等司法审判中最常遇到的问题。笔者现结合《会议纪要》的相关规定对“适当性原则”在司法实践中的应用及所涉及的相关问题作一阐述。

一、“适当性义务”的定义及法律性质

《会议纪要》第 72 条首先明确了“适当性义务”的概念，即“适当性义务是指卖方机构在向金融消费者推介、销售银行理财产品、保险投资产品、信托理财产品、券商集合理财计划、杠杆基金份额、期权及其他场外衍生品等高风险等级

金融产品,以及为金融消费者参与融资融券、新三板、创业板、科创板、期货等高风险等级投资活动提供服务的过程中,必须履行的了解客户、了解产品、将适当的产品(或者服务)销售(或者提供)给适合的金融消费者等义务"。上述定义列举了当前金融消费市场中存在的主要金融产品和服务的类型,并将了解客户、了解产品以及产品与金融消费者的适配性作为"适当性义务"的主要内容,有助于金融机构准确理解"卖者尽责,买者自负"的内涵,并厘清金融机构的责任范围。

关于"适当性义务"的法律性质,我们注意到,在《九民会议纪要(征求意见稿)》中,最高人民法院的意见是将其定性为先合同义务,即"卖方机构对金融消费者负有适当性义务,该义务性质上属于《合同法》第 60 条第 2 款规定的先合同义务。卖方机构未尽适当性义务导致金融消费者损失的,应当根据《合同法》第 42 条第 3 项之规定承担赔偿责任",[①]但正式发布的《会议纪要》删除了这一内容。

我们在以"投资者适当性""适当性义务""适当性原则"等为关键词检索金融消费者与金融机构之间的争议案例时发现,其案由名称一般为服务合同纠纷(如上述典型案例 1)、金融服务合同纠纷、委托理财合同纠纷、财产损害赔偿纠纷(如上述典型案例 2)或侵权责任纠纷,且以财产损害赔偿纠纷为案由的案例居多。在最高人民法院颁布的《民事案件案由规定》中,"财产损害赔偿纠纷"案由位列于第三部分第五类"物权保护纠纷"项下,属于侵权责任纠纷的范畴,而服务合同纠纷、委托理财合同纠纷等案由则隶属于第四部分第十类"合同纠纷"。从案由的确定即可看出,司法实践中有相当比例的法院倾向于认为金融机构违反"适当性原则"将基金、证券、理财产品等金融产品销售给不匹配的金融消费者,并给金融消费者造成损失的,属于侵权案件的范畴。例如上述典型案例 2,二审法院即是以工行新街口支行是否满足侵权行为的四个构成要件(加害行为、损害结果、加害行为与损害结果之间的因果关系、行为人的主观过错)来论证工行新街口支行应否承担赔偿责任。而我们同时注意到,有的法院即使将案由定性为服务或金融服务合同纠纷,但在审理过程中采用的仍然是侵权案件的审理思维模式,如判定金融机构是否存在过错,该过错与损害结果之间是否存在因果关系等(如上述典型案例 1),而较少认为金融机构对适当性义务的

① 参见《九民会议纪要(征求意见稿)》第 72 条。

违反是一种受《合同法》规制的行为。

关于金融机构违反适当性义务所应承担的民事责任的性质，学术界主要存在侵权责任说、违约责任说、缔约过失责任说、责任竞合说等不同意见。《九民会议纪要(征求意见稿)》第72条显然采用了缔约过失责任说的观点。

在该征求意见稿发布后，有学者指出第72条的内容存在逻辑矛盾。第72条前半部分认为“适当性义务”的性质属于《合同法》第60条第2款规定的先合同义务，但《合同法》第60条系设置在第四章“合同的履行”项下，第60条第2款的规定应当属于合同义务，在此情形下，第72条后半部分又规定卖方机构违反“适当性义务”应承担《合同法》第42条第3项规定的缔约过失责任，而非违约责任，前后两部分存在矛盾。我们认为，这种观点有失偏颇。《合同法》第60条第2款和第42条第3项的内容分别是“当事人应当遵循诚实信用原则，根据合同的性质、目的和交易习惯履行通知、协助、保密等义务”；以及“当事人在订立合同过程中有下列情形之一，给对方造成损失的，应当承担损害赔偿责任……(三)有其他违背诚实信用原则的行为”。《合同法》第60条第2款从严格意义上说是关于合同附随义务的规定，而非专门对先合同义务的规定。但广义的附随义务包括先合同义务、合同履行中的附随义务和后合同义务。先合同义务与附随义务的主要区别在于义务产生的时间不同，前者产生于缔约过程中，至合同成立或生效时止，后者则是贯穿于合同产生、履行、消灭的全过程。因此，先合同义务仍然属于附随义务的一部分，或者说附随义务包括先合同义务，将《合同法》第60条第2款的规定仅限定为合同义务过于机械。在“适当性义务”被定性为先合同义务的前提下，如卖方机构违反该等义务，按照《合同法》第42条的规定承担缔约过失责任是顺理成章的。

但我们注意到，最高人民法院在正式发布的《会议纪要》中删除了上述内容。根据人民法院出版社最新出版的由最高人民法院民二庭编著的《〈全国法院民商事审判工作会议纪要〉理解与适用》(以下简称《会议纪要理解与适用》)，最高人民法院认为，[①]《证券法》《证券投资基金法》《证券公司监督管理条例》等法律、行政法规规定的适当性义务构成卖方机构的法定义务，而对于尚未被法律、行政法规规定的适当性制度，卖方机构的适当性义务应当被视为一种

① 参见最高人民法院民事审判第二庭编著:《〈全国法院民商事审判工作会议纪要〉理解与适用》，人民法院出版社2019年版，第413页。

特殊的诚信义务,即《合同法》第42条规定的先合同义务。由此我们认为,删除的主要原因应是最高人民法院认为将"适当性义务"一概定性为"先合同义务"不够完善和周延。但从《会议纪要理解与适用》一书可以看出,即便此条内容被删除,最高人民法院也并未采用侵权责任说或责任竞合说的观点来认定卖方机构的责任,而仍然认为卖方机构违反适当性义务应承担的是缔约过失责任。我们对此是赞同的,因为金融消费者与传统消费者权益的保护毕竟有所不同。一般而言,传统消费者因商品质量本身的瑕疵而与经营者发生的纠纷通常属于合同纠纷,而在其因购买商品造成人身或财产损害的情形下,则会发生侵权责任和违约责任的竞合。例如,消费者购买的质量不合格的电视发生爆炸,导致其受伤或家中物品发生损害,此时消费者可以依据《合同法》第122条[①]及《侵权责任法》第五章"产品责任"的规定主张经营者承担侵权责任或违约责任。但金融消费者购买的金融商品与普通有形实物商品相比,具有非实体、不可储存、抽象性、复杂性、收益和风险不确定等特征,金融商品本身不会造成金融消费者人身或除该产品自身收益风险之外的财产损失,金融消费者的损失一般仅源于金融商品自身的风险,并且这种风险在金融消费者与金融机构缔结买卖金融产品的合同时即已存在,故其本质上仍属于金融消费者因商品质量本身的瑕疵而与经营者发生的纠纷,即合同纠纷。在《会议纪要理解与适用》一书中,最高人民法院明确指出对于卖方机构与金融消费者之间因销售金融产品而引发的民商事案件,应当以合同纠纷案由来确定,而不宜选用侵权责任类案由,可考虑使用金融委托理财合同纠纷作为案由。[②]

此外,还需特别注意对《会议纪要》第72条使用的"高风险等级金融产品和金融服务"概念的正确理解。最高人民法院认为,上述概念并非金融学意义的风险等级,而是特指将来发生不利益状态之可能性,主要以本金损失为判断标准,因此本条的适用范围实际上包括除存款外的所有具有本金损失可能性的金融产品和服务,而非以金融机构依自己内部标准对金融产品划定的风险等级来决定适用范围。[③] 在引发业界关注的王某与中国建设银行股份有限公司北京恩

---

① 《合同法》第122条规定:因当事人一方的违约行为,侵害对方人身、财产权益的,受损害方有权选择依照本法要求其承担违约责任或者依照其他法律要求其承担侵权责任。

② 参见最高人民法院民事审判第二庭编著:《〈全国法院民商事审判工作会议纪要〉理解与适用》,人民法院出版社2019年版,第415页。

③ 参见最高人民法院民事审判第二庭编著:《〈全国法院民商事审判工作会议纪要〉理解与适用》,人民法院出版社2019年版,第417页。

济支行财产损害赔偿纠纷一案中,卖方机构以王某购买的涉诉基金的风险等级为中风险进行抗辩,但未获法院支持。从最高人民法院的上述意见看,实践中常见的银行理财产品、保险投资产品、信托理财产品、券商集合理财计划等金融产品和金融服务不论风险等级高低,均适用《会议纪要》第72条的规定。

二、“适当性义务”的法律适用规则

鉴于最高人民法院将“适当性义务”的法律性质定性为先合同义务,《会议纪要》第73条相应规定合同法是确定卖方机构“适当性义务”内容的上位法之一。除合同法外,《会议纪要》第73条还规定了“适当性义务”的其他上位法依据,即“在确定卖方机构适当性义务的内容时,应当以合同法、证券法、证券投资基金法、信托法等法律规定的基本原则和国务院发布的规范性文件作为主要依据。相关部门在部门规章、规范性文件中对高风险等级金融产品的推介、销售,以及为金融消费者参与高风险等级投资活动提供服务作出的监管规定,与法律和国务院发布的规范性文件的规定不相抵触的,可以参照适用”。

上述规定同时明确了不同效力层级的成文法在审判实践中的适用规则,改变了审判机构过分依赖监管机构颁布的规范性文件的现状。具体而言,最高人民法院认为《证券法》《证券投资基金法》《信托法》等法律或国务院发布的规范性文件对“适当性义务”有明确规定或者虽然没有明确采用“适当性义务”这一概念,但已体现了这一基本原则的,应作为裁判适用的主要法律依据。例如,前述新修订的《证券法》第88条明确规定:“证券公司向投资者销售证券、提供服务时,应当按照规定充分了解投资者的基本情况、财产状况、金融资产状况、投资知识和经验、专业能力等相关信息;如实说明证券、服务的重要内容,充分揭示投资风险;销售、提供与投资者上述状况相匹配的证券、服务。投资者在购买证券或者接受服务时,应当按照证券公司明示的要求提供前款所列真实信息。拒绝提供或者未按照要求提供信息的,证券公司应当告知其后果,并按照规定拒绝向其销售证券、提供服务。证券公司违反第一款规定导致投资者损失的,应当承担相应的赔偿责任。”《证券投资基金法》第98条规定:“基金销售机构应当向投资人充分揭示投资风险,并根据投资人的风险承担能力销售不同风险等级的基金产品”。《信托法》第5条规定:“信托当事人进行信托活动,必须遵守法律、行政法规,遵循自愿、公平和诚实信用原则,不得损害国家利益和社会公共利益。”国务院颁布的《证券公司监督管理条例》(国务院令第522号)第29条规定："证券公司从事证券资产管理业务、融资融券业务，销售证券类金融产品，应当按照规定程序，了解客户的身份、财产与收入状况、证券投资经验和风险偏好，并以书面和电子方式予以记载、保存。证券公司应当根据所了解的客户情况推荐适当的产品或者服务……"国务院办公厅颁布的《关于加强金融消费者权益保护工作的指导意见》（国办发〔2015〕81 号）第 3 条第 2 项规定："建立金融消费者适当性制度。金融机构应当对金融产品和服务的风险及专业复杂程度进行评估并实施分级动态管理，完善金融消费者风险偏好、风险认知和风险承受能力测评制度，将合适的金融产品和服务提供给适当的金融消费者。"第 4 项规定："保障金融消费者知情权。金融机构应当以通俗易懂的语言，及时、真实、准确、全面地向金融消费者披露可能影响其决策的信息，充分提示风险，不得发布夸大产品收益、掩饰产品风险等欺诈信息，不得作虚假或引人误解的宣传。"

当然，由于金融产品的多样化以及司法实践的复杂性，上述上位法的原则性规定适用到具体的个案中可能仍略显单薄，故最高人民法院认可监管部门针对金融机构在高风险金融产品推介、销售等活动中应履行的"适当性义务"所作出的具体规定（部门规章和规范性文件）在与法律和国务院发布的规范性文件不相抵触的情况下可参照适用。在《会议纪要理解与适用》一书中，最高人民法院将"不相抵触"细化为三种情形，一是在两者的规定一致时，适用高位阶法律的规定；二是部门规章、规范性文件较法律、国务院发布的规范性文件规定的适当性要求更高时，采"就高不就低"标准，即参照适用部门规章、规范性文件的规定来认定卖方机构是否违反"适当性义务"；三是部门规章、规范性文件较法律、国务院发布的规范性文件规定的适当性要求更低时，则构成相抵触情形，应根据法律、行政法规和国务院发布的规范性文件规定作出裁判。此外，最高人民法院认可金融行业自律管理组织制定的自律管理规范在不与上位法抵触的情况下，亦可参照适用。①

我们认为，在当前我国仍实行金融机构分业监管的模式下，中国人民银行、证监会、银保监会等监管机构颁布的部门规章和规范性文件以及金融行业自律性规范对于规范金融机构的经营行为，保护金融消费者利益仍具有重要作用，

---

① 参见最高人民法院民事审判第二庭编著：《〈全国法院民商事审判工作会议纪要〉理解与适用》，人民法院出版社 2019 年版，第 417 页。

但在此基础上，最高人民法院明确了“适当性原则”的上位法依据则更加有利于法律适用规则的统一。

三、关于违反适当性义务导致金融消费者损失的责任承担主体

《会议纪要》第 74 条规定：“金融产品发行人、销售者未尽适当性义务，导致金融消费者在购买金融产品过程中遭受损失的，金融消费者既可以请求金融产品的发行人承担赔偿责任，也可以请求金融产品的销售者承担赔偿责任，还可以根据《民法总则》第 167 条的规定，请求金融产品的发行人、销售者共同承担连带赔偿责任。发行人、销售者请求人民法院明确各自的责任份额的，人民法院可以在判决发行人、销售者对金融消费者承担连带赔偿责任的同时，明确发行人、销售者在实际承担了赔偿责任后，有权向责任方追偿其应当承担的赔偿份额。金融服务提供者未尽适当性义务，导致金融消费者在接受金融服务后参与高风险等级投资活动遭受损失的，金融消费者可以请求金融服务提供者承担赔偿责任。”

与《九民会议纪要(征求意见稿)》相比，《会议纪要》的上述内容主要有两点修改，一是将金融产品与金融服务进行区分，从逻辑上更加完善和周延；二是明确了金融产品发行人和销售者承担连带赔偿责任的法律依据，即《民法总则》第 167 条的规定：“代理人知道或者应当知道代理事项违法仍然实施代理行为，或者被代理人知道或者应当知道代理人的代理行为违法未作反对表示的，被代理人和代理人应当承担连带责任。”

我们理解，《会议纪要》第 74 条的规定参考了《消费者权益保护法》第 40 条第 1 款和第 2 款的内容，即“消费者在购买、使用商品时，其合法权益受到损害的，可以向销售者要求赔偿。销售者赔偿后，属于生产者的责任或者属于向销售者提供商品的其他销售者的责任的，销售者有权向生产者或者其他销售者追偿。消费者或者其他受害人因商品缺陷造成人身、财产损害的，可以向销售者要求赔偿，也可以向生产者要求赔偿。属于生产者责任的，销售者赔偿后，有权向生产者追偿。属于销售者责任的，生产者赔偿后，有权向销售者追偿”。

我们经检索案例发现，金融消费者因购买商业银行代为销售的基金产品发生损失而向商业银行主张赔偿的案例占相当比例。在此类案例中，金融消费者一般将商业银行(含商业银行分行、支行、营业部等)及直接进行推介的销售人员作为被告，小部分案例将基金发行人及商业银行作为共同被告，要求两者对

金融消费者的损失承担连带赔偿责任。商业银行经常采用的抗辩观点之一即是其与基金发行人签订有合作协议或代理销售协议，双方之间是委托代理关系，相关法律责任及法律后果应由作为被代理人的基金发行人承担。但该答辩意见较少获得裁判者的支持，原因主要在于银保监会、证监会等监管机构颁布的《商业银行理财业务监督管理办法》《商业银行开展代理销售基金和保险产品相关业务风险提示的通知》《证券投资基金销售管理办法》等规章和规范性文件中均明确规定，商业银行在代理销售基金产品过程中负有"适当性义务"，该义务并不因其代理人身份而被豁免。现《会议纪要》第 74 条虽然认可金融产品发行人与销售者之间构成代理关系，但同时赋予了金融消费者依据《民法总则》第 167 条关于代理人与被代理人承担连带责任的规定同时向金融产品发行人与销售者主张赔偿的权利，法律依据更为明确。至于作为被告的销售人员，裁判者一般引用《民法通则》第 43 条、①《民法总则》第 170 条②等相关法律的规定认定其销售行为系属职务行为，该职务行为的法律后果由商业银行承担。

我们认为，《会议纪要》第 74 条允许金融消费者突破合同相对性原则，选择向金融产品的发行人和/或销售者主张赔偿，显然能更充分地保障金融消费者的利益。

至于金融产品发行机构与代销机构之间的责任分担问题，《会议纪要理解与适用》认为可根据违反适当性义务的事实发生原因、销售者对代销协议的履行情况、发行人的金融产品募集文件是否违反投资者适当管理制度等方面，来确定发行人与销售者双方的过错程度并进而确定各自责任份额。③ 我们理解，实践中，可以金融产品发行/销售合同以及发行机构与代销机构之间的合同对各方权利义务的约定为主要依据，并视金融产品发行人和销售者各自履行"适当性义务"的情况确定责任的承担方式。在确定两者责任时，可同时参考《资管新规》第 9 条的规定，即"金融机构应当建立资产管理产品的销售授权管理体系，明确代理销售机构的准入标准和程序，明确界定双方的权利与义务，明确相关风险的承担责任和转移方式。金融机构代理销售资产管理产品，应当建立相

① 《民法通则》第 43 条规定：企业法人对它的法定代表人或其他工作人员的经营活动，承担民事责任。

② 《民法总则》第 170 条规定：执行法人或非法人组织工作任务的人员，就其职权范围内的事项，以法人或者非法人组织的名义实施民事法律行为，对法人或者非法人组织发生效力。

③ 参见最高人民法院民事审判第二庭编著：《〈全国法院民商事审判工作会议纪要〉理解与适用》，人民法院出版社 2019 年版，第 422 页。

应的内部审批和风险控制程序,对发行或者管理机构的信用状况、经营管理能力、市场投资能力、风险处置能力等开展尽职调查,要求发行或者管理机构提供详细的产品介绍、相关市场分析和风险收益测算报告,进行充分的信息验证和风险审查,确保代理销售的产品符合本意见规定并承担相应责任”。

四、“适当性义务”的举证责任分配

从本节摘取的两个典型案例可以看出,审判机构采用了不同的举证责任分配方式。在上述典型案例 1 中,法院根据“谁主张、谁举证”的一般举证规则认为,“刘某没有证据证明平度支行及其营业部的工作人员在销售过程中有欺诈、诱导、虚假陈述等行为,故应承担举证不能的责任”;在上述典型案例 2 中,法院认为,“由于金融机构与投资者作为金融交易中的双方从专业知识及掌握信息等方面均存在巨大的不对称性,因此为了保护处于弱势的投资者一方,应强化对金融机构适当性义务履行情况的审查,即参酌运用过错推定原则,要求金融机构就其是否履行适当性义务先行承担举证责任”。《会议纪要》第 75 条规定的举证责任分配原则与上述典型案例 2 基本一致,即“在案件审理过程中,金融消费者应当对购买产品(或者接受服务)、遭受的损失等事实承担举证责任。卖方机构对其是否履行了适当性义务承担举证责任。卖方机构不能提供其已经建立了金融产品(或者服务)的风险评估及相应管理制度、对金融消费者的风险认知、风险偏好和风险承受能力进行了测试、向金融消费者告知产品(或者服务)的收益和主要风险因素等相关证据的,应当承担举证不能的法律后果。”最高人民法院在《会议纪要理解与适用》一书中指出,由于金融交易的复杂性和专业性,金融消费者囿于自身获取证据能力方面客观上的不足,在举证证明自己所主张的卖方机构违反投资者适当性义务的事实方面往往面临很大的困难,本条是从公平原则和举证便利性角度出发作此规定,这与金融监管机构颁布的监管规则对卖方机构适用过错推定归责原则是一致的。例如,《证券期货投资者适当性管理办法》第 34 条规定,经营机构应当妥善处理适当性相关的纠纷,与投资者协商解决争议,采取必要措施支持和配合投资者提出的调解。经营机构履行适当性义务存在过错并造成投资者损失的,应当依法承担相应法律责任;经营机构与普通投资者发生纠纷的,经营机构应当提供相关资料,证明其已向投资者履行相应义务。根据法理,在适用过错推定原则时,实行举证责任倒置,即由卖方机构承担证明其充分履行投资者适当性义务而不存在过错的举证责任。①

并且,在当前的金融实践中,由金融机构对履行"适当性义务"承担举证责任亦属合理,并未增加其额外负担。前已提及的银保监会、证监会等监管机构颁布的关于投资者适当性管理的规章和规范性文件中,均要求金融机构对金融消费者的风险承受能力等进行评估并保留评估记录,同时实施理财产品销售专区管理,在销售专区内对每只理财产品销售过程进行录音录像,并要求金融机构妥善保存上述资料。因此,金融机构完全有能力进行举证,不存在为保护金融消费者利益而加重金融机构举证义务的情形。

五、"适当性义务"中的告知说明义务

我们注意到,各监管机构对"适当性义务"的具体规定虽稍有差异,但以下两个内容是必然包括在内的,一是告知说明义务,二是风险评估义务以及在此基础上引申的适当推介义务。关于风险评估和适当推介,目前实践中已形成较为成熟的做法,即金融产品发行机构和销售机构在向金融消费者销售金融产品之前,需先按照监管机构要求完成对产品属性及投资者属性的评估,并根据产品与投资者属性的匹配度,主动引导金融消费者购买与其投资目的和风险承受能力相契合的金融产品。如果金融机构未完成或未充分完成上述流程,导致在对客户的投资目的和风险偏好未充分了解和评估的情况下直接推介不适合金融消费者的金融产品,则可认定金融机构违反了"适当性义务"。

相较于风险评估和适当推介义务,告知说明义务事实上更重要,认定的难度也更大。《会议纪要》第76条对此做出了如下规定:"告知说明义务的履行是金融消费者能够真正了解各类高风险等级金融产品或者高风险等级投资活动的投资风险和收益的关键,人民法院应当根据产品、投资活动的风险和金融消费者的实际情况,综合理性人能够理解的客观标准和金融消费者能够理解的主观标准来确定卖方机构是否已经履行了告知说明义务。卖方机构简单地以金融消费者手写了诸如'本人明确知悉可能存在本金损失风险'等内容主张其已经履行了告知说明义务,不能提供其他相关证据的,人民法院对其抗辩理由不

① 参见最高人民法院民事审判第二庭编著:《〈全国法院民商事审判工作会议纪要〉理解与适用》,人民法院出版社2019年版,第423页。

予支持。"我们认为，此条规定对金融机构课以了更重的告知说明义务，金融实践中普遍采用的简单的风险提示书或由金融消费者抄写的风险知情同意书等已不足以证明金融机构履行了告知说明义务。关于告知说明义务的具体内容，我们理解至少应包括金融产品的风险与收益（特别是风险问题，应充分予以揭示）、产品募集资金的投向、具体的投资方式和投资金额、投资期限、金融产品发行人和代销机构对金融产品的风险评估、对相关合同格式条款（特别是发行人和代销机构免责条款）的合理客观的解释等。由于金融商品本身具有较强的专业性，涉及较多晦涩难懂的金融术语，故金融机构在履行告知说明义务时应区分金融消费者的不同情况（如受教育程度、年龄、收入水平、理解能力、对金融知识的掌握程度、投资经验等），用金融消费者能够理解的语言和方式对金融产品的所有信息进行完整客观的披露，以便金融消费者能够在充分了解金融产品、投资活动的性质及风险的基础上形成自主决定，并理性消费。这里仍然要特别强调风险告知义务的重要性。在当前的金融实践中，金融机构销售金融产品时，常向金融消费者强调的往往是金融产品的安全性，而刻意弱化其风险性，此系大量纠纷产生的根源。事实上，金融产品或多或少都会具有一定的风险，只是程度不同而已，而金融消费者囿于金融知识的局限及盲目趋利的主观心理，常会自动忽略金融产品的风险，而这正是金融机构需要履行的"适当性义务"的重要内容之一——充分地进行风险揭示。

需要说明的是，我国目前颁布的法律、法规、规章、规范性文件中对于告知说明义务的具体操作流程和评价标准仍没有详细的规定。在这一方面，可借鉴日本和英国经验以完善立法。例如，日本在其《金融商品交易法》中明确地规定了金融机构的说明义务，并通过标志的公示义务、缔约前的书面交付义务、缔约时的书面交付义务、禁止行为等一系列规则确立了系统化的金融机构说明义务体系。[1] 英国金融服务管理局（FSA）在其颁布的《规范金融机构销售与建议之行为准则》中，亦对金融机构的告知义务说明规则进行了细致的规定。在我国立法尚不十分健全的情况下，裁判者对这一问题拥有一定的裁量空间，但仍需以金融机构留存并提供的关于其履行告知说明义务的所有书面文件、录音、录像等资料为基础，故金融机构无疑应对金融产品的销售过程及销售人员进行更加规范化的管理，以最大限度规避自身风险。

---

① 参见何颖：《构建面向消费者的金融机构说明义务规则》，载《法学》2011年第7期。

另值得关注的一点是，正式发布的《会议纪要》将《九民会议纪要（征求意见稿）》中“一般人能够理解的客观标准”修改为“理性人能够理解的客观标准”。“理性人”在经济学概念中通常指能够合理利用自己的有限资源为自己取得最大的效用、利润或社会效益的个人和机构，因此理性人应当是理智和精于进行价值判断的。在法律概念中，一般将“理性人”理解为具有法律所期望的一般人所应有的谨慎和理性。上述修改意味着最高人民法院在强调保护金融消费者利益的同时，也对金融消费者课以谨慎判断和理性投资的注意义务，更有利于维护金融秩序的稳定。当然，考虑到金融消费者之间的个体差异，《会议纪要》第76条在规定以理性人能够理解的客观标准的同时，还辅以特定金融消费者能够理解的主观标准，正如最高人民法院在《会议纪要理解与适用》中所阐述的：“金融消费者对在购买金融产品时对卖方机构的信赖程度，与自身的专业能力和风险承受能力成反比。专业交易者与普通客户、资深交易者与新手对金融机构的信赖程度并不相同，因此客户是否信赖金融机构不能脱离个案背景，需要结合客户的专业程度、交易历史与经验、交易产品的复杂程度等综合判断。”[①]

六、关于损失赔偿额的确定

我们在案例研究中发现，金融消费者因金融机构违反“适当性义务”而提出的索赔请求中，大多主张本金损失及按照中国人民银行发布的同期同类贷款利率计算的利息损失，鲜少有金融消费者主张金融机构按照相关合同中约定的预期收益率进行赔偿。这一现象很好理解，金融消费者在购买金融产品时固然期待获得较高收益，但其承受底线仍然是保本及获得基本的银行利息，因此在已发生亏损的情形下，对金融消费者而言，只要能弥补亏损即已达到诉讼目的。在审判实践中，金融消费者主张的本金损失一般能够获得支持，但对于利息损失，部分法院未支持，部分法院裁判按照中国人民银行公布的同期同类存款利率予以赔偿。《会议纪要》第77条对损失赔偿的原则和利息计算等问题统一了裁判尺度。具体而言，第77条规定：“卖方机构未尽适当性义务导致金融消费者损失的，应当赔偿金融消费者所受的实际损失。实际损失为损失的本金和利

---

① 参见最高人民法院民事审判第二庭编著：《〈全国法院民商事审判工作会议纪要〉理解与适用》，人民法院出版社2019年版，第427页。

息，利息按照中国人民银行发布的同期同类存款基准利率计算。金融消费者因购买高风险等级金融产品或者为参与高风险投资活动接受服务，以卖方机构存在欺诈行为为由，主张卖方机构应当根据《消费者权益保护法》第 55 条的规定承担惩罚性赔偿责任的，人民法院不予支持。卖方机构的行为构成欺诈的，对金融消费者提出赔偿其支付金钱总额的利息损失请求，应当注意区分不同情况进行处理：(1)金融产品的合同文本中载明了预期收益率、业绩比较基准或者类似约定的，可以将其作为计算利息损失的标准；(2)合同文本以浮动区间的方式对预期收益率或者业绩比较基准等进行约定，金融消费者请求按照约定的上限作为利息损失计算标准的，人民法院依法予以支持；(3)合同文本虽然没有关于预期收益率、业绩比较基准或者类似约定，但金融消费者能够提供证据证明产品发行的广告宣传资料中载明了预期收益率、业绩比较基准或者类似表述的，应当将宣传资料作为合同文本的组成部分；(4)合同文本及广告宣传资料中未载明预期收益率、业绩比较基准或者类似表述的，按照全国银行间同业拆借中心公布的贷款市场报价利率计算。”

我们对上述规定解读如下。首先，与《九民会议纪要(征求意见稿)》相比，上述《会议纪要》第 77 条的规定趋于保守，在保护金融消费者利益的同时更加注重平衡金融机构的利益。《九民会议纪要(征求意见稿)》规定无论卖方机构是否构成欺诈，只要违反了“适当性义务”并给金融消费者造成了损失，而合同文本或广告宣传资料中又有关于预期收益率的约定，则可以将预期收益率作为计算金融消费者利息损失的标准。但根据《会议纪要》第 77 条的规定，除非卖方机构构成欺诈，金融消费者的损失赔偿范围一般以实际损失为限，即本金损失和按照中国人民银行发布的同期同类存款基准利率计算的利息损失。按照最高人民法院在《会议纪要理解与适用》一书中的意见，作此修改的法理依据在于卖方违反“适当性义务”应承担的是缔约过失责任，即对金融消费者信赖利益的损失进行赔偿，而对信赖利益的赔偿应当以直接损失为限。①

其次，《会议纪要》第 77 条仍然延续了《九民会议纪要(征求意见稿)》不支持惩罚性赔偿的意见，即在金融机构存在欺诈行为的情形下，金融消费者亦不得依据《消费者权益保护法》第 55 条关于“三倍赔偿”的规定主张惩罚性赔偿。

① 参见最高人民法院民事审判第二庭编著:《〈全国法院民商事审判工作会议纪要〉理解与适用》，人民法院出版社 2019 年版，第 429 页。

我们认为,金融商品与普通有形商品相比存在明显的差异,金融商品具有一定的投资属性,且难以用普通商品的价款或服务费用来衡量其价值。此外,根据《消费者权益保护法》第2条的规定,消费者为生活消费需要购买、使用商品或者接受服务的,其权益受该法保护,而消费者购买金融商品和金融服务则很难被界定为"生活消费",故我们赞同《会议纪要》的意见。与此同时,为了体现对金融机构欺诈行为的惩罚,《会议纪要》第77条就金融机构一般性地违反"适当性"义务和欺诈行为进行了区分,并分别规定了利息赔偿标准。对于卖方机构欺诈销售的惩罚性赔偿范围,系根据卖方机构向金融消费者承诺的最大利益原则进行确定,即按照合同文本或者广告宣传资料载明的预期收益率计算投资利息损失;合同文本及广告宣传资料中未载明预期收益率、业绩比较基准或者类似表述的,按照全国银行间同业拆借中心公布的贷款市场报价利率计算。

不过值得关注的是,随着《资管新规》的颁布实施,金融机构除了需依照该监管规定不得承诺保本保收益外,对于预期收益率、基金业绩比较基准等指标的计算和披露也更加谨慎和保守,《商业银行理财业务监督管理办法》第26条第3款甚至明确规定"商业银行发行理财产品,不得宣传理财产品预期收益率,在理财产品宣传销售文本中只能登载该理财产品或者本行同类理财产品的过往平均业绩和最好、最差业绩,并以醒目文字提醒投资者'理财产品过往业绩不代表其未来表现,不等于理财产品实际收益,投资须谨慎'"。可以预见,未来金融消费者按照"预期收益率""业绩比较基准"等书面标示指标主张利息赔偿的难度会更大。

七、关于金融机构的免责事由

"卖者尽责、买者自负"是金融资管产品销售领域中的基本规则,《资管新规》第6条第2款明确规定:"金融机构应当加强投资者教育,不断提高投资者的金融知识水平和风险意识,向投资者传递'卖者尽责,买者自负'的理念,打破刚性兑付。"在案例研究中我们发现,法院判决金融消费者自行承担损失或由金融消费者与金融机构分担损失的情况不在少数(裁判者对具体的分担比例有较大的自由裁量权),此即涉及金融机构与金融消费者的责任分配以及金融机构的免责事由问题。

当金融消费者因购买金融商品而发生损失后,应首先确定金融消费者的损失与金融机构未履行适当性义务的关联性,以及金融消费者自主的投资判断对损失的影响程度，从而合理确定责任承担主体以及责任的分配比例。《会议纪要》第78条规定："因金融消费者故意提供虚假信息、拒绝听取卖方机构的建议等自身原因导致其购买产品或者接受服务不适当，卖方机构请求免除相应责任的，人民法院依法予以支持，但金融消费者能够证明该虚假信息的出具系卖方机构误导的除外。卖方机构能够举证证明根据金融消费者的既往投资经验、受教育程度等事实，适当性义务的违反并未影响金融消费者作出自主决定的，对其关于应由金融消费者自负投资风险的抗辩理由，人民法院依法予以支持。"实践中，金融机构在向金融消费者销售金融产品之前，一般都会按照监管规定对金融消费者进行风险承受能力评估，评估的形式包括但不限于测评表、问卷调查等，涉及的内容涵盖金融消费者的财务状况（如收入来源、负债情况、可用于投资的资产数额、个人年收入等）、投资知识、投资经验、风险偏好、年龄、学历、家庭就业情况等，需要金融消费者如实填写。如果金融消费者出于种种原因和考虑未如实进行测评，将导致测评结果与其实际能够承受的风险不一致。在此情形下，对于金融消费者因购买风险类型不匹配的金融产品而产生的损失，金融机构可以主张免责，但应注意满足以下前提条件：金融机构在为金融消费者进行风险承受能力测评时，不得以结果为导向，引导甚至误导金融消费者违背自身的真实情况填写虚假信息，相反，需提示金融消费者如实填写并告知不如实填写的后果；对于测评过程中金融消费者提出的疑问应进行专业客观的解释，不使用任何误导性语言，并确保金融消费者在准确理解测评内容后再进行填写。这里还需考虑另外一种情形，即在金融机构已规范地对金融消费者进行了测评，且充分向其揭示金融产品的风险后，金融消费者明知所购产品超出其风险承受能力，但基于冲动消费心理仍然执意购买，我们认为，此时金融机构可以主张免责，但应履行适当的劝告义务，即阻止金融消费者购买与其风险承受能力不匹配的产品。关于劝告义务，我国当前的成文性规定较少，但从最大限度保护金融消费者利益的角度出发，其亦应成为"适当性义务"的组成部分。事实上，监管机构已关注到这一问题，并力争从源头上予以杜绝。例如，《商业银行理财业务监督管理办法》第29条第1款规定："商业银行只能向投资者销售风险等级等于或低于其风险承受能力等级的理财产品，并在销售文件中明确提示产品适合销售的投资者范围，在销售系统中设置销售限制措施。"根据这一规定，金融消费者将被禁止购买与其风险承受能力不匹配的产品。

对于那些受教育程度较高且具有较多投资经验和金融知识，主要依赖个人自主判断购买金融产品的金融消费者，一方面，金融机构承担的“适当性义务”与普通金融消费者相比会有所减轻，另一方面，即使金融机构违反了“适当性义务”，但只要其能够举证证明“适当性义务”的违反并未影响金融消费者的自主决定，则仍可主张免责。当然，金融机构应完整保留金融消费者的个人信息、投资记录、销售过程记录等证据，以充分证明购买高风险的金融产品系金融消费者基于自身的投资经验和金融知识所作出的自主判断。

总体而言，当前无论在监管层面还是司法审判层面，对金融消费者合法权益的保护已普遍受到关注。金融消费者既是金融市场的重要参与者，也是金融业持续健康发展的推动者，因此加强金融消费者权益保护工作，对于维护金融安全与稳定，培育理性的金融消费文化，推动形成公开、公平、公正的市场环境和市场秩序具有重要和积极的意义。当然，由此也对金融机构的业务管理及制度建设提出了更高的要求。

第四节　投资者知情权纠纷

在上一节中，我们讨论了金融机构履行“适当性义务”的问题，而金融机构履行“适当性义务”的核心目的之一即是保护金融消费者对金融产品的知情权。但在当前各类资产管理业务纠纷中，知情权纠纷所涉及的主体并不限于金融消费者，且发生的阶段不仅包括产品销售阶段，还包括产品的管理阶段，尤以基金持有人与基金管理人之间的知情权纠纷为甚，故本节着重讨论此类型的知情权纠纷。

典型案例1　合伙型基金中投资者知情权的行使边界

【案情简介】上海灏漫企业管理咨询中心（以下简称灏漫咨询中心）系于2014年10月23日由徐某和赵某合伙出资设立的有限合伙企业，徐某为普通合伙人，赵某为有限合伙人，2014年12月10日，宋某通过受让赵某持有的合伙企业出资份额成为灏漫咨询中心的有限合伙人。同日，徐某和宋某达成合伙协议1份，约定：委托徐某为执行事务合伙人，负责企业日常事务和对外代表企业的合伙人；不执行合伙事务的合伙人有权监督执行事务合伙人执行合伙事务的情况，执行事务合伙人应当定期向其他合伙人报告事务执行情况以及合伙企业的经营和财务状况等。但自灏漫咨询中心成立至2016年6月30日，徐某作为执行事务合伙人，从未直接向宋某报告灏漫咨询中心的经营和财务状况。为此，宋某提起诉讼，请求判令宋某查阅和复印于2014年10月23日至2016年6月30日灏漫咨询中心的财务资料，具体包括会计凭证（银行资金往来明细、对外签订的相关协议、发票、收据、收条等）、会计账簿、会计报表（收益表、资产负债表、损益表的月季度报表和年度报表）。灏漫咨询中心答辩表示同意宋某查阅会计账簿和会计报表，但不同意其查阅会计凭证，更不同意宋某复印上述财务资料。

【裁判结果】一审法院判决灏漫咨询中心于判决生效之日起10日内在其经营场所内提供自2014年12月10日至2016年6月30日的会计账簿、会计凭证（银行资金往来明细、对外签订的相关协议、发票、收据、收条等）、会计报表（收益表、资产负债表、损益表的月季度报表和年度报表）供宋某查阅，对宋某其他的诉讼请求不予支持。宋某上诉后，二审法院判决驳回上诉，维持原判。

【审理情况】一审法院认为，本案为合伙企业知情权纠纷。合伙企业知情权一般是指法律赋予合伙人了解合伙企业的相关事务，查阅合伙企业的财务会计报告、会计账簿等与合伙企业经营、管理、决策相关的资料，实现了解合伙企业的经营状况和监督执行事务合伙人行为的权利，是合伙人的基础性权利。《合伙企业法》第28条规定，合伙人为了解合伙企业的经营状况和财务状况，有权查阅合伙企业会计账簿等财务资料。该法律条文赋予合伙人享有对合伙企业知情权中的查阅权。本案中，宋某自2014年12月10日成为灏漫咨询中心有限合伙人，其订立的合伙协议中亦明确宋某有权了解合伙事务执行情况以及合伙企业的经营和财务状况，且双方对于宋某享有对灏漫咨询中心的知情权并无异议，对此，法院予以确认。鉴于合伙企业知情权的权利主体是合伙人，而宋某在2014年12月10日之前尚不是合伙人，因此，宋某主张此前的合伙企业知情权，无法律或合同依据，不予支持。宋某与灏漫咨询中心对于宋某享有知情权的争议主要存在两个方面：第一，宋某有权知晓灏漫咨询中心的财务资料的范围除会计账簿、财务报表之外是否包括会计凭证；第二，宋某行使知情权的方式除查阅外，是否包含复印。针对上述争议，一审法院认为,合伙人必须在法定的范围内行使知情权。对于上述第一项争议,《合伙企业法》以列举的方式规定有权查阅的范围是"财务账簿等财务资料",其表达的基本文义为:合伙人有权查阅的是财务资料,包括财务账簿。其中是否包括会计凭证呢?对此,《会计法》第9条第1款规定:"各单位必须根据实际发生的经济业务进行会计核算,填制会计凭证,登记会计账簿,编制财务会计报告。"第14条规定:"会计凭证包括原始凭证和记账凭证。办理本法第十条所列的经济业务事项,必须填制或者取得原始凭证并及时送交会计机构。……记账凭证应当根据经过审核的原始凭证及有关资料编制。"第15条第1款规定:"会计账簿登记,必须以经过审核的会计凭证为依据,并符合有关法律、行政法规和国家统一的会计制度的规定。会计账簿包括总账、明细账、日记账和其他辅助性账簿。"通过上述规定可见,会计账簿是重要的,但并非唯一的会计资料,其上的数据源于会计凭证,只有会计账簿全面、真实、客观地反映会计凭证,才能真实反映合伙企业的资产经营状况;合伙人也只有通过查阅原始凭证才能知晓会计账簿的记录与合伙企业的实物、款项的实有数额是否相符,与会计凭证的有关内容是否相符,才能真正地使合伙人了解和掌握合伙企业的经营和财务状况,充分保护合伙人的知情权。本案中,宋某主张会计凭证(银行资金往来明细、对外签订的相关协议、发票、收据、收条等)属于《会计法》第10条规定进行会计核算的经济业务事项中所产生的资料;另外,宋某主张的财务报表,属于会计资料中财务会计报告的一部分,其范围并未超越《会计法》中会计资料的相关规定。因此,宋某主张其享有合伙企业知情权的范围包括财务账簿(包括总账、明细账、日记账和其他辅助性账簿)、会计凭证(银行资金往来明细、对外签订的相关协议、发票、收据、收条等)、会计账簿、会计报表(收益表、资产负债表、损益表的月季度报表和年度报表)符合法律的规定,应予支持。对于上述第二项争议,《合伙企业法》规定,宋某对相关会计资料仅有查阅权,并无复制权,而合伙人之间签订的合伙协议中也无特别约定合伙人享有合伙企业资料的复制权,故宋某主张复制上述会计资料的请求超出了法律的规定和协议的约定,不予支持。此外,本案中,宋某陈述合伙企业可能存在偷税漏税或职务侵占等事实,为避免法律风险而请求行使知情权,灏漫咨询中心辩称案外人欲通过宋某的诉讼行为调查灏漫咨询中心的财务资料,达到寻找职务侵占和偷税漏税的事实的意见。对此，一审法院认为，合伙人知情权是合伙人的基本权利，法律并未规定该权利的行使必须以说明目的为前提条件，但任何人实施法律行为必须具备合法性。在没有证据证明宋某请求行使合伙企业知情权存在非法性的前提下，灏漫咨询中心理应依法满足宋某的要求。况且合伙企业及其合伙人遵守法律、行政法规等，本就是合伙企业及其合伙人的社会责任，不应成为阻却合伙人实施知情权的理由。

宋某不服，提起上诉，请求二审法院依法改判灏漫咨询中心提供2014年12月10日至2016年6月30日的会计账簿、会计凭证（银行资金往来明细、对外签订的相关协议、发票、收据、收条等）、会计报表（收益表、资产负债表、损益表的月季度报表和年度报表）供宋某复印。理由是宋某在成为灏漫咨询中心合伙人后，未实际参与企业经营，对企业的经营风险和情况毫不知情，灏漫咨询中心也未曾公布相关信息，故宋某诉请要求查阅、复制灏漫咨询中心的财务资料。但一审法院仅支持了查阅权，而对复制权未予支持。因财务资料众多，若只能查阅不能复制上述财务资料，宋某将无法清楚了解和核实企业经营状况，且法律并未禁止复制权，双方也未约定排除复制权，故宋某有权复印和查阅相关财务资料。灏漫咨询中心认为宋某要求复印财务资料缺乏法律依据。灏漫咨询中心系有限合伙企业，宋某作为有限合伙人没有参与经营的权利。《合伙企业法》规定的有限合伙人的知情权仅限于查阅，对此不应作扩大解释。有限合伙人可以从事与合伙企业相关的业务，如赋予有限合伙人复制权，将可能损害合伙企业利益，故不同意宋某的上诉请求。二审法院认为，有限合伙人应在法律规定的范围内合理行使自己的权利。我国《合伙企业法》第28条对合伙人的知情权作出了明确规定，合伙人为了解合伙企业的经营状况和财务状况有权查阅合伙企业会计账簿等财务资料。由此可见，法律赋予合伙人的知情权仅限于查阅，而无复制权。我国公司法尚且对股东知情权范围中的复制权作出了相关限制，何况是合伙企业中的有限合伙人可能存在与合伙企业进行交易或产生同业竞争的情况。如任由有限合伙人复制合伙企业财务资料，可能将损害合伙企业的正当利益。故在目前法律无明确规定合伙人可以复制相关财务资料的情况下，不应对法律规定随意进行扩大理解，宋某要求复制财务资料，缺乏法律依据，不予支持。

典型案例2　契约型基金中的信息披露范围

【案情简介】2016年3月11日，彭某作为投资人与深圳市端盈投资基金管理企业（有限合伙）（以下简称端盈投资，系基金管理人）及案外人国信证券股份有限公司（以下简称国信，系基金托管人）签署国金端盈－互联网体育股权投资基金之基金合同。该基金合同约定了基金的基本情况、基金的成立与备案、基金的分级与份额净值的计算、基金的申购和赎回、当事人及权利义务、基金的投资、交易及交收清算安排、基金财产的估值和会计核算、基金的收益分配、份额持有人会议、信息披露、风险揭示、基金合同的变更、终止与财产清算、违约责任及纠纷解决等条款。同时，在该基金合同中明确约定，投资人有权了解基金资金的管理、运用、处分及收支情况，并有权要求管理人做出说明；基金投资于有限合伙企业LP份额，该有限合伙企业投资于乐视体育文化产业发展（北京）有限公司股权。彭某于2016年3月7日、9日两次向国金端盈－互联网体育股权投资基金国信募集专户转款共计101万元（彭某承认其中1万元为投资顾问费用），端盈投资向彭某出具确认函：投资人彭某认购基金份额为100万份，每份面值1元。端盈投资同时向彭某出具关于“国金端盈－互联网体育股权投资基金”工商企业信息系统查询情况说明：由于“国金端盈－互联网体育股权投资基金”为契约性基金，契约性基金不具备合伙企业合伙人主体资格，故无法以“国金端盈－互联网体育股权投资基金”身份进入“新金乐体（天津）企业管理合伙企业（有限合伙）”完成合伙人变更。根据基金业管理规定，现通过本基金投资至“新金乐体”，完成合伙人变更。端盈基金代表本基金投资的合伙人份额所产生的收益归本基金所有。变更完成后，投资者可通过工商企业信息系统完成合伙人信息查询。2018年6月7日及同年8月1日，彭某先后两次向端盈投资邮寄律师函，要求端盈投资提供相关材料并披露相关文件。遭到拒绝后，彭某向一审法院起诉请求：1. 判令端盈投资提供其与上海金顺东投资管理有限公司签署的关于“国金端盈－互联网体育股权投资基金”的投资顾问协议供彭某复制；2. 判令端盈投资提供其与相关机构签署的关于宣传、推介，销售“国金端盈－互联网体育股权投资基金”的协议供彭某复制；3. 判令端盈投资提供完整的“国金端盈－互联网体育股权投资基金”成立至今的财务会计账簿等财务资料供彭某复制；4. 判令端盈投资提供其对乐视体育文化产业发展（北京）有限公司的尽职调查报告供彭某复制;5. 判令端盈投资提供新金乐体(天津)企业管理合伙企业(有限合伙)与乐视体育文化产业发展(北京)有限公司签署的投资协议及其决议文件供彭某复制;6. 判令端盈投资提供深圳伯乐三号基金中心(有限合伙)与乐视体育文化产业发展(北京)有限公司签署的投资协议及其决议文件供彭某复制;7. 判令端盈投资提供乐视体育文化产业发展(北京)有限公司的大股东及其一致行动方乐视网信息技术(北京)股份有限公司、乐乐互动体育文化发展(北京)有限公司、北京鹏翼资产管理中心(有限合伙),以及此三家机构的控制人与全部的一致行动人签署的关于回购新金乐体(天津)企业管理合伙企业(有限合伙)和深圳前海伯乐三号基金中心(有限合伙)持有的乐视体育文化产业发展(北京)有限公司股权的协议供彭某复制;8. 判令端盈投资提供其作为管理人,为维护"国金端盈－互联网体育股权投资基金"投资者利益所采取的风控措施文件供彭某复制。诉讼过程中,彭某变更诉讼请求,不再主张第1项诉请。

【裁判结果】一审法院判决支持了彭某的全部诉讼请求,端盈投资上诉后,二审法院判决驳回上诉,维持原判。

【审理情况】一审法院认为,彭某与端盈投资及案外人国信签署的国金端盈－互联网体育股权投资基金之基金合同,是当事人真实意思的表示,未违反法律、行政法规的强制性规定,应依法确认有效。《证券投资基金法》第2条规定:"在中华人民共和国境内,公开或者非公开募集资金设立证券投资基金(以下简称基金),由基金管理人管理,基金托管人托管,为基金份额持有人的利益,进行证券投资活动,适用本法;本法未规定的,适用《信托法》《证券法》和其他有关法律、行政法规的规定。"该规定可以反映出,《证券投资基金法》借鉴了《信托法》里信托的功能、原理,但却具有鲜明的个性。基金与信托的意义有某些类似,都含有"将自己的财产委托他人管理和运用"之意。因此,二者在使用上经常互相代替,但二者又有很大的不同。信托是基金存在的基础,基金仅仅是基于信托而产生的一种资产管理方式。信托作为一种法律制度比基金使用范围更广泛,目的与表现形式更多样。相对于《信托法》而言《证券投资基金法》相当于特别法。2013年中央编办印发的《关于私募股权基金管理职责分工的通知》明确规定,"证监会负责私募股权基金的监督管理,实行适度监管,保护投资者权益;发展改革委负责组织拟订促进私募股权基金发展的政策措施,会同有关部门研究制定政府对私募股权基金出资的标准和规范”;以及证监会2014年8月21日公布、实施的《私募投资基金监督管理暂行办法》规定:“为了规范私募投资基金活动,保护投资者及相关当事人的合法权益,促进私募投资基金行业健康发展,根据《证券投资基金法》《国务院关于进一步促进资本市场健康发展的若干意见》,制定本办法;本办法所称私募投资基金(以下简称私募基金),是指在中华人民共和国境内,以非公开方式向投资者募集资金设立的投资基金;私募基金财产的投资包括买卖股票、股权、债券、期货、期权、基金份额及投资合同约定的其他投资标的;募集私募证券基金,应当制定并签订基金合同、公司章程或者合伙协议(以下统称基金合同),基金合同应当符合《证券投资基金法》第93条、第94条规定;募集其他种类私募基金,基金合同应当参照《证券投资基金法》第93条、第94条规定,明确约定各方当事人的权利、义务和相关事宜。”由此可以得知,私募投资基金与证券投资基金仅仅是投资标的不同,其本质同样属于信托法律关系。彭某诉请要求复制的财务资料、调查报告、协议等,均属于与投资基金财产有关的账目及处理基金事务的文件,符合《信托法》第20条“委托人有权了解其信托财产的管理运用、处分及收支情况,并有权要求受托人作出说明。委托人有权查阅、抄录或者复制与其信托财产有关的信托账目以及处理信托事务的其他文件”的规定及基金合同的约定,法院予以照准。

端盈投资不服一审判决,提起上诉,请求撤销一审判决,改判驳回彭某的诉讼请求。理由是端盈投资已经根据证监会及中国证券投资基金业协会的要求履行了信息披露义务,并在2018年10月30日与彭某进行了沟通且在信息披露的基础上也对彭某的诉请进行了充分的披露,彭某诉请的材料其本身已持有。二审法院认为,最高人民法院《关于适用〈中华人民共和国民事诉讼法〉的解释》第90条规定,“当事人对自己提出的诉讼请求所依据的事实或者反驳对方诉讼请求所依据的事实,应当提供证据加以证明,但法律另有规定的除外。在作出判决前,当事人未能提供证据或者证据不足以证明其事实主张的,由负有举证证明责任的当事人承担不利的后果”。端盈投资虽主张其已经向彭某披露过涉案材料,彭某已有涉案材料,但未提供证据证明,故该主张法院不予支持。

小结：上述典型案例1和典型案例2体现了合伙型基金和契约型基金在知情权纠纷中的一些特点和问题。众所周知，根据资金募集方式的不同，基金产品分为公募基金和私募基金，私募基金又包括私募证券基金和私募股权基金。公募基金和私募证券基金多为契约型基金，私募股权基金根据组织形式和资金运用依据的不同，又可分为公司型基金、合伙型基金和契约型基金。尽管为保护私募基金投资者的知情权，我国在先后颁布的《证券投资基金法》《私募投资基金监督管理暂行办法》《私募投资基金信息披露管理办法》等法律法规、规范性文件及行业自律规则中已集中规定了基金管理人的信息披露义务，但在不同类型的基金模式下，对投资者知情权保护的法律依据及适用规则仍有所不同。公司型基金和合伙型基金的投资者系公司股东或合伙企业的有限合伙人，故《公司法》及《合伙企业法》对股东或合伙人知情权的规定是保护投资者利益的重要法律依据。而契约型基金与公司型基金或合伙型基金则有所不同，其本身并未形成一个实体，投资者的知情权保护主要依赖于基金合同的规定及监管机构对基金管理人的信息披露要求。因此，我们将公司型基金及合伙型基金作为一类，契约型基金作为另一类，分两种情形对投资者知情权纠纷中的相关问题进行阐述。

一、关于公司型基金及合伙型基金的投资者知情权

中国证券投资基金业协会（以下简称中基协）于2016年4月18日发布的《私募投资基金合同指引2号》第3条规定，公司型基金是指投资者依据《公司法》，通过出资形成一个独立的公司法人实体，由该公司法人实体自行或者通过委托专门的基金管理人机构进行管理的私募投资基金。公司型基金的投资者既是基金份额持有者又是公司股东，按照公司章程行使相应权利、承担相应义务和责任。《私募投资基金合同指引3号》第3条规定，合伙型基金是指投资者依据《合伙企业法》成立有限合伙企业，由普通合伙人对合伙债务承担无限连带责任，由基金管理人具体负责投资运作的私募投资基金。依据上述规定，《公司法》及《合伙企业法》是公司型基金与合伙型基金成立和运作的主要法律依据。

《公司法》第33条[①]和第97条[②]分别对有限责任公司股东和股份有限公司股东的知情权范围和内容进行了原则性规定。最高人民法院《关于适用〈中华人民共和国公司法〉若干问题的规定(四)》(以下简称《公司法司法解释四》)第7～12条则进一步对股东行使知情权的条件、程序、方式、限制等进行了细化。《合伙企业法》第28条和第68条规定了合伙人的知情权。《合伙企业法》第28条规定:"由一个或者数个合伙人执行合伙事务的,执行事务合伙人应当定期向其他合伙人报告事务执行情况以及合伙企业的经营和财务状况,其执行合伙事务所产生的收益归合伙企业,所产生的费用和亏损由合伙企业承担。合伙人为了解合伙企业的经营状况和财务状况,有权查阅合伙企业会计账簿等财务资料。"第68条规定:"有限合伙人不执行合伙事务,不得对外代表有限合伙企业。有限合伙人的下列行为,不视为执行合伙事务:(一)参与决定普通合伙人入伙、退伙;(二)对企业的经营管理提出建议;(三)参与选择承办有限合伙企业审计业务的会计师事务所;(四)获取经审计的有限合伙企业财务会计报告;(五)对涉及自身利益的情况,查阅有限合伙企业财务会计账簿等财务资料;(六)在有限合伙企业中的利益受到侵害时,向有责任的合伙人主张权利或者提起诉讼;(七)执行事务合伙人怠于行使权利时,督促其行使权利或者为了本企业的利益以自己的名义提起诉讼;(八)依法为本企业提供担保。"

对于公司型基金及合伙型基金的投资者,《公司法》及《合伙企业法》的上述规定在司法实践具体适用时仍存在不少争议,这里试作简要分析。

(一)关于股东/合伙人所享有的知情权范围

关于股东/合伙人知情权范围的主要争议之一是股东/合伙人是否有权查阅原始会计凭证及复制财务资料。根据《公司法》第33条和第97条的规定,有限责任公司股东有权查阅和复制财务会计报告并有权查阅会计账簿,股份有限公司股东则仅有权查阅公司财务会计报告,而不享有对财务会计报告的复制

---

① 《公司法》第33条规定:股东有权查阅、复制公司章程、股东会会议记录、董事会会议决议、监事会会议决议和财务会计报告。股东可以要求查阅公司会计账簿。股东要求查阅公司会计账簿的,应当向公司提出书面请求,说明目的。公司有合理根据认为股东查阅会计账簿有不正当目的,可能损害公司合法利益的,可以拒绝提供查阅,并应当自股东提出书面请求之日起十五日内书面答复股东并说明理由。公司拒绝提供查阅的,股东可以请求人民法院要求公司提供查阅。

② 《公司法》第97条规定:股东有权查阅公司章程、股东名册、公司债券存根、股东大会会议记录、董事会会议决议、监事会会议决议、财务会计报告,对公司的经营提出建议或者质询。

权,更不享有对会计账簿的查阅权。根据《会计法》第 14 条和第 15 条的规定,会计凭证包括原始凭证和记账凭证。会计账簿登记,必须以经过审核的会计凭证为依据,会计账簿包括总账、明细账、日记账和其他辅助性账簿。由此可见,会计账簿与会计凭证存在区别,且两者不具有包含关系。司法实践中,中小股东在提起知情权诉讼时,因考虑到大股东控制公司财务,会计账簿可能存在虚假记载,不能真实反映公司的财务状况,故通常要求查阅公司原始会计凭证,而各法院的裁判思路也长期存在"否定说"和"肯定说"两种观点。"否定说"认为,应严格执行《公司法》的规定,不能对查阅内容作扩大解释,"肯定说"则认为会计账簿系以经审核的会计凭证为依据,故允许查阅会计凭证是股东查阅会计账簿的应有之义。我们注意到,最高人民法院曾在《公司法司法解释四》的征求意见稿第 16 条中这样规定,"有限责任公司的股东起诉请求查阅公司会计账簿及与会计账簿记载内容有关的记账凭证或者原始凭证等材料的,应当依法受理",但在正式发布的《公司法司法解释四》中却删除了这一条,这表明最高人民法院仍倾向于尊重《公司法》的现有规定,防止股东滥用知情权损害公司利益。《合伙企业法》对合伙人查阅权的规定更为简单,即合伙人"有权查阅有限合伙企业财务会计账簿等财务资料",由于该条规定的落脚点是"财务资料",因此实践中为更充分地保护投资者利益,审理法院一般倾向于将原始会计凭证视为财务资料的内容之一,允许有限合伙人查阅,如上述典型案例 1。但无论是公司股东还是合伙企业的合伙人,依据《公司法》和《合伙企业法》的规定均无权复制会计账簿和会计凭证,这一点在审判实践中的认识是一致的。

这里引申出来的另一个问题是,在公司型基金的公司章程和合伙型基金的合伙协议中,如果约定的知情权范围和行使方式比《公司法》和《合伙企业法》规定的内容更宽泛或更狭窄,该等约定能否获得认可和支持?我们注意到,在中基协颁布的《私募投资基金合同指引 2 号》及《私募投资基金合同指引 3 号》的示范性条款中,允许公司章程和合伙协议对股东行使知情权的具体方式或有限合伙人的具体权限作出约定。如果公司章程或合伙协议约定股东/合伙人有权复制原始会计凭证,或者约定股东/合伙人必须在满足一定程序要件和实体条件的情况下才享有会计账簿的查阅权,那么该等约定对股东/合伙人是否具有约束力?

《公司法司法解释四》第 9 条规定:"公司章程、股东之间的协议等实质性剥夺股东依据公司法第 33 条、第 97 条规定查阅或者复制公司文件材料的权利,公司以此为由拒绝股东查阅或者复制的，人民法院不予支持。”从该条规定可以看出，《公司法司法解释四》允许公司章程和股东协议对股东知情权的行使进行一定的限制，但这种限制不能在实质上剥夺股东享有的法定知情权。例如，如果公司章程或股东协议中设定了非常苛刻的条件，该条件股东可能无法满足或者需要耗费巨大的成本才能满足，导致事实上无法行使知情权，我们理解即属于“实质性剥夺”了股东的知情权，该等约定是无效的。对于公司章程、股东协议或合伙协议中约定的知情权范围超过《公司法》和《合伙企业法》规定的情况，司法实践中大多数法院持宽容态度。例如，在蔡某与真功夫餐饮管理有限公司（以下简称真功夫）股东知情权纠纷案中，由于真功夫章程中规定了公司股东有权检查和复制任何必要或适当的任何种类的会计账册、记录、票据、合同和文件，故法院支持了蔡某要求查阅和复制会计账簿及用于作出会计账簿的原始凭证（记录、票据、合同和文件）的诉讼请求。在ROONEYLIMITED与常州雍康置业有限公司股东知情权纠纷案中，法院更明确地指出：“公司法关于股东知情权系为股东利益而设，该规定对公司系倡导性规定，应当允许公司通过章程扩大股东知情权的范围，故除公司法明确规定的股东行使知情权的范围和方式之外，公司章程明确赋予股东其他权利的，对公司及股东也具有约束力。”在陆某与上海宝赢投资管理中心（有限合伙）及第三人崔某知情权纠纷一案中，法院认为：“合伙企业中的知情权行使发生于合伙企业、合伙企业执行事务合伙人以及合伙人之间，反映的是三者之间的权利义务关系，具有特定的相对性，因此，该权利不具有强制性，以上三主体可以在法律规定的情形之外对该项权利作出特别约定，只要该约定本身不违反法律规定。本案中，合伙协议约定的知情权内容与法律规定的知情权内容，并不完全相同，该约定同样有效，被告及第三人应当恪守。被告及第三人关于知情权应仅限于法律规定的财务资料意见，不能成立。”当然，亦有部分法院持否定性意见，在同兴药业有限公司与广州王老吉药业股份有限公司（以下简称王老吉）股东知情权纠纷中，一审法院支持了同兴药业有限公司依据公司章程查阅公司会计账簿和会计凭证的诉讼请求，但二审法院认为王老吉公司章程的规定超出了《公司法》规定的股东知情权范围，同兴药业有限公司应当在法律规定的范围内行使知情权，在上述法律规定并未赋予其查阅公司会计账簿及会计凭证权利的情况下，同兴药业有限公司的该等诉讼请求不应获得支持。

我们认为，《公司法》及《合伙企业法》不可能对股东或合伙人的知情权范围和内容进行穷尽性列举，而每一个企业的经营活动有其自身的特点，需要股东和合伙人之间通过公司章程、股东协议、合伙协议等自治性文件进行规制，只要该等文件的规定不违反法律法规的强制性规定，不侵犯他人利益，就应当获得尊重。至于理论界和实践中所担心的股东/合伙人知情权的扩大与企业利益之间的平衡问题，我们认为《公司法》、《公司法司法解释四》及《合伙企业法》已给出了相应的救济路径。《公司法》第 33 条规定，公司有合理根据认为股东查阅会计账簿有不正当目的，可能损害公司合法利益的，可以拒绝提供查阅；《公司法司法解释四》第 8 条则明确列举了三种“不正当目的”之情形（下文详述）。《公司法司法解释四》第 11 条第 1 款同时规定：“股东行使知情权后泄露公司商业秘密导致公司合法利益受到损害，公司请求该股东赔偿相关损失的，人民法院应当予以支持。”《合伙企业法》第 99 条规定：“合伙人违反本法规定或者合伙协议的约定，从事与本合伙企业相竞争的业务或者与本合伙企业进行交易的，该收益归合伙企业所有；给合伙企业或者其他合伙人造成损失的，依法承担赔偿责任。”

关于股东/合伙人知情权范围的另一个争议问题是知情权范围是否及于公司或合伙企业投资的子公司、孙公司等关联企业。虽然根据《私募投资基金信息披露内容与格式指引 2 号》的要求，在公司型基金和合伙型基金中，基金管理人需定期披露投资项目的基本情况，但尚不涉及被投资企业的会计账簿、会计凭证等财务资料。实践中，如果公司章程或合伙协议未规定股东/合伙人有权查阅本企业之外的其他企业的财务会计资料，法院一般不支持股东/合伙人的查阅请求。例如，在徐某与成都墨龙科技有限公司股东知情权纠纷案中，法院认为，股东知情权源于股东身份，股东只能向其所在的公司行使知情权，即使是公司的全资子公司，仍系独立法人。据此，虽然作为控股股东的母公司享有对子公司的知情权，但母公司的股东并不因此享有对子公司的知情权。在私募股权基金投资实务中，基金对目标企业的投资在经过多层结构设计后，基金投资者往往已不是目标企业的直接股东或有限合伙人，因此有经验的投资者通常会要求在公司章程或合伙协议中约定其有权获得包括目标企业在内的所有直接或间接被投资企业的财务资料。那么该等约定能否获得支持？在 CROWN CANOPY HOLDINGS SRL 与上海和丰中林林业股份有限公司（以下简称和丰公司）股东知情权纠纷案中，法院认为，章程载明公司应向股东提交子公司财务报表、股东享有检查公司及其子公司的会计账簿、记录和管理账目的权利。前述章程的规定确超过《公司法》列举的股东知情权内容，考虑到和丰公司虽为股份有限公司，但股东仅有5名，只要股东合理地行使知情权，一般不会对公司的经营造成重大影响，故前述公司章程的相关规定不致无效。同时，鉴于和丰公司章程中未对子公司的范围作出明确界定，审理中当事人双方也未能就此达成一致意见，考虑到子公司本系依法独立享有民事权利、承担民事责任的法人，为避免可能损害子公司其他股东的权利，故本院对章程中所涉子公司界定为系和丰公司的全资子公司。

我们认为，关于公司章程或合伙协议将知情权范围扩展到本企业之外的其他关联企业的约定是否有效，主要的判断基础应是上述约定是否可能损害到关联企业本身及关联企业其他股东的利益。如果关联企业系本企业投资的全资子企业或者关联企业的章程及协议类文件中均规定本企业的股东/合伙人对本企业及本企业的各关联企业享有知情权，关联企业的其他股东亦表示同意，则对该约定的效力应予以认可。否则，即使公司章程或合伙协议有类似规定，可能也较难获得法院支持。

（二）关于股东/合伙人所享有的知情权的限制

《公司法》第33条第2款规定，股东可以要求查阅公司会计账簿。股东要求查阅公司会计账簿的，应当向公司提出书面请求，说明目的。公司有合理根据认为股东查阅会计账簿有不正当目的，可能损害公司合法利益的，可以拒绝提供查阅，并应当自股东提出书面请求之日起15日内书面答复股东并说明理由。公司拒绝提供查阅的，股东可以请求人民法院要求公司提供查阅。关于何为“不正当目的”，《公司法司法解释四》第8条进行了详细规定：“有限责任公司有证据证明股东存在下列情形之一的，人民法院应当认定股东有公司法第33条第2款规定的‘不正当目的’：（一）股东自营或者为他人经营与公司主营业务有实质性竞争关系业务的，但公司章程另有规定或者全体股东另有约定的除外；（二）股东为了向他人通报有关信息查阅公司会计账簿，可能损害公司合法利益的；（三）股东在向公司提出查阅请求之日前的三年内，曾通过查阅公司会计账簿，向他人通报有关信息损害公司合法利益的；（四）股东有不正当目的的其他情形。”上述规定可以理解为股东行使知情权所应履行的前置程序，亦是对股东行使知情权的限制。实践中，公司拒绝提供会计账簿的主要抗辩理由即是股东具有“不正当目的”，因存在举证方面的困难，公司的该等抗辩理由一般较难获得法院支持。但如果公司确能证明股东存在同业竞争、侵犯公司商业秘密或有为他人通报公司信息的恶意和行为，则可阻却股东行使知情权，这是对股东利益和公司利益的一种平衡。需要特别说明的是，因公司的会计账簿等财务资料包含公司的商业秘密，如果允许股东任意查阅，可能会损害公司和其他股东的利益，因此即使公司章程规定股东可以不受任何限制地查阅公司会计账簿，公司仍可依据上述《公司法》及《公司法司法解释四》的规定以“不正当目的”为由拒绝股东行使知情权。关于前置程序，根据《公司法》第 33 条的规定，应包括三项内容，即向公司提出查阅会计账簿的书面请求、说明目的、等待公司答复。司法实践中，大多数股东在提起知情权诉讼前会向公司寄送书面请求的函件，但函件中可能没有说明查询目的，或者在公司未明确拒绝或答复期未届满的情况下即提起诉讼，对于该等情形，从保护股东利益角度出发，法院一般持宽容态度，允许股东通过诉讼程序予以救济。但为避免因未履行前置程序导致诉讼请求被驳回的情况，我们建议作为股东的投资者应尽量满足《公司法》规定的通过诉讼行使知情权的所有前置条件。

相对于《公司法》较为完备的规定，《合伙企业法》对合伙人知情权的限制性规定要简单得多。《合伙企业法》仅在第 68 条第 5 项规定，有限合伙人对涉及自身利益的情况，查阅有限合伙企业财务会计账簿等财务资料不视为执行合伙事务。但如何认定某项财务资料是否“涉及合伙人自身利益”，却并无明确的判断标准。实践中，合伙企业还往往参照《公司法》第 33 条的规定，以合伙人要求查阅会计账簿的目的不正当，或者合伙人未履行向合伙企业提出书面请求、说明查询目的等前置程序为由拒绝合伙人行使知情权。在前述典型案例 1 中，合伙企业即提出了类似的抗辩观点，但法院认为，合伙人知情权是合伙人的基本权利，法律并未规定该权利的行使必须以说明目的为前提条件，在没有证据证明宋某请求行使合伙企业知情权存在非法性的前提下，合伙企业应依法满足宋某的要求。我们认为，尽管《合伙企业法》对合伙人行使知情权的前置条件限制较少，但合伙企业的商业秘密及合法权益同样应获得法律保护，合伙人出于非正当目的查阅财务资料的行为亦应被禁止。为平衡合伙人及合伙企业的利益，可以将证明合伙人是否存在“不正当目的”的举证责任分配给合伙企业，对“不正当目的”的认定，亦可参考《公司法司法解释四》第 8 条的规定。

概括而言，股东/合伙人在行使知情权时应秉承的基本原则是不泄露公司/合伙企业的商业秘密，不干扰影响公司/合伙企业的正常经营活动，不损害公司/合伙企业的合法权益。

二、关于契约型基金的投资者知情权

中基协发布的《关于私募投资基金合同指引的通知》之附件4《私募投资基金合同指引起草说明》中对契约型基金的描述是,“契约型基金本身不具备法律实体地位,其与基金管理人的关系为信托关系,因此契约型基金无法采用自我管理,且需由基金管理人代其行使相关民事权利”;“契约型基金具有易标准化、设立简便、份额转让便利等优势,对决策效率要求高的证券类基金较为适用”;“契约型基金,即指未成立法律实体,而是通过契约的形式设立私募基金,基金管理人、投资者和其他基金参与主体按照契约约定行使相应权利,承担相应义务和责任。鉴于证券与股权相区分的原则,对于契约型私募证券投资基金,应当按照《契约型私募投资基金合同内容与格式指引》制定基金合同,而对于契约型私募股权或其他类型投资基金,应当参考《契约型私募投资基金合同内容与格式指引》制定基金合同”。从上述规定可以看出,契约型基金的最大特点是投资者不直接参与对投资项目的管理,而是通过基金合同的约定将该等权利让渡给基金管理人代为行使,而投资者、基金管理人及其他主体的权利义务关系主要依赖于基金合同的约定。

关于契约型基金的法律关系性质,历来存在“委托说”和“信托说”两种不同的观点。但根据《证券投资基金法》第2条[①]规定以及中基协的上述意见,我国对于契约型基金显然是参照信托关系进行制度设计的。在信托关系项下,基金合同相当于信托契约,是基金运作、管理、分配、清算及判定各方责任的依据。为保护基金投资者的利益,《证券投资基金法》《私募投资基金监督管理暂行办法》《私募投资基金信息披露管理办法》等相关法律法规、规范性文件均规定了基金管理人及基金托管人的信息披露义务,披露的内容包括但不限于基金的投资情况、资产负债情况、投资收益分配情况、涉及私募基金管理业务、基金财产、基金托管义务的重大诉讼、仲裁等,同时规定基金管理人应当通过中基协指定的私募基金信息披露备份平台报送信息,而投资者可以登录上述平台进行信息

---

① 《证券投资基金法》第2条规定:“在中华人民共和国境内,公开或者非公开募集资金设立证券投资基金(以下简称基金),由基金管理人管理,基金托管人托管,为基金份额持有人的利益,进行证券投资活动,适用本法;本法未规定的,适用《中华人民共和国信托法》、《中华人民共和国证券法》和其他有关法律、行政法规的规定。”

查询。实践中，由于私募证券基金的投资对象主要是证券等标准化资产，投资过程相对公开透明，信息披露较为充分，而私募股权基金的投资对象主要为非上市公司股权或其他非标准化资产，且往往存在多层复杂的投资关系，基金管理人依据上述监管规定进行的相应披露并不能使投资者充分了解被投资的底层资产的实际情况。正是由于信息的不透明，基金管理人挪用募集的资金并在出现风险后失联的情况并不鲜见。为此，中基协颁发的《契约型私募投资基金合同内容与格式指引》（私募投资基金合同指引 1 号）第十七节“信息披露与报告”第 46 条明确要求基金合同订明基金管理人向投资者披露信息的种类、内容、频率和方式等有关事项。我们认为，基金合同是保护投资者知情权的重要依据，尽管基金合同通常是由基金发行人、管理人、托管人等制定的格式文本，但投资者应当要求基金合同对信息披露问题作完整清晰的约定，特别是基金对外投资的交易文件、基金托管账户的支付明细以及被投资企业的财务状况等信息，投资者应尽最大努力争取在基金合同中约定基金管理人和基金托管人对该等信息的披露义务，以便在未来与基金管理人和托管人发生争议时作为主张权利的主要依据。

如果基金合同对投资者的具体知情权范围未作明确约定，而投资者想了解基金管理人与目标企业及其他相关交易主体之间的协议、目标企业和目标项目的真实性、投资款的流向、目标企业的财务状况等信息，其主张能否获得支持？在上述典型案例 2 中，我们注意到，审理法院认为基金是一种特殊的信托，故引用《信托法》第 20 条的规定（“委托人有权了解其信托财产的管理运用、处分及收支情况，并有权要求受托人作出说明。委托人有权查阅、抄录或者复制与其信托财产有关的信托账目以及处理信托事务的其他文件”）支持了投资者的各项知情权请求。我们理解，法院的上述认定与当前对契约型基金法律关系性质的普遍认识是一致的，但在私募契约型基金的知情权纠纷中，《信托法》规定的投资者知情权范围明显大于《证券投资基金法》第 46 条的规定（“非公开募集基金的基金份额持有人对涉及自身利益的情况，有权查阅基金的财务会计账簿等财务资料”），在实践中应如何准确地适用法律，以及合理地确定基金管理人的信息披露边界仍值得探讨。在私募契约型基金关系中，基金管理人系以自己名义，依赖自己的专业知识和经验对基金财产进行管理，其对基金财产的管理拥有一定的自主权。如果允许投资者以行使知情权为由干涉基金管理人对基金财产的正常运用和处分，则不利于保护基金投资人的整体利益，甚至会动摇基金制度的根基。《私募投资基金信息披露管理办法》第 7 条即规定“信息披露义务人、投资者及其他相关机构应当依法对所获取的私募基金非公开披露的全部信息、商业秘密、个人隐私等信息负有保密义务”；中基协在《契约型私募投资基金合同内容与格式指引》第 27 条中亦规定投资者的义务包括保守商业秘密，不得泄露私募基金的投资计划或意向、不得违反基金合同的约定干涉基金管理人的投资行为等。因此，我们认为，实践中应处理好投资者知情权与管理人自主权之间的冲突，把握好信息披露的“度”，对于投资者的合理诉求应给予支持，但亦应防止投资者，特别是专业投资人借助被披露的信息进行同业竞争，造成基金财产的损失。

第五节　有限合伙人派生诉讼纠纷

合伙型基金是我国当前私募股权基金项目中最常采用的组织形式，2006 年修订并在 2007 年 6 月 1 日施行的《合伙企业法》为其设立和运营提供了法律制度保障。合伙型基金通常采用有限合伙的组织形式，即由经基金业协会登记的私募基金管理人作为普通合伙人，与不超过 49 位作为有限合伙人的投资者共同组建有限合伙企业。在有限合伙企业内部，由基金管理人执行合伙事务，有限合伙人不参与合伙企业的经营，但享有建议和监督权力。有限合伙人以其认缴的出资额为限对合伙企业债务承担责任，普通合伙人对合伙企业的债务承担无限连带责任。在这样的管理结构模式下，为防止普通合伙人怠于履行职责损害合伙企业利益，进而间接损害有限合伙人利益，“安全港”制度应运而生。

美国是合伙制私募基金发展较为成熟的国家，其于 1961 年订立的《统一有限合伙法》历经 1976 年、1985 年和 2001 年三次修订，最终确立了较为完备的“安全港”制度，只要有限合伙人的行为不超过“安全港”规定的范围，就不会被认为是参与了业务控制而需要承担无限责任。《统一有限合伙法》第 10 条对有限合伙人派生诉讼做出了具体的规定。该条款共包括诉讼的权利、合适的原告、请求及费用等 4 项内容。第一项“诉讼的权利”实质是确立了有限合伙人提起派生诉讼的前提条件，即“如果有权提起诉讼的普通合伙人拒绝提起诉讼或促使那些普通合伙人提起诉讼的努力归于失败，一个有限合伙人可以以有限合伙的权利为其利益为取得胜诉判决而提起诉讼”；第二项“合适的原告”规定，在派生诉讼中，原告提起诉讼时必须是合伙人且在起诉的交易发生时其即为合伙人或者其作为合伙人的地位依法产生或按照合伙协议的条款从该交易发生时即从合伙人处继承而来。此规定包含两层含义，一是提起派生诉讼时原告必须为合伙人，二是提起派生诉讼的合伙人需与引起诉讼的交易有直接的利害关系，这为有限合伙人提起派生诉讼设定了较低的门槛，不需要满足投资份额、入伙年限等要求，最大限度保障了有限合伙人的诉讼权利。第三项“请求”规定，在派生诉讼中，起诉人应特别阐明原告为保证诉讼的开始，通过普通合伙人所做的努力或没有做此努力的原因，此为有限合伙人提起派生诉讼的前置程序。第四项“费用”规定，如果派生诉讼全部或部分胜诉，或如果原告收到作为判决、调解或诉讼解决结果的任何材料，法院可以判给原告合理的费用，包括合理的律师费，并指示其在这些程序中得到的剩余部分交给有限合伙企业。该规定一方面减轻了有限合伙人提起派生诉讼的成本负担，另一方面也明确了派生诉讼的胜诉成果归于有限合伙企业，而非有限合伙人自身。

我国的《合伙企业法》参考借鉴了美国及其他国家的上述成熟做法，但规定得较为简单。关于有限合伙人提起派生诉讼的权利体现在第 68 条第 2 款第 7 项的规定中，即当执行事务合伙人怠于行使权利时，有限合伙人有权督促其行使权利或者为了本企业的利益以自己的名义提起诉讼。有限合伙人提起派生诉讼是其行使监督权的重要体现，这与《公司法》项下股东派生诉讼的原理是一致的。但《公司法》及最高人民法院颁布的与《公司法》相关的司法解释已为股东派生诉讼构建了相对完备的体系，无论程序上还是实体上的问题基本有章可循。而关于有限合伙人的派生诉讼，除了《合伙企业法》的上述规定外，并无详细的可操作性的成文性规定，诸如派生诉讼的管辖、执行事务合伙人怠于行使权利的具体标准、有限合伙人提起派生诉讼的前置程序等问题均无明确规定，实践中存在诸多争议，唯最高人民法院在相关判决中给出的一些指导性意见，可以作为处理此类纠纷的参考。

典型案例 1　首例获得最高人民法院支持的有限合伙人派生诉讼

【案情简介】北京和信恒轩投资中心（有限合伙）（以下简称和信投资中心）于 2013 年 1 月 23 日成立，焦某、刘某、李某红系该合伙企业的有限合伙人，和信联合资本管理有限公司（以下简称和信资本公司）为执行事务合伙人。2013年7月4日,浦发银行淮南支行与安徽瑞智房地产开发有限公司(以下简称瑞智公司)签署了《最高额抵押合同》,约定瑞智公司以在建工程为浦发银行淮南支行在2013年7月4日至2014年7月4日与瑞智公司办理各类融资业务所发生的债权以及双方约定的在先债权提供抵押担保,主债权余额在债权确定期间内以最高不超过等值4亿元人民币为限,双方于2013年7月9日办理了抵押登记。2013年7月4日及8月1日,由和信投资中心作为委托人、浦发银行淮南支行作为受托人/贷款人、瑞智公司作为借款人,三方先后签订了贷款金额分别为5800万元及4200万元的《委托贷款合同》,约定贷款期限为1年,贷款年利率为15%,贷款用途为支付工程款等经营周转事项。浦发银行淮南支行按上述合同约定发放了贷款。上述贷款期限届满后,瑞智公司未按约偿还借款本金及利息,和信投资中心也一直未向瑞智公司通过诉讼或仲裁等方式主张权利。焦某、刘某、李某红为督促和信资本公司、和信投资中心行使权利,曾向其多次邮寄律师函,但均被退回,并一直无法与其取得联系。焦某、刘某、李某红遂以和信投资中心、和信资本公司怠于主张债权为由提起诉讼,并将瑞智公司列为被告,浦发银行淮南支行及和信投资中心列为第三人,诉讼请求为判令瑞智公司向和信投资中心归还贷款本金1亿元并支付相应利息。

【裁判结果】一审法院判决瑞智公司于判决生效之日起10日内偿还和信投资中心借款本金1亿元并支付利息。瑞智公司上诉后,最高人民法院判决驳回上诉,维持原判。

【审理情况】一审法院认为,本案争议焦点为焦某、刘某、李某红是否为适格原告,其诉请应否得到支持。根据《合伙企业法》第68条之规定,焦某、刘某、李某红的起诉是否符合法律规定主要应审查和信投资中心的执行事务合伙人是否怠于行使权利。从焦某、刘某、李某红提交的证据可以看出,案涉两笔委托贷款到期后,因和信投资中心一直没有通过诉讼或仲裁方式向瑞智公司主张债权,焦某、刘某、李某红采取包括邮寄律师函等多种方式督促和信资本公司、和信投资中心行使权利主张债权,但一直未能与其取得联系。在诉讼中,一审法院亦向和信投资中心邮寄过开庭传票等材料,也均被退回,后经公告方式送达,和信投资中心仍未到庭参加诉讼,此应视为和信资本公司怠于行使权利,故焦某、刘某、李某红为了合伙企业的利益提起诉讼具有事实和法律依据,系该案适格的原告。鉴于案涉《委托贷款合同》中约定期内利率15%(年)及逾期利率19.5%(年)不违反法律规定,故焦某、刘某、李某红诉请瑞智公司向和信投资中心偿还本金1亿元并按合同约定支付相应利息的诉讼请求应予支持。

瑞智公司不服一审判决,上诉至最高人民法院,请求撤销一审判决,驳回焦某、刘某、李某红的诉讼请求,主要上诉理由是和信资本公司并未怠于行使权利,而是积极督促瑞智公司还款。2014年11月11日,和信投资中心起诉瑞智公司,证明和信资本公司未怠于行使权利。和信资本公司于2015年1月2日出具《确认书》,同意瑞智公司直接兑付和信投资中心有限合伙人的投资本金和收益。2015年5月10日,和信资本公司与瑞智公司签订《协议书》,达成还款协议。此外,一审法院程序违法且适用法律不当,代位权的行使范围应以债权人的债权为限,焦某、刘某、李某红等人不能代表和信投资中心进行诉讼。同时,一审判决损害了其他有限合伙人的利益。

最高人民法院认为,本案二审争议焦点为:1. 一审法院审理程序是否违法;2. 和信资本公司作为执行事务合伙人是否怠于行使权利;3. 焦某、刘某、李某红能否代表和信投资中心提起诉讼;4. 一审判决是否损害了其他有限合伙人的利益。关于第一个焦点问题,最高人民法院经审查,认为一审法院对证据的审核认定以及审限等问题未违反程序。关于第二个焦点问题,最高人民法院认为,和信资本公司是否怠于行使权利,需要结合和信资本公司的作为,对案涉委托贷款发放之后的几个不同阶段逐一进行分析和判断。首先,案涉两笔委托贷款到期后不提起诉讼或仲裁,即为怠于行使权利。和信投资中心与瑞智公司之间涉及4笔委托银行贷款,本金合计2.08亿元,其中案涉两笔贷款均为一年期贷款,贷款金额合计1亿元,2014年8月1日前均到期。按照《合伙协议》约定,执行事务合伙人拥有的权限包括为有限合伙的利益决定提起诉讼或应诉,进行仲裁,与争议对方进行妥协、和解等,以解决有限合伙与第三方的争议。然而,截至2015年1月1日,和信资本公司作为执行事务合伙人,未就案涉到期债权向瑞智公司提起诉讼或申请仲裁,也未与瑞智公司达成任何保障有限合伙债权尽快实现的协议。如此不作为,足以认定和信资本公司怠于行使权利。瑞智公司主张和信资本公司就4笔委托贷款中的一笔已提起诉讼,以此证明和信资本公司并未怠于行使权利。本院已查明,该笔委托贷款金额为5600万元，于2014年7月9日到期，确系4笔贷款中的一笔。同为2014年8月前到期的委托贷款，和信资本公司仅起诉其中一笔，对于本案讼争的两笔贷款却未采取任何有效措施来主张权利，亦说明和信资本公司对于案涉债权怠于行使权利。其次，和信资本公司于2015年1月2日加盖印章的《确认书》不能作为其积极督促还款的证明。和信资本公司质证时陈述，该《确认书》系应投资人及瑞智公司要求而盖章的，之后各方均未履行。从《确认书》的形式看，并不是和信资本公司与瑞智公司签订的协议书，仅为和信资本公司单方盖章的意见书。从《确认书》的内容看，和信资本公司同意瑞智公司直接向投资人以房屋折抵的方式兑付本金，并视为偿还合伙企业的债务。这种对于债务的处理，已经涉及在合伙协议约定范围以外分配资产，存在违背企业宗旨和损害合伙企业利益的风险，按照《合伙协议》约定，属于需要有限合伙人全体一致同意的重大事项。和信资本公司未经有限合伙人全体一致同意即轻率地应瑞智公司的要求而进行盖章确认，并未对全体有限合伙人进行告知，且放任瑞智公司与合伙人解某玲签订《折抵三方协议书》，系违背合伙协议约定的行为，不能作为其积极督促还款的证明。最后，和信资本公司于2015年6月24日签订的《协议书》，并不能否定其怠于行使权利。该《协议书》约定，瑞智公司应于2015年8月15日前全额结清所欠4笔委托贷款的本金、利息及逾期利息。从表面形式看，和信资本公司与瑞智公司协商并签订还款协议的行为系履行执行事务合伙人职责的证明。但是，瑞智公司在一审中并未提交该证据，一审法院依据当时的既有证据，结合和信投资中心未到庭参加诉讼的事实，认定和信资本公司怠于行使权利。本院注意到，该《协议书》1.7条约定，根据基金投资人对瑞智公司所提诉讼事宜，和信资本公司必须根据事实情况向瑞智公司提供相应的证明材料，以保护瑞智公司的合法权益。二审法庭调查中，本院询问和信投资中心在一审中是否知道焦某、刘某、李某红提起诉讼，和信投资中心表示其确实不知道。从该条约定的表述分析，和信资本公司明知一审诉讼却不积极应诉，反而隐瞒《协议书》签订的事实以“保护瑞智公司的合法权益”，本身即违背执行事务合伙人的职责。一审法院认定和信投资中心经送达开庭传票未到庭参加诉讼即视为和信资本公司怠于行使权利，并无不当。瑞智公司与和信资本公司签订《协议书》后，并未按约于2015年8月15日履行还款义务。和信资本公司在瑞智公司再次违约的情况下，依然未主动参加一审诉讼或以另行提起诉讼或仲裁的方式向瑞智公司主张权利，而是被动地应瑞智公司的请求，于2016年1月22日和9月18日分别出具《意见函》《关于中翔商业中心项目在建工程抵押融资款项往来及抵押情况的说明》，同意有步骤地解除对瑞智公司抵押物的抵押权，放任瑞智公司一再拖延到期债务，即是其怠于行使权利的证明。

关于第三个争议焦点问题，最高人民法院认为焦某、刘某、李某红与和信投资中心的关系，并非债权人与债务人的关系，而是有限合伙人与合伙企业的关系，不能适用《合同法》第73条关于代位权的规定。《合伙协议》约定，有限合伙人在执行事务合伙人怠于行使权利时，有权督促其行使权利或者为了本企业的利益以自己的名义提起诉讼，并未要求全体有限合伙人一致同意才能提起诉讼。《合伙企业法》第68条第2款第7项规定，执行事务合伙人怠于行使权利时，有限合伙人督促其行使权利或者为了本企业的利益以自己的名义提起诉讼，不视为执行合伙事务。该条款赋予了合伙企业的有限合伙人以自己的名义代表合伙企业提起诉讼的权利，且并未限定其在个人出资额范围内提出诉讼请求，只要满足以合伙企业的利益为目的这一要求即可。焦某、刘某、李某红代表和信投资中心提起诉讼，既符合《合伙协议》的约定，又不违反《合伙企业法》的规定。

关于第四个争议焦点问题，最高人民法院认为一审判决并未损害其他合伙人的利益。理由如下：首先，《折抵三方协议书》《承诺书》《协议》等协议均未实际履行。瑞智公司并未按照《折抵三方协议书》的约定，将折抵房屋过户或交付给解某玲等有限合伙人，也未按照《承诺书》《协议》的约定，以现金方式实际兑付投资本金给李某萍、迟某范等有限合伙人。解某玲、李某萍、迟某范等有限合伙人并未实际获取任何既得利益。其次，解某玲、李某萍、迟某范等有限合伙人虽然与瑞智公司签订了《折抵三方协议书》《承诺书》《协议》，但是并不享有法律上认可的利益。从内容上看，以上三类协议中均包含三方确认的表述，但任何一份协议中均没有和信资本公司或和信投资中心加盖的印章或签字，和信投资中心也并未认可上述协议。和信投资中心系瑞智公司的债权人，解某玲等人系和信投资中心的有限合伙人，解某玲等人与瑞智公司之间并无直接的法律关系，瑞智公司与解某玲等少数有限合伙人签订协议向其兑付投资以冲抵对和信投资中心的债务，在未经和信投资中心签章确认的情况下,协议内容不受法律保护。解某玲等有限合伙人通过直接与借款人瑞智公司签订抵债协议的方式来维护自己利益的愿望是可以理解的,但是这种方式并不符合契约精神,也不具有法律上的正当性。作为和信投资中心的合伙人,必须遵守《合伙协议》。该合伙协议中约定,有限合伙人不执行有限合伙事务,不得对外代表有限合伙。有限合伙人在执行事务合伙人怠于行使权利时,有权为了本企业的利益以自己的名义提起诉讼。据此,解某玲等人不能代表和信投资中心,也无权代替和信资本公司执行合伙事务,其与瑞智公司签订的抵债协议,超越了合伙协议赋予的权限。焦某等人为合伙企业的利益以自己名义提起诉讼,才是符合合伙协议约定和法律规定的维权方式,才能平等保护全体合伙人的共同利益。

典型案例2 有限合伙人提起派生诉讼的资格和条件

【案情简介】2010年至2011年,上市公司世纪光华科技股份有限公司(以下简称世纪光华)进行重大资产重组,天津鼎晖股权投资一期基金(有限合伙)(以下简称鼎晖一期)、天津鼎晖元博股权投资基金(有限合伙)(以下简称鼎晖元博)通过参与世纪光华重大资产重组获得"恒逸石化"股票11,543,568股。2010年4月29日、12月20日,世纪光华与重组参与方浙江恒逸集团有限公司(以下简称恒逸集团)、鼎晖一期、鼎晖元博先后签署了《关于业绩补偿的协议书》《业绩补偿的协议书之补充协议》,约定若"恒逸石化"实际盈利数未能达到相应指标,则世纪光华向恒逸集团、鼎晖一期、鼎晖元博回购其持有的股份,且世纪光华应先向恒逸集团回购股份,当恒逸集团持有的世纪光华股份的数量少于补偿股份数,世纪光华向鼎晖一期、鼎晖元博回购股份。2011年8月,世欣荣和投资管理股份有限公司(以下简称世欣荣和)与天津东方高圣股权投资管理有限公司(以下简称天津高圣)等共9名合伙人组建了合伙企业天津东方高圣诚成股权投资合伙企业(有限合伙)(以下简称东方高圣),全体合伙人一致同意将合伙企业资金用于受让"恒逸石化"限售流通股的股票收益权。2012年2月15日,东方高圣投资决策委员会作出决议:由长安国际信托股份有限公司(以下简称长安信托)募集资金人民币3.1亿元购买鼎晖一期和鼎晖元博分别持有的恒逸石化股票收益权。2012年3月15日,长安信托分别与鼎晖一期、鼎晖元博签署了《股票收益权转让协议》，约定长安信托拟通过发行“长安信托·高圣一期分层式股票收益权投资集合资金信托计划”的方式募集资金，并以所募集的信托资金，按照协议约定的条款和条件，从鼎晖一期、鼎晖元博处受让其持有的恒逸石化限售流通股股票在约定期间的收益权。标的股票均有3年的限售期，解禁日为2014年6月8日。标的股票收益权期间为长安信托支付全部转让价款之日起至限售期届满后按照长安信托的指示将标的股票全部处置完成之日。为保证上述合同的履行，各方并与股票托管方国信证券股份有限公司、存管银行兴业银行上海分行等签署了相关协议，长安信托还分别与鼎晖一期、鼎晖元博签署了《股票质押合同》，并办理了相应的证券质押登记。2012年3月28日，东方高圣与长安信托签署两份《认购风险申明书》及相应的《长安信托·高圣一期分层式股票收益权投资集合资金信托合同》（以下简称《信托合同》）。《信托合同》对优先委托人、次级委托人、受托人的权利义务、资金追加线、普通受益人及次级受益人的风险等进行了规定。东方高圣作为次级受益人认购了相关信托单位，支付认购资金112,031,000元，并在信托计划存续期间应长安信托要求陆续追加了保证金。2014年7月16日“恒逸石化”股票解禁，标的股票收盘价持续低于优先级保本价，优先级受益人向长安信托发出变现持仓股票的委托指令。2014年10月13日、21日，长安信托操作变现持仓股票，分别解除了标的股票的质押登记，并全部出售。2014年10月27日，长安信托将出售标的股票所得收益共计185,141,010.31元分配清算完毕，变现价款不足以完全支付优先级受益人本金及收益，次级受益人东方高圣分配信托利益为零。2015年3月5日，世欣荣和向东方高圣和天津高圣邮寄送达了《请求维权催告函》，认为长安信托与鼎晖一期、鼎晖元博恶意串通，造成其信托投资全部亏损，要求东方高圣及天津高圣立即采取行动，向法院提起诉讼。3月31日，天津高圣回函表示已聘请律师对相关文件进行研究，但尚未掌握长安信托与鼎晖一期、鼎晖元博恶意串通的证据。世欣荣和遂向法院提起诉讼，请求判决《信托合同》无效，长安信托向东方高圣返还认购款、保证金及赔偿利息损失，并判令鼎晖一期、鼎晖元博以及鼎晖一期、鼎晖元博的执行事务合伙人天津鼎晖股权投资管理中心（有限合伙）（以下简称鼎晖管理中心）与长安信托承担连带责任。

【裁判结果】一审法院判决驳回世欣荣和的诉讼请求。世欣荣和上诉后，最高人民法院判决驳回上诉,维持原判。

【审理情况】一审法院认为,本案争议焦点为:1. 世欣荣和作为东方高圣的合伙人是否有权提起诉讼;2. 长安信托与东方高圣签订的《信托合同》是否有效。关于第一个焦点问题,一审法院认为世欣荣和在认为合伙企业东方高圣的权利被侵犯时,已经就相关问题向东方高圣及执行事务合伙人发函催告,要求东方高圣向人民法院提起民事诉讼,维护东方高圣的民事权利,东方高圣虽予以响应,但未依法提起民事诉讼,世欣荣和遂选择以自己的名义提起诉讼,符合《合伙企业法》第68条之规定,并无不妥。

关于第二个焦点问题,一审法院认为,长安信托与东方高圣签订的《信托合同》为合法有效合同。理由如下:首先,长安信托设立高圣一期分层式股票收益权投资集合资金信托计划,是因东方高圣提议而设立的。只有设立了信托计划,长安信托才会给鼎晖一期和鼎晖元博支付转让款,购买信托标的。因此,对该《信托合同》项下标的"恒逸石化"股票收益权能否进行投资的考察了解,是东方高圣完成的并最终决定投资的,作为东方高圣最大的合伙人世欣荣和应对东方高圣投资项目的内容是完全知情和掌握的,现在项目发生亏损后,世欣荣和以信托合同标的不确定为由,否认合同的效力,有违商业诚实信用原则。世欣荣和要求鼎晖一期和鼎晖元博承担连带责任既无法律依据也无事实依据。其次,世欣荣和所称的标的股票在签订之时尚在业绩补偿期限内,标的股票处于可能被上市公司回购的状态,标的股票收益权不确定,信托合同无效的理由与该案事实不符。因该股票不确定性在整个信托计划执行期间并未发生,信托合同并没有因该股票的不确定性影响信托计划的正常执行,信托合同的终结完全是受托人长安信托依据合同约定,在标的股票低于优先级受益人保本价之后,依据优先级受益人的指令变现清盘所致,纯属合同约定的商业风险造成,并没有受不确定性的影响终结信托合同的执行。世欣荣和以可能发生的事实否认合同的效力与法相悖。最后,该案信托财产应该是确定的,世欣荣和认为信托财产不确定是对法律的错误理解。根据双方合同的约定,以及对《信托法》第2条、第7条、第14条等条款的准确理解,该案的信托财产应是委托人东方高圣交付给受托人长安信托的112,031,000元资金,而不是用信托资金112,031,000元购买的鼎晖一期和鼎晖元博持有的恒逸石化股票,因此信托财产是确定的。鼎晖一期和鼎晖元博在该案的信托法律关系中并不是委托人,其持有并转让给长安信托的股票是一种买卖法律关系,并不是委托法律关系,其转让标的不是信托财产,其转让标的确定性与否,不影响信托合同的法律关系。故驳回世欣荣和的诉讼请求。

世欣荣和不服一审判决,上诉至最高人民法院,请求撤销一审判决,依法改判或发回重审。主要上诉理由是:1. 一审判决认定信托财产确定是错误的。2. 长安信托与鼎晖一期、鼎晖元博恶意串通,损害了东方高圣利益,《股票收益权转让协议》应属无效,设立信托的基础丧失,进而涉诉的两份《信托合同》也应无效。

最高人民法院认为:1. 东方高圣按照《信托合同》约定支付的认购资金112,031,000元,以及长安信托以上述资金从鼎晖一期、鼎晖元博处受让涉诉股票收益权均属于信托财产,一审判决认定涉诉股票收益权不属于信托财产,有失妥当,予以纠正。2. 本案《股票收益权转让协议》明确了长安信托所取得的涉诉股票收益权的数量、权利内容及边界,已经使得长安信托取得的涉诉股票收益权明确和特定,受托人长安信托也完全可以管理运用该股票收益权,故信托财产无论是东方高圣支付的112,031,000元认购资金,还是长安信托以上述资金从鼎晖一期、鼎晖元博处取得的股票收益权,均系确定。3. 涉诉股票需进行权益协调的问题,与股票收益权确定与否的问题,属不同法律问题,二者没有法律上的关联。涉诉股票权益协调可以按照法律的规定予以解决,权益协调并不当然导致长安信托丧失其所取得的股票收益权。本案中,因长安信托为保障股票收益权实现已取得了该股票的质押权,故在涉诉股票上长安信托的权利优先于世纪光华。而且,世纪光华也并未回购涉诉股票,所以涉诉股票并未因世纪光华回购而使长安信托无法拥有股票收益权。世纪光华就涉诉股票享有的回购权益未对作为信托财产的股票收益权产生法律上的影响,世欣荣和以涉诉股票上存在世纪光华回购权益为由否定《信托合同》效力,事实和法律依据均不充分,不予支持。4. 因本案中并无世纪光华向鼎晖一期、鼎晖元博回购股票而受阻之事实,故世欣荣和主张《股票收益权转让协议》及《股票质押合同》因使世纪光华回购涉诉股票受阻而损及社会公众股东利益,缺乏事实依据。世欣荣和认可世纪光华对涉诉股票享有回购权益属公开披露的事实,所以即使鼎晖一期、鼎晖元博在与长安信托签订的《股票收益权转让协议》中未专门披露上述事实,也不构成恶意串通隐瞒上述事实。而且，世纪光华对涉诉股票的回购权益事实上没有影响长安信托实际取得涉诉股票收益权或处置股票。因此鼎晖一期、鼎晖元博在与长安信托签订上述协议时陈述所称的涉诉股票不存在影响股票收益权转让或处置股票的情况，并无不当，《股票收益权转让协议》不应属于恶意串通损害第三人东方高圣利益而无效。世欣荣和主张《股票收益权转让协议》无效，事实依据不足，其主张难以成立。相应地，世欣荣和以该协议无效为依据来主张涉诉两份《信托合同》无效，也不能成立。故判决驳回上诉，维持原判。

典型案例3 有限合伙人派生诉讼的管辖权

【案情简介】信达投资有限公司（以下简称信达公司）系合伙企业石家庄融实投资中心（有限合伙）（以下简称融实投资）的有限合伙人，融实投资的执行事务合伙人为信瑞（北京）股权投资基金管理有限公司（以下简称信瑞基金）。信达公司签署的《入伙协议》及《合伙协议》约定，信达公司向合伙企业认缴出资2亿元，预期年化收益率为13%，投资期限为两年。投资期限届满，每个有限合伙人的出资会同当期投资收益一起分配给该有限合伙人，自投资款及收益到达合伙企业账户至全体合伙人分配完毕期间，按照同期银行活期存款利率计算利息。河北融投担保集团有限公司（以下简称融投担保）向信达公司出具《担保函》，承诺为信达公司的上述债权承担连带保证责任。2013年5月，融实投资通过兴业银行股份有限公司石家庄分行（以下简称兴业银行石家庄分行）向河北融投置业有限公司（以下简称融投置业）发放委托贷款2.5亿元。贷款到期后，融投置业未归还本金及相应利息，融实投资亦未在《合伙协议》约定的投资期限届满后向信达公司给付投资款及投资收益。信达公司遂向河北省高级人民法院提起诉讼，请求判令融投置业偿还信达公司投资于融实投资的借款本金2亿元及利息，融投担保承担连带保证责任。融投置业提出管辖异议，认为本案应由河北省石家庄市中级人民法院管辖。

【裁判结果】一审法院裁定驳回了融投置业的管辖权异议申请，融投置业上诉后，最高人民法院裁定驳回上诉，维持原判。

【审理情况】融投置业提出管辖异议的理由主要是：信达公司与融投置业之间并无直接债权债务关系，与融投置业之间产生直接借款关系的是融实投资。信达公司作为有限合伙人之一，代融实投资提起诉讼，其主体身份应当按照融实投资对待。融实投资注册地为石家庄市,属于河北省行政区域内的当事人。根据最高人民法院《关于调整高级人民法院和中级人民法院管辖第一审民商事案件标准的通知》(法发〔2015〕7号)的规定,本案诉讼标的额为2.17亿元,不属于河北省高级人民法院管辖范围,应将本案移送河北省石家庄市中级人民法院审理。信达公司的主要答辩意见是:1. 本案诉讼标的额为2.17亿元,且信达公司不在河北省辖区,因此本案应当由河北省高级人民法院管辖。2.《合伙协议》第20条第7项明确约定"当有限合伙的利益受到损害,且受托管理人怠于行使有限合伙的权利时,督促其行使权利或为了有限合伙的利益以自己的名义提起诉讼"。按照法律规定及《合伙协议》约定,应由信瑞基金作为融实投资的受托管理人对外代表企业行使权利,但信达公司曾多次沟通信瑞基金,请信瑞基金起诉融投置业收回贷款,但因融实投资、信瑞基金均系融投担保的下属关联企业,信瑞基金明确向信达公司表示,因融投担保不予批准,其不能启动相应收贷诉讼,且拒绝提供任何关于与融投置业对话沟通的渠道,信达公司因此直接以自己名义主张自身权益,有充分的合同依据。

最高人民法院认为:根据《合伙企业法》第68条第2款第7项的规定,有限合伙人有权在"执行事务合伙人怠于行使权利时,督促其行使权利或者为了本企业的利益以自己的名义提起诉讼"。信达公司在融实投资和信瑞基金未能及时主张债权并依法收回贷款的情况下,以自己名义提起本案诉讼符合法律规定。融投置业认为信达公司的主体身份应当按照融实投资对待的上诉理由不能成立。信达公司的住所地在北京市西城区,融投置业的住所地在河北省,属于当事人一方住所地不在受理法院所处省级行政辖区的情形。本案涉诉金额为2.17亿元,根据最高人民法院《关于调整高级人民法院和中级人民法院管辖第一审民商事案件标准的通知》(法发〔2015〕7号)的规定,河北省高级人民法院对本案有管辖权。一审法院裁定驳回融投置业对本案管辖权提出的异议并无不当,故裁定驳回上诉,维持原裁定。

小结:上述典型案例1在业界备受关注,主要原因是此案系由最高人民法院作出生效判决并获得支持的首例有限合伙人派生诉讼,为众多合伙型基金的投资者指出了一条有效的维权路径。在典型案例2中,关于有限合伙人是否有权为合伙企业利益以自己名义提起诉讼，一审法院的意见与最高人民法院在典型案例1中的意见是一致的。由于在二审程序中，各方当事人对这一问题并未提出异议，故最高人民法院主要就该案涉及的《信托合同》的效力等实体问题进行了审理和论述，但裁判结果依然表明最高人民法院认为世欣荣和作为东方高圣的有限合伙人提起本案诉讼符合法律规定的原告资格。典型案例3则反映了在有限合伙人派生诉讼的管辖问题上，最高人民法院倾向于认为该等诉讼具有一定的独立性，有限合伙人并非合伙企业的“替身”，故此类诉讼的管辖不能简单按照合伙企业本身提起诉讼的情况对待。结合最高人民法院在上述裁判中的意见，我们试将此类诉讼中涉及的相关法律问题分析如下。

一、关于有限合伙人派生诉讼的管辖

现行法律并未对有限合伙人派生诉讼的管辖问题作出明确规定。我们理解，与有限合伙人派生诉讼比较接近的一是股东派生诉讼，二是债权人代位权诉讼。关于股东派生诉讼的管辖，我国现行的《公司法》、《民事诉讼法》、最高人民法院颁布的相关司法解释等均未作特别规定，实践中亦不乏争议。主要观点有如下三种：一是认为股东派生诉讼的案由为损害公司利益纠纷，属于侵权之诉，应当按照《民事诉讼法》第28条①以及最高人民法院《关于适用〈中华人民共和国民事诉讼法〉的解释》第24条②规定的管辖原则确定管辖。二是认为根据《民事诉讼法》第26条③的规定以及《民事案件案由规定》将损害公司利益纠纷列为“与公司有关纠纷”之情形，加之股东派生诉讼大多涉及董事、监事、控股股东、实际控制人的侵权行为，这些行为的发生地和结果地一般为公司住所地，故由公司住所地的法院管辖较为适当。三是认为应先确定公司与第三人发生的法律关系的性质，然后再对应《民事诉讼法》中对不同案件的诉讼管辖的规定确定管辖法院。

我们注意到，在最高人民法院《公司法司法解释(四)理解与适用》一书中，最高人民法院认为，股东代表诉讼系以侵权救济为主要任务，适用《民事诉讼

---

① 《民事诉讼法》第28条：因侵权行为提起的诉讼，由侵权行为地或者被告住所地人民法院管辖。

② 最高人民法院《关于适用〈中华人民共和国民事诉讼法〉的解释》第24条：民事诉讼法第二十八条规定的侵权行为地，包括侵权行为实施地、侵权结果发生地。

③ 《民事诉讼法》第26条：因公司设立、确认股东资格、分配利润、解散等纠纷提起的诉讼，由公司住所地人民法院管辖。

法》管辖制度中关于侵权行为实施地和侵权结果发生地法院管辖等规定完全能够满足此类纠纷审理的需要,不必要单独对股东派生诉讼的管辖问题作出特殊安排,意即并无必要规定股东派生诉讼由公司住所地的法院专属管辖。[①] 那么股东派生诉讼是否一律应按照侵权之诉确定管辖法院呢?我们研究分析了最高人民法院在几个案例中的意见,对此问题试作如下探讨。首先,根据《公司法》第151条之规定,基于侵害公司利益的主体不同,股东可就董事、监事、高级管理人员损害公司利益的行为以及他人侵犯公司合法权益的行为两种情形提起股东派生诉讼,但在这两种情形下,适用的案由不同。根据最高人民法院《民事案由规定理解与适用》一书中的意见,损害公司利益责任纠纷,是指公司股东滥用股东权利或者董事、监事、高级管理人员违反忠实、勤勉、善管等法定义务,损害公司利益而引发的纠纷,该等纠纷既可以由公司董事会或执行董事、监事会或监事以公司名义直接提起损害赔偿诉讼,亦可以由符合条件的公司股东提起股东代表诉讼(股东派生诉讼)。最高人民法院在该书中特别强调,除上述情形外,第三人由于侵权行为或者违约行为损害了公司利益,不适用损害公司利益责任纠纷这一案由。其次,关于以损害公司利益责任纠纷为案由的股东派生诉讼,最高人民法院倾向于认为按照侵权诉讼的管辖规则确定管辖法院,即由侵权行为地或者被告住所地的人民法院管辖。例如,在中国科学院软件研究所(以下简称软件所)与湖南湘投控股集团有限公司(以下简称湘投控股)以及中科软件集团有限公司(以下简称中科集团)损害公司利益纠纷案[(2006)民二终字第227号]中,湘投控股系中科集团的股东,其投资中科集团后,发现软件所和中科集团通过控制性恶意关联操作,抽逃注册资本金,故起诉请求判令软件所归还中科集团注册资本金并承担相关利息。在该案管辖异议纠纷中,最高人民法院认为,湘投控股起诉事项是软件所与中科集团恶意串通、抽逃注册资金的侵权行为,故应根据《民事诉讼法》关于侵权之诉的管辖规定确定管辖法院。又如,在海南盛元投资有限公司(以下简称盛元公司)与海南盛鼎实业有限公司(以下简称盛鼎公司)、赵某、徐州市国盛投资控股有限公司(以下简称国盛公司)损害公司利益纠纷案[(2014)民二终字第234号]中,最高人民法院认为:“本案为损害公司利益责任纠纷,由盛元公司的股东盛鼎公司代表其向国盛

---

① 参见杜万华主编:《最高人民法院公司法司法解释(四)理解与适用》,人民法院出版社2017年版,第589~590页。

公司请求返还其转走的盛元公司在大连证券徐州营业部资金账户内的款项，并要求盛元公司法定代表人赵某承担连带赔偿责任，虽然根据本院《民事案件案由规定》列为‘与公司有关的纠纷’，但不属于《民事诉讼法》第26条规定的应当由公司住所地人民法院管辖民事案件的情形，本案应当按照《民事诉讼法》第28条规定由侵权行为地或者被告住所地人民法院管辖。”最后，如果是他人侵犯公司权益，或者公司股东、董事、监事、高级管理人员及他人侵犯公司利益的行为存在违约行为与侵权行为的竞合，则应根据当事人的诉讼请求及不同的案由确定此类股东派生诉讼的管辖。例如，在新中国集团有限公司（以下简称新中国公司）与秦皇岛秦发实业集团有限公司（以下简称秦发公司）以及中国华水水电开发总公司（以下简称华水公司）确认合同无效纠纷一案[（2017）最高法民再190号]中，新中国公司与华水公司同为广州市晋新房地产开发有限公司（以下简称晋新公司）的股东。因新中国公司认为华水公司与第三人秦发公司签署的《债权转让协议》损害了晋新公司的利益，故起诉请求确认华水公司与秦发公司签署的《债权转让协议》无效。最高人民法院在此案中肯定了以股东代表诉讼形式提起确认合同无效之诉的合法性，即股东代表诉讼的案由并不仅限于损害公司利益纠纷，在存在他人侵犯公司利益的情形下，可根据当事人的具体诉讼请求确定案由。此外，鉴于本案案由系确认合同无效之诉，故管辖法院亦是按照一般地域管辖中的被告住所地确定的。又如，在广州白云国际广告有限公司（以下简称白云公司）与广东天骏传媒有限公司（以下简称天骏公司）、广东珠江传媒有限公司（以下简称珠江公司）及广州白云天骏国际传媒有限公司（以下简称白云天骏公司）损害公司利益责任纠纷管辖权异议一案[（2013）民二终字第38号]中，白云公司、天骏公司、珠江公司均系白云天骏公司股东。白云公司与白云天骏公司签署了《广州白云国际机场广告合作合同》，约定该合同项下的争议解决方式为仲裁，之后双方签署的《广告媒体使用费合同》又将争议解决方式变更为法院诉讼。天骏公司和珠江公司认为上述广告合作项目损害了白云天骏公司利益，故诉请白云公司向白云天骏公司返还多收取的款项及利息。最高人民法院在该案中的意见是，就本案合同项下的纠纷而言，应受合同中关于管辖约定的约束。但根据天骏公司和珠江公司的诉讼请求，本案争议属于损害公司利益责任纠纷，案件性质为侵权纠纷，故应由侵权行为地或被告住所地人民法院管辖。

与有限合伙人派生诉讼比较接近的另一类诉讼是债权人代位权诉讼。债权人代位权诉讼的法律依据是《合同法》第73条的规定，即“因债务人怠于行使其到期债权，对债权人造成损害的，债权人可以向人民法院请求以自己的名义代位行使债务人的债权，但该债权专属于债务人自身的除外”。关于债权人代位权诉讼的管辖问题，最高人民法院《关于适用〈中华人民共和国合同法〉若干问题的解释一》第14条明确规定：“债权人依照合同法第七十三条的规定提起代位权诉讼的，由被告住所地人民法院管辖。”该条规定事实上排除了债权人与债务人之间以及债务人与次债务人之间关于管辖的约定对债权人代位权诉讼的效力。最高人民法院在相关案例中的裁判意见亦重申了这一观点。例如，在兴业银行股份有限公司广州中环支行与泉州船舶工业有限公司债权人代位权纠纷管辖权异议一案[（2016）最高法民辖终62号]中，最高人民法院认为，因管辖协议存在于债务人与次债务人之间，与债权人行使代位权起诉次债务人一案并无关联性，亦不能约束并非合同主体的代位权人。在上海城开集团合肥置业有限公司与珠海华润银行股份有限公司债权人代位权纠纷管辖权异议一案[（2018）最高法民辖终101号]及湘电风能有限公司与弈成新材料科技（上海）有限公司债权人代位权纠纷管辖权异议一案[（2019）最高法民辖终73号]中，最高人民法院均强调债权人代位权之诉的法院管辖是由司法解释规定的一种特殊地域管辖，其效力高于债权人与债务人之间以及债务人与次债务人之间对管辖的约定，债权人不受上述管辖约定的约束。我们理解，从表面看，最高人民法院的上述意见似损害了次债务人的管辖利益，但实际上其并未排除次债务人依据与债务人之间的管辖约定解决双方之间的争议。最高人民法院在《关于原告交通银行股份有限公司宁波分行与被告芜湖市国土资源局、第三人芜湖金隆置地有限公司债权人代位权纠纷一案法律适用问题的请示报告的答复》[（2013）民二他字第19号]中认为：“债权人提起的代位权诉讼与债务人、次债务人之间的合同纠纷属于不同的法律关系，债务人和次债务人之间事先订有仲裁条款的，债务人或次债务人有权依据仲裁条款就双方之间的合同争议申请仲裁，债权人并非该合同法律关系的一方当事人，无权对此提出异议。审理代位权诉讼的人民法院可依照民事诉讼法的相关规定中止代位权诉讼。待仲裁裁决发生法律效力后再恢复审理。”

如果仔细比较，我们会发现有限合伙人派生诉讼虽然与股东派生诉讼和债权人代位权诉讼有相似之处，但与这两类诉讼均存在差异。“损害公司利益责任纠纷”是股东派生诉讼中的主要案由，从这一案由名称即可看出此类纠纷大多数情况下可以按照侵权之诉确定管辖法院,但在有限合伙人派生诉讼中,并没有“损害合伙企业利益责任纠纷”这一独立的案由,其案由的确定一般系按照合伙企业与第三人之间的法律关系确定。比如本节选取的典型案例1和典型案例2两例有限合伙人派生诉讼,典型案例1的案由为金融借款合同纠纷,典型案例2的案由为信托合同纠纷。有限合伙人派生诉讼亦与债权人代位权诉讼不同,前者的诉讼结果归于合伙企业,而后者的诉讼结果归于债权人自身。实践中,确有部分有限合伙人援引《合同法》第73条关于债权人代位权之规定,要求合伙企业的债务人直接向该有限合伙人清偿其投资份额所对应的债务本息部分,但该等主张通常不能获得支持,因为有限合伙人对合伙企业的出资并非借贷行为,且根据《合伙企业法》第20条之规定,合伙人的出资为合伙企业财产,在合伙企业确定应向合伙人分配的具体金额之前,合伙人对合伙企业并无债权。在上述典型案例1中,最高人民法院亦认为“焦某、刘某、李某红与和信投资中心的关系,并非债权人与债务人的关系,而是有限合伙人与合伙企业的关系,不能适用《合同法》第73条关于代位权的规定”。我们理解,有限合伙人派生诉讼与股东派生诉讼及债权人代位权诉讼的区别表明,有限合伙人派生诉讼的管辖不能完全照搬这两类诉讼的管辖原则。首先,现有的法律及司法解释并未将有限合伙人派生诉讼作为一种特殊的诉讼类型而规定特殊的地域管辖原则,在此情形下,鉴于有限合伙人派生诉讼终究是为合伙企业利益而进行的诉讼,合伙企业与第三方的法律关系亦为有限合伙人派生诉讼审理的主要内容,故不宜仅因有限合伙人系以自己名义起诉而认为此诉讼具有完全的独立性。在上述典型案例3中,最高人民法院认为,有限合伙人并不是替代合伙企业提起诉讼,而是以自己名义独立提起诉讼,故管辖问题不能简单按照合伙企业起诉的情况确定,此种观点实际上将有限合伙人派生诉讼视同于与债权人代位权诉讼类似的独立诉讼,我们认为值得商榷。在当前的私募基金实践中,合伙企业与第三人之间的法律关系大多为合同关系,且往往有管辖约定,按照上述观点,如果有限合伙人对第三人提起派生诉讼,则无论其提出何种请求,均不受管辖约定的约束,我们认为有失偏颇。其次,相较于股东派生诉讼,目前有限合伙人派生诉讼尚无独立案由,此类纠纷案由的确定仍然是按照合伙企业与第三人之间的法律关系并结合当事人的诉讼请求确定,故我们认为此类纠纷的管辖按照实际争议的合同类纠纷或侵权类纠纷的管辖原则确定即可,无须再单独确定管辖原则。鉴于管辖问题直接影响着当事人的实体利益,且因管辖规定不明确而导致的大量管辖异议严重浪费司法资源并造成裁判结果的不统一,损害司法权威,因此上述问题亟待明确。

二、有限合伙人提起派生诉讼的前置程序及实质要件

《公司法》第151条明确规定了股东派生诉讼的前置程序,即在提起派生诉讼前,股东应穷尽公司内部的救济途径。而《合伙企业法》第68条对有限合伙人派生诉讼的规定是:当执行事务合伙人怠于行使权利时,有限合伙人有权督促其行使权利或者为了本企业的利益以自己的名义提起诉讼。从字面含义理解,有限合伙人督促执行事务合伙人行使权利和以自己名义提起派生诉讼是并列关系,而非先后关系,即督促执行事务合伙人行使权利并非有限合伙人提起派生诉讼的前置条件。但在实践中,我们注意到,有限合伙人在提起派生诉讼前,通常都会向执行事务合伙人以及合伙企业发函,要求执行事务合伙人履行职责并代表合伙企业向第三人提起诉讼,如上述典型案例1和典型案例2。有限合伙人的此种惯常做法一方面是参照了《公司法》对股东派生诉讼前置程序的规定,另一方面是以发函行为作为执行事务合伙人怠于行使权利的证据,因为如果在函件发出后执行事务合伙人未回复或者未向第三人提起诉讼,则可佐证其怠于行使权利。我们理解,根据上述《合伙企业法》第68条之规定,有限合伙人提起派生诉讼并无法定的前置程序要求,但派生诉讼制度设立的本质仍在于在公司或合伙企业内部管理机制出现问题时,为小股东或不具有实际经营管理权限的有限合伙人提供救济路径,故先寻求内部解决再诉讼是派生诉讼的应有之义。此外,有限合伙企业实行的是经营管理权与所有权相分离的制度,除非《合伙企业法》有特别规定,有限合伙人不执行合伙事务且不对外代表有限合伙企业,因此从稳定有限合伙企业制度的角度出发,对有限合伙人的权利进行合理限制也是必要的。关于前置程序的具体内容,我们认为当有限合伙人向执行事务合伙人、合伙企业明确提出要求其行使权利,向损害合伙企业利益的第三人提起诉讼的请求时,经合理期限执行事务合伙人仍不作为的,可视为有限合伙人已完成了前置程序要求。就合理期限而言,应根据项目的实际情况和紧急程度而定,一般情形下,15~30日可视为合理期限。

值得关注的是,《会议纪要》对公司股东提起派生诉讼的前置程序要求有所放宽。《会议纪要》第25条规定:"根据《公司法》第151条的规定,股东提起代表诉讼的前置程序之一是,股东必须先书面请求公司有关机关向人民法院提起

诉讼。一般情况下,股东没有履行该前置程序的,应当驳回起诉。但是,该项前置程序针对的是公司治理的一般情况,即在股东向公司有关机关提出书面申请之时,存在公司有关机关提起诉讼的可能性。如果查明的相关事实表明,根本不存在该种可能性的,人民法院不应当以原告未履行前置程序为由驳回起诉。”我们认为,上述规定也可参照适用于有限合伙人派生诉讼。在执行事务合伙人失联、执行事务合伙人与债务人恶意串通、执行事务合伙人以行为表明不会提起诉讼的情形下,对前置程序不宜再过分苛求。

关于有限合伙人提起派生诉讼的实质性条件,《合伙企业法》第 68 条仅规定了一项内容,即“执行事务合伙人怠于行使权利”。那么何为“怠于行使权利”?具体包括哪些情形?有限合伙人如何证明执行事务合伙人怠于行使权利?根据最高人民法院在上述典型案例 1、典型案例 2、典型案例 3 中的裁判意见以及我们查询的部分地方法院的意见,我们认为以下情形可以作为执行事务合伙人怠于行使权利的依据:(1)合伙企业的债务人或第三人已构成对合伙企业的违约或侵权,但执行事务合伙人并未通过诉讼或仲裁的方式维护合伙企业的权益,在有限合伙人向其发函进行催促后,执行事务合伙人仍无回应或明确拒绝提起诉讼/仲裁。从最高人民法院在上述典型案例 1 和典型案例 3 中的意见可以看出,执行事务合伙人未提起诉讼或仲裁是认定其怠于行使权利的主要事实依据之一。(2)在合伙企业涉及的相关诉讼以及有限合伙人提起的派生诉讼中,执行事务合伙人不积极应诉和派员出席庭审。(3)执行事务合伙人已无法联络。近年来,私募基金管理人失联的情况时有发生,在此情形下,其已不可能行使权利,维护合伙企业的利益,客观上亦属于“怠于行使权利”。(4)在第三人对合伙企业的债务到期时,执行事务合伙人未与债务人积极商谈并达成任何足以保障债权的协议;或者虽与债务人达成协议,但损害了合伙企业利益,如大幅减少债务金额,不当解除担保措施等。(5)同意债务人与个别合伙人达成偿债协议或者直接与个别合伙人达成偿债协议。在上述典型案例 1 中,最高人民法院即将执行事务合伙人同意合伙企业的债务人直接向特定有限合伙人出具偿债文件的行为视为在合伙协议约定范围以外分配财产,存在违背企业宗旨和损害合伙企业利益的风险,故不仅不能作为执行事务合伙人积极敦促债务人还款的证明,相反,此种不当行使权利的行为亦可归入“怠于行使权利”范围之中。(6)执行事务合伙人存在恶意损害合伙企业利益的行为,例如违反合伙协议约定的投资方向和资金用途使用资金,与第三人达成侵占合伙企业资金的协议和安排等。此种情况下，执行事务合伙人因自身存在过错或与第三人之间的利益勾连，通常不会主动向第三人提起诉讼，即使提起诉讼，亦存在与第三人在诉讼中串通配合，最终损害合伙企业利益的可能。故当执行事务合伙人具有上述行为时，因其已违背执行事务合伙人的职责，应归入变相的"怠于行使权利"之中。实践中，投资者可与私募基金管理人在合伙协议中通过"列举 + 兜底"的形式来约定"执行事务合伙人怠于行使权利"的具体情形，以便在未来可能发生的派生诉讼中实现顺利举证。

我们在实务中曾遇到过这样一则案例，在有限合伙人提起的派生诉讼中，执行事务合伙人既未应诉，亦未派员出庭。但在派生诉讼一案审理过程中，执行事务合伙人又代表合伙企业针对同一事实对第三人提起了诉讼，试图以此证明其履行了相应职责。先不论执行事务合伙人出于何种原因和目的进行起诉（此案的真实情况是执行事务合伙人与第三人之间存在恶意串通损害合伙企业利益的行为，因在派生诉讼一案中该行为被揭示，执行事务合伙人为保护自身和第三人的利益而被迫起诉），我们认为，在派生诉讼提起之后，无论执行事务合伙人是否存在与债务人达成还款协议、参加案件审理，甚至提起诉讼等所谓履行相关职责的行为，都不能改变对其"怠于行使权利"的认定。换言之，执行事务合伙人"怠于行使权利"的判断时点只能是在有限合伙人提起派生诉讼之前，而不是在此之后。因此，如果在派生诉讼之后，执行事务合伙人又就同一事实提起了诉讼，我们认为应根据最高人民法院《关于适用〈中华人民共和国民事诉讼法〉的解释》第 247 条规定的"一事不再理"的司法原则裁定驳回执行事务合伙人的起诉。为防止受理派生诉讼与受理执行事务合伙人诉讼之间的法院及法官因信息沟通不畅可能产生的各自分别审理，甚至就同一纠纷出现矛盾判决的情况，提起派生诉讼的有限合伙人在诉讼的同时应密切关注执行事务合伙人的动向，一旦发现其提起诉讼或存在其他损害合伙企业利益的行为，应尽快向相关法院说明情况并及时采取救济措施。

三、有限合伙人派生诉讼的其他相关问题

（一）关于隐名合伙人能否提起派生诉讼

参照《公司法》关于股东派生诉讼的规定，隐名股东不具有提起派生诉讼的资格，而《合伙企业法》第 68 条规定的"有限合伙人"亦应被理解为在工商管理机关登记的合伙人，故我们倾向于认为隐名合伙人作为派生诉讼的原告没有足

够的法律依据。如果隐名合伙人系基于代持法律关系产生,在显名合伙人拒绝提起派生诉讼的情况下,隐名合伙人可参照最高人民法院《关于适用〈中华人民共和国公司法〉若干问题的规定(三)》中关于隐名股东显名化程序的规定,先使自己对合伙企业的出资份额显名化,再提起派生诉讼。但对于那些虽未被工商行政管理机关登记为合伙人,但已对合伙企业进行实际投资,签署《入伙协议》《合伙协议》等文件并被合伙企业视作合伙人对待的有限合伙人,如果派生诉讼系因执行事务合伙人或其他合伙人损害合伙企业利益等内部纠纷而引发,鉴于合伙企业内部已认可实际投资人的有限合伙人身份,故为平等保护该等未办理登记的合伙人的利益,我们认为应允许其就此类纠纷提起派生诉讼。但对于合伙企业与外部第三人之间的纠纷,鉴于工商登记信息是对抗外部第三人的要件,亦是第三人的信赖依据,故在此类派生诉讼中,实际投资的隐名合伙人不宜作为适格原告。

(二)关于有限合伙人派生诉讼中当事人的诉讼地位

在私募投资基金领域的派生诉讼中,合伙企业与外部第三人之间的纠纷占比最大。此类诉讼中,原告系以自己名义起诉的有限合伙人,被告系合伙企业的债务人、合同相对方或侵犯合伙企业利益的侵权方;合伙企业通常被列为第三人。合伙企业被列为第三人,实际是参考了最高人民法院《关于适用〈中华人民共和国公司法〉司法解释(四)》第24条关于股东派生诉讼中对公司诉讼地位的规定,但是此处的“第三人”究竟是无独立请求权的第三人还是有独立请求权的第三人仍多有争议,还有部分观点认为合伙企业应作为证人参与案件审理。[①] 我们理解,由于有限合伙人的派生诉讼所产生的诉讼请求利益实际归属于合伙企业,同时合伙企业并未通过执行事务合伙人的决策对诉讼标的行使请求权,通过无独立请求权第三人的身份既可以使合伙企业参与诉讼,也可以限制执行事务合伙人通过行使合伙企业独立请求权的方式排除有限合伙人的代位诉讼权利。鉴于此,我们认为将合伙企业列为无独立请求权的第三人参与诉讼,是现有诉讼框架体系中较为合适的解决方案,上述典型案例1也证实了这一点。此外,从《合伙企业法》第68条的字面意思理解,执行事务合伙人似很难成为有

---

① 参见上海市锦天城律师事务所傅莲芳律师与张少东律师共同发表在“高杉LEGAL”平台《合伙企业派生诉讼制度实务解析——以全国首例私募基金派生诉讼案件为例》一文中的意见。

限合伙人派生诉讼的被告，但事实上，执行事务合伙人和有限合伙人都可能单独、共同或者与外部第三人串通损害合伙企业的利益，例如执行事务合伙人挪用合伙企业资金或与第三人签署侵占合伙企业资金的协议等，在此情形下，有限合伙人将执行事务合伙人作为被告是符合法律规定的，亦是合理的。

四、关于对执行事务合伙人的除名问题

与有限合伙人派生诉讼相关的另一个问题是，在执行事务合伙人怠于履行职责甚至损害合伙企业利益的情况下，有限合伙人能否通过对其除名的形式，改善合伙企业不作为的状态，进而替代派生诉讼挽回合伙企业或投资项目的损失？关于除名制度，《合伙企业法》第49条有明确规定：“合伙人有下列情形之一的，经其他合伙人一致同意，可以决议将其除名：（一）未履行出资义务；（二）因故意或者重大过失给合伙企业造成损失；（三）执行合伙事务时有不正当行为；（四）发生合伙协议约定的事由。对合伙人的除名决议应当书面通知被除名人。被除名人接到除名通知之日，除名生效，被除名人退伙。被除名人对除名决议有异议的，可以自接到除名通知之日起三十日内，向人民法院起诉。”在私募基金实践中，当有限合伙人对执行事务合伙人的行为不满，欲打破合伙企业僵局时，首先想到的就是依据《合伙企业法》的上述规定对执行事务合伙人除名，但事实上仍存在各种障碍。

首先，大部分合伙型基金的架构是由一名执行事务合伙人和若干名有限合伙人组建的合伙企业。根据《合伙企业法》第61条的规定，有限合伙企业至少应当有一名普通合伙人。因此，当全体有限合伙人决定对执行事务合伙人除名时，为保持有限合伙企业的存续，必须有一名替代的执行事务合伙人。关于执行事务合伙人的更换问题，合伙协议中通常会约定需召开合伙人会议，而合伙人会议一般系由执行事务合伙人负责召集，有的合伙协议甚至约定更换执行事务合伙人需要全体合伙人一致同意（包括执行事务合伙人），这就往往导致除名程序无法在合伙企业内部有序推进。

其次，尽管《合伙企业法》第49条规定了对合伙人除名的实质性条件，但关于何为“因故意或者重大过失给合伙企业造成损失”，以及“执行合伙事务时有不当行为”，法律并未给出明确界定，司法实践中裁判机关对个案拥有较大的自由裁量权。例如，在上海立泽商务咨询有限公司（以下简称立泽公司）诉上海力宏投资中心（有限合伙）（以下简称力宏合伙企业）公司决议效力确认纠纷一案

[(2018)沪01民终6077号]中,法院认为,立泽公司作为普通合伙人,在执行事务、履行职责中,确实存在诸多不规范、不符合约定、不符合法律之处,其过失行为是否已经给力宏合伙企业造成损失,目前虽无最终定论,但是境外投资项目的权属登记存在重大缺陷是客观事实,力宏合伙企业及其新的执行事务合伙人如何处置、如何退出、如何收益等皆存在不确定性,期间必然的成本支出亦是无法避免的。其他合伙人在此关键时刻将立泽公司予以除名,似有权衡之下的无奈之举。而在浙江省金华市中级人民法院审理的(2018)浙07民终3730号张某、薛某鹏合伙协议纠纷一案中,法院认为张某等15人未举证证明赵某珠因故意或重大过失给合伙企业造成损失,故认定张某等15人对赵某珠作出的除名决议无效。事实上,我们的案例搜索结果显示,除名合伙人决议被认定为无效的概率更大。

最后,大多数情况下合伙企业的公章由执行事务合伙人保管并使用,在除名决议作出后,执行事务合伙人往往拒绝交出合伙企业公章、证照等资料,拒绝与接替的执行事务合伙人进行交接,这些都将给合伙企业以及投资项目的正常运营及开展带来极大不便。我们在办案经历中即曾遇到此种情况:有限合伙人将执行事务合伙人进行了除名,但在取回公章的过程中却被告知公章遗失。为降低损失,有限合伙人向合伙企业财产的保管银行申请分配相关财产,但是银行却因无盖有原合伙企业公章的批准文件而拒绝放款分配。

我们认为,解决上述问题的关键是在合伙协议中对除名的程序要件、实质要件及除名后的控制权交接等问题作出细致且具有可操作性的规定。例如,关于程序要件,可规定就除名执行事务合伙人事宜所召开的合伙人会议由出资最多的有限合伙人负责召集,就更换执行事务合伙人事宜,原执行事务合伙人回避表决等;关于实质要件,可规定执行事务合伙人关键人士的非正常离任、管理团队的重大变动、控制权的变化、管理本基金或其他基金时出现重大违约或违规操作、被行政主管机关处罚、本人或其实际控制人涉嫌刑事犯罪、从事与合伙企业相竞争的业务、与合伙企业进行交易、泄露合伙企业机密、给合伙企业造成损失达到一定金额等均视为符合除名条件。关于除名后的交接问题,可在合伙协议中约定原执行事务合伙人应在约定时间内将合伙企业的全部资料、证照、印鉴等移交给继任执行事务合伙人以及未按时移交的相应处理措施和法律责任。实践中,如已发生执行事务合伙人怠于履行职责的情况,有限合伙人应抢占先机获得相关印鉴及重要文件的掌控权。若无法取得,则优先考虑通过诉讼等方式获得具有强制执行效力的法律文书,高效维护自身及合伙企业和投资项目的权益,避免损失进一步扩大。

第六节 通道类业务纠纷

通道业务并非法律概念,而是资产管理行业使用的一种术语,一般是指由委托人或第三方进行主导,借助信托公司、证券公司、保险公司等金融机构作为资金通道,设定一层或多层资管产品,从而为委托人或第三方指定的融资方进行融资。通道业务最早起源于"银信合作业务",原银监会在《关于印发商业银行并表管理与监管指引的通知》(银监发〔2014〕54 号)中,这样解释跨业通道业务:"商业银行或银行集团内各附属机构作为委托人,以理财、委托贷款等代理资金或者利用自有资金,借助证券公司、信托公司、保险公司等银行集团内部或者外部第三方受托人作为通道,设立一层或多层资产管理计划、信托产品等投资产品,从而为委托人的目标客户进行融资或对其他资产进行投资的交易安排。"典型的通道业务模式包括委托贷款模式、银信合作模式、银证合作模式、银证信合作模式等。通道类业务一般具有如下 4 个主要特征①:第一,对于通道方而言资产和资金"两头在外",整个项目由委托人或发起项目的主导方进行尽职调查,资金一般也是由委托人或主导方负责出资或者募集。第二,资管产品的投资风险通常通过交易架构的设计和交易文本的约定由委托人或主导方承担。资管产品的设立、受托资金的运用对象、投资项目的管理、运用和处分方式等事项,由委托人自主决定或由第三方主导控制。第三,通道方按照委托方或主导方的意愿或指令开展业务,不承担主动管理责任。在通道业务中,通道方一般仅需承担必须由受托人名义履行的事务管理性职责,如账户管理、通知告知、清算分配或提供必要文件以配合委托人管理项目财产等事务。第四,充当通道方角色的金融资管机构收取的报酬相对较低。

关于对通道业务的监管,在《资管新规》出台前,防控的核心是职责划分和风险承担问题,职责划分要清晰,风险承担要明确。原银监会、证监会、原保监

---

① 杨征宇、卜祥瑞等编著:《金融机构资管业务法律纠纷解析》,法律出版社 2017 年版,第 59 ~ 60 页。

会根据风险承担主体的行业归口对通道业务进行监管。例如，国务院办公厅《关于加强影子银行监管有关问题的通知》（国办发〔2013〕107 号）第 3 条第 4 款规定，“金融机构之间的交叉产品和合作业务，都必须以合同形式明确风险承担主体和通道功能主体，并由风险承担主体的行业归口部门负责监督管理，切实落实风险防控责任”。中国银行业监督管理委员会办公厅《关于信托公司风险监管的指导意见》（银监办发〔2014〕99 号）第 3 条第 1 款第 1 项指出，“金融机构之间的交叉产品和合作业务，必须以合同形式明确项目的风险责任承担主体，提供通道的一方为项目事务风险的管理主体，厘清权利义务，并由风险承担主体的行业归口监管部门负责监督管理，切实落实风险防控责任。进一步加强业务现场检查，防止以抽屉协议的形式规避监管”。

但随着通道业务的发展壮大，多层嵌套、杠杆不清、频繁套利的问题也愈加凸显，加剧了资产泡沫和金融风险，监管机构的态度随之发生改变。自 2015 年起，监管部门已逐渐开始强调金融资管机构应重视主动管理，降低通道业务规模。2018 年 4 月 27 日出台的《资管新规》则明确对监管套利型通道业务予以禁止，仅允许开展有一定正当理由的通道业务。《资管新规》第 22 条第 1 款规定：“金融机构不得为其他金融机构的资产管理产品提供规避投资范围、杠杆约束等监管要求的通道业务。”

在司法审判实践中，一般较少使用“通道业务”概念，而是根据当事人之间的合同约定、案件事实、当事人的诉讼请求等来确定各方之间的法律关系及相应的责任和义务。值得关注的是，在《会议纪要》第七部分“关于营业信托纠纷案件的审理”中，最高人民法院专门提及了“通道业务”问题，并在第 93 条中规定：“当事人在信托文件中约定，委托人自主决定信托设立、信托财产运用对象、信托财产管理运用处分方式等事宜，自行承担信托资产的风险管理责任和相应风险损失，受托人仅提供必要的事务协助或者服务，不承担主动管理职责的，应当认定为通道业务。中国人民银行、中国银行保险监督管理委员会、中国证券监督管理委员会、国家外汇管理局《关于规范金融机构资产管理业务的指导意见》[①]第 22 条在规定‘金融机构不得为其他金融机构的资产管理产品提供规避投资范围、杠杆约束等监管要求的通道服务’的同时，也在第 29 条明确按照‘新老划断’原则，将过渡期设置为截至 2020 年年底，确保平稳过渡。在过渡期内，

① 即《资管新规》。

对通道业务中存在的利用信托通道掩盖风险，规避资金投向、资产分类、拨备计提和资本占用等监管规定，或者通过信托通道将表内资产虚假出表等信托业务，如果不存在其他无效事由，一方以信托目的违法违规为由请求确认无效的，人民法院不予支持。至于委托人和受托人之间的权利义务关系，应当依据信托文件的约定加以确定”。从上述规定可以推论出在过渡期之后，规避监管的通道业务以及相应的合同等法律文件将可能被认定为无效，而对于《资管新规》实施前的存量通道业务，当事人主张合同无效则不会获得支持。这与最高人民法院在北京北大高科技产业投资有限公司与光大兴陇信托有限责任公司借款合同纠纷案[（2015）民二终字第401号]、深圳市西丽报恩福地墓园有限公司与光大兴陇信托有限责任公司借款合同纠纷案[（2015）民二终字第393号]中的意见是一致的，即《资管新规》从法律效力层级上看虽然不属于法律和行政法规，但《资管新规》的监管规定关系到金融风险的防范和金融秩序的稳定等社会公共利益，故可以作为裁判的依据。关于通道类业务纠纷中所涉及的法律关系、法律效力及各方责任的认定等具体问题，我们通过相关案例进行分析。

典型案例1　通道类业务的法律关系性质：委托关系还是信托关系

【案情简介】2012年11月20日，吉林省建苑设计集团有限公司（以下简称吉林建苑）与四川信托有限公司（以下简称四川信托）签订了《四川信托·山东众诚钡盐信托贷款单一资金信托合同》（以下简称《信托合同》），吉林建苑为委托人，四川信托为受托人。该《信托合同》约定：吉林建苑将3000万元信托资金交付给四川信托，由四川信托以自己名义向山东众诚钡盐股份有限公司（以下简称众诚钡盐）发放信托贷款并负责管理；信托终止后，四川信托应将信托资金及其收益分配给吉林建苑。2012年11月5日，四川信托与众诚钡盐签订《信托贷款合同》，约定四川信托以信托资金向众诚钡盐发放信托贷款，贷款金额为人民币3000万元，期限为1年，利率13%，按季付息，四川信托并与褚明武等签署了《质押合同》《保证合同》等担保合同，上述合同均办理了强制执行公证。合同签订后，吉林建苑依约将3000万元资金交付给四川信托，四川信托依约向众诚钡盐发放了3000万元信托贷款。信托贷款发放后，众诚钡盐未及时支付第二季度信托利息。后因发现众诚钡盐资金链断裂，四川信托多次向吉林建苑发函征询处置意见。在获得吉林建苑同意后，四川信托向众诚钡盐发送了《解除合同通知书》，并委托律师申请法院强制执行。2013年11月19日，四川信托分别向众诚钡盐及相关担保人发送《通知函》，载明信托计划将于2013年11月20日终止，四川信托将以非货币形式的信托财产于2013年11月20日向吉林建苑进行现状分配，信托项下的债务亦一并归于吉林建苑。之后，四川信托向吉林建苑发出通知函，并向吉林建苑移交了各项资料，执行案件中的申请执行人亦变更为吉林建苑。2014年2月20日，吉林建苑以与众诚钡盐等正在进行和解为由，申请结案。吉林建苑认为四川信托对于信托贷款资金无法收回存在失职等重大过失，应当对吉林建苑的损失承担赔偿责任，为此诉至法院，请求判令四川信托赔偿损失3317.75万元以及向吉林建苑返还信托报酬。

【裁判结果】一审法院驳回了吉林建苑的诉讼请求。吉林建苑上诉后，二审法院判决驳回上诉，维持原判。吉林建苑遂向最高人民法院申请再审，最高人民法院审查后，裁定驳回了吉林建苑的再审申请。

【审理情况】一审法院认为，本案主要争议焦点为:1. 案涉法律关系是信托法律关系还是居间委托法律关系;2. 吉林建苑要求四川信托赔偿损失3000万元、利息317.75万元，并返还信托报酬8.85万元是否有事实和法律依据。关于第一个焦点问题，一审法院认为，案涉信托合同合法有效，关于双方建立的法律关系，应当根据相关法律规定、当事人之间的约定及实质交易关系进行认定。首先，根据《信托法》第2条、第8条、第9条的规定，结合案涉合同的条款内容，吉林建苑与四川信托签署的合同符合《信托法》对于信托法律关系的界定以及信托合同的形式要件，本案属于信托合同纠纷。其次，案涉法律关系并非居间或委托法律关系。根据《合同法》第424条关于"居间合同是居间人向委托人报告订立合同的机会或者提供订立合同的媒介服务，委托人支付报酬的合同"规定，结合案涉合同的内容，双方之间显然不属于居间法律关系。本案所涉法律关系亦非委托关系。主要理由是:1. 在信托关系中，信托财产的名义人为受托人;而在委托代理关系中，财产权仍为委托人的名义。2. 在信托关系中，委托人可以指示受托人，但不直接管理、运用和处分信托财产;而在委托代理关系中，代理人和本人都可以行使对财产的管理、运用和处分的权利。3. 在信托关系中，信托财产具有独立性，受托人死亡、破产等，都不影响信托关系的存续;而在委托代理关系中，代理人死亡，该代理关系随之终止。4. 与第三人的关系上，在信托关系中，信托财产因管理、运用或处分对第三人产生的债务，由受托人的名义对第三人承担责任；而在委托代理关系中，因代理行为产生的对第三人的债务，则由本人承担责任。5. 在信托关系中，受托人的行为约束信托财产，但不直接约束委托人；而在委托代理关系中，代理人的行为约束委托人。综上所述，吉林建苑作为委托人，将资金交付四川信托设立信托，四川信托根据吉林建苑的指令，以自己的名义与借款人众诚钡盐签署《信托贷款合同》，将信托资金发放给借款人，吉林建苑与四川信托之间建立的是信托法律关系。

关于第二个焦点问题，一审法院认为，根据《信托法》第 22 条和第 36 条的规定，委托人要求受托人赔偿至少需要符合两个前提：一是受托人违反信托目的处分信托财产或者违背管理职责、处理信托事务不当；二是该行为致使信托财产受到损失。本案中：1. 吉林建苑主张，四川信托向其推介信托项目时曾向其提供《尽职调查报告》，该报告与事实严重不符，误导了吉林建苑，这是导致信托贷款资金无法收回的主要原因。但一审法院认为，根据现有证据查明的事实，在吉林建苑自主决定通过四川信托向众诚钡盐发放3000万元信托贷款之后，四川信托的信托经理才向吉林建苑相关人员发送电子版本报告，信托类为被动信托，现有证据不能证实四川信托提交的报告误导了吉林建苑实施该信托项目。2. 吉林建苑主张，四川信托在信托项目实施后的一个季度内没有调查众诚钡盐的财务数据，没有发现《尽职调查报告》中的失实之处，据此认为四川信托存在违约行为。但一审法院认为，根据案涉信托合同关于“受托人为被动受托，根据委托人指定管理并运用信托资金，按照信托目的持有、管理信托财产，直到信托终止”“受托人接受委托人的委托，按委托人的意愿，以自己的名义，为受益人的利益，将信托资金按照《信托贷款合同》约定之条件向借款人发放信托贷款”“委托人了解并认可借款人与保证人的经营状况、财务状况、信用状况，自行判断并承担风险”等约定，本案所涉信托为被动受托类信托，吉林建苑自主决定设立本信托，要求四川信托按照信托合同约定的基本条件将信托资金定向用于向众诚钡盐发放信托贷款。结合交易实质，吉林建苑作为信托项目最终的实际权益人，已经对借款人及保证人的财务状况予以认可，确认自行判断并承担风险，且当事人双方并未在信托合同中约定四川信托负有核实借款人及保证人财务状况的义务。3. 关于未及时告知第二季度欠息的问题。一审法院认为,四川信托虽然未能按照合同约定在3个工作日及时通知欠息情况,但其在作出调查后也是告知了吉林建苑并采取了积极措施予以补救。吉林建苑并没有证据证明未在3个工作日内通知造成其损失的证据,且双方合同关于违约责任中并没有约定因未及时告知欠息情况就应承担赔偿责任。加之,双方之间的信托合同系被动受托,四川信托仅是按照吉林建苑的指令行事,四川信托在借款人欠息后进行了及时调查,然后向吉林建苑报告,在主观上并无恶意拖延的故意。4. 关于四川信托是否及时采取法律措施的问题。一审法院认为,根据查明的事实,在众诚钡盐未按约还息的情况下,四川信托根据吉林建苑的指令采取了一系列法律措施,并无故意拖延情形。5. 关于四川信托是否强行现状分配的问题。一审法院认为,根据案涉《信托合同》第21条第3款关于"受托人应在信托终止日后的10个工作日内,将信托财产向受益人分配。如果信托财产在本合同约定的信托到期日(2013年11月20日)存在非货币形式的财产的,则受托人应当在约定的信托到期日当日将已变现的信托利益划付至受益人指定账户分配给受益人。对于非货币形式的财产,受托人有权以届时信托财产的现状分配给受益人(受托人发出通知函),通知借款人将剩余应付未付的相关款项支付给受益人,即视为受托人履行完毕信托利益分配义务"的规定,2013年11月19日,四川信托向借款人及担保人分别发送《通知函》,向其告知信托计划将于2013年11月20日终止,四川信托将非货币形式的信托财产于2013年11月20日向吉林建苑现状分配,吉林建苑于2013年11月20日取得众诚钡盐未清偿的债权及其全部从权利,本信托项下的债务一并归属于吉林建苑。2013年11月22日,吉林建苑向四川信托的回函载明"现信托合同到期,贵司无意延期,并于2013年11月21日向我司送达了通知等材料,我司尊重贵司意见。鉴于贵司已作为申请执行人向法院申请强制执行,现将该笔债权交由我司主张,需法院裁定变更申请执行人"。前述事实表明因信托合同到期,四川信托按约以现状分配方式向吉林建苑分配信托财产、移交了相关资料,并以公证方式送达。吉林建苑对此进行了书面回函确认,明确表示其对现状分配并无异议,应当认定吉林建苑自愿接受并认可四川信托进行现状分配。据此,吉林建苑关于四川信托向其强行现状分配的主张不能成立。一审法院遂判决驳回吉林建苑的诉讼请求。

吉林建苑不服一审判决，提起上诉，二审法院亦认为本案争议焦点为：1. 案涉法律关系性质的认定；2. 四川信托是否应当返还吉林建苑信托报酬并赔偿损失。关于第一个焦点问题，吉林建苑上诉主张，其与四川信托之间形成了“居间+委托代理”的法律关系，并不受《信托法》的调整。主要理由：一是我国法律承认的信托为主动信托，即信托公司应当在接收信托财产后，积极主动地管理、运用和处分信托财产，而本案吉林建苑与四川信托之间系被动信托关系，该种法律关系并不受《信托法》调整；二是因吉林建苑愿意设立信托，将3000万元款项出借给众诚钡盐是基于四川信托的推介以及四川信托出具的《尽职调查报告》，双方实质上形成的是“居间+委托代理”的法律关系。但二审法院认为，根据《信托法》第2条关于“本法所称信托，是指委托人基于对受托人的信任，将其财产权委托给受托人，由受托人按委托人的意愿以自己的名义，为受益人的利益或特定目的，进行管理或者处分的行为”的规定，信托法律关系具有以下特点：一是委托人基于对受托人的信任，将其财产权委托给受托人管理；二是受托人以自己的名义，为受益人利益或特定目的，对信托财产进行管理、处分，信托财产具有独立性。本案中，从案涉《信托合同》的签订、内容及履行情况看，系吉林建苑基于对四川信托的信任，自愿将其合法所有的3000万元资金委托给四川信托，由四川信托在合同确定的权限内对3000万元信托财产进行管理、运用或处分，并约定信托的类型为被动受托，即系根据委托人吉林建苑指定管理并运用信托资金。同时，四川信托亦是以自己的名义与众诚钡盐签订的《信托贷款合同》，作为一方合同主体履行了《信托贷款合同》，独立对信托财产进行了事务型管理，双方交易符合信托法律关系的特点，一审认定案涉法律关系的性质为信托关系并无不当。

关于第二个争议焦点问题，吉林建苑上诉主张，在合同履行中，四川信托存在出具的《尽职调查报告》以及向吉林建苑提供的第一季度管理报告严重失实等违约行为，应按照合同约定返还报酬及赔偿损失。四川信托的主要抗辩意见是本案信托类型为被动信托，《尽职调查报告》并非吉林建苑判断项目风险的依据，且《尽职调查报告》系四川信托下属职能部门“资产管理部”起草，仅用于公司内部审批。至于四川信托在合同履行过程中出具的第一季度管理报告，是按照吉林建苑选定的借款人众诚钡盐提供的第三方审计机构出具的报告制作，四川信托已经履行了合同义务。二审法院认为，吉林建苑要求四川信托返还报酬、赔偿损失的前提是四川信托在案涉合同履行中存在违反信托目的处分信托财产或者因违背管理职责、处理信托事务不当致使信托财产受到损失的行为。具体评析如下:1. 根据《信托合同》的约定,案涉信托为被动型信托,案涉信托项目实质是吉林建苑自主决定设立,四川信托是按照吉林建苑的指示将3000万元发放给众城钡盐,项目的风险是由吉林建苑自行判断、承担。《尽职调查报告》的出具主体并非四川信托,而是四川信托下属职能部门"资产管理部"起草,从《尽职调查报告》的内容看,并不是向委托人吉林建苑出具,而是四川信托下属职能部门向公司出具。结合案涉《信托合同》中关于项目风险由吉林建苑自行判断并承担的内容,从常理上推断,四川信托关于《尽职调查报告》是用于该公司内部审批流程使用的抗辩意见能够成立。此外,《尽职调查报告》中明确载明"此项目为被动型管理项目",吉林建苑提交的证据显示其收到《尽职调查报告》并阅知报告内容后,仍签订了案涉《信托合同》,且合同中明确载明由吉林建苑自行判断并承担项目风险。据此,可以认定《尽职调查报告》并非其判断项目风险的依据。2. 案涉信托项目的设立是由吉林建苑自主决定,并由其自行判断并承担项目风险,四川信托对信托财产的管理实属事务型管理。基于事务型管理的义务标准,结合众诚钡盐在第一季度按约履行了付息义务的事实,应当认定四川信托依据众诚钡盐提供的第三方专业审计机构出具的财务数据制作第一季度管理报告已经完成了合同义务,并不存在违约行为。二审法院据此驳回了吉林建苑的上诉请求。

吉林建苑不服二审判决,向最高人民法院申请再审称,在被动信托法律关系中,信托公司仅为"工具"或"通道",并非真正意义上的信托。四川信托于2012年9月向吉林建苑推介众诚钡盐贷款项目,该项目实质系因吉林建苑直接向众诚钡盐放贷存在法律风险,故与四川信托签订信托合同,由四川信托将案涉3000万元以信托贷款的方式借给众诚钡盐。四川信托与吉林建苑之间系"居间+委托代理"关系。此外,四川信托通过尽职调查报告向吉林建苑提供的众诚钡盐的销售收入和利润总额等财务数据是虚假的,吉林建苑基于该尽职调查报告错误认定贷款项目风险,遭受重大损失。依据《信托合同》第22条第4项约定,四川信托负有向吉林建苑提交信托财产管理报告书的合同义务,四川信托向吉林建苑提交的第一季度管理报告书载明的数据与尽职调查报告一致,但与齐鲁股权交易中心公开向社会披露的相关数据严重不符,系四川信托故意向吉林建苑提供虚假数据。一审、二审判决认定案涉尽职调查报告未对吉林建苑造成误导,以及四川信托提供失实的第一季度管理报告不构成违约是错误的。四川信托答辩称,案涉信托为事务管理类信托,双方系信托关系,而非"委托+居间"关系。四川信托未捏造财务数据,未误导吉林建苑判断项目风险,且四川信托依照合同约定按现状分配信托财产,并依照吉林建苑指令变更申请执行人,并未违约。

最高人民法院审查后认为,《信托法》第2条规定,本法所称信托,是指委托人基于对受托人的信任,将其财产权委托给受托人,由受托人按委托人的意愿以自己的名义,为受益人的利益或者特定目的,进行管理或者处分的行为。信托法并未区分主动信托与被动信托。本案中,吉林建苑与四川信托签订有书面的《信托合同》,合同明确约定受托人根据委托人指定管理并运用信托资金,按照信托目的持有、管理信托财产,直到信托终止。四川信托亦依照合同约定以自己名义与众诚钡盐签订并履行《信托贷款合同》,双方交易符合信托法律关系的特点。一审、二审判决认定案涉法律关系为信托关系,并无不当。根据已经查明的事实,吉林建苑形成董事会决议决定设立案涉信托贷款项目在先,《尽职调查报告》在后,吉林建苑未提交证据证明其形成董事会决议的目的是获取四川信托的《尽职调查报告》,而且,《信托合同》第13条第1款明确约定,委托人了解并认可借款人与保证人的经营状况、财务状况、信用状况,自行判断并承担风险。根据吉林建苑的再审陈述,众诚钡盐2012年的财务数据在齐鲁股权交易中心官方网站上是向社会公开的,其有能力查询获得。吉林建苑作为理性的商事主体,在合同已经约定由其自行判断并承担风险的情况下,应当认真审查投资风险,其主张依据四川信托出具的《尽职调查报告》和第一季度管理报告书即决定将案涉信托贷款发放给众诚钡盐,并未及时调整投资方向,依据不足。一审、二审判决认定案涉《尽职调查报告》未对吉林建苑造成误导以及四川信托不构成违约,并无不当,遂裁定驳回吉林建苑的再审申请。

典型案例2　通道方被判决承担赔偿责任

【案情简介】2010年4月，江苏江山制药有限公司（以下简称江山制药）与中泰信托有限责任公司（以下简称中泰信托）签订《信托合同》，约定江山制药将其合法拥有的资金委托给中泰信托，由中泰信托按信托文件的规定，以中泰信托的名义，将信托资金贷款给目标企业玉成公司，用于昆山御城项目的房地产开发投资建设，信托资金为8000万元。贷款利率为12%/年，贷款按日计息。若中泰信托违反信托目的处分信托财产或者违背管理职责、处理信托事务不当致使信托财产受到损失的，江山制药有权要求中泰信托恢复信托财产的原状或者予以赔偿。为确保目标企业到期能及时还本付息，目标企业为其借款行为提供抵押担保，受托人与目标企业签订土地《抵押合同》、在建工程《抵押合同》。受托人应在土地抵押、在建工程抵押手续以及强制执行公证完成之后向目标企业发放贷款。受托人应密切关注目标企业的经营管理和财务状况，督促目标企业按时支付利息和归还本金。该合同还对信托费用等内容进行了约定。后中泰信托与玉成公司签订了《房地产项目资金封闭运作管理协议书》，约定：玉成公司根据中泰信托要求开立资金专用监管账户并承诺将工程项目所有资金的收支均通过上述监管账户进行结算。如玉成公司违约，中泰信托有权立即冻结项目资金专用监管账户，停止项目资金专用监管账户资金的拨付；解除借款合同或提前收贷，要求借款人清偿到期或未到期的借款本金及所欠利息、罚息、违约金、赔偿金等。中泰信托与玉成公司同时签订《借款合同》一份，约定：中泰信托为玉成公司提供8000万元的信托资金，贷款期限为12个月，贷款利率为年利率12%。在合同第9条约定的《保证合同》《抵押合同》《房地产项目资金封闭运作管理协议书》《房地产项目资金封闭运作个人保证声明书》《不可撤销承诺函》生效之前，中泰信托并无义务发放贷款。玉成公司应于贷款的到期日一次性还清该笔贷款的全部贷款本金，信托计划成立时支付贷款本金0.5%的利息，其余部分利息按季支付。玉成公司到期不偿还借款本金及利息，中泰信托有权限期清偿，对逾期借款在合同约定的贷款利率水平上加收50%的罚息，并对支付利息计收复利。上述合同签订后，江山制药将8000万元款项支付给中泰信托，中泰信托亦将8000万元资金发放给玉成公司，并在此之后办理了在建工程抵押登记以及强制执行公证书。从2011年5月24日起玉成公司陆续开始还款付息，合同期内即2010年4月28日至2011年4月27日的利息920万元玉成公司已支付。截至2014年8月31日,玉成公司共向江山制药归还本金2000万元,利息751.5万元。2010年7月8日,中泰信托向昆山市住房和城乡建设局出具《关于御城大厦预售款专户监管的函》,同意玉成公司对外预售商品房,商品房预收款进入中泰信托委托的上海浦东发展银行有限公司昆山支行监管账户。另经法院查明,玉成公司所开发的昆山御城项目的房产已对外预售136套,预收款并未进入《房地产项目资金封闭运作管理协议书》所约定的监管账户。对于玉成公司未能归还剩余本金及利息,江山制药认为系中泰信托未尽管理职责,处理信托事务不当导致的,应赔偿江山制药的损失,遂诉至法院,请求法院判令中泰信托向江山制药赔偿本金损失6000万元、暂计算至2014年8月31日的利息损失2924.445万元,及自2014年9月1日至法院判决实际给付之日,以本金6000万元为基数,按年利率18%计息。

【裁判结果】法院判决中泰信托向江山制药支付信托资金本金6000万元及利息。

【审理情况】江山制药起诉认为,中泰信托未尽管理职责的行为包括在未达到合同要求的放款条件情况下,提前向目标企业放款;未征得江山制药同意,即许可玉成公司办理预售许可证;在玉成公司取得预售许可证后,未能按合同约定办理上述房地产项目的(预)销售商品房的抵押登记手续等,致使玉成公司擅自将商品房出售,购房款未能进入监管账户,信托财产受到损失。中泰信托答辩称,依据其与江山制药签订的信托合同的特征和收取的信托报酬,该信托合同为通道业务。中泰信托已经适当履行合同项下的义务,不存在违约行为。鉴于《信托合同》尚未终止,依据《信托合同》第9条第3款的约定,受托人以信托财产为限向受益人支付信托利益。在信托合同尚未终止的前提下,如果江山制药主张信托财产,中泰信托可以按现状将信托财产交付江山制药。经法院释明,江山制药同意终止信托合同。

法院认为,本案的争议焦点为:1. 中泰信托是否按照信托合同的约定履行了合同义务;2. 江山制药要求中泰信托赔偿本金损失6000万元以及利息的诉求是否有事实和法律依据。关于第一个焦点问题,法院认为:信托是指委托人基于对受托人的信任,将其财产权委托给受托人,由受托人按委托人的意愿以自己的名义,为受益人的利益或者特定目的,进行管理或者处分的行为。本案中,江山制药将自有的合法资金委托给中泰信托,由中泰信托以自己的名义发放给目标企业玉成公司用于御城项目的房地产开发,江山制药作为委托方已经履行了自己的义务。中泰信托作为受托人应当按照《信托合同》的约定履行信托资金的发放、资金的监管等义务。《信托合同》明确约定,中泰信托应在土地抵押、在建工程抵押手续以及强制执行公证完成之后向目标企业发放贷款。现有证据表明,中泰信托在未具备上述三个前提条件的情况下,将信托资金发放给目标企业,且目标企业也未按《房地产项目资金封闭运作管理协议书》及《借款合同》的约定,将商品房预售款汇入监管账户,在归还江山制药2000万元本金及部分利息后便无力偿还剩余款项及利息。对此,中泰信托违反《信托合同》的约定,对款项的发放、款项的监管、款项的回收等未尽到合理、谨慎的义务,依约应向江山制药承担违约责任,赔偿其损失。关于第二个焦点问题,根据《信托合同》的约定,受托人违反信托目的处分信托财产或者因违背管理职责、处理信托事务不当致使信托财产受到损失的,委托人有权要求受托人恢复信托财产的原状或予以赔偿。本案中,中泰信托的行为已构成违约,江山制药要求其支付目标企业所欠的信托资金本金6000万元的诉求,本院予以支持。至于江山制药的损失部分应为其信托利益收入即利息,该利息应根据借款和还款的时间、尚欠借款本金的数额、利率的标准等进行分段计算。

结合上述案例,我们对通道类业务纠纷中所涉及的主要法律问题阐述如下。

一、关于通道类业务的法律关系定性

委托贷款和事务管理型信托(通道类信托)是最常见的两类通道业务,但对这两类通道业务的法律关系定性却有所不同。

根据中国人民银行发布的《贷款通则》第7条第2款的规定,委托贷款系指由政府部门、企事业单位及个人等委托人提供资金,由贷款人(受托人)根据委托人确定的贷款对象、用途、金额、期限、利率等代为发放、监督使用并协助收回的贷款。贷款人(受托人)只收取手续费,不承担贷款风险。2018年1月5日原银监会发布的《商业银行委托贷款管理办法》第3条亦规定:“本办法所称委托贷款，是指委托人提供资金，由商业银行（受托人）根据委托人确定的借款人、用途、金额、币种、期限、利率等代为发放、协助监督使用、协助收回的贷款……”实践中，委托贷款在法律文件的设置上一般有两种模式，一种是由资金提供人作为委托人与作为受托人的商业银行签订委托合同，同时由商业银行作为贷款人与借款人签订借款合同，委托人与受托人、贷款人与借款人的权利义务分别在上述两个合同中约定；另一种是由资金提供人（委托人）、商业银行（受托人、贷款人）与借款人共同签署委托贷款合同，明确各方的权利义务。关于委托贷款的法律关系性质，一般认为委托人与受托银行之间构成委托代理关系。例如，《商业银行委托贷款管理办法》第 4 条规定：“委托贷款业务是商业银行的委托代理业务。商业银行依据本办法规定，与委托贷款业务相关主体通过合同约定各方权利义务，履行相应职责，收取代理手续费，不承担信用风险。”需要特别指出的是，在上述第一种模式下，虽然受托商业银行系以自己名义与借款人签署借款合同，但根据最高人民法院在“山东启德置业有限公司与山东鑫海投资有限公司等委托贷款纠纷上诉案”[（2012）民二终字第 131 号]、北京长富投资基金与武汉中森华世纪房地产开发有限公司及中森华投资集团有限公司等合同纠纷上诉案[（2016）最高法民终 124 号]中的意见，上述委托贷款模式符合《合同法》第 402 条关于隐名代理的规定，即“受托人以自己的名义，在委托人的授权范围内与第三人订立的合同，第三人在订立合同时知道受托人与委托人之间的代理关系的，该合同直接约束委托人和第三人，但有确切证据证明该合同只约束受托人和第三人的除外”，因此借款合同直接约束委托人和第三人。在第三人不能按时归还借款的情况下，委托人可以直接起诉第三人，而不必依赖于作为通道方的受托银行起诉，向借款人进行追索。

对于通道类信托业务中的法律关系是信托关系还是委托关系在司法实践中则多有争议。通说认为，信托关系与委托关系的区别主要表现在如下几个方面。首先，二者成立的条件不同，设立信托必须有确定的信托财产，委托代理关系则不要求以存在确定的财产为前提。其次，财产的性质不同，信托关系中，信托财产是独立的，与委托人、受托人或者受益人的自有财产相区别，委托人、受托人或者受益人的债权人均不得对信托财产主张权利。但委托代理关系中，即使委托代理的事项是让代理人进行财产管理或者处分，该财产仍属于委托人的自有财产，委托人的债权人仍可以对该财产主张权利。再次，采取行动的名义也不同，信托关系中的受托人系以自己名义采取行动，而代理人一般只能以委托人的名义采取行动。最后,委托人的权限不同,信托关系中的委托人、受益人通常只能要求受托人按照信托文件实施信托,受托人依据信托文件管理、处分信托财产,享有充分的自主权,委托人不得干预,而委托代理关系中,委托人可以随时向代理人发出指示,代理人应当服从。对于主动管理型信托而言,其与委托关系的区别是明显的,一般不会产生争议,但对于通道类信托,即被动型信托而言,由于其不符合典型信托的特征,从某种角度看与委托关系有些接近,因此容易发生争议。在上述典型案例 1 中,吉林建苑与四川信托之间成立的是“居间+委托代理”关系还是“信托关系”系从一审程序到再审程序双方的主要争议焦点之一。吉林建苑认为,《信托法》承认的信托仅为主动型信托,即信托公司应当在接收信托财产后,积极主动地管理、运用和处分信托财产,而本案吉林建苑与四川信托之间系被动信托关系,该种法律关系并不受《信托法》调整。但一审、二审法院及最高人民法院均认为,根据《信托法》第 2 条的规定,信托是指委托人基于对受托人的信任,将其财产权委托给受托人,由受托人按委托人的意愿以自己的名义,为受益人的利益或特定目的,进行管理或者处分的行为。上述规定并未区分主动信托与被动信托。鉴于吉林建苑与四川信托签署了符合《信托法》规定的《信托合同》,四川信托亦以自己名义与借款人众诚钡盐签订了《信托贷款合同》,并独立对信托财产进行了事务型管理,因此双方建立的法律关系符合信托特征。实践中,无论是单一资金信托计划,还是集合资金信托计划,作为通道方的信托公司与委托人之间签署的《信托合同》以及其他信托文件从形式和内容上看一般较为完备,故法院通常认为通道类信托业务的法律性质为信托关系而非委托关系。但也确有仲裁机构将资产管理中的通道业务认定为委托关系的先例。在华南国际经济贸易仲裁委员会受理的申请人 A(自然人)与被申请人 B 之间因《资产管理合同》发生的纠纷中,申请人认为投资发生亏损系被申请人擅自将操作权授予 C 公司导致,被申请人则认为本资产管理计划为资管通道产品,申请人策划、主导了本案资产管理计划的设立、运作等全过程。仲裁庭认为,本案资管计划系通道业务,通道业务中,投资人与管理人不构成信托法律关系,而应当构成委托代理关系。因为信托本质上是一种当事人间的财产和事务委托关系,委托人是基于信任关系委托受托人处理信托事务,是建立在委托人对受托人资质、能力、人品、见识、工作业绩等较为个性化的特质的了解基础上而产生的信任。本案资产管理计划设立后,在申请人同意并参与安排下,受托人职责从被申请人转委托给 C 公司,这表明申请人委托被申请人进行资产管理时，其目的不是基于对被申请人作为受托人资质、能力、人品、见识、工作业绩等了解基础上的信任，申请人无权援引《信托法》的相关规定要求被申请人对C公司的行为承担责任。

在通道类信托被认定为信托关系的情况下，根据《信托法》第14条“受托人因承诺信托而取得的财产是信托财产”、第15条“信托财产与委托人未设立信托的其他财产相区别”、第16条“信托财产与属于受托人所有的财产相区别”之规定，信托财产具有独立性，当信托财产遭受损失时，根据合同相对性原则，一般应由受托人依据与融资人签订的合同进行追索，而委托人不能直接向融资人主张违约责任等合同责任，除非信托财产向委托人进行了原状分配、当事人另有约定或法律有特别规定（如债权人的代位权、撤销权等）。例如，在成都银行股份有限公司西安分行（以下简称成都银行西安分行）诉中体产业集团股份有限公司（以下简称中体产业）一案中，成都银行西安分行与厦门国际信托公司（以下简称厦门信托）签订了《信托合同》，约定成都银行西安分行向厦门信托提供信托资金6亿元，信托期限2年，厦门信托按照成都银行西安分行意愿，以厦门信托名义将上述信托资金以信托贷款形式发放给沙坪坝体育投资公司（以下简称沙坪坝体育公司）。后厦门信托与沙坪坝体育公司签署了《信托贷款合同》，该合同对借款期限、年利率、罚息利率等进行了约定。重庆市中体投资有限公司作为保证人承担保证责任。为确保资金安全，成都银行西安分行另与沙坪坝体育公司及中体产业签订《三方合作协议》，中体产业在该协议中承诺，若到期沙坪坝体育公司无法偿还或无法足额偿还上述信托贷款且保证人无法承担保证责任时，则中体产业无条件向成都银行西安分行买入上述信托贷款或沙坪坝体育公司未足额偿还部分对应的信托受益权。信托贷款发放后，因借款人沙坪坝体育公司在借款到期后未能全额归还借款本金及利息，保证人亦未承担保证责任，成都银行西安分行遂起诉要求中体产业回购信托受益权。在对于成都银行西安分行请求按照《信托贷款合同》约定的逾期贷款利率计算债务利息的主张进行分析时，法院认为，《信托贷款合同》的双方当事人系厦门信托与沙坪坝体育公司，该合同确定的是厦门信托与沙坪坝体育公司之间的权利义务关系，与成都银行西安分行没有实质关联，沙坪坝体育公司针对厦门信托的违约行为及其相应后果，只能由厦门信托依据《信托贷款合同》向沙坪坝体育公司主张权利，成都银行西安分行无权以《信托贷款合同》为依据，要求中体产业承担本应由沙坪坝体育公司针对厦门信托而承担的合同责任，成都银行西安分行只能依据《三方合作协议》的约定,要求中体产业承担相应的合同责任。由此可见,在信托法律关系中,合同相对性原则是不能被轻易突破的。当然,如果委托人有证据证明受托人和融资人存在恶意串通、共同侵权等行为,则可能突破合同相对性,以受托人和融资人为共同被告,要求其承担连带赔偿责任。

我们理解,尽管司法实践中大部分的通道类信托业务因形式和内容相对规范而一般被认定为信托关系,但对于法律关系的认定还是要基于交易安排的实质。正如最高人民法院在《会议纪要》第七部分“关于营业信托纠纷案件的审理”中所指出的:“在事务管理信托纠纷案件中,对信托公司开展和参与的多层嵌套、通道业务、回购承诺等融资活动,要以其实际构成的法律关系确定其效力,并在此基础上依法确定各方的权利义务。”从部分通道类信托业务的实质交易安排上看,各方主体之间也可能成立委托代理关系。例如,部分通道业务中,信托财产权并未实质转移,受托人往往不享有信托财产的名义所有权,受托人虽然能够在一定时间内占有信托财产,但却完全无法就信托财产实现有效控制,更无法行使其作为所有权人所享有的使用、处分等基本权能。部分通道业务中,受托人对于委托事务的处理权限过低,已在某种程度上脱离了信托的内核。部分通道业务中,各方主体对于受托人义务标准的过度减轻,直接导致受托人根本不可能获得开展信托事务的必要权限。进而,在受托人几乎没有任何决策空间、严格依据委托人指示处理信托事务的交易安排下,受托人所发挥的实际效用往往与委托代理关系中的代理人无异。在此情况下,相关交易安排已经脱离了信托的内核,我们认为应当认定此类通道类信托业务实质构成委托代理关系。

二、关于通道类业务纠纷中对通道方责任的认定

关于通道类业务中受托人的责任和义务范围,法律没有明确规定,受托人一般会通过合同约定来减轻或免除自己的主要管理职责,仅保留被动的、事务性的管理职责,如风险提示、账户管理、清算分配、提供或出具必要文件以配合委托人管理信托财产等事务,而信托设立之前的尽职调查、信托财产的处置、信托财产的风险等则由委托人承担。那么该等约定是否有效,受托人能否在信托文件中通过约定的方式限定自己的责任?

中国政法大学赵廉慧教授认为,受托人的义务主要为法定义务,但是信托法关于受托人义务的规范是任意规范,可以通过约定加以变更(虽然不能排

除)。因此,如果委托人和受托人签订的信托文件中约定受托人只承担消极的功能(保管、分配等),信托仍然是有效的。在内部关系上,受托人可以以约定对抗委托人。但是在外部关系上(如交易对手),责任主体依然是受托人。从监管层面看,原银监会颁布的《关于信托公司风险监管的指导意见》(银监办发〔2014〕99 号)规定,信托项目的责任承担主体及承担范围,可通过合同形式予以明确。这表明监管层允许参与信托项目的各方主体以合同形式对受托人责任予以一定的减免。司法实践中,法院对信托合同中委托人与受托人之间的责任划分约定一般也持尊重态度。例如,在上述典型案例 1 中,一审、二审法院以及最高人民法院均认为吉林建苑与四川信托在信托合同中关于"委托人了解借款人真实情况并自担风险"的约定有效,并据此判令受托人即四川信托无须就案涉项目投资损失承担赔偿责任。在北川羌族自治县农村信用合作联社(以下简称北川信用社)与天风证券股份有限公司(以下简称天风证券)合同纠纷一案[(2018)最高法民终 1209 号]中,四川省高级人民法院和最高人民法院亦认可了《资产管理合同》中关于"北川信用社已充分了解项目存在的风险,并承诺自行承担风险和损失""天风证券接受北川信用社指令投资的投资品种,由于该投资品种的投资由北川信用社决策,可能超出天风证券的专业能力和管理能力,因此该种类型的合法合规性、安全性及任何风险和收益均由北川信用社承担,天风证券不承担任何责任"等约定的有效性,并据此驳回了北川信用社要求本交易中两家通道方天风证券及山东信托赔偿北川信用社不能受偿部分损失的诉讼请求。

基于上述意见,审判机构在对通道方责任的认定中,一般遵循"约定优先"的原则。在上述典型案例 1 中,历审法院根据吉林建苑与四川信托在信托合同中的约定判决受托人不承担赔偿责任。在上述典型案例 2 中,法院根据江山制药与中泰信托在信托合同中关于中泰信托应当在土地抵押、在建工程抵押手续以及强制执行公证完成之后向目标企业发放贷款等约定,认为中泰信托在未具备上述三个前提条件的情况下,将信托资金发放给目标企业,且目标企业也未按《房地产项目资金封闭运作管理协议书》及《借款合同》的约定,将商品房预售款汇入监管账户,在归还江山制药 2000 万元本金及部分利息后便无力偿还剩余款项及利息。对此,中泰信托违反《信托合同》的约定,对款项的发放、款项的监管、款项的回收等未尽到合理、谨慎的义务,依约应向江山制药承担违约责任,赔偿其损失。此案例是较为罕见的通道方承担赔偿责任的案例,我们检索的大部分案例的判决结果与上述典型案例 1 一致，即通道方不承担赔偿责任。例如，在淮南市诚信隆淮南商贸中心（以下简称淮南商贸中心）诉长安国际信托股份有限公司（以下简称长安信托）、淮南市鑫诚房地产开发有限公司（以下简称鑫诚地产）信托合同纠纷案［（2016）陕民终 179 号］中，一审法院根据《信托合同》约定，认为从涉案信托的设立、风险提示、信托财产的分配、信托财产的现状及风险成因等几方面来看，长安信托已尽到合同约定的谨慎管理义务，该项目的损失主要是信托运行过程中出现了市场风险、融资方实力偏弱风险、不设信托专户的银行托管以及用款资金监管的操作风险，这些风险主要是市场因素和鑫诚地产自身原因所致，并非长安信托造成，且均在信托合同揭示的风险范围内，故该风险依约应由淮南商贸中心承担，二审法院亦认为长安信托已按照合同约定履行了受托人义务，不存在违约行为。在太原威廉企业策划设计有限公司与安信信托投资股份有限公司、中国光大银行股份有限公司太原分行等营业信托纠纷案［（2010）沪二中民六（商）终字第 228 号］、湖北银行股份有限公司与四川信托有限公司、中国农业发展银行根河市支行合同纠纷案［（2015）鄂武汉中民商初字第 00293 号及（2017）鄂民终 2301 号］中，审理法院均认为受托人只要按照信托合同的约定管理和运用信托财产，即应视为其履行了谨慎、有效的管理义务。前文提及的《会议纪要》第 93 条亦规定“至于委托人和受托人之间的权利义务关系，应当依据信托文件的规定加以确定”。

我们基本认同“约定优先”的裁判规则，即通道类业务中受托人与委托人在不违背法律、法规强制性规定的情况下约定减轻受托人责任属于意思自治范畴，应为有效并作为判定通道方责任的依据，但仍有以下几点需要特别注意。

首先，《合同法》第 53 条规定：“合同中的下列免责条款无效：（一）造成对方人身伤害的；（二）因故意或者重大过失造成对方财产损失的。”依据该等规定，如果受托人因故意或重大过失造成信托财产损失，则不能依据信托合同中关于减免责任的约定主张免除赔偿责任。如委托人发出明显错误的投资指令或要求受托人投资明显存在非常规商业风险的项目，受托人没有指出问题和风险，未履行基本的审核义务即机械完成操作，则可能无法以相关免责条款作为有效抗辩。

其次，“约定优先”并不能否定受托人的基本法定义务。在甘孜州农村信用联社股份有限公司与四川科亨矿业（集团）有限公司合同纠纷一案［（2017）最高法民终 880 号］中，最高人民法院认为：“从法律法规的有关规定看，合同法、信托法以及金融监管部门有关规范性文件规定了委托合同或信托合同受托人应承担的法定履职和尽职义务，即使当事人之间所签订的合同中未作约定，如受托人违反该法定履职或尽职义务并因其过失给委托人造成损失的，亦应根据其过错情形承担相应的民事责任。”因此，如在信托合同中委托人与受托人约定免除受托人的法定义务，或者信托合同对受托人的义务没有约定、约定不明确或双方存在争议，则应遵循法律的规定，按照法律的规定确定受托人的责任范围。那么何为受托人的法定义务？《信托法》第 25 条规定：“受托人应当遵守信托文件的规定，为受益人的最大利益处理信托事务。受托人管理信托财产，必须恪尽职守，履行诚实、信用、谨慎、有效管理的义务。”《资管新规》第 8 条规定，金融机构运用受托资金进行投资，应当遵守审慎经营规则，制定科学合理的投资策略和风险管理制度，有效防范和控制风险，如金融机构未按照诚实信用、勤勉尽责原则切实履行受托管理职责，造成投资者损失的，应当依法向投资者承担赔偿责任。该条同时列举了金融机构的一些管理责任，如按照约定确定收益分配方案、及时向投资者分配收益、办理与受托财产管理业务活动有关的信息披露事项、以管理人名义，代表投资者利益行使诉讼权利或者实施其他法律行为等。我们理解，《资管新规》的上述规定可以理解为对受托人履行诚实信用、勤勉尽责法定义务的细化，在通道类业务中仍然适用。

再次，受托人负有证明已履行法定及约定职责的举证责任。《会议纪要》第 94 条规定：“资产管理产品的委托人以受托人未履行勤勉尽责、公平对待客户等义务损害其合法权益为由，请求受托人承担损害赔偿责任的，应当由受托人举证证明其已经履行了义务。受托人不能举证证明，委托人请求其承担相应赔偿责任的，人民法院依法予以支持。”

最后，在第三人主张管理人（信托合同中的受托人）承担赔偿责任时，受托人不能仅以其与委托人约定的免责条款进行抗辩。在浙江某某实业公司与某信托公司等不当得利纠纷案［（2010）浙杭民终字第 644 号］中，杭州中院即认为，管理人与委托人之间存在的内部关系，不能对抗目标公司外部债权人，管理人以其仅根据委托人的指令委派董事、并不参与具体的实际经营管理为由进行抗辩不能成立。实践中，我们曾遇到投资者以实际承担管理责任的私募基金管理人及作为通道的信托公司为共同侵权人，要求两者承担连带赔偿责任的案例。在此类案件中，信托公司与私募基金管理人通常会在合同中约定信托公司仅为通道，不承担任何责任，但我们认为，该等约定不能对抗第三人，信托公司究竟是否需要承担责任还是应基于案件的事实以及信托公司实际履行义务的情况进行分析。

三、《资管新规》"新老划断"原则的运用情况以及对通道类业务效力认定的影响

根据《资管新规》的规定,除过渡期内为维持必要的流动性和市场稳定,发行对接的老产品涉及的通道业务外,一般意义上的通道业务已被完全禁止。亦即,资产管理机构不得再行从事让渡主动管理职责的通道业务。同时,为保证平稳过渡,监管部门特按照"新老划断"的原则设置了过渡期,过渡期截至2020年年底。2019年,为积极推进2019年下半年信托业"治乱象、去嵌套、防风险"等各项监管工作,银保监会向各银保监局信托监管处室(辽宁、广西、海南、宁夏除外)下发了《中国银保监会信托部关于进一步做好下半年信托监管工作的通知》(信托函〔2019〕64号),主要内容包括:坚决遏制信托规模无序扩张、严厉打击信托市场违法违规行为及有力有效处置信托机构风险等。其中重点之一就是坚持去通道目标不变,严禁辖内信托机构继续开展违反资管新规要求,为各类委托方监管套利、隐匿风险提供便利的信托通道业务。加大存量信托通道业务压缩力度,原则上到期必须清算,不得展期或续作。鼓励辖内信托机构与信托通道业务委托方沟通协商,争取提前结束清算。按照"一司一策"原则,结合信托部有关监管工作要求,督导辖内信托机构制定下半年信托通道业务压降计划,明确相应时间安排和压降任务,按月监测信托通道业务压降情况。对于上半年继续违规开展信托通道业务的信托机构要进一步加大规模压降和业务整改力度,视情况采取惩戒性措施。2019年11月21日,北京银保监局印发《关于进一步规范银行业金融机构同业业务的通知》,该通知强调,信托公司同业通道业务到期不得展期和叙做,再次传导监管部门坚持信托去通道,推动信托业务转型的决心。

《资管新规》实施之后,金融审判与金融监管的衔接逐渐加强。例如,上海市高级人民法院于2018年6月25日下发的《关于落实金融风险防范工作的实施意见》,即明确提出"对不符合金融监管规定和监管精神的金融创新交易模式,或以金融创新为名掩盖金融风险、规避金融监管、进行制度套利的金融违规行为,及时否定其法律效力,并以其实际构成的法律关系确定其效力和各方的权利义务"。最高人民法院在南昌农村商业银行股份有限公司与内蒙古银行股

份有限公司合同纠纷案[(2016)最高法民终 215 号]中亦明确指出:“2018 年 4 月 27 日发布的《资管新规》,对金融机构资产管理业务提出了具体的规范要求。从该监管新规来看,监管部门对于金融机构资产管理业务实行穿透式监管,禁止开展多层嵌套和通道业务。而本案当事人的交易模式确实存在拉长资金链条,增加产品复杂性之情形,可能导致监管部门无法监控最终的投资者,对交易风险难以穿透核查,不符合监管新规之要求。因此,本案各方当事人今后应严格按照资管新规,规范开展业务。”

关于违反金融监管政策的合同效力问题,《会议纪要》在第 31 条中进行了规定,即“违反规章一般情况下不影响合同效力,但该规章的内容涉及金融安全、市场秩序、国家宏观政策等公序良俗的,应当认定合同无效。人民法院在认定规章是否涉及公序良俗时,要在考察规范对象基础上,兼顾监管强度、交易安全保护以及社会影响等方面进行慎重考量,并在裁判文书中进行充分说理”。最高人民法院在相关案例中的裁判意见与上述意见一致。例如,在福建伟杰投资有限公司与福州天策实业有限公司营业信托纠纷一案[(2017)最高法民终 529 号]中,最高人民法院即以《合同法》第 52 条之规定论证了违反《保险公司股权管理办法》禁止代持保险公司股权规定的行为,在一定程度上具有与直接违反《保险法》等法律、法规相同的法律后果,亦将破坏国家金融管理秩序、损害社会公共利益,应属无效。在江苏省国际信托有限责任公司与中国农业银行股份有限公司昆明分行合同纠纷一案[(2017)最高法民终 478 号案]中,最高人民法院亦认为,金融安全是国家安全的重要组成部分,金融制度是经济社会发展中重要的基础性制度。为防范化解重大金融风险,深化整治金融业市场乱象,国家近年来发布实施了一系列重要金融政策和监管措施。对于此类涉及公共政策的监管规定,作为金融机构的当事人须在签订和履行合同时予以严格遵守,人民法院亦应在审查相关合同效力时,按照《合同法》第 52 条的规定予以充分考量。

具体到通道业务的效力问题,上述《会议纪要》第 93 条对《资管新规》出台后过渡期内通道业务的效力作出了安排,即“在过渡期内,对通道业务中存在的利用信托通道掩盖风险,规避资金投向、资产分类、拨备计提和资本占用等监管规定,或者通过信托通道将表内资产虚假出表等信托业务,如果不存在其他无效事由,一方以信托目的违法违规为由请求确认无效的,人民法院不予支持”。这一意见与最高人民法院在北京北大高科技产业投资有限公司与光大兴陇信托有限责任公司借款合同纠纷案[(2015)民二终字第401号]及深圳市西丽报恩福地墓园有限公司与光大兴陇信托有限责任公司借款合同纠纷案[(2015)民二终字第393号]两案中的裁判意见是一致的。最高人民法院在上述两案中认为:"本案所涉信托贷款发生在2011年,属上述金融监管政策实施前的存量银信通道业务。对于此类存量业务,资管新规按照'新老划断'原则设置过渡期,过渡期设至2020年年底,确保平稳过渡。据此,争议的《单一资金信托合同》和《信托资金借款合同》系各方当事人的真实意思表示,且不违反法律、行政法规的强制性规定,本院对有关合同无效的上诉请求,依法不予支持。"但最高人民法院在上述两案中亦同时指出:"根据当前国家金融监管原则,金融机构不得为其他金融机构的资产管理产品提供规避投资范围、杠杆约束等监管要求的通道服务。具体而言,商业银行应还原其业务实质进行风险管控,不得利用信托通道掩盖风险实质,将表内资产虚假出表;信托公司应确保信托目的合法合规,不得为委托方银行规避监管规定或第三方机构违法违规提供通道服务。"

根据最高人民法院在上述《会议纪要》及相关案例裁判中的意见,《资管新规》对于通道业务的禁止性规定原则上不影响相关存量合同的效力。但在《资管新规》规定的过渡期之后,通道业务合同如违反监管规定,法院将可能以该合同违反社会公共秩序,损害社会公共利益为由认定无效。

四、通道方的风险防范建议

虽然《资管新规》已明确资产管理机构不得从事让渡主动管理职责的通道业务,但市场中的通道业务在短期内恐难以消失。与此同时,通道业务所伴随的法律风险将显著增加。因此作为通道方应加强风险防范意识,我们在此提供如下几项建议。

1. 划清权责。如果委托人是投资人,通道方应在相关投资合同中明确其所从事的事务性管理业务的性质、范围、内容、具体责任、原状返还安排等,并对其不承担投资风险等免责条款予以突出强调。如果委托人不是投资人,我们建议通道方参照上述内容与投资人另行签订协议,并由委托人向投资人和通道方出具其为实际管理人和风险责任承担主体的承诺函或者由投资人、委托人和通道方签署三方协议,以确保投资人、委托人及通道方就责任承担主体达成一致。总之,通道方应尽量将免责条款外部化,以对抗第三人。

2. 进行审慎尽调。尽管通道业务中,尽调义务通常由委托人来履行,但为了减少风险，建议通道方对主导方和投资项目还是应当做审慎尽调，以最大限度防范风险。

3. 严格履行信托文件所规定的受托人义务，诚信、勤勉、审慎地履行账户管理、清算分配、风险揭示、配合委托人进行债务追索等义务，并保留相关证据。同时，通道方亦应留存主导方实质参与产品推介、自主决定产品设立、财产运用对象、财产处分方式等事宜、自行负责前期尽调、自行进行财产管理等证据，以应对未来可能发生的纠纷。

4. 坚决拒绝配合委托人或投资人进行抽逃出资、诈骗、非法集资等违法犯罪行为，一旦发现，通道方应立即终止合同，并向相关主体和主管机关进行报告。我们在案例检索过程中发现大量信托通道业务涉及非法集资犯罪的案例，如北京市第三中级人民法院（2017）京 03 刑终 404 号、江苏省高级人民法院（2017）苏刑终 29 号等。在这类案件中，非法集资的个人或机构往往打着提供通道的信托公司的幌子，向投资者进行虚假宣传；而信托公司认为自身从事的是通道业务，不必对底层资产进行尽职调查，也不必对信托资金的投资和使用进行监管，这种认识应坚决摒弃。

5. 在目前金融强监管的大环境下，建议尽量减少甚至不做通道类业务，避免因合同被认定无效而导致相应的损失和风险。

第七节 名股实债纠纷

“名股实债”，又称“明股实债”，从字面意思理解，指的是一种名义上以股权投资，但实质是一种债权投资的融资工具。“名股实债”并非严格的法律概念，而是实务中存在的对于传统股债二分投资方式的一种创新，是资产管理业务中较为常见的企业间融资方式。监管层对“名股实债”的界定，主要体现在以下两个文件中：一是 2017 年原银监会更新的《G06 理财业务月度统计表》将“名股实债”定义为“投资方在将资金以股权投资方式进行投资之前，与资金需求方签署一个股权回购协议，双方约定在规定期限内，由资金的使用方承诺按照一定的溢价比例，全额将权益投资者持有的股权全部回购的结构性股权融资安排”。二是 2017 年 2 月 13 日中基协发布的《证券期货经营机构私募资产管理计划备案管理规范第 4 号——私募资产管理计划投资房地产开发企业、项目》

中将“名股实债”界定为：“本规范所称‘名股实债’，是指投资回报不与被投资企业的经营业绩挂钩，不是根据企业的投资收益或亏损进行分配，而是向投资者提供保本保收益承诺，根据约定定期向投资者支付固定收益，并在满足特定条件后由被投资企业赎回股权或者偿还本息的投资方式，常见形式包括回购、第三方收购、对赌、定期分红等。”

不少金融和法律从业者也尝试对“名股实债”进行定义。苏奎武在《名股实债类融资工具的交易结构与风险识别》[①]一文中对“名股实债”从交易结构特征的角度进行定义，将典型的名股实债实践操作总结为三个交易环节：委托代理（认购）、投资入股、退出增信。李玉斌在《明股实债的是与非探析》[②]一文中认为：“所谓名股实债，是指投资方虽以股权的方式投资于目标公司，但其交易实质却属于与借贷相类似的债权债务关系，具有刚性兑付的保本约定。投资方不作为真正的投资者享有目标公司的股权投资的浮动收益，而融资方除支付融资款及投资方的固定收益外，无须付出其他可获得的额外收益。”

“名股实债”在金融资管业务中盛行的主要原因是此种创新安排能够满足投资方、融资方和资产管理方等各方需要，投资方可以规避《贷款通则》关于放贷资质的限制，融资方可以改善资产负债状况和增加企业信用，资产管理方则可以获取通道管理报酬，因此这种模式在前几年较为火爆的房地产行业及基础设施和公用事业建设领域（如 PPP 项目、地方政府融资平台等）应用得最为广泛。实践中，“名股实债”的交易结构主要有以下几种模式[③]：（1）信托公司以信托计划资金对目标公司进行股权投资并约定固定预期收益。固定预期收益的取得方式包括：①溢价回购方式，即目标公司股东在约定期限届满后对投资人股权进行溢价回购。②对赌方式，即目标公司若不能满足对赌条件则触发股权回购条款，回购方可能是目标公司，也可能是目标公司股东或其关联公司。③差额补足方式，即约定目标公司无法满足投资人的投资本金和收益时，由目标公司或其股东承担投资本金和固定收益的差额补足义务，往往同时约定对差额补足义务的担保。（2）信托公司股权 + 债权投资方式，即信托公司以较少资金取得目标公司的股权，成为股东后，以股东贷款的方式将大量资金投入目标

---

① 苏奎武：《明股实债类融资工具的交易结构与风险识别》，载《债券》2016 年第 9 期。

② 李玉斌：《明股实债的是与非探析》，载《法制与经济》2017 年第 3 期。

③ 张雪楳、关丽著：《名股实债的性质与效力》，载贺小荣主编：《最高人民法院民事审判第二庭法官会议纪要——追寻裁判背后的法理》，人民法院出版社 2018 年版。

公司。(3)证券公司或基金公司子公司设立专项资管计划向目标公司进行股权投资或以股权+债权的方式进行投资,债权通过还本付息退出,股权通过回购、转让等方式退出。(4)多层嵌套方式,即投资主体通过信托、证券、基金公司等通道方进行股权投资并约定固定收益回报。

由于金融资管领域的"名股实债"存在多层嵌套、监管套利、规避放贷限制、隐性担保等问题,监管机构开始对此类业务加强监管力度。例如,在"名股实债"问题比较突出的PPP领域,财政部、国家发展和改革委员会、司法部、中国人民银行、原银监会、证监会于2017年4月26日联合发布的《关于进一步规范地方政府举债融资行为的通知》(财预〔2017〕50号)第3条明确规定:"地方政府应当规范政府和社会资本合作(PPP)。允许地方政府以单独出资或与社会资本共同出资方式设立各类投资基金,依法实行规范的市场化运作,按照利益共享、风险共担的原则,引导社会资本投资经济社会发展的重点领域和薄弱环节,政府可适当让利。地方政府不得以借贷资金出资设立各类投资基金,严禁地方政府利用PPP、政府出资的各类投资基金等方式违法违规变相举债,除国务院另有规定外,地方政府及其所属部门参与PPP项目、设立政府出资的各类投资基金时,不得以任何方式承诺回购社会资本方的投资本金,不得以任何方式承担社会资本方的投资本金损失,不得以任何方式向社会资本方承诺最低收益,不得对有限合伙制基金等任何股权投资方式额外附加条款变相举债。"财政部于2018年3月28日进一步下发了《关于规范金融企业对地方政府和国有企业投融资行为有关问题的通知》(财金〔2018〕23号),该通知第2条规定:"国有金融企业向参与地方建设的国有企业(含地方政府融资平台公司)或PPP项目提供融资,应按照'穿透原则'加强资本金审查,确保融资主体的资本金来源合法合规,融资项目满足规定的资本金比例要求。若发现存在以'名股实债'、股东借款、借贷资金等债务性资金和以公益性资产、储备土地等方式违规出资或出资不实的问题,国有金融企业不得向其提供融资。"在保险资管领域,原中国保监会在《关于保险资金设立股权投资计划有关事项的通知》(保监资金〔2017〕282号)第3条亦规定:"股权投资计划取得的投资收益,应当与被投资未上市企业的经营业绩或私募股权投资基金的投资收益挂钩,不得采取以下方式承诺保障本金和投资收益:(一)设置明确的预期回报,且每年定期向投资人支付固定投资回报;(二)约定到期、强制性由被投资企业或关联第三方赎回投资本金;(三)中国保监会认定的其他情形。"2018年4月27日,《资管新规》正式发布,明确提出了“打破刚性兑付”“脱虚向实”的监管要求。由于“名股实债”具有名实不符的天然属性，且金融资管领域中的部分“名股实债”业务还具有刚性兑付的本质，因此在未来强监管的模式下，此类业务受到限制是必然的趋势。

此外，近年来随着经济大趋势及房地产行业的下行，“名股实债”纠纷逐渐增多，关于对“名股实债”纠纷的司法裁判规则，我们还是通过案例进行分析。

典型案例1 “商事外观主义”对名股实债的影响

【案情简介】2011年4月12日和4月20日，湖州港城置业有限公司（以下简称港城置业）分别召开三次股东会（股东为纪某生和丁某德），决议向新华信托股份有限公司（以下简称新华信托）贷款2亿~2.5亿元。2011年6月21日，新华信托与港城置业、纪某生、丁某德达成了受让股权的协议，并签订了《合作协议》，约定由新华信托募集2亿~2.5亿元资金，其中14,400万元分别用于受让纪某生和丁某德的股权，其余全部增入港城置业的资本公积金，股权转让后，新华信托将持有港城置业80%的股权。2011年6月24日，新华信托与纪某生、丁某德按照《合作协议》的约定，分别签订股权转让合同，该合同约定纪某生、丁某德作为转让方，应保证转让的股权具有合法性，并积极办理股权转让手续。为保证《合作协议》的履行，新华信托与纪某生、丁某德签订了股权质押合同，并办理了质押登记手续，港城置业同时以其持有的土地使用权进行抵押。2011年9月，新华信托向港城置业汇入22,478万元，其中股权转让款为14,400万元，资本公积金为8078万元。后新华信托向港城置业委派了董事，港城置业亦形成了新的公司章程，并办理了工商变更登记，新华信托依法持有港城置业80%的股权。2013年2月21日，新华信托与港城置业、纪某生、丁某德签订《补充协议》，明确了新华信托对港城置业凯旋国际项目销售资金的管控，如港城置业、纪某生、丁某德未配合资金监管，新华信托有权更换法定代表人，接管港城置业的财务章及法人章。嗣后，新华信托接管了港城置业的法人章、合同专用章、财务专用章、纪某生个人名章等印鉴。截至信托计划到期日，港城置业仅支付了部分信托收益，未依约清偿信托本金及收益。2015年8月4日，湖州市中院裁定受理港城置业破产清算纠纷一案，并指定浙江京衡律师事务所为破产管理人，后指定由湖州市吴兴区人民法院（以下简称吴兴区法院）审理该案。新华信托在法定债权申报期限内向管理人申报了债权，并于2015年12月24日收到管理人作出的《债权审查通知书》，告知不予确认新华信托申报的债权，后新华信托提出债权审查异议，管理人经复审作出了《债权复审通知书》，告知新华信托维持不予确认的审查意见，新华信托遂起诉，请求法院判令确认新华信托对港城置业享有破产债权292,544,339.63元（其中本金195,780,000.00元、利息78,391,903.13元、信托报酬17,212,390.00元、保管费及包干费1,160,046.50元）并对土地使用权及在建工程享有抵押权。

【裁判结果】吴兴区法院驳回了新华信托的诉讼请求。

【审理情况】新华信托认为其对港城置业享有的债权真实、合法、有效。按照《债权审查通知书》，管理人不予确认其债权的主要理由为股权转让对价和资本公积金不得要求港城置业返还，但根据股权质押、土地抵押、有明确的投资期限、固定本息、新华信托不参与日常经营管理等事实，新华信托与港城置业具有债权融资的真实意思表示，双方之间的法律关系具有债权投资业务特征。所谓股权转让仅系让与担保措施，让与担保的做法已被法律认可并获得最高人民法院的支持。新华信托属于对特定财产享有担保权的债权人。新华信托作为非银行金融机构，在融资模式及操作方式上存在灵活性与特殊性。按照法律规定及银监部门的批准，新华信托向社会公众募集了22,478万元信托资金，以名股实债方式投资于港城置业，据此，管理人不予确认新华信托债权的理由不能成立。港城置业则认为，本案新华信托支付的22,478万元均属于股权投资款。根据双方系列协议的约定，新华信托通过受让纪某生、丁某德持有的港城置业80%股权，投资于港城置业，享有股东权利，承担股东义务。新华信托支付股权转让款后，港城置业完成了工商变更登记，新华信托亦按约委派董事参与公司经营管理，并对公司重大事项享有一票否决权，既有股权投资之“名”，又有股权投资之“实”。新华信托支付的8078万元性质属资本公积金，按照公司法规定，股东不得向公司请求返还。此外，新华信托主张22,478万元资金性质为借款的理由不能成立，表现在：1. 港城置业与新华信托之间未达成借款的合意；2. 收款权利人的指示付款并不能改变各方之间的法律关系，新华信托主张其应向股权转让方支付的14,400万元股权转让款未汇付给股权转让方，而直接汇入港城置业，可以证明该笔资金属于借款。但该笔资金付给港城置业是股权转让方和受让方达成的合意。从合意的内容来看,这其实是构成股权转让方的"指示付款",即股权转让方要求也同意将此款项汇付港城置业,新华信托主张"名股实债"不能成立。3.新华信托以双方之间存在物保反推形成借款关系,有违担保法关于主、从债权的相关规定,即物保的设定,并不代表着其所担保的主债权就存在,也不代表其主债权性质就是借款。

吴兴区法院认为,本案的争议焦点是新华信托向港城置业汇付的22,478万元是股权转让款还是借款。关于这一焦点问题,法院认为,丁某德、纪某生、港城置业与新华信托签订的《合作协议》及丁某德、纪某生分别与新华信托签订的《股权转让协议》系各方真实意思表示,合法有效,受法律保护。嗣后各方均已按约履行,且新华信托作为股东已进行了港城置业公司股东名册记载、公司登记机关登记,对外具有公示效力。现新华信托提出"名股实债"的主张,法院对此认定如下:首先在名实股东的问题上要区分内部关系和外部关系,对内部关系产生的股权权益争议纠纷,可以当事人之间的约定为依据,或是隐名股东,或是名股实债;而对外部关系上不适用内部约定,按照《公司法》第32条第3款"公司应当将股东的姓名或者名称向公司登记机关登记,登记事项发生变更的,应当办理变更登记,未经登记或者变更登记的,不得对抗第三人"之规定,第三人不受当事人之间的内部约定约束,而是以当事人之间对外的公示为信赖依据。本案不是一般的借款合同纠纷或股权转让纠纷,而是港城置业破产清算案中衍生的诉讼,本案的处理结果涉及港城置业破产清算案的所有债权人利益,应适用公司的外观主义原则。即港城置业所有债权人(相对于本案双方当事人而言)实际均系第三人,对港城置业的股东名册记载、管理机关登记所公示的内容,即新华信托为持有港城置业80%股权的股东身份,港城置业之外的第三人有合理信赖的理由。而港城置业的股东会决议仅代表港城置业在签订《合作协议》《股权转让协议》前有向新华信托借款的单方面意向,最终双方未曾达成借款协议,而是新华信托受让了纪某生、丁某德持有的港城置业股权,与纪某生、丁某德之间发生了股权转让的事实。如果新华信托本意是向港城置业出借款项,港城置业从股东会决议来看亦有向新华信托借款的意向,双方完全可以达成借款合同,并为确保借款的安全性,新华信托可以要求依法办理股权质押、土地使用权抵押、股东提供担保等法律规定的担保手续。如新华信托在凯旋国际项目上不能进行信托融资的,则应依照规定停止融资行为。新华信托作为一个有资质的信托投资机构,应对此所产生的法律后果有清晰的认识,故新华信托提出的“名股实债”“让与担保”等主张,与本案事实并不相符,其要求在破产程序中获得债权人资格并行使相关优先权利并无现行法上的依据,故对其主张依法不予采纳。港城置业管理人在破产程序中履行管理职权,确认新华信托对破产企业不享有破产债权是正确的。基于新华信托在港城置业中的股东身份,其出资并获得股东资格后不应再享有对破产企业的破产债权,故其要求行使抵押权的主张亦应予以驳回。

典型案例2 被认定为“股”的名股实债

【案情简介】2003年4月30日,联大集团有限公司(以下简称联大集团)与安徽省高速公路控股集团有限公司(以下简称安徽高速)签订《股权转让协议书》,约定联大集团向安徽高速转让其持有的安徽安联高速49%的股权,安徽高速向联大集团支付4.5亿元转让对价。登记机关核准股权变更,并以安徽安联高速工商登记档案中登录变更内容之日为转让股权的交割日。安徽高速自交割日开始按约履行付款义务,联大集团回购股权的两年期限同时起算。股权转让后,安徽安联高速的董事会由5名董事组成,联大集团推举2名,安徽高速推举3名,公司董事长(法定代表人)在联大集团推举的董事中选举产生。安徽高速承诺,自本次股权转让完成之日起两年内,对受让的股权不转让给第三方,如联大集团提出购回本次被转让的股权,在符合协议约定的条件下,安徽高速同意该回购请求,回购金额由以下部分组成:本次转让金+本次转让金×[同期银行贷款年利率(自本次股权转让完成日至回购完成日)+1%(指同期银行利息上浮一个点的利率)]。自本次股权转让完成日起两年内,联大集团没有行使约定的股权回购权利(包括没有提出回购请求,或虽提出回购请求但没有按约支付回购金额),则联大集团失去本次被转让股权的回购权,联大集团不得再就购回该股权提出请求,或者联大集团虽然提出请求但安徽高速可以不予支持。协议签订当日,安徽安联高速的股权变更登记手续办理完毕。安徽高速事后支付了股权转让款。自2004年4月起,联大集团不断发函或派人与安徽高速商谈股权回购问题,但安徽高速予以拒绝。此外,上述《股权转让协议》未经有关机关批准,股权价值亦未经评估。

2010年2月21日，联大集团向江苏省高级人民法院(以下简称一审法院)提起诉讼，请求确认联大集团拥有安徽安联高速49%股权的回购权，安徽高速立即按照合同约定同意联大集团回购并向联大集团交付上述股权及办理股权变更手续。

【裁判结果】一审法院判决驳回了联大集团的诉讼请求。联大集团向最高人民法院提起上诉，最高人民法院判决驳回上诉，维持原判。

【审理情况】一审法院认为：1.《股权转让协议书》的内容合法有效。表现在：(1)未经有关机关批准不影响《股权转让协议书》的效力。(2)未经评估亦不影响《股权转让协议书》的效力。(3)《股权转让协议书》并非名为股权转让，实为企业之间借贷的协议。该协议中并未约定关于质押借款的内容，安徽高速在相关回复意见中表述的"融资"亦存在以其他形式进行融资的可能，不能仅理解为借款融资。(4)联大集团认为股权转让价明显低于市场价格的观点不能成立。(5)联大集团关于股权转让协议的性质为让与担保的主张亦缺乏事实和法律依据。由于让与担保并非法律规定的担保物权形式，根据物权法定原则，联大集团认为案涉股权转让协议的性质为让与担保协议的主张缺乏法律依据。同时，让与担保是以转让财产所有权为形式，以为主债权提供担保为目的的行为，由于本案双方当事人之间不存在借款事实，也就不存在让与担保所依附的主合同，且也没有证据证明联大集团转让股权系以提供担保为目的。因此，联大集团就《股权转让协议书》的效力提出的抗辩理由不能成立，《股权转让协议书》是双方当事人的真实意思表示，内容合法有效，各方当事人应依约全面履行合同义务。2. 联大集团未依约履行股权回购的付款提示义务，已丧失案涉股权的回购权。《合同法》第67条规定，当事人互负债务，有先后履行顺序，先履行一方未履行的，后履行一方有权拒绝其履行要求。先履行一方履行债务不符合约定的，后履行一方有权拒绝其相应的履行要求。本案中，《股权转让协议书》已明确约定自本次股权转让完成日起两年内，联大集团没有行使约定的股权回购权利(包括没有提出回购请求，或虽提出回购请求但没有按约支付回购金额)，则联大集团失去本次被转让股权的回购权，联大集团不得再就购回该股权提出请求，或者联大集团虽然提出请求但安徽高速可以不予支持。据此，联大集团在合同约定的期限内向安徽高速提出回购请求并支付回购款项是安徽高速将涉案股权转让给联大集团,是联大集团实现股权回购权的前提。但由于联大集团仅向安徽高速提出回购股权的请求,未在股权转让完成之日起两年内履行支付股权回购款项的先合同义务,安徽高速有权拒绝向联大集团转让涉案股权,因此,联大集团依约丧失股权回购权。一审法院据此驳回了联大集团的诉讼请求。

联大集团不服一审判决,向最高人民法院提起上诉,主要上诉理由包括:1. 案涉《股权转让协议书》名为企业间股权转让而实为通过股权转让达到企业间融资借贷、拆借资金的目的。联大集团转让涉案股权未经批准及评估,转让价格是联大集团所急需筹集资金的数额,且设置了回购条款。股权转让之后,安徽安联高速的法定代表人并未发生变更,公司治理结构也没有按照股权比例进行变更,上述情形都不是正常的股权转让行为,足以证明股权转让行为的实质就是为借款提供担保。综上,《股权转让协议书》名为股权转让,实为企业间融资借贷,即以合法的股权转让形式掩盖非法的资金拆借的目的,违反了相关法律法规的强制性规定,根据《合同法》第52条第3款之规定应当无效。2. 安徽高速违反诚实信用原则,提出了超出《股权转让协议书》第10条约定的股权回购条件,恶意设置障碍,导致双方未能就股权回购达成一致,且安徽高速一直拒绝签署《股权回购协议书》,客观上导致联大集团无法在协议约定的期限内支付回购款以回购股权,因此联大集团并不因此丧失回购权。在《股权回购协议书》尚未签署的情况下,回购价款的金额、支付方式以及股权变更登记的时间都未明确,联大集团客观上无法履行付款义务。3.《股权转让协议书》确定的股权转让价款明显低于市场价格,构成了显失公平。4. 一审判决认定"未经评估亦不影响《股权转让协议书》的效力"是法律适用错误。安徽高速的主要答辩意见是:1. 联大集团主张《股权转让协议书》无效的上诉理由不成立。《股权转让协议书》约定的是股权转让、股权回购,其法律属性并非联大集团诉称的企业之间融资借贷。2.《股权转让协议书》第10条明确、具体且可执行地约定了股权回购事项,没有约定须另行签署《股权回购协议书》。联大集团按约先期履行股权回购款支付义务后,可随时办理股权变更登记,同时也获得法律上相应请求权,客观上无须进一步约定回购完成日、付款方式、股权变更登记时间。3. 联大集团以"根据法律规定,国有股权转让应当进行评估""对于应当进行资产评估的情形,该经济行为无效"来主张《股权转让协议书》无效是不成立的。4. 安徽高速与联大集团均属于国有企业，国有企业之间转让国有资产不存在国有资产流失问题。

最高人民法院认为，本案双方争议的焦点是案涉《股权转让协议书》的效力及股权回购条件是否成就。关于《股权转让协议书》是否名为股权转让实为企业间借贷的协议的问题，最高人民法院认为，联大集团用以证明系借贷关系的函件为其单方起草的请示稿件，未经安徽高速确认，因此不能作为本案的定案依据。同时，安徽省政府关于股权转让的批复文件中已经明确记载，股权转让并非当事人诉称的借贷关系。股权协议转让、股权回购等作为企业之间资本运作形式，已成为企业之间常见的融资方式。如果并非以长期谋利为目的，而是出于短期融资的需要产生的融资，其合法性应予承认。据此，联大集团关于双方股权转让实为融资借贷应认定无效的上诉理由不能成立，本院不予支持。关于股权回购条件是否成就问题，最高人民法院认为，在案涉股权回购条件成熟时，各方当事人可以直接按照双方达成的《股权转让协议书》之约定履行，至于双方在股权回购磋商中提出的种种条件，在未达成一致前，均为单方意思表示。该意思表示不构成对原《股权转让协议书》的变更，亦不影响各方按照该协议履行各自的义务。《合同法》第62条第5项规定，履行方式不明确的，按照有利于实现合同目的的方式履行。本案股权回购过程中，联大集团在安徽高速陆续发出按照指定账户汇款要求的情况下，其可以选择索要具体账户或提存等方式履行合同约定的付款义务。联大集团在本案审理中坚称其有足够的履约能力，但在安徽高速数次函告要求其按照指定账户履行《股权转让协议书》约定的付款义务时，却始终坚持先过户后付款。由于该履约方式违背《股权转让协议书》约定，变更了协议约定的履行方式，最终导致超过该协议约定的回购期限。根据《合同法》第67条之规定，在联大集团违背约定，符合拒绝接受其履约的条件下，安徽高速拒绝其超出约定内容的关于先过户后付款的回购主张，事实及法律根据充分，应予支持。关于股权转让价款是否显失公平问题，最高人民法院认为，根据《审计报告》，各方协商确定的股权转让金为4.5亿元，远远高出其当时的市值，联大集团上诉请求与事实不符，且其并未提出撤销诉请。关于案涉股权转让中资产评估对《股权转让协议书》效力的影响问题，最高人民法院认为，纵观本案，联大集团始终主张确认其股权回购的权利，但股权回购权的确认必须以《股权转让协议书》有效为前提。联大集团上诉主张既要求确认《股权转让协议书》无效，又主张确认回购权，其主张理由相互矛盾，难以自圆其说，此其一；其二，《国有资产评估管理办法》及《国有资产评估管理办法实施细则》关于评估的规定均非法律和行政法规规定的效力性强制性规定，故根据《合同法》第52条的规定，不能直接以此否认案涉《股权转让协议书》的效力。最高人民法院据此驳回了联大集团的上诉。

典型案例3　被认定为“债”的名股实债

【案情简介】2011年5月9日，诸城市江峰房地产开发有限公司（以下简称江峰地产）通过股东会决议，决定向新华信托股份有限公司（以下简称新华信托）融资1亿元用于支付密州购物广场项目的工程垫资款，并以密州购物广场面积为21,026.99平方米的商铺作为抵押。同日，江峰地产又通过了信用增级决议，决定信托资金以1元资金受让江峰地产原股东持有的90%股权，剩余信托资金用于增加江峰地产的资本公积。公司原股东剩余10%的股权全部质押给新华信托，新华信托100%控制公司。江峰地产以密州购物广场面积21,026.99平方米的商铺作为抵押，预评估价值为2.03亿元。2011年6月10日，新华信托与江峰地产签订《融资框架协议》，约定拟设立“新华信托·诸城密州购物广场股权投资集合资金信托计划”，信托计划预计规模为人民币1亿~1.1亿元，信托计划期限为1年。根据新华信托具体设立推出的信托产品业务模式，双方将签订《合作协议》《财产抵押合同》《借款合同》《股权转让协议》《股权质押合同》及相关补充协议等合同文本。同日，江峰地产两位股东祝某杰、卜某光、江峰地产和新华信托共同签订《合作协议》，约定由新华信托按照委托人的意愿，以新华信托名义，将信托资金以及其他与委托人有相同投资目的，且与新华信托签订了《资金信托合同》的自然人、法人或其他组织的信托资金集合管理，向江峰地产进行股权投资（信托资金以1元资金受让江峰地产原股东持有的90%股权，剩余信托资金用于增加江峰地产的资本公积），江峰地产所获资金用于支付诸城市密州购物广场项目所欠工程公司的工程垫资款。江峰地产的股东名册中作出变更并于30天内向当地工商登记部门申请变更登记。如股权转让无法完成，新华信托将拥有江峰地产所有资产的处置权。信托计划的信用增级措施包括土地抵押、股权转让和质押等。新华信托在信托计划成立时，通过委派执行董事、实行印信和资金监管等方式，对江峰地产的经营、财务进行监督、控制。该协议签订后，新华信托以“支付股权投资款”的名义，向江峰地产支付价款1.1亿元。同日，新华信托与江峰地产签订《借款合同》及《借款合同之补充协议》，《借款合同》约定江峰地产向新华信托借款1.1亿元，借款期限为1年，年利率为20%。《借款合同之补充协议》约定，《借款合同》用于诸城市房管局办理商铺抵押登记手续，双方的合作事宜仍按照《合作协议》的约定执行。新华信托同时与江峰地产签署了《抵押合同》，并于2011年6月16日办理了抵押登记。2011年6月16日，祝某杰和卜某光分别与新华信托签署了《股权质押合同》，将股权转让完成后其持有的剩余江峰地产股权质押给新华信托并办理了质押登记。2012年6月20日，新华信托与江峰地产签订《收益权转让合同》，约定江峰地产将其享有的密州购物广场项目收益权转让给新华信托，在转让期间按照约定支付收益权回购款，以实现新华信托的信托投资利益。项目收益权转让期限为12个月，自2012年6月20日至2013年6月19日，转让价格不超过人民币1.09亿元，新华信托将收益权转让价款支付到江峰地产指定账户。自新华信托将收益权转让价款划入江峰地产资金监管账户之日起，江峰地产即开始履行收益权回购义务。回购款包括两部分：收益权回购价款本金和回购溢价款。收益权回购价款本金与收益权转让价款金额相等，回购溢价款为收益权转让价款的24%/年。如江峰地产未按时履行收益权回购款支付义务，则新华信托有权行使担保措施。同日，江峰地产与新华信托签订《抵押合同之补充协议》，约定抵押期限延长至收益权转让合同全部履行完毕。2012年7月3日，新华信托将收益权转让价款1.09亿元划至江峰地产指定银行账户。后因回购期届满，江峰地产未按约支付收益权回购款本金及溢价款，新华信托多次催收未果，遂起诉至法院，请求判令江峰地产立即支付收益权回购款本金1.09亿元以及回购溢价款、滞纳金、复利、律师费等，且新华信托对抵押物享有优先受偿权，后新华信托放弃关于主张优先受偿权的诉请。

【裁判结果】重庆市高级人民法院判决江峰地产支付新华信托借款本金1.09亿元及借款期内利息2616万元；支付逾期利息（以借款本金1.09亿元为基数，按年利率36%的标准，从2013年7月3日起计算至借款付清之日止）、复利（以上述判决确定的逾期利息为基数，按年利率36%的标准，从2013年

7月3日起计算至款项付清之日止)及律师费50万元。

【审理情况】新华信托主张双方签订的《合作协议》名为股权转让合同，实为借款合同。江峰地产向新华信托借款1.1亿元用于密州广场项目工程建设，并以密州购物广场的在建商铺和祝某杰、卜某光所持有江峰地产的股权作为担保，以新华信托受让江峰地产90%的股权作为非典型性担保。借款到期后，因江峰地产未能偿还全部借款本息，双方又签订了《收益权转让合同》，实际上是用《收益权转让合同》项下1.09亿元转让款偿还《合作协议》项下未按期偿还的借款。现双方签订的前一份《合作协议》已履行完毕，双方的权利义务应当按后一份《收益权转让合同》的约定履行。江峰地产认为，《收益权转让合同》并未生效，因该合同第13条约定新华信托向江峰地产支付收益权转让价款系合同生效要件，但新华信托并未向江峰地产划付收益权转让价款。在新华信托未实际支付收益权转让价款及《收益权转让合同》未生效的情况下，新华信托无权要求江峰地产支付收益权回购本金、回购溢价款、滞纳金、复利、律师费等，且不享有抵押权。此外，双方系股权投资关系而非借款关系，双方的合作模式是由新华信托从其委托人处集合资金对江峰地产进行股权投资，通过项目销售回款、获取项目公司分红、转让项目公司股权等方式取得信托收益，实现信托资金的退出，而不是由江峰地产向新华信托借款，江峰地产更不负有到期还本付息的义务。募集的信托资金中1元是股权转让价款，其余资金用于转增江峰地产的资本公积金，是双方对于股权投资具体方式的约定，也是为了保证信托资金能专款专用的信用增级措施，不能因此认定双方系借款关系。

重庆市高级人民法院认为，本案争议焦点是:1. 新华信托与江峰地产之间法律关系的性质;2.《收益权转让合同》是否生效;3. 江峰地产是否应当向新华信托支付收益权回购本金、回购溢价款、滞纳金、复利以及应当支付的数额;4. 江峰地产是否应当支付新华信托律师费80万元。关于第一个焦点问题，重庆市高级人民法院认为，新华信托与江峰地产签订的《合作协议》和《收益权转让合同》的实质均为借款合同。双方合意以后一份《收益权转让合同》项下借款偿还前一份《合作协议》项下借款。现《合作协议》已履行完毕，双方的权利义务应当按《收益权转让合同》的约定履行。依据如下:1. 双方在签订《合作协议》之前，江峰地产向新华信托发出了借款申请、还款计划，并通过了股东会决议，表达了以密州购物广场的在建商铺作为抵押向新华信托借款1亿元，用于支付密州购物广场项目工程垫资款的意愿。2.《合作协议》约定新华信托“以1元资金受让江峰地产原股东持有的90%股权”，显然与该股权的实际市场价值不符，也不符合常理。3.因《合作协议》中江峰地产对新华信托不负有支付义务，该合同项下办理的在建商铺抵押和股权质押没有设定担保的主债权存在。江峰地产主张《合作协议》的性质应为股权转让合同，这与当事人签订《合作协议》并办理相关担保财产的抵押、质押手续的意思表示不符。4.债权人新华信托在庭审中作出了《合作协议》名为股权转让合同、实为借款合同和双方合意以《收益权转让合同》项下的借款偿还《合作协议》项下的未按期偿还的借款的陈述。5.只有在上述合同解释成立的情况下，才能合理地解释江峰地产向新华信托出具《划款委托书》，要求新华信托将密州购物广场项目收益权转让款1.09亿元直接划入新华信托自己开设的账户的事实。

关于第二个焦点问题，即《收益权转让合同》是否生效的问题，重庆市高级人民法院认为，该合同约定的生效条件是新华信托向江峰地产划付收益权转让价款1.09亿元。根据庭审查明的事实，江峰地产向新华信托出具《划款委托书》，委托新华信托将收益权转让价款直接划入新华信托在中国工商银行重庆分行巴南区支行八公里分理处开设的账户。新华信托依据该委托，将收益权转让价款1.09亿元划入了目标账户。而根据上述对第一个争议焦点的评述，该笔收益权转让价款1.09亿元实为江峰地产向新华信托的借款，而江峰地产已用该笔借款实际偿还了其在双方《合作协议》项下尚欠新华信托的借款，即江峰地产已实际使用了该笔借款。因此，可以认定新华信托已按约向江峰地产划付了借款1.09亿元。双方约定的合同生效条件已成就，该合同已经生效。关于第三个焦点问题，即江峰地产是否应当向新华信托支付收益权回购本金、回购溢价款、滞纳金、复利以及应当支付的数额问题。重庆市高级人民法院认为，按照双方在《收益权转让合同》中的约定，江峰地产应当自1.09亿元划入其账户之日起(2012年7月3日)满12个月当日即偿还新华信托全部收益权回购款本金1.09亿元和按24%/年的标准支付回购溢价款，否则新华信托有权要求江峰地产对逾期未付的收益权回购款按日计收5‰的滞纳金，并对未支付的滞纳金计收复利。因双方实际系借款合同关系，双方合同约定的"收益权回购款"实为借款本金;约定"按24%/年的标准支付回购溢价款",实际是约定借款期内利息的计算标准;约定"对逾期未付的收益权回购款按日计收5‰的滞纳金",实际是约定借款到期后逾期罚息的计算标准。双方约定按24%/年的标准计算借款期内利息(1.09亿元×24%=2616万元,双方约定借款期间为一年,即从2012年7月3日起至2013年7月2日止),符合法律规定,本院予以支持。而双方约定逾期罚息的计算标准是在借款期内利息的基础上按每日5‰的标准加收,超过了中国人民银行关于金融机构逾期罚息应在借款合同约定的贷款利率水平上加收30%~50%的规定,本院依法予以调整,对超过该规定的部分不予支持。关于第四个焦点问题,即律师费问题,根据双方在《收益权转让合同》及《抵押合同》中的约定,江峰地产应当对新华信托实现债权中实际支出的律师费承担赔偿责任。但新华信托与律师事务所签订的《法律事务委托合同》中约定的80万元律师服务费为预付款,按照不同的时间节点和金额转化为新华信托应当实际支付的律师费。根据双方的约定,截至本案一审宣判,新华信托应当实际支付的律师费为50万元。对该部分已转化为实际支付的律师费的款项,江峰地产应当承担赔偿责任。

小结:从上述典型案例可以明显看出,对于"名股实债"类纠纷,司法实践中的裁判规则并不统一。在上述典型案例2中,尽管联大集团和安徽高速在股权转让协议中约定了股权回购条款[包括回购的时间、条件、价格(含固定收益)等内容],最高人民法院仍然认为双方签署的股权转让协议并不构成借贷关系,合法有效,即"股权协议转让、股权回购等作为企业之间资本运作形式,已成为企业之间常见的融资方式。如果并非以长期谋利为目的,而是出于短期融资的需要产生的融资,其合法性应予承认"。而在上述典型案例3中,重庆市高级人民法院则结合案涉《合作协议》签订的背景、约定的股权转让价格、担保措施的设立、划款行为等因素认定新华信托与江峰地产之间的融资行为系"名为股权转让,实为借贷"。在上述典型案例1中,吴兴区法院除认定丁某德、纪某生、港城置业与新华信托签订的《合作协议》及丁某德、纪某生分别与新华信托签订的《股权转让协议》合法有效外,还进一步指出应区分名股实债的对内和对外效力。对内部关系产生的股权权益争议纠纷,可以当事人之间的约定为依据,或是隐名股东，或是名股实债；而对外部关系上不适用内部约定，按照《公司法》第32条第3款之规定，第三人不受当事人之间的内部约定约束，而是以当事人之间对外的公示为信赖依据。吴兴区法院遂基于商事外观主义、保护第三人合理信赖利益及维护交易安全等原则，没有支持新华信托提出的"名股实债""让与担保"等主张。

为了统一对"名股实债"类纠纷的裁判规则，最高人民法院民二庭第5次法官会议纪要给出了较为明确的判断标准，即"名股实债并无统一的交易模式，实践中，应该根据当事人的投资目的、实际权利义务等因素综合认定其性质。投资人的目的在于取得目标公司股权，且享有参与公司的经营管理权利的，应认定为股权投资。反之，投资人目的并非取得目标公司股权，而仅仅是为了获得固定收益，且不享有参与目标公司经营管理权利的，应认定为债权投资，投资人是目标公司或有回购义务股东的债权人。不论在哪种情形中，投资人取得的固定回报都来自于其先前的投入，故其退出公司亦非无偿退出，一般不存在抽逃出资问题"。最高人民法院对上述裁判标准进行了具体的解析，主要包括以下内容。

(1)关于名股实债的性质：确定登记为股东的投资人享有的究竟是股权还是债权，取决于当事人的真实意思：投资人意欲取得公司股权的，往往会在协议中约定其对公司的经营管理权，在登记为股东后也往往会实际参与公司的经营管理，如保留在股东会、董事会层面对重大事项的表决权，向公司派驻董事、财务等人员，控制项目公司公章或财务章等。在此情况下，应当认定投资人取得的是股权；反之，投资人的投资目的仅是取得固定回报，协议中并未详细约定投资人参与公司管理的权利，投资人实际上也未行使股东管理权的，即便登记为股东，也应认定其仅享有债权。

(2)关于名股实债的效力：一是关于矛盾条款问题。在名股实债中，面临着投资人所取得的固定回报是否与整个合同的股权投资性质相矛盾从而无效的问题。最高人民法院民二庭第5次法官会议意见认为，同一当事人在同一合同中不能同时既是债权人又是股权人，但在不同的阶段，其可以从债权人转变为股权人(债转股)，也可以从股权人转化成为债权人(股转债)。在名股实债中，投资人在退出前享有股权，退出后享有债权，本质上属于股转债，并不违反股债不能并存的法理。因此，不存在因矛盾条款而合同无效的问题。二是关于虚伪意思表示问题。一旦确定投资人的真实意思是取得固定收益而非成为真正股东，则往往存在名为股权转让（或增资扩股）实为借贷的问题，构成虚伪意思表示中的隐藏行为。此时存在两个行为，名义上的股权转让（或增资扩股）属于虚伪意思表示，根据《民法总则》第146条第1款的规定，该行为无效。至于隐藏的行为，该条第2款规定："以虚假的意思表示隐藏的民事法律行为的效力，依照有关法律规定处理。"据此，应当依照民事法律行为的一般有效要件来认定其效力，这就涉及借贷合同的效力认定问题。根据最高人民法院《关于审理民间借贷案件适用法律若干问题的规定》第11条的规定，企业间为生产经营需要签订的借贷合同为合法有效。值得一提的是，未取得贷款业务资格的金融机构从事的放贷行为是否无效？金融是典型的特许经营行业，对金融机构更要加强资质监管。在此情况下，应当根据最高人民法院《关于适用〈中华人民共和国合同法〉若干问题的解释（一）》第10条的规定，认定未取得贷款业务资格的金融机构从事的放贷行为无效。三是违反监管问题。在我国当前的监管实践中，名股实债是监管部门明令禁止的行为。例如，2008年10月28日，原中国银监会办公厅发布的《关于加强信托公司房地产、证券业务监管有关问题的通知》规定，"严禁以购买房地产开发企业资产附回购承诺等方式变相发放流动资金贷款""严禁以投资附加回购承诺、商品房预算团购等方式间接发放房地产贷款"等。再如，财政部于2016年9月24日颁发的《政府和社会资本合作项目财政管理暂行办法》规定："政府与社会资本合资设立项目公司的，应按照《公司法》等法律法规以及PPP项目合同约定规范操作，不得在股东协议中约定由政府股东或政府指定的其他机构对社会资本方股东的股权进行回购安排。"在部门规章或监管政策对名股实债明确禁止的情况下，通过名股实债方式规避监管部门有关贷款资质、贷款投资比例、投资领域等方面的规定，本身就是违反法律或政策的行为，而不仅仅是一个规避法律从而属于法律解释的问题。此时，一方面要坚持只有违反法律、行政法规的强制性规定的合同才无效的原则，对违反部门规章、监管政策的合同，不能轻易认定无效；另一方面前述原则并非绝对，违反监管规定确实损害公共利益的，可以依据《合同法》第52条第4项的规定认定名股实债行为无效。四是关于公司回购股权的效力问题。有观点认为，应当区分股东回购股权与公司回购股权，就公司回购股权来说，可能存在因侵害公司及其债权人利益而无效的问题。最高人民法院民二庭第5次法官会议意见认为，对有限公司来说，公司法并无禁止有限公司回购股权的规定，且从《公司法》第71条有关股权转让的规定看，公司自身回购股权也不存在法律障碍。就股份公司而言,《公司法》第142条规定公司不得收购本公司股份,但该条同时规定了6种例外情形。在名股实债中,公司回购股份只要是这6种例外情形之一的,就是有效的;反之,不属于例外情形的,公司回购才可能因为违反法律的强制性规定而无效。可见,一概将公司回购行为认定为无效是不妥当的。

此外,在《会议纪要》第七部分“关于营业信托纠纷案件的审理”中,最高人民法院再次强调“对信托公司开展和参与的多层嵌套、通道业务、回购承诺等融资活动,要以其实际构成的法律关系确定其效力,并在此基础上依法确定各方的权利义务”。另外值得注意的是,该《会议纪要》第89条的规定与“名股实债”相关,即“信托公司在资金信托成立后,以募集的信托资金受让特定资产或者特定资产收益权,属于信托公司在资金依法募集后的资金运用行为,由此引发的纠纷不应当认定为营业信托纠纷。如果合同中约定由转让方或者其指定的第三方在一定期间后以交易本金加上溢价款等固定价款无条件回购的,无论转让方所转让的标的物是否真实存在、是否实际交付或者过户,只要合同不存在法定无效事由,对信托公司提出的由转让方或者其指定的第三方按约定承担责任的诉讼请求,人民法院依法予以支持。当事人在相关合同中同时约定采用信托公司受让目标公司股权、向目标公司增资方式并以相应股权担保债权实现的,应当认定在当事人之间成立让与担保法律关系。当事人之间的具体权利义务,根据本纪要第71条的规定加以确定”。

应当说,最高人民法院的上述意见为“名股实债”类纠纷确定了具有可操作性的基本裁判规则,但在具体适用这些规则时,我们认为仍有一些问题值得注意和探讨。

一、关于“股”与“债”的辨析

“名股实债”纠纷中,最主要的争议焦点就是当事人通过一系列交易文件所形成的法律关系究竟是实际的股权转让关系还是“名为股权转让、实为借贷”的债务关系。最高人民法院在民二庭第5次法官会议纪要中已经指出,判断双方实质法律关系的主要因素是当事人的投资目的,以及在交易文件中对当事人权利义务的设定。而这两者之间又是相辅相成、彼此依存的关系,从权利义务的设定可以看出投资人的投资目的,投资目的又必然投射在具体的权利义务之中。金融实践中的“名股实债”项目因交易结构的复杂性,很难统一定性为股权转让抑或借贷关系,法院处理此类案件通常是结合个案特征,在综合各项因素探究当事人真实意思的基础上做出判断。根据当前的司法裁判案例，我们认为以下因素可以作为判断“股权投资”与“债权投资”的参考：(1)投资方是否承担经营风险。如约定投资方不承担任何经营风险，不论目标公司经营状况如何，是否盈利，投资方均收取固定收益，则被认定为债权性投资的可能性较大。(2)股权转让价格是否与股权实际价值相关。如果当事人约定的股权转让价格过高、过低或不确定，甚至股权转让的价格是依据双方协商好的融资款项所确定的，与股权价值并无关联，则债权性投资的属性较明显，如上述典型案例3。(3)当事人是否约定投资到期后，目标公司或其他股东承担无条件溢价回购股权义务，或采用股权收益权转让加回购交易方式等情形实现以固定收益退出。尽管股权回购条款并非判断“名股实债”的唯一条件，但其确系重要判断标准之一。(4)当事人是否在股权转让合同签署后办理了股权变更登记、目标公司的控制权是否变更、公司治理结构是否发生变化、投资人是否实质性地参与了目标公司的管理和经营(如向目标公司派驻董事、财务等人员，控制目标公司公章或财务章，保留在股东会、董事会层面对重大事项的表决权等)。如投资人对公司治理的事项概不关心，亦未实际参与公司管理和行使股东权利，而仅关注固定收益回报，则即便投资人被登记为股东，一般也会认定其仅享有债权。(5)是否存在股权质押、不动产抵押、保证人担保等担保措施。在真实股权转让的情形下，转让方通常对受让方没有支付义务，但在“名股实债”模式中，股权转让方(融资方)为了获得融资，往往会向股权受让方(投资方)提供一定的担保作为增信措施，有的法院将此作为认定“名股实债”的理由之一，如上述典型案例3。但我们认为是否存在担保仅是“名股实债”的辅助判断标准，因为当事人在借贷、买卖、货物运输、加工承揽等各类经济活动中也可为各类债务设定担保，担保并不仅仅依存于借贷关系，最高人民法院在广州市仙源房地产股份有限公司与广东中大中鑫投资策划有限公司等股权转让纠纷一案[(2009)民申字第1068号]中即持此意见。(6)在最终签署的股权转让合同之外，当事人在缔约磋商过程中是否达成了借款合同、股权质押、让与担保等其他协议或合意，这是探究当事人真实意思和交易目的的最直观的依据。

这里还要特别提及对《会议纪要》第89条规定的理解。我们注意到，《九民会议纪要(征求意见稿)》第89条的内容是：“信托公司在资金信托成立后，以募集的信托资金受让股权、股票、债券、票据、债权、不动产、在建工程等特定资产或特定资产收益权，以及信托计划、资产管理计划受益权份额，由出让方或者其指定的第三方在一定期间后以交易本金加上溢价款等固定价款回购的,属于信托公司在资金依法募集后的资金运用行为。由此引发的纠纷不应认定为营业信托纠纷,而应当认定为信托公司与出让方之间的金融借款合同纠纷。"但在正式发布的《会议纪要》第 89 条中,最高人民法院删除了关于"金融借款合同纠纷"的定性,并规定只要不存在其他法定无效事由,人民法院对于信托公司的回购请求应予支持。我们理解,此条规定的核心目的是厘清营业信托纠纷的性质,将信托公司依法募集资金后在资金运用过程中与出让方或其他第三方发生的纠纷,与营业信托纠纷本身相区别。至于信托公司与出让方之间纠纷的性质,从实践来看,虽然大多数回购交易确实具有借贷的属性,但具体到个案中,仍然应当按照最高人民法院在民二庭第 5 次法官会议纪要中的意见对交易的实质进行分析,确定其是否符合"名股实债"或"名为收益权转让及回购,实为借贷"的特征。此外,另需关注的是,《会议纪要》第 89 条的规定是否适用于除信托公司之外的其他金融机构,如证券公司、保险公司、融资租赁公司、私募基金等所从事的回购交易能否类比适用该条规定?我们认为,此条规定不能扩张到信托公司以外的其他金融机构。与《九民会议纪要(征求意见稿)》相比,《会议纪要》新增了对营业信托纠纷的认定,即《会议纪要》第 88 条的规定:"信托公司根据法律法规以及金融监督管理部门的监管规定,以取得信托报酬为目的接受委托人的委托,以受托人身份处理信托事务的经营行为,属于营业信托。由此产生的信托当事人之间的纠纷,为营业信托纠纷。根据《关于规范金融机构资产管理业务的指导意见》[1]的规定,其他金融机构开展的资产管理业务构成信托关系的,当事人之间的纠纷适用信托法及其他有关规定处理"。由此可以看出,最高人民法院将信托公司和其他从事资产管理业务的金融机构进行了区分。并且,《会议纪要》第 89 条之所以支持信托公司的回购请求,我们理解主要是信托公司具有发放贷款的资质,即使在认定信托公司与出让方之间的交易构成借贷的情况下,一般不会导致合同无效。而对于没有放贷资质的其他金融机构所从事的回购交易而言,则需要进行具体分析,如认定合同无效,则金融机构主张的回购金额中的溢价款部分(实质是高额利息)可能难以获得全额支持。因此我们认为该条规定仅适用于信托公司,不能扩张到信托公司之外的其他金融机构。

① 即《资管新规》。

二、通谋虚伪表示制度在“名股实债”纠纷中的应用

《民法总则》首次确认了通谋虚伪意思表示制度。在《民法总则》颁布之前,审判实务中多以“恶意串通”“以合法形式掩盖非法目的”等规定予以解释适用。但通谋虚伪表示与这两者均存在一定的区别。关于通谋虚伪表示,《民法总则》第146条规定:“行为人与相对人以虚假的意思表示实施的民事法律行为无效。以虚假的意思表示隐藏的民事法律行为的效力,依照有关法律规定处理。”根据该等规定,通谋虚伪表示与“恶意串通”的主要区别是:恶意串通行为强调当事人行为的违法性,至于当事人的外在行为与内心真实意思是否一致则在所不问;而通谋虚伪表示重点强调当事人的内在意思与外在行为不一致,以保护当事人的真实意思表示。同理,通谋虚伪表示与“以合法形式掩盖非法目的”的主要区别也在于,在“合法形式掩盖非法目的”情形下,当事人因具有非法的意图既可以作出通谋虚伪表示,也可以作出真实意思表示;而通谋虚伪表示是当事人故意为虚伪表示,至于当事人是否存在“非法目的”并不属于法律的考量范畴。

“名股实债”属于较为典型的名不符实的合同,因此当名义上的股权转让交易被认定为构成债权融资后,在效力确定问题上即可适用通谋虚伪表示制度进行判断。正如最高人民法院指出的,名义上的股权转让(或增资扩股)属于虚伪意思表示,根据《民法总则》第146条第1款的规定,该行为无效。至于隐藏的行为,根据第146条第2款规定,应当依照民事法律行为的一般有效要件来认定其效力。“名股实债”隐藏的行为一般为借贷,包括企业间的借贷,也包括金融机构与融资方之间的借贷关系。就企业间的借贷而言,如果出借方不是以“经常性放贷”为业,一般会认定为有效。司法实践中通常会结合企业的资金来源、流动资金、借贷数额、借贷次数、借贷利息、借贷收益占企业收入的比例、出借人与借款人之间的关系等进行综合认定。近年来随着打击非法放贷力度的加强,关于“职业放贷”的认定标准越来越明晰。最高人民法院在《会议纪要》第53条对职业放贷人进行了定义,即职业放贷人是同一出借人在一定期间内多次反复从事有偿民间借贷行为的。各地法院亦开始逐步建立职业放贷人名录,浙江省高级人民法院对“职业放贷人”的认定标准甚至细化到案件数量和案

件细节。[①] 根据上述量化标准,“经常性放贷”与为生产经营需要而进行的偶发性借贷将更加容易区分。至于金融机构与融资方之间的借贷关系,如果金融机构并不具有发放贷款的资质,根据最高人民法院在上述第5次法官会议纪要中的意见,则将可能被认定为无效。目前我国具有放贷资质的金融机构主要是银行和信托公司,企业集团财务公司、消费金融公司及汽车金融公司在特定领域可以发放贷款,而非银行金融机构,比如证券公司、基金公司、保险公司、期货公司、融资租赁公司等均不具备发放贷款的资质。在金融机构之外,一些“类金融机构”也可以发放贷款,比如小额贷款公司、典当公司等,这些主要是为支持小微企业融资。因此,信托公司的“名股实债”业务即便被认定构成借贷关系,一般也不影响合同的效力,但其他非银行金融机构的“名股实债”业务在被认定构成借贷关系,特别是被认定为构成经常性放贷的情形下,合同效力将受到一定影响,这与最高人民法院在以往案例中的裁判意见有些不同。例如,在(2014)民二终字第109号、(2014)民二终字第204号等名为融资租赁,实为借贷的纠纷中,尽管融资租赁公司不具备放贷资质,但最高人民法院将融资租赁公司与融资方之间的借贷行为视为企业间的借贷,从而认定为有效合同。在当前的金融强监管大背景下,司法裁判价值取向有所调整亦属必然。

另外需提示的是,如果“名股实债”交易本身违反了监管规定,例如,通过名股实债方式规避监管部门有关贷款资质、贷款投资比例、投资领域等方面的规定,且违反该等监管规定导致损害社会公共利益的,则不论其性质是股权转让还是借贷,均应认定为无效。

---

① 浙江省高级人民法院、浙江省人民检察院、浙江省公安厅等部门联合发布的《关于依法严厉打击与民间借贷相关的刑事犯罪强化民间借贷协同治理的会议纪要》第2条规定,纳入“职业放贷人名录”,一般应符合以下条件:1.以连续三年收结案数为标准,同一或关联原告在同一基层法院民事诉讼中涉及20件以上民间借贷案件(含诉前调解,以下各项同),或者在同一中级法院及辖区各基层法院民事诉讼中涉及30件以上民间借贷案件的;2.在同一年度内,同一或关联原告在同一基层法院民事诉讼中涉及10件以上民间借贷案件,或者在同一中级法院及辖区各基层法院民事诉讼中涉及15件以上民间借贷案件;3.在同一年度内,同一或关联原告在同一中级法院及辖区各基层法院涉及民间借贷案件5件以上且累计金额达到100万元以上,或者涉及民间借贷案件3件以上且累计金额达1000万元以上的;4.符合下列条件两项以上,案件数达到第1、2项规定一半以上的,也可认定为职业放贷人:(1)借条为统一格式的;(2)被告抗辩原告并非实际出借人或者原告要求将本金、利息支付给第三人的;(3)借款本金诉称以现金方式交付又无其他证据佐证的;(4)交付本金时预扣借款利息或者被告实际支付的利息明显高于约定的利息的;(5)原告本人无正当理由拒不到庭应诉或到庭应诉时对案件事实进行虚假陈述的。

三、"名股实债"与股权让与担保的区分

在上述典型案例 2 中,联大集团在主张案涉《股权转让协议书》名为股权转让,实为企业间借贷的同时,认为股权转让的性质系让与担保。

让与担保作为一种非典型性担保,在我国的司法实践中长期存在争议。但随着最高人民法院民二庭第 4 次法官会议纪要和《会议纪要》的发布,让与担保的合法性已毋庸置疑。最高人民法院民二庭第 4 次法官会议纪要对股权让与担保性质及效力的意见是:"认定一个协议是股权转让、股权让与担保还是股权质押,不能仅仅看合同的形式或名称,而要探究当事人的真实意思表示。如果当事人的真实意思是通过转让标的物的方式为主合同提供担保,则此种合同属于让与担保合同,而非股权转让或股权质押。让与担保合同是双方的真实意思表示,不违反法律、行政法规的强制性规定,依法应当认定合同有效。在已经完成股权变更登记的情况下,可以参照最相近的担保物权的规定,认定其具有物权效力。在主债务期限届满后仍未履行的情况下,名义上的股权受让人对变价后的股权价值享有优先受偿权,但原则上无权对股权进行使用收益,不能享有公司法规定的股东所享有的参与决策、选任管理者、分取红利的权利。"《会议纪要》第 71 条规定:"债务人或者第三人与债权人订立合同,约定将财产形式上转让至债权人名下,债务人到期清偿债务,债权人将该财产返还给债务人或第三人,债务人到期没有清偿债务,债权人可以对财产拍卖、变卖、折价偿还债权的,人民法院应当认定合同有效。合同如果约定债务人到期没有清偿债务,财产归债权人所有的,人民法院应当认定该部分约定无效,但不影响合同其他部分的效力。当事人根据上述合同约定,已经完成财产权利变动的公示方式转让至债权人名下,债务人到期没有清偿债务,债权人请求确认财产归其所有的,人民法院不予支持,但债权人请求参照法律关于担保物权的规定对财产拍卖、变卖、折价优先偿还其债权的,人民法院依法予以支持。债务人因到期没有清偿债务,请求对该财产拍卖、变卖、折价偿还所欠债权人合同项下债务的,人民法院亦应依法予以支持。"

关于"名股实债"与股权让与担保的区别,最高人民法院第 4 次法官会议的意见是:"从合同数量的角度看,股权让与担保作为从合同,是为了担保主合同项下的债务而订立的,因此,股权让与担保往往存在两个合同。而名股实债本身仅是一个合同,当然,如果投资人实际享有的是债权,则名义上的股权转让

或增资扩股协议,可以解释为是通过让与股权方式提供担保的借贷合同。此时,形式上的一个合同包含了两个实质上的合同。”根据上述意见,结合实务情况看,典型的股权让与担保一般具备以下三个特征:一是存在前置债权债务关系;二是签订股权转让协议,债务人将自己持有的第三方公司的股权转让给债权人;三是在股权转让协议中约定回购条款(部分让与担保中未约定回购事宜,但不影响让与担保性质的认定)。较难区分的是名股实债合同从形式上看仅有一个包含回购条款的股权转让协议或增资扩股协议,那么这个协议究竟应当认为是一个单纯的借贷协议还是认为实质包含让与担保和借贷关系的两个协议?《会议纪要》第 89 条关于“资产或者资产收益权转让及回购”第 2 款的内容给出了答案。《会议纪要》第 89 条第 2 款规定:“当事人在相关合同同时约定采用信托公司受让目标公司股权、向目标公司增资方式并以相应股权担保债权实现的,应当认定在当事人之间成立让与担保法律关系。当事人之间的具体权利义务,根据本纪要第 71 条的规定加以确定。”从上述规定可以看出,只有当事人之间存在以受让的股权作为债权担保的明确的意思表示,方可认定让与担保关系成立。在当前涉及对赌、回购或通过信托和各类资管计划实施的“名股实债”项目中,当事人对交易结构的设计以及交易目的已很少是为单纯掩盖借贷行为,大部分的股权转让和增资扩股交易包含了让与担保的意图,但交易合同中在规定股权转让的同时又明确规定以股权作为债权担保的却并不多见。原因很简单,如果作此规定,必将导致债的本质暴露无遗,“名股实债”的结构设计将失去意义。但根据《会议纪要》的上述规定,如果“名股实债”交易合同没有体现出“让与担保”的意思表示,则名义上的股权转让或增资扩股协议将只能被理解为借贷关系,而难以被解释为包含让与担保的借贷关系,这将进一步导致“名股实债”的交易设计价值降低。

四、关于“名股实债”中回购条款的效力

在“名股实债”交易中,为满足投资方的退出要求,当事人通常会在股权转让协议或增资扩股协议中约定投资到期或其他退出条件成就时,投资方有权要求目标企业的股东、目标企业或第三方按照约定的价格履行回购义务。根据最高人民法院民二庭第 5 次法官会议的意见,回购条款本身并不能作为认定“名股实债”的唯一依据;换言之,如果合同性质属于股权投资性质,则并不能因为

回购条款的存在而改变对这一性质的认定。司法实践中，如当事人仅要求回购义务人履行股权回购义务，部分法院选择回避对投资协议是股权还是债权的性质作出认定，而是将审查重点放在回购条款的效力问题上，并且一般会认定该条款有效。例如，在“新华信托股份有限公司与北京时光房地产开发公司及兴安盟时光房地产开发有限公司合同纠纷”案[（2014）民二终字第261号]中，最高人民法院认为：“本案当事人签订的《合作协议》等相关协议，其意思表示真实，内容不违反法律法规的禁止性规定，原审认定其为有效合同，适用法律正确。信托公司依约履行了投资及受让股权等合同义务，但合同约定期满后，北京时光公司未按照约定回购该股权、返还融资款项及收益，已构成违约。据此，信托公司主张北京时光公司应按照合同约定的信托资金退出方式，给付投融资款及收益12,173万元，证据充分，应予支持。”

对股权回购条款效力争议最大的是目标公司能否回购投资人持有的股权，在这一问题上，最高人民法院的意见有一个逐渐变化的过程。需要说明的是，股权回购争议不仅在“名股实债”交易中存在，在对赌纠纷中更为常见（我们认为“名股实债”与对赌在交易安排上虽然具有一定的相似性，但对赌协议一般与企业的经营业绩挂钩，最终投资方是否退出取决于目标公司业绩是否达标，而名股实债中，投资人的退出一般与投资期限有关，投资人仅关注固定回报，其退出与否与目标公司的业绩并不挂钩）。在轰动业界的最高人民法院受理的首例对赌纠纷，即“甘肃世恒有色资源再利用有限公司与香港迪亚有限公司及苏州工业园区海富投资有限公司等增资纠纷”一案[（2012）民提字第11号]中，最高人民法院认为，投资者与目标公司本身之间的补偿条款如果使投资者可以取得相对固定的收益，则该收益会脱离目标公司的经营业绩，直接或间接地损害公司利益和公司债权人利益，故应认定无效。但目标公司股东对投资者的补偿承诺不违反法律法规的禁止性规定，是有效的。该判决确立了“投资人与目标公司股东对赌有效，与目标公司对赌无效”的原则。但之后，最高人民法院对此类纠纷的意见有所调整。先是在强某延与曹某波股权转让纠纷再审案[（2016）最高法民申128号]中，最高人民法院认可了目标公司对股权回购及业绩对赌承担连带保证责任的约定的效力。随后在《会议纪要》中，最高人民法院直接认可了目标公司与投资方对赌的效力，即该《会议纪要》第5条的规定：“投资方与目标公司订立的‘对赌协议’在不存在法定无效事由的情况下，目标公司仅以存在股权回购或者金钱补偿约定为由，主张‘对赌协议’无效的，人民法院不予支持，但投资方主张实际履行的，人民法院应当审查是否符合公司法关于‘股东不得抽逃出资’及股份回购的强制性规定，判决是否支持其诉讼请求。投资方请求目标公司回购股权的，人民法院应当依据《公司法》第35条关于‘股东不得抽逃出资’或者第142条关于股份回购的强制性规定进行审查。经审查，目标公司未完成减资程序的，人民法院应当驳回其诉讼请求。投资方请求目标公司承担金钱补偿义务的，人民法院应当依据《公司法》第35条关于‘股东不得抽逃出资’和第166条关于利润分配的强制性规定进行审查。经审查，目标公司没有利润或者虽有利润但不足以补偿投资方的，人民法院应当驳回或者部分支持其诉讼请求。今后目标公司有利润的，投资方还可以依据该事实另行提起诉讼。”

最高人民法院的上述意见亦可推及对“名股实债”股权回购条款效力的认定中。正如前文提到的，最高人民法院民二庭第5次法官会议对这一问题的意见是：“对有限公司来说，公司法并无禁止有限公司回购股权的规定，且从《公司法》第71条有关股权转让的规定看，公司自身回购股权也不存在法律障碍。就股份公司而言，《公司法》第142条规定公司不得收购本公司股份，但该条同时规定了六种例外情形。在名股实债中，公司回购股份只要是这六种例外情形之一的，就是有效的；反之，不属于例外情形的，公司回购才可能因为违反法律的强制性规定而无效。可见，一概将公司回购行为认定为无效是不妥当的。”

五、“商事外观主义”对“名股实债”的影响

在上述典型案例1中，吴兴区法院适用“商事外观主义”原则，将“名股实债”进行了内外区分，认为“在名实股东的问题上要区分内部关系和外部关系，对内部关系产生的股权权益争议纠纷，可以当事人之间的约定为依据，或是隐名股东，或是名股实债；而对外部关系上不适用内部约定……本案不是一般的借款合同纠纷或股权转让纠纷，而是港城置业破产清算案中衍生的诉讼，本案的处理结果涉及港城置业破产清算案的所有债权人的利益，应适用公司的外观主义原则”。吴兴区法院据此认定新华信托对目标公司拥有的是股权，而非债权。

所谓“商事外观主义”①,是指名义权利人的行为所表现出来的或者有关权利公示所表现出来的构成某种法律关系的外观,导致第三人对于该种法律关系产生信赖,并出于此信赖而为某种民事法律行为时,即使有关法律关系的真实状况与第三人主观信赖的状况不符,只要该第三人的主观信赖合理,其据以做出的民事法律行为效力即受法律的优先保护。“商事外观主义”原则的运用实际上是一项在特定场合权衡实际权利人与外部第三人之间利益冲突所应遵循的原则,但该原则并不适用于内部关系。就上述典型案例 1 而言,吴兴区法院需要解决的是新华信托与港城置业内部之间是否构成“名股实债”关系,其以保护外部债权人利益为由反推新华信托拥有的是股权而非债权存在逻辑上的漏洞,我们认为合理的审理逻辑应是,首先依据新华信托与港城置业之间签署的内部协议来确定两者之间真实的法律关系,如判定新华信托是真实的股权投资,则不存在适用“商事外观主义”的空间;如认定双方之间的法律关系构成“名股实债”,则名义上的股权转让行为应认定为无效,但为保护信赖股权登记的第三方利益,特别是在目标公司已进入破产清算的情形下,为保护多数债权人利益,可以同时认定该等无效不得对抗破产程序中的善意第三人,即目标公司的债权人等善意第三人可主张该股权转让有效。最高人民法院在“赣州世瑞钨业股份有限公司与陈某雷合伙协议纠纷、借款合同纠纷”一案[(2018)最高法民终785 号]中即阐述了类似意见。在该案中,最高人民法院认为:“《股权回购协议》的性质应界定为‘名股实债’。本案所涉纠纷系钟某良、联胜投资、世瑞公司之间的内部关系,其实质系债权债务关系。钟某良的诉讼请求亦为要求世瑞公司还本付息、在本息范围内对华世公司质押股权享有优先受偿权以及陈某雷、温某华承担连带责任,并不包括请求世瑞公司收购股权。从这一角度来看,一审判决将本案案由确定为请求公司收购股权纠纷,有所不当,本院予以纠正。就《股权回购协议》的效力而言,因‘名股实债’的交易模式下,投资方持有股份及工商变更登记会对其他债权人(尤其普通债权人)形成权利外观,故应区别内部关系和外部关系分别处理。对外应遵循外观主义,保护第三人的信赖利益,尤其在目标公司破产或解散的情况下,应优先保护其他债权人的合法利益;对内则应采用实质重于形式原则,探究当事人之间的真实意思表示。本案系处理钟某良、联胜投资及世瑞公司之间内部的债权债务关系,尚不涉及外部第三人

① 张勇健:《商事审判中适用外观主义原则的范围探讨》,载《法律适用》2011 年第 8 期。

的信赖保护问题。《股权回购协议》作为处理内部债权债务关系的契约性安排，系当事人的真实意思表示，其内容不违反法律、行政法规的效力性强制性规定，应为合法有效。”

“名股实债”纠纷在适用“商事外观主义原则”时还存在另一个争议，即“外观主义原则”是否适用于非交易第三人。有观点认为，根据最高人民法院《关于适用〈中华人民共和国公司法〉若干问题的规定（三）》第27条之规定，股权善意取得制度的适用主体仅限于与名义股东存在股权交易的第三人。据此，“商事外观主义原则”的适用范围不包括非交易第三人。在“新华信托有限公司与乔某辉执行异议之诉纠纷案”[（2017）吉07民终1219号]中，审理法院即持此观点，即“适用商事外观主义，必将实际上严重损害新华信托作为博翔公司债权人的实际利益。而且，虽然新华信托经登记注册为博翔公司股东，但其实际上系博翔公司债权人，而乔某辉并非系就该登记股权而直接进行交易的相对人，而仅仅是普通债权人，在新华信托债权已经实现并履行完毕的情况下，乔某辉主张其为《公司法》第三十二条第三款规定的‘第三人’要求追加实质上作为债权人并已实现债权的新华信托为被执行人法律依据不足。在二者之间利益平等，而一方利益已经得以实现的情况下，简单依据商事外观主义优先对另一方债权人进行保护将会导致利益严重失衡，有失公允”。我们注意到，最高人民法院民二庭第5次会议意见亦认为：“商事外观主义主要适用于交易情形，公司债权人（一般意义上的）并非都是交易债权人，公司与股东为两个主体，债权人即便对公司有所信赖，也不能认为对股东同样信赖，不宜简单让实质债权人（名股实债情况下的）承担股东抽逃出资的责任。”

我们认为，在“名股实债”纠纷涉及外部债权人时应如何适用“商事外观主义”原则，还是应当根据个案的不同情况，综合衡量外部债权人与投资方利益后确定。在上述典型案例1中，因融资方已进入破产清算程序，此案的裁判结果不仅会影响新华信托与港城置业的利益，更会直接影响到港城置业外部债权人的清算利益，因此法院没有将“商事外观主义”原则限定为交易第三人，我们理解这是法院从多方利益平衡的角度审慎考量的结果，具有一定的合理性。而对于一般意义上的外部债权人而言，其应当证明系基于对投资方股东身份登记的信赖而为某种交易行为，从而主张“名股实债”性质为股权投资，投资方为公司股东，应履行股东义务，否则应排除“商事外观主义”原则的适用。

特别值得注意的是，《会议纪要》引言部分专门提及了“外观主义”问题，即

“特别注意外观主义系民商法上的学理概括，并非现行法律规定的原则，现行法律只是规定了体现外观主义的具体规则，如《物权法》第106条规定的善意取得，《合同法》第49条、《民法总则》第172条规定的表见代理、《合同法》第50条规定的越权代表，审判实务中应当依据有关具体法律规则进行判断，类推适用亦应当以法律规则设定的情形、条件为基础。从现行法律规则看，外观主义是为保护交易安全设置的例外规定，一般适用于因合理信赖权利外观或意思表示外观的交易行为。实际权利人与名义权利人的关系，应注重财产的实质归属，而不单纯地取决于公示外观。总之，审判实务中要准确把握外观主义的适用边界，避免泛化和滥用”。上述规定可以理解为是对当前司法审判中过度适用“商事外观主义”现状的一种纠正，应当引起重视。

第八节　差额补足义务纠纷

差额补足与“名股实债”一样，均非严格的法律概念，其本质是为确保各类融资项目的收益或者债权的实现而产生的一种增信措施。由于传统的抵押、质押、保证等担保措施难以满足复杂的金融交易结构，差额补足随着资产管理行业的兴起在金融实践中逐渐获得青睐并被大量应用。但区别于保证、抵押、质押、留置等法定担保措施，现行法律法规对差额补足这一创新型增信措施的性质和效力并未有明确规范。当设置差额补足安排的融资项目发生违约风险时，势必涉及对差额补足协议或含有差额补足内容的承诺函或保证函的效力的认定，而司法实践中的看法也并不统一。本节将结合相关案例对差额补足义务的法律性质和法律效力进行探讨。

典型案例1　差额补足协议的性质：被认定为独立协议

【案情简介】2012年12月6日，江苏省国际信托有限公司（以下简称江苏信托）与张家港绿园置业有限公司（以下简称绿园置业）签订《转让合同》，约定绿园置业向江苏信托转让特定资产收益权（特定资产指绿园置业拥有的特定房产），转让价款为12亿元。同日，江苏信托与绿园置业签订《回购合同》，约定回购标的为江苏信托依据《转让合同》持有的特定资产收益权，绿园置业回购特定资产收益权的期限为两年，回购价款包括转让价款本金和溢价款两部分，绿园置业以《转让合同》项下特定资产对支付上述回购款的义务提供抵押担保。该合同还对绿园置业逾期付款的违约责任进行了约定。江苏信托在2012年12月6日还分别与相关当事人签订了《抵押合同》《保证合同》《咨询顾问协议》等配套协议，并与广州证券公司签订《单一资金信托合同》，约定由广州证券公司向江苏信托交付信托资金12亿元，江苏信托将信托资金用于受让特定资产收益权，并通过收取回购价款等方式，为广州证券公司获取信托收益。同日，江苏信托与中国农业银行股份有限公司昆明分行（以下简称农行昆明分行）签订《转让协议》，约定江苏信托将其拥有的《转让合同》项下的特定资产收益权转让给农行昆明分行。除不可抗力外，农行昆明分行应于《转让合同》及《回购合同》项下的特定资产收益权回购到期日前两日内（含回购到期日）受让江苏信托拥有的特定资产收益权，农行昆明分行应支付的特定资产收益权的转让价款为截至本条上述回购到期日绿园置业应付未付的转让价款本金以及截至农行昆明分行实际支付转让价款之日绿园置业应付未付的溢价款、违约金、江苏信托实现特定资产收益权的费用等。自农行昆明分行支付完毕上述转让价款之日起，江苏信托在《转让合同》项下相应的特定资产收益权及相应的抵押权自动全部转让给农行昆明分行。除不可抗力外，如农行昆明分行未按照约定向江苏信托按时支付特定资产收益权转让价款，农行昆明分行应向江苏信托支付逾期违约金。上述合同签署后，江苏信托向绿园置业支付了12亿元，但绿园置业未能按照约定支付全部回购价款，江苏信托遂发函要求农行昆明分行按照《转让协议》约定承担相应责任。协商未果后，江苏信托向一审法院提起诉讼，请求判令农行昆明分行立即向江苏信托支付特定资产收益权转让价款总金额，并支付逾期违约金。

【裁判结果】一审法院支持了江苏信托的部分诉讼请求，判令农行昆明分行向江苏信托支付特定资产收益权转让价款本金11亿元和溢价款50,746,666.67元（截至2014年12月11日）、逾期溢价款（自2014年12月11日起至实际给付之日止以11亿元为基数，按照年利率14.4%计算）、违约金（自2014年12月11日起至实际给付之日止以50,746,666.67元为基数，按照每日5‰的标准计算）。江苏信托和农行昆明分行均提起上诉，最高人民法院二审判决驳回上诉，维持原判。

【审理情况】一审法院认为:1. 案涉《转让协议》的法律性质属于债权转让合同,且案涉《转让协议》条款之中并无农行昆明分行对江苏信托提供履约担保的约定内容,并非法律意义上的保证合同,故农行昆明分行主张《转让协议》实为保证合同无法律依据。此外,江苏信托和农行昆明分行均具备金融业务经营资质,双方之间签订的《转让协议》所涉及的特定资产收益权属于可以依法转让的债权标的,协议内容不违反法律、行政法规的禁止性规定,故案涉《转让协议》应认定为合法有效。2. 农行昆明分行到期未履行支付转让价款的义务已构成违约,江苏信托有权依据《转让协议》的约定向其主张权利。3. 农行昆明分行应当向江苏信托支付转让价款、逾期违约金,但对于《转让协议》第8条中每日3‰的违约金不应支持。考虑到本案当中对逾期溢价款的违约金已经上浮50%以年利率14.4%计算及期内应付溢价款50,746,666.67元的违约金已经依照5‰天计算,故江苏信托依据《转让协议》第8条约定计算的违约金确实存在重复计算且违约金数额明显过高的情形。鉴于农行昆明分行已经向一审法院申请调整,故酌定对于江苏信托主张的该项违约金请求,不予支持。

江苏信托和农行昆明分行均对上述判决提出上诉。江苏信托的上诉理由主要是江苏信托和绿园置业约定的溢价款、违约金,与江苏信托和农行昆明分行之间约定的逾期违约金,所基于的法律关系、所涉及的法律主体均不同,不存在重复计算的问题。江苏信托与农行昆明分行通过《转让协议》约定的逾期违约金,按照农行昆明分行应付的特定资产收益权转让价款总金额每日3‰的标准计算,年化后仅约10.95%,合法、合理,不存在明显过高的问题。农行昆明分行则请求改判驳回江苏信托的诉讼请求,主要理由如下:1.《转让协议》系案涉信托交易框架的组成部分,并非债权转让合同,本案纠纷应为营业信托纠纷。绿园置业与江苏信托之间并无转让及回购特定资产收益权的真实意思,农行昆明分行与江苏信托之间也无转让特定资产收益权的合意,应认定本案构成借贷及担保法律关系。2. 绿园置业与江苏信托间转让、回购特定资产收益权的行为,违反国家金融政策,且该信托"名为买卖、实为借贷",信托目的违反法律和国家政策,本案信托无效并导致《转让协议》无效;案涉《转让协议》系"名为转让,实为担保",农行昆明分行作为商业银行分支机构未取得总行授权,违反《担保法》第10条、第29条的强制性规定,其提供的担保系“隐性担保”,违反国家金融政策。3. 即使《转让协议》有效,农行昆明分行也有权拒绝支付价款。4. 即使农行昆明分行应向江苏信托支付特定资产收益权转让价款,一审判决对于价款的认定也于法无据,与事实不符。最高人民法院审理后认为,本案主要争议焦点涉及案涉《单一资金信托合同》与作为其附件的《转让协议》等合同的关系,《转让协议》的性质、效力,农行昆明分行应否支付转让价款等,具体阐述如下。

1. 关于案涉《单一资金信托合同》与作为其附件的《转让协议》等合同的关系。最高人民法院认为,根据本案事实,由江苏信托处分案涉12亿元信托资金而取得的特定资产收益权系信托财产。农行昆明分行上诉理由中关于案涉《转让协议》系《单一资金信托合同》附件,与附件所列其他合同一起构成整个信托交易框架下的一部分,所转让的特定资产收益权系信托财产的主张成立。但亦应指出的是,江苏信托与农行昆明分行讼争的《转让协议》,虽然构成信托交易框架的一部分,但与《单一资金信托合同》之间不存在主从关系。对于《单一资金信托合同》的效力,自应适用《信托法》第11条、《合同法》第52条等法律法规的规定进行审查,但《单一资金信托合同》的效力并不必然影响包括案涉《转让协议》在内的作为《单一资金信托合同》附件的各个独立合同的效力。因此,《单一资金信托合同》的效力问题不是本案的审理范围。2. 关于《转让协议》的性质。最高人民法院认为,对于当事人讼争合同性质的认定,要基于合同条款的字面含义,从合同约定的具体权利义务关系出发,揭示当事人的真实意思,依照法律规定予以综合判断。在对本案诉争的《转让协议》这类商事合同进行解释时,更应观照蕴含于当事人缔约目的之中的商业考量与经济逻辑,反映商事合同不同于民事消费合同的风险分担和治理机制等特点,以维护交易秩序,促进商业活动发展。依照《转让协议》鉴于部分及第1条载明的内容,应当认定《转让协议》一并将江苏信托基于《回购合同》享有的回购债权及相应的抵押权纳入了转让范围。由此,《转让协议》的转让客体具有集合性,既包括特定资产收益权,也包括回购债权及相应的抵押权。此外,依照《转让协议》的相关约定,农行昆明分行取得特定资产收益权及其回购债权和相应抵押权的对价,是向江苏信托支付绿园置业应付未付的转让价款本金、溢价款及违约金等款项,且该款项应当在特定资产收益权回购到期日前两日内支付。在《转让协议》系《单一资金信托合同》附件的背景下,《转让协议》对于农行昆明分行受让相关权利的对价及其支付方式、解除条件和违约责任的约定,于《转让合同》与《回购合同》而言,显然具有一种分担风险,强化信托财产投资安全的增信作用。也就是说,在特定资产收益权回购到期日前两日内,农行昆明分行即应向江苏信托支付绿园置业应付未付的相关款项,江苏信托的此项付款请求权对应构成的农行昆明分行的差额补充义务,在功能上具有担保江苏信托债权实现的作用。因此,江苏信托与农行昆明分行签订的《转让协议》系混合合同,双方各自承诺负担的给付义务分别构成不同的合同关系,一是转让特定资产收益权及其回购债权和相应抵押权的债权转让法律关系,二是具有增信担保作用的差额补充法律关系。江苏信托和农行昆明分行基于《转让协议》约定各自负担不同类型的主给付义务,以对价关系而结合且不可分离,共同形成相互依赖的权利义务关系。因双方各自负担的给付义务不属于同一合同类型,故《转让协议》并非法律规定的有名合同。鉴于当事人讼争的法律关系是复合的且不具有典型性,本案案由应当确定为合同纠纷。一审判决将案涉《转让协议》认定为单一的债权转让,进而将案由确定为债权转让合同纠纷不当。需要指出的是,《转让协议》约定由农行昆明分行承担的是特定资产收益权回购到期日之前的差额补充义务。上述义务属农行昆明分行作出的支付承诺,相对于被补充之债权具有独立性,农行昆明分行届期即应如数支付相应款项。此与通常具有从属性、补充性的保证担保不同,并不是在绿园置业不履行其回购义务时才由农行昆明分行向江苏信托依约履行债务或者承担责任。故其虽然具有增信担保的作用,但并非担保法意义上的保证担保行为。农行昆明分行上诉理由中主张《转让协议》"名为转让实为担保",理据不足,本院不予支持。3. 关于《转让协议》的效力。最高人民法院认为,本案《转让协议》系于2012年12月6日签订,所涉业务在一系列的金融监管文件出台之前即已存在。江苏信托提起本案诉讼,请求农行昆明分行履行《转让协议》并承担违约责任,属于清理存量业务。现行金融监管政策允许《转让协议》这一类的存量业务合同继续履行,有助于稳定相关市场预期,维护金融市场交易安全,也表明由此可能产生的金融风险处于可控制的范围之内,不构成《合同法》第52条规定的损害社会公共利益等合同无效的情形。此外,因《转让协议》不是担保合同,农行昆明分行签订《转让协议》并非作为法人分支机构对外提供担保,本案无须适用《担保法》第10条、第29条关于限制企业法人分支机构对外提供担保的规定,并以之审查《转让协议》的效力。4. 关于农行昆明分行应否支付转让价款的问题。根据《合同法》第60条第1款的规定,当事人应当按照约定全面履行自己的义务。《转让协议》第2条约定,农行昆明分行应在回购到期日前两日内向江苏信托支付转让价款。农行昆明分行应严守合同,诚信履行。5. 关于违约金是否过高问题。最高人民法院认为,违约金的基本功能是填补损失。依照《转让协议》的合同目的,在农行昆明分行承担的差额补充义务具有担保功能的情形下,农行昆明分行对江苏信托承担给付义务的范围应以绿园置业尚未清偿的债务范围为限。至回购到期日止,绿园置业尚未清偿的债务范围已经确定,农行昆明分行承担的差额补充义务范围也由此确定。在此之后,农行昆明分行依照《转让协议》第2条的约定,应向江苏信托支付的截至其实际付款之日绿园置业应付未付溢价款的违约金,已能够起到填补江苏信托损失的作用。江苏信托在此基础上还请求农行昆明分行依照《转让协议》第8条的约定计付违约金,导致违约金数额过高,一审法院予以调整并无不当。

典型案例2 差额补足协议的性质:被认定为构成保证

【案情简介】2012年11月,徐某珠与红樟(上海)股权投资基金管理有限公司(以下简称红樟基金公司)及案外人嘉兴市红樟信石股权投资合伙企业(有限合伙)三方签订了《红樟—南方林业公司集团林权收益权基金计划基金合同》,约定徐某珠进行基金投资,投资期限为2年,基金投资的资金在300万元至800万元(含300万元)间的预期年化收益率为12%。2012年11月2日,徐某珠向该基金专户汇款310万元。同日,红樟基金公司向徐某珠出具不可撤销保证函,承诺在保证本金安全,且其收益若未达到合同中相应的税后预期收益情况下,不论发生任何情形,红樟基金公司均承担差额补足责任。保证期间自2012年11月2日起至基金计划结束,收益分配之日止。基金投资期限届满,徐某珠未能收回本金及利息。2014年10月23日,红樟基金公司向徐某珠出具承诺协议书,承诺在2015年1月20日之前支付徐某珠一年的利息,并在公安机关及人民法院对案外人南方林业公司做出处理的法律文书生效之日起三个月内或在2015年6月30日之前(两者以先到为准)向徐某珠支付全额本金及2015年1月20日至支付本金之日期间的利息,到期未予兑付的,红樟基金公司愿意承担全部法律责任。现红樟基金公司承诺的付款期限已到期,其仍未支付任何款项。为此,徐某珠向法院提起诉讼,请求判令红樟基金公司支付徐某珠310万元,并以310万元为本金按年利率12%计算的自2015年1月20日起至实际支付日止的利息。

【裁判结果】法院判决支持了徐某珠的全部诉讼请求。

【审理情况】徐某珠起诉后,红樟基金公司认为徐某珠的行为属于投资行为,不属于借款行为,其作为有限合伙人的财产权益仍然存在,在红樟基金公司进行清算或变卖相关资产后才可以归还徐某珠钱款。但法院认为,依法成立的合同,对当事人具有法律约束力,当事人应当按照约定履行自己的义务。本案中,红樟基金公司于2014年10月23日向徐某珠出具了承诺协议书,保证在协议书约定的期限届满前返还徐某珠全部本金及支付相应利息。现红樟基金公司保证付款的期限已到期,应当履行付款责任,故支持了徐某珠的诉讼请求。

典型案例3 差额补足协议的效力:合法有效

【案情简介】2012年12月17日,中国金谷国际信托有限责任公司(以下简称金谷信托)与浙江优选中小企业投资管理有限公司(以下简称浙江优选)等主体签订《合作框架协议》,约定金谷信托拟发行"金谷·向日葵15号中小企业发展基金信托计划",计划发行总规模不超过5亿元,信托总期限3年,分期发行,每期信托规模不低于5000万元,期限1年,每期到期一次性分配信托收益。信托资金用于向浙江省内信用良好、资金用途合法明确、还款来源可靠的中小企业发放信托贷款,信托计划设计结构分层,优先级信托受益权由金谷信托负责募集,次级信托受益权由浙江优选以自有资金认购。若优先级信托本益及应付未付的信托费用(含信托报酬)未得到足额支付,由浙江优选承担差额补足义务。金谷信托同时与保管银行签署了《信托计划保管协议》。2012年12月,浙江优选与金谷信托签署《资金信托合同》,约定优先级信托资金由金谷信托向合格投资者募集,次级信托资金由浙江优选认购,本期信托计划期限为1年,到期后一次性分配本期信托利益。分配信托利益时,如本期可分配的信托财产中的现金额低于本期优先级受益人的信托资金和预期收益及应付未付的信托费用(含信托报酬)之和,则金谷信托有权自行决定本期信托计划期限顺延;顺延期间由担保公司履行承诺先行偿付贷款本息,若优先级信托本益及应付未付的信托费用(含信托报酬)仍未得到足额支付,由浙江优选承担差额补足义务。金谷信托还分别与31位优先级受益人签订了《资金信托合同》。2012年12月27日,该信托计划成立。金谷信托作为贷款人以信托计划项下信托财产先后向27家中小企业发放了信托贷款,并分别与借款人、保证人签订了《借款合同》和《保证合同》。2013年12月,浙江优选与金谷信托签署了《资金信托合同补充协议》,约定对本期信托计划期限顺延,直至本期优先级受益人的信托利益全部分配完毕为止,金谷信托以自有资金或其指定的第三方出资收购本期优先级信托受益权。浙江优选将继续履行《合作框架协议》规定的差额补足义务,并在金谷信托提出要求的时候无条件按照约定的金额收购优先级受益权。2013年12月20日,本期信托计划项下的31位优先级受益人与金谷信托分别签署了《信托受益权转让协议》,约定上述优先级受益人同意出让其所持有的全部信托单位对应之信托受益权、预期收益及相关的一切权利。2013年12月30日至2014年1月7日,金谷信托作为付款人分别向31位优先级受益人支付了相应的信托受益权转让价款。此后在信托计划的延长期内,金谷信托作为受托人积极向各借款中小企业及其担保人催讨欠款,但金谷信托的优先级信托本益没有得到全部分配。为此,金谷信托要求浙江优选按照《资金信托合同补充协议》的约定收购全部优先级受益权并支付收购价款,但浙江优选未履行上述义务。为此,金谷信托诉至法院,请求判令:浙江优选按照《资金信托合同补充协议》的约定收购信托计划项下的优先级受益权,支付收购优先级受益权的价款50,335,726.03元并赔偿相应的利息损失。

【裁判结果】法院判决支持了金谷信托的全部诉讼请求。

【审理情况】金谷信托起诉后,浙江优选提出了如下答辩意见:1. 浙江优选履行差额补足及收购义务的条件不具备。根据相关合同约定,金谷信托应向担保公司用尽追偿措施,在确实无法追回应偿付的贷款本息的情况下,方能要求浙江优选履行差额补足及收购义务,但金谷信托在管理信托财产时未采取有效的追偿措施,更未用尽追偿措施。2. 金谷信托未能遵守信托文件的规定,履行受托人有效管理信托财产的义务,其严重的失职行为,最终导致发放的10,650万元贷款仅收回3770万元,损失极其惨重。金谷信托对《资金信托合同》项下的资金信托财产从未进行过任何清算,从未向包括浙江优选在内的信托受益人公布过信托资产的收入与支出、盈利还是亏损等任何情况。金谷信托作为受托人受让信托财产的优先级受益权,既未通知浙江优选,也未召开受益人大会。在信托财产收支情况尚未明确、清晰之前,金谷信托无权要求浙江优选履行差额补足义务。3. 金谷信托违反信托目的擅自处分信托专户资金。在未经审计核实,信托专户资金、财产情况不明的情况下,金谷信托无权要求浙江优选履行优先级受益权收购义务。4. 金谷信托未有效履行相应的信息披露及告知义务。5. 支付《信托受益权转让协议》项下资金的是信托财产保管账户资金,为信托财产,而非金谷信托固有资金,依法不构成信托受益权转让。6. 补充协议的有关条款违背了合同法关于格式条款的强制性规定。金谷信托作为提供格式条款的一方未能遵循公平原则确定当事人之间的权利和义务。信托作为一种投资方式,具有一定的投资风险,金谷信托利用其受托人及优先受益权人的优势地位,免除自身责任,加重浙江优选责任,显失公平,该条款应属于无效条款。7. 金谷信托要求浙江优选支付优先级受益权价款的时间点有误。基于上述理由,浙江优选请求驳回金谷信托的全部诉讼请求。

法院认为,金谷信托与浙江优选先后签订的《资金信托合同》和《资金信托合同补充协议》不违反我国法律、行政法规的强制性规定,应当认定有效。浙江优选关于格式条款的主张不能成立。金谷信托与浙江优选在《资金信托合同》中约定:"本期信托计划的优先级受益权可以转让。"在《资金信托合同补充协议》中约定:"金谷信托以自有资金或其指定的第三方出资收购本期优先级信托受益权;收购方在收购完毕后自动继承信托合同中规定的优先级受益人的一切权利和义务。"上述约定符合我国《信托法》第48条有关"受益人的信托受益权可以依法转让和继承"的规定。金谷信托能够证明其已依约履行了支付标的信托受益权转让价款的义务,并自2013年12月27日起依法受让了本期信托计划项下的全部优先级受益权。根据《资金信托合同补充协议》第2条第4项的约定,浙江优选应当继续履行《合作框架协议》规定的差额补足义务,并在金谷信托提出要求的时候无条件按照约定金额收购优先级受益权。现金谷信托起诉要求浙江优选按照上述约定收购本期信托计划的优先级受益权,并支付相应的收购价款,符合合同约定和法律规定,应予支持。

小结:上述三个案例在关于差额补足的研究性文章中经常被提及或引用。事实上,随着各类资管项目频频爆雷,差额补足纠纷呈明显增长趋势。例如,在2019年6月备受关注的招商银行诉光大资本案即属于此类纠纷,①但由于该类案件目前很多尚在审理当中,公开可查及可供研究的审结案件非常有限。尽管如此,实务中对差额补足的研究却从未停止,各类文章层出不穷,最高人民法院在《会议纪要》中亦提及了差额补足问题。总体而言,差额补足纠纷涉及的问题主要集中在对差额补足的法律性质和法律效力的认定方面,我们现综合各方意见对这两个问题试作如下探讨。

一、关于差额补足的法律性质

差额补足属于一种创新的增信手段已无疑义,争议在于差额补足在法律上的定性。就目前的讨论情况而言,主要有4种观点,一是认为构成保证担保,二是认为构成债务加入,三是认为构成独立的合同义务,四是认为构成赠与。第四种观点针对的主要是对投资人享有的分红权、收益权等权益的差额补足。例如,在"金某阳与山东光大日月集团有限公司、丁某忠等公司增资纠纷"[(2016)鲁民终1957号]一案中,金某阳作为投资人增资入股新疆光大公司,增资完成后,金某阳持有新疆光大公司8%的股权。为保障自己的权利,金某阳与丁某忠等原股东签订了《补充协议》,约定增资完成后,新疆光大公司及丁某忠等应当保证公司每年向金某阳分配股利,年度分红金额不低于本次增资金额的6%。如果金某阳取得的年度分红金额低于本次增资金额的6%,则差额部分由丁某忠等在年度结束后三个月内以现金方式向金某阳补足,各方一致同意,该现金补足系丁某忠、李某庆的无偿赠与,金某阳在任何条件下均无须返还。在上述案例中,当事人自行将差额补足义务定性为无偿赠与,但一审、二审法院均未对《补充协议》约定的差额补足义务的性质进行认定,而是从该条款本身未违反法律、法规的禁止性规定角度出发,认定该等约定有效。我们认为,将此种类型的差额补足义务认定为赠与略显牵强。根据《合同法》第186条和第188条的规定,只有在具有救灾、扶贫等社会公益、道德义务性质的赠与合同或者经过公证的赠与合同中,赠与人在赠与财产的权利转移之前不得撤销赠与,且受赠

① 光大证券于2019年5月31日发布公告称旗下子公司光大资本于近日收到上海金融法院应诉通知书。浸鑫基金中一家优先级合伙人之利益相关方招商银行作为原告,对光大资本提起诉讼,要求光大资本履行相关差额补足义务,诉讼金额约为人民币34.89亿元。

人享有赠与财产的交付请求权。除此之外的赠与合同,赠与人享有任意撤销权,且如赠与人不交付赠与财产,受赠人无权强制要求其交付。此外,根据《合同法》第 195 条的规定,赠与人的经济状况显著恶化,严重影响其生产经营或者家庭生活的,可以不再履行赠与义务。显然,就投资方和融资方签署差额补足协议的初衷而言,投资人是不会允许差额补足义务人在实际履行差额补足义务之前撤销该等义务或以经济状况显著恶化为由拒绝履行差额补足义务的,因此将此类差额补足的性质认定为赠与,既不利于对投资者的保护,亦不符合当事人的交易实质。

至于差额补足是否构成保证或者债务加入,我们理解,无论是保证还是债务加入,首先需要有一个"主债务"或"原债务"存在。关于保证,《担保法》第 17 条第 1 款规定:"当事人在保证合同中约定,债务人不能履行债务时,由保证人承担保证责任的,为一般保证。"第 18 条规定:"当事人在保证合同中约定保证人与债务人对债务承担连带责任的,为连带责任保证。连带责任保证的债务人在主合同规定的债务履行期届满没有履行债务的,债权人可以要求债务人履行债务,也可以要求保证人在其保证范围内承担保证责任。"关于债务加入,法律层面没有明确的规定,仅江苏省高级人民法院在其颁布的《关于适用〈中华人民共和国合同法〉若干问题的讨论纪要(一)》(苏高发审委〔2005〕16 号)第 17 条中进行了定义,即"债务加入是指第三人与债权人、债务人达成三方协议或第三人与债权人达成双方协议或第三人向债权人单方承诺由第三人履行债务人的债务,但同时不免除债务人履行义务的债务承担方式"。最高人民法院在青岛新华友建工集团股份有限公司与青岛新华友建工集团股份有限公司新泰分公司民间借贷纠纷再审民事判决书[(2016)最高法民再 322 号]中认同了江苏省高级人民法院对债务加入的定义,即"所谓债务加入,是指原债务人并不脱离债的关系,而由第三人加入到债的关系中来与原债务人一起承担债务,我国法律对此没有明确规定"。关于保证与债务加入的区别,最高人民法院在上述(2016)最高法民再 322 号案、中国信达资产管理公司石家庄办事处与中国-阿拉伯化肥有限公司及河北省冀州市中意玻璃钢厂保证合同纠纷二审案[(2005)民二终字第 200 号],以及中国城市建设控股集团有限公司与安信信托股份有限公司营业信托纠纷二审案[(2018)最高法民终 867 号]的裁判意见中进行了较为详细的阐述。在(2016)最高法民再 322 号案中,最高人民法院认为,"连带责任保证是第三人为了确保债权人之债权的实现而为债务人履行债务所提供人的担保。二者均具有为债权人实现债权提供保障的性质和功能,但连带责任保证债务与主债务具有主从关系,而第三人加入债务与原债务则并无主从关系";在(2005)民二终字第200号案中,最高人民法院认为,"保证系从合同,保证人是从债务人,是为他人债务负责;并存的债务承担系独立的合同,承担人是主债务人之一,是为自己的债务负责,也是单一债务人增加为二人以上的共同债务人。判断一个行为究竟是保证,还是并存的债务承担,应根据具体情况确定。如承担人承担债务的意思表示中有较为明显的保证含义,可以认定为保证;如果没有,则应当从保护债权人利益的立法目的出发,认定为并存的债务承担";在(2018)最高法民终867号案中,最高人民法院认为"保证,尤其连带保证责任,在以担保原债务人的债务为目的这一点上,与债务加入(即并存的债务承担)性质相同。尤其在债权人与承担人达成合意、成立债务加入的情形下,两者更难区分。但实践中,仍有区分的必要和标准,例如,债务加入下承担人的债务,是与原债务并立的自己债务;而保证债务则为保证他人的债务,是附属于主债务的债务。再如,承担人在承担后对债权人有清偿或者其他免责行为时,对于原债务人有无求偿权及其求偿范围,依据承担人与债务人之间内部法律关系而确定;而《中华人民共和国担保法》第31条规定,保证人承担保证责任后,有权向债务人追偿。故,在当事人意思表示不明时,应斟酌具体情事综合判断,如主要为原债务人的利益而为承担行为的,可以认定为保证,承担人有直接和实际的利益时,可以认定为债务加入"。

我们认为,最高人民法院在上述案例中已将"保证"和"债务加入"的区别阐述得非常清晰,概言之,两者的主要区别是保证债务系保证他人的债务,系附属于主债务的从债务,而债务加入系与原债务并立的自己债务,与原债务并不具有附属关系。但无论如何,必然有一个"主债务"或"原债务"存在。按照这一原理,只有在差额补足措施针对的对象是融资方本身的具体债务时,该等差额补足措施才具有被认定为"保证"或"债务加入"的可能性和合理性。例如,在江阴华中投资管理有限公司与福建省龙岩龙化化工有限公司等合同纠纷一案[(2016)京03民初135号]中,法院认为:"《差额补足协议》与《信托贷款合同》是相互关联的合同,并非完全排他的一份独立合同,《差额补足协议》约定的本质和目的就是要保障江阴华中公司放贷给紫金亿丰公司3.5亿元的资金安全。在渤海信托公司与紫金亿丰公司签订《信托贷款合同》时,福建龙岩公司已经签订了《保证合同》就债务进行了担保,福建龙岩公司又与江阴华中公司、紫金亿丰公司签订《差额补足协议》,实际上是另一种形式的变相担保。”而在金融资管项目的交易安排或结构性条款的设计中,较为常见的差额补足方式是劣后级受益人或其他差额补足义务人向优先级受益人或投资人承诺对其投资本金及按照一定年化收益率计算的收益承担差额补足义务。例如,在国金证券股份有限公司与深圳市中恒汇志投资有限公司等合同纠纷案[(2018)最高法民终667号]中,当事人签署的《差额补足协议》即约定由深圳市中恒汇志投资有限公司及中安消公司按照《资产管理合同》的约定对优先级A份额和中间级B份额持有人的本金及预期收益的实现提供不可撤销的连带补偿责任。有观点认为,在上述类型的差额补足纠纷中,差额补足义务人的责任性质亦为保证,其担保的主合同为资产管理合同等相关交易合同。如上述典型案例2,尽管法院在审理中未对差额补足的性质为保证进行充分论证,但其将案由确定为保证合同纠纷,我们理解法院系基于红樟基金公司出具的文件名称为“不可撤销保证函”,文件中含有“保证本金安全”“保证期间”等字眼认定红樟基金公司的差额补足承诺构成保证。对此,我们认为,在差额补足义务人所保障的权利为资管产品投资人的收益分配权的情形下,将资产管理合同、信托合同、基金合同等交易合同视作差额补足协议的主合同,并将差额补足协议视作保证合同是不准确的。事实上,上述资产管理合同等交易合同往往不约定预期收益率,甚至明确规定不保证投资人的本金及收益,正是基于这一情况,为吸引投资者,项目主导方或差额补足义务人才会与投资方另行签署差额补足协议,承诺对投资方的本金和收益承担差额补足义务。因此,资产管理合同等交易合同与相应的差额补足协议并不具有主从合同关系。

基于上述分析,我们倾向于认为,在差额补足义务人所保障的权利为投资人的利润分配请求权、预期收益权等权益的情形下,差额补足协议应当被视为一种独立的合同。在差额补足义务人所保障的权利是债权的情形下,应主要区分差额补足是否构成保证,如不符合保证担保特征,则亦应将其视为一种独立的合同(“债务加入”实际也是独立合同,其虽然与原债务有关,但并不依附于原债务)。《合同法》中虽然规定了诸多有名合同,但仍有无名合同存在的空间。例如,作为金融创新的保理合同,其在诞生之初也面临被“冠以何名”的尴尬境地,但最高人民法院在《关于当前商事审判工作中的若干具体问题》规定,相对于传统合同类案件而言,保理合同案件属于新的案件类型。由于《合同法》未就保理合同作出专门规定,其属于无名合同。在上述典型案例1中,最高人民法院亦将江苏信托与农行昆明分行签订的《转让协议》认定为兼具债权转让和差额补充(具有增信担保作用)两种法律关系,即该协议系混合合同,并非法律规定的有名合同。最高人民法院在该案中同时认定,《转让协议》约定的差额补充义务相对于被补充之债权具有独立性,其与具有从属性、补充性的保证担保不同,并不是在绿园置业不履行其回购义务时才由农行昆明分行向江苏信托依约履行债务或者承担责任。故其虽然具有增信担保的作用,但并非担保法意义上的保证担保行为。最高人民法院在最新颁布的《会议纪要》第 91 条关于"增信文件的性质"中亦表达了类似意见,即"信托合同之外的当事人提供第三方差额补足、代为履行到期回购义务、流动性支持等类似承诺文件作为增信措施,其内容符合法律关于保证的规定的,人民法院应当认定当事人之间成立保证合同关系。其内容不符合法律关于保证的规定的,依据承诺文件的具体内容确定相应的权利义务关系,并根据案件事实情况确定相应的民事责任"。《会议纪要》颁布后,最高人民法院于 2019 年 12 月 13 日审结的安通控股股份有限公司与安某、郭某泽等营业信托纠纷一案[(2019)最高法民终 1524 号]与上述《会议纪要》的观点完全一致。此案中,安某与郭某泽签订了《差补和受让协议》,约定郭某泽为仁建公司的实际控制人,为保证安某的资金安全和收益实现,郭某泽愿意以差额补足及受让安某信托受益权的方式为安某的信托本金及年化 13% 收益的按期足额获取提供担保责任。一审法院认为,该协议既具有信托受益权转让的债权转让法律关系,又具有增信担保作用的差额补充法律关系,该协议不构成保证担保,为独立的无名合同。最高人民法院认同一审法院的上述观点,亦认为《差补和受让协议》约定的是郭某泽补足安某年化 13% 的信托收益、支付信托贷款本金和受让安某的信托受益权,而非为仁建公司在案涉合同项下所负债务承担担保责任。由此可见,就差额补足的性质而言,若其内容不符合保证特征,则宜将其视为一种独立合同,按照合同内容及案件事实本身确定各方当事人的权利义务关系及民事责任,而不必强行将其先定性归入某一类法律有明确规定的民事法律行为,再确定各方当事人的责任。

二、关于差额补足协议的法律效力

如前所述,差额补足的性质或为保证,或为独立合同(含债务加入)。关于保证合同的法律效力,除需遵循《合同法》第 52 条、《民法总则》第 143 条等关于合同效力的一般性法律规定外,还需遵循《担保法》、担保法司法解释,乃至《公司法》对保证合同效力的特别规定。例如,《担保法》第 5 条第 1 款规定:“担保合同是主合同的从合同,主合同无效,担保合同无效。担保合同另有约定的,按照约定。”最高人民法院《关于适用〈中华人民共和国担保法〉若干问题的解释》第 3 条规定:“国家机关和以公益为目的的事业单位、社会团体违反法律规定提供担保的,担保合同无效……”第 17 条规定:“企业法人的分支机构未经法人书面授权提供保证的,保证合同无效……”第 18 条规定:“企业法人的职能部门提供保证的,保证合同无效……”《公司法》第 16 条规定:“公司向其他企业投资或者为他人提供担保,依照公司章程的规定,由董事会或者股东会、股东大会决议;公司章程对投资或者担保的总额及单项投资或者担保的数额有限额规定的,不得超过规定的限额。公司为公司股东或者实际控制人提供担保的,必须经股东会或者股东大会决议。前款规定的股东或者受前款规定的实际控制人支配的股东,不得参加前款规定事项的表决。该项表决由出席会议的其他股东所持表决权的过半数通过。”如果差额补足的内容符合《担保法》关于保证的规定,则对其法律效力的认定应按照对保证合同效力认定的要求进行判定。在差额补足协议不具备保证性质的情形下,由于视其为独立合同,故按照《合同法》第 52 条、《民法总则》第 143 条等关于合同效力的一般性法律规定认定其效力即可。经案例检索,我们发现大多数判决对于作为独立合同的差额补足协议的效力是认可的,如上述典型案例 3,法院认为含有差额补足内容的《资金信托合同补充协议》不违反我国法律、行政法规的强制性规定,应当认定有效。在前文提及的国金证券股份有限公司与深圳市中恒汇志投资有限公司等合同纠纷案[(2018)最高法民终 667 号]中,最高人民法院亦认为深圳市中恒汇志投资有限公司参与签署的《差额补足协议》不违反法律、行政法规的强制性规定,应认定为有效。

但在金融资管项目中,由于差额补足措施天然具有“保本保收益”的属性,因此随着《资管新规》的出台,以及最高人民法院在裁判意见中对《资管新规》等金融监管政策的重视,差额补足协议的效力问题再度引发关注。在《资管新规》出台前,主张差额补足协议无效一方经常引用的法律依据包括中国证监会颁布的《证券期货经营机构私募资产管理业务运作管理暂行规定》①(以下简称

① 注:《资管新规》出台后,证监会在 2018 年又颁布了《证券期货经营机构私募资产管理业务管理办法》和《证券期货经营机构私募资产管理计划运作管理规定》,其中亦有关于禁止刚性兑付的规定。

《私募运作暂行规定》)、原银监会第五部委颁布的《关于规范金融机构同业业务的通知》等金融监管政策性规定。《私募运作暂行规定》第3条第3项规定:"证券期货经营机构及相关销售机构不得违规销售资产管理计划,不得存在不适当宣传、误导欺诈投资者以及以任何方式向投资者承诺本金不受损失或者承诺最低收益等行为,包括但不限于以下情形……(三)与投资者私下签订回购协议或承诺函等文件,直接或间接承诺保本保收益……"第4条第1项规定:"证券期货经营机构设立结构化资产管理计划,不得违背利益共享、风险共担、风险与收益相匹配的原则,不得存在以下情形:(一)直接或者间接对优先级份额认购者提供保本保收益安排,包括但不限于在结构化资产管理计划合同中约定计提优先级份额收益、提前终止罚息、劣后级或第三方机构差额补足优先级收益、计提风险保证金补足优先级收益等……"《关于规范金融机构同业业务的通知》第7条规定:"金融机构开展买入返售(卖出回购)和同业投资业务,不得接受和提供任何直接或间接、显性或隐性的第三方金融机构信用担保,国家另有规定的除外。"《资管新规》出台后,主张差额补足协议无效的一方进一步引用《资管新规》第13条第2款("金融机构不得为资产管理产品投资的非标准化债权类资产或者股权类资产提供任何直接或间接、显性或隐性的担保、回购等代为承担风险的承诺")和第21条第2款("分级资产管理产品不得直接或者间接对优先级份额认购者提供保本保收益安排")来加强自己的观点。上述《私募运作暂行规定》《关于规范金融机构同业业务的通知》《资管新规》等均非法律和行政法规,故主张差额补足协议有效的一方通常会以最高人民法院颁布的《关于适用〈中华人民共和国合同法〉若干问题的解释(一)》第4条[①]之规定为依据,认为差额补足协议并未违反法律和行政法规的强制性规定,合法有效。但从最高人民法院近两年的裁判观点看,违反涉及公共政策的金融监管规定,可能会被视为构成《合同法》第52条第4项规定的"损害社会公共利益"之情形,从而被认定为无效。在该等司法审判趋势下,就差额补足协议的效力问题,我们提出以下两点意见供参考。

---

① 《关于适用〈中华人民共和国合同法〉若干问题的解释(一)》第4条:合同法实施以后,人民法院确认合同无效,应当以全国人大及其常委会制定的法律和国务院制定的行政法规为依据,不得以地方性法规、行政规章为依据。

（一）差额补足与“刚性兑付”的联系和区别

“刚性兑付”一般是针对金融机构而言，在资产管理领域，通常指一款资产管理产品，不论其实际投资业绩和底层资产情况如何，发行该款资产管理产品的金融机构都会向该产品的投资人兑付投资本金以及承诺的收益。“刚性兑付”增大了金融体系所需实际承担的金融风险，对金融秩序有较大的危害性，是近年来重点监管的对象。而差额补足是否构成“刚性兑付”，我们理解最主要的判断依据是差额补足义务人是否为金融机构或按照金融机构管理的类金融机构。如果在资产管理产品中，承担差额补足义务的是商业银行、证券公司、信托公司、期货公司、基金管理公司等主体，则根据上述《私募运作暂行规定》《关于规范金融机构同业业务的通知》《资管新规》等金融监管政策的规定，此类差额补足协议应被认定为无效。但如果差额补足义务人并非上述主体，而是融资人、融资人的关联方或其他第三方主体，我们倾向于认为这是一种正常的商业交易安排，不应一概认定为无效。

事实上，最高人民法院正式发布的《会议纪要》已对这一问题进行了明确。《会议纪要》第 90 条规定：“信托文件及相关合同将受益人区分为优先级受益人和劣后级受益人等不同类别，约定优先级受益人以其财产认购信托计划份额，在信托到期后，劣后级受益人负有对优先级受益人从信托财产获得利益与其投资本金及约定收益之间的差额承担补足义务，优先级受益人请求劣后级受益人按照约定承担责任的，人民法院依法予以支持。信托文件中关于不同类型受益人权利义务关系的约定，不影响受益人与受托人之间信托法律关系的认定。”《会议纪要》第 92 条规定：“信托公司、商业银行等金融机构作为资产管理产品的受托人与受益人订立的含有保证本息固定回报、保证本金不受损失等保底或者刚兑条款的合同，人民法院应当认定该条款无效。受益人请求受托人对其损失承担与其过错相适应的赔偿责任的，人民法院依法予以支持。实践中，保底或者刚兑条款通常不在资产管理产品合同中明确约定，而是以‘抽屉协议’或者其他方式约定，不管形式如何，均应认定无效。”从上述规定可以看出，如果金融机构作为差额补足义务人，该等协议因触及刚性兑付，应被认定为无效，但其他情形的差额补足协议，包括劣后级受益人对优先级受益人的差额补足义务，如不存在其他无效情形，则不应被认定为无效。关于上述规定的法理依据，最高人民法院在《会议纪要理解与适用》一书中认为，优先级与劣后级受益人之间的关系实为借贷关系,以《合同法》第196条关于“借款合同是借款人向贷款人借款,到期返还借款并支付利息的合同”的规定为主要规范依据,符合结构化融资信托关系中优先级受益人和劣后级受益人的真实意思。[①] 至于刚性兑付问题,《信托法》第34条规定:“受托人以信托财产为限向受益人承担支付信托利益的义务。”该条规定是信托财产独立原则的一种延伸。当信托合同中约定了刚性兑付,信托公司对投资人做出的本金及收益的承诺,如果是以其固有财产对产品可能的风险进行兜底,这种做法便违反了信托财产独立原则,不符合受托人应隔离自身固有财产与信托财产的要求。因此,刚性兑付违反了《信托法》的强制性规定,且根据法益衡量研究,因刚性兑付可能引发系统性金融风险以及不利于资源配置和直接融资服务实体经济,故该等强制性规定导致保底和刚性兑付承诺无效的法律后果。[②]

(二)“新老划断”原则是否适用于差额补足纠纷

《资管新规》第29条规定,为减少存量风险,按照“新老划断”原则设置过渡期,过渡期设至2020年年底,确保平稳过渡。我们注意到,最高人民法院在多个案件的裁判意见中提到了“新老划断”原则,例如,在北京北大高科技产业投资有限公司与光大兴陇信托有限责任公司借款合同纠纷案[(2015)民二终字第401号]及深圳市西丽报恩福地墓园有限公司与光大兴陇信托有限责任公司借款合同纠纷案[(2015)民二终字第393号]两案中,最高人民法院认为:“本案所涉信托贷款发生在2011年,属上述金融监管政策实施前的存量银信通道业务。对于此类存量业务,资管新规按照‘新老划断’原则设置过渡期,过渡期设至2020年年底,确保平稳过渡。据此,争议的《单一资金信托合同》和《信托资金借款合同》系各方当事人的真实意思表示,且不违反法律、行政法规的强制性规定,本院对有关合同无效的上诉请求,依法不予支持。”在上述典型案例1中,最高人民法院亦认为:“根据《同业业务通知》第18条规定、《进一步深化整治银行业市场乱象的意见》第7条规定、《资管新规》第29条规定,监管机关对存量业务与新增业务采取‘新老划断’的差别化处置政策、存量业务应在过渡期内予

① 参见最高人民法院民事审判第二庭编著:《〈全国法院民商事审判工作会议纪要〉理解与适用》,人民法院出版社2019年版,第475页。

② 参见最高人民法院民事审判第二庭编著:《〈全国法院民商事审判工作会议纪要〉理解与适用》,人民法院出版社2019年版,第483~485页。

以清理并在到期后结清。本案《转让协议》系于 2012 年 12 月 6 日签订，所涉业务在上述金融监管文件出台之前即已存在。江苏信托公司提起本案件诉讼，请求农行昆明分行履行《转让协议》并承担违约责任，属于清理存量业务。现行金融监管政策允许《转让协议》这一类的存量业务合同继续履行，有助于稳定相关市场预期，维护金融市场交易安全，也表明由此可能产生的金融风险处于可控制的范围之内，不构成《合同法》第 52 条规定的损害社会公共利益等合同无效情形。”

但需要注意的是，最高人民法院颁布的《会议纪要》第 92 条在规定“刚性兑付”无效的同时，没有提及“新老划断”“存量业务”等问题，因此我们倾向于认为，即使构成“刚性兑付”的差额补足协议形成于《资管新规》及《会议纪要》颁布之前或者在《资管新规》规定的过渡期内，被认定为无效的可能性仍然较大，因为“打破刚兑”是金融监管的重中之重，必须“严防死守”。而相较于《九民会议纪要(征求意见稿)》，正式发布的《会议纪要》甚至增加了“实践中，保底或者刚兑条款通常不在资产管理产品合同中明确约定，而是以‘抽屉协议’或者其他方式约定，不管形式如何，均应认定无效”这一内容，足见司法裁判支持“禁止刚兑”的决心和力度。

图书在版编目(CIP)数据

金融资管投后管理：风险预警、风险处置实务与案例解析 / 白昊，华萍著. -- 北京：法律出版社，2020(2021.4 重印)
ISBN 978-7-5197-4300-0

Ⅰ.①金… Ⅱ.①白… ②华… Ⅲ.①金融资产－投资管理－研究 Ⅳ.①F830

中国版本图书馆 CIP 数据核字(2020)第 039939 号

金融资管投后管理
——风险预警、风险处置实务与案例解析
JINRONG ZIGUAN TOUHOU GUANLI
—FENGXIAN YUJING、FENGXIAN CHUZHI SHIWU YU ANLI JIEXI

白 昊 华 萍 著

策划编辑 杨大康
责任编辑 吕佳臻
装帧设计 汪奇峰 鲁 娟

出版 法律出版社
总发行 中国法律图书有限公司
经销 新华书店
印刷 天津嘉恒印务有限公司
责任校对 李景美
责任印制 吕亚莉

编辑统筹 法律与生活
开本 710 毫米×1000 毫米 1/16
印张 23.75
字数 399 千
版本 2020 年 5 月第 1 版
印次 2021 年 4 月第 2 次印刷

法律出版社/北京市丰台区莲花池西里 7 号(100073)
网址/www.lawpress.com.cn
投稿邮箱/info@lawpress.com.cn
举报维权邮箱/jbwq@lawpress.com.cn
销售热线/400-660-8393
咨询电话/010-63939796

中国法律图书有限公司/北京市丰台区莲花池西里 7 号(100073)
全国各地中法图分、子公司销售电话：
统一销售客服/400-660-8393/6393
第一法律书店/010-83938432/8433　西安分公司/029-85330678　重庆分公司/023-67453036
上海分公司/021-62071639/1636　深圳分公司/0755-83072995

书号：ISBN 978-7-5197-4300-0　**定价**：79.00 元